BARBIE

LADISLAS DE HOYOS

BARBIE

nouvelle édition

ÉDITIONS ROBERT LAFFONT
PARIS

© Éditions Robert Laffont, S.A., Paris, 1984 et 1987
ISBN 2-221-05391-5

Remerciements

A tous ceux qui, en France ou à l'étranger, m'ont aidé dans mes recherches, m'ont ouvert leurs dossiers ou facilité l'accès à des pièces historiques, jusqu'ici inédites, j'adresse mes plus vifs remerciements. Ils ont – diplomates, historiens ou auxiliaires de justice – grandement contribué à enrichir ce récit.

En particulier, les ambassadeurs Albert Chambon, Dominique Ponchardier, Joseph Lambroschini, Jean-Louis Mandereau, Raymond Césaire. Les consuls Thérèse de Lioncourt et Paul Colombani. M. l'ambassadeur de France, Jean-Marie Soutou. Les historiens comme Henri Noguères et David Barnouw. Daniel Cordier, secrétaire de Jean Moulin; le colonel Paul Paillole; le procureur Paul Brilman et M. J. J. Koppe, d'Amsterdam; Serge Barcellini, les municipalités de Caluire et de Saint-Genis-Laval; et Charles Ronsac qui m'a aidé de ses conseils.

Je remercie Serge et Beate Klarsfeld, Mᵉ Zelmati, Simon Wiesenthal; le service de presse de l'ambassade des États-Unis à Paris et mes interlocuteurs boliviens, péruviens, néerlandais, allemands, italiens et autrichiens. Je rends hommage à Mᵐᵉ Françoise Croizier.

Je suis également redevable à Pascale, Marie-Paule et Barbara, ainsi qu'à tous ceux et celles qui, restant dans le nécessaire anonymat, savent combien mon but aura été de mieux connaître et faire connaître Klaus Barbie.

A Erika, Corinne,
Amélie et Charlotte.

Aux victimes, à leurs enfants...
et aux enfants des bourreaux.

1.

« JE N'AI JAMAIS TORTURÉ... »

L'Altiplano s'arrête, cassé net, au ras de la montagne déchirée. Vu d'en haut, La Paz est une fourmilière. C'est Bab el-Oued dans les Andes. Ça brille sur tous les flancs avec ce soleil froid qui plombe sur les toits en tôle ondulée. Après la brume de Lima, la limpidité de l'air en altitude donne l'impression de voir aussi loin que les aigles, à des kilomètres. Les sons remontent aussi, comme à Jérusalem.

L'aéroport El Alto s'étend au bord de la falaise, à 4 080 mètres. Au plus léger effort, à la moindre émotion, le cœur bat la chamade, le sang monte aux tempes, voilà les symptômes du *soroche,* le mal des montagnes. Premier effroi : la descente en taxi vers La Paz. La grande route n'étant pas encore terminée, il faut subir l'enfilade de lacets au rythme oscillant de la sainte-vierge sur la tige vissée au tableau de bord. Pare-brise étoilé et pneus lisses. Les caisses de matériel et les valises sont dans le coffre ou sur le toit de la vieille américaine. Ici et là, au bord de la route défoncée, une croix plantée dans le virage rappelle un accident. Le coude dehors, notre chauffeur sifflote, satisfait. Voyons : cinquante pesos par personne, sans compter les bagages.

« *Cine, stars... Good, good* », dit-il en anglo-bolivien.

Les chauffeurs de taxi, c'est un peu comme les hôtesses à l'arrivée d'un avion long-courrier. Il suffit d'un sourire pour qu'on les interroge. Ils sont notre premier contact dans un monde anonyme, étranger.

Ce n'est pas possible. On n'y arrivera pas. Où est Barbie dans ce cloaque?...

« Vous connaissez Señor Klaus Altmann?

« *Señor cómo?...* »

Passons... Nous sommes le 31 janvier 1972. Il est 15 heures.

C'est l'été bolivien. A Paris, il fait froid et il est déjà l'heure de dîner. Là, quelque part dans la foule se cache Klaus Barbie, alias « Nikolaus Altmann Hansen », soi-disant fils de Peter Altmann et Anna Maria Hansen, passeport officiel n° 588-71.

Je connais un peu les Boliviens depuis mon reportage à Camiri (1967) lorsque j'avais interviewé Régis Debray dans sa prison – le *casino militar* – pour *France-Soir* et « Cinq colonnes à la une ». Mais les informateurs changent avec les gouvernements. Cinq ans ont passé. On ne parle plus de Che Guevara, seulement pour rappeler quand bon leur semble que ses mains découpées avaient été envoyées à Fidel Castro. Régis Debray a été libéré à la veille de Noël, il y a deux ans. Il est revenu en France, pour peu de temps. A La Paz, le fauteuil de la présidence a changé de locataire pour la énième fois. Le général Banzer est au pouvoir (grâce notamment à don Altmann, on le découvrira plus tard).

Devant les autorités boliviennes, il est inutile de dissimuler. Oui, je viens pour tenter de rencontrer Klaus Altmann. Oui, il n'y a que cela qui nous intéresse pour l'instant.

Lundi. Des confrères étrangers sont également à sa recherche. Ç'est l'angoisse. Sur un « coup » comme celui-là, on est à couteaux tirés. D'autant plus que la première chaîne à Paris a programmé un magazine sur Barbie dans l'émission « Une première » pour la semaine suivante.

La voie officielle nous laisse peu d'espoir.

« Si vous trouvez la résidence d'Altmann, méfiez-vous, elle est gardée, me dit un diplomate. Ils ne vous connaissent pas, ils peuvent tirer. »

On fouille dans les rues de La Paz, principalement dans le quartier de Sopocachi où Barbie a des amis. Rafaël, notre chauffeur, essaie de se renseigner de son côté. Il est quechua, c'est-à-dire originaire de l'Altiplano. Le visage large, buriné, les pommettes saillantes, les yeux plutôt bridés. Il interroge les autres Quechuas. Les hommes seulement. Pas les femmes qui mâchent lentement les feuilles de coca avec leurs chapeaux melon et les gosses sur le dos enroulés dans les capes grises ou noires.

« Les femmes, c'est pas la peine », dit Rafaël.

Notre reporter cameraman, Christian Van Ryswick, tourne en rond, s'impatiente déjà. Ses « cailloux » (ses objectifs) et sa caméra sont prêts, vérifiés et nettoyés. Il est pessimiste mais s'efforce de ne pas le montrer. Jean-Pierre Ajax, l'ingénieur du son, lui, est très calme. Il en a vu d'autres. Les massacres du Congo, la guerre du Viêt-nam, le Cambodge. Petit René (René

Larmagnac) a rechargé les batteries et contrôlé les raccords de ses projecteurs.

« Lumière bleue ou lumière artificielle?

« On verra. Barbie n'est pas encore devant nous. »

C'est mal parti. Je tourne dans tous les sens les photos de Barbie. Je ferme les yeux et j'essaie de les mémoriser. Nous recevons un télex d'encouragement signé Jacques Alexandre et Jacques-Olivier Chattard, producteurs de l'émission « Plein Cadre ». C'est fou ce qu'un seul télex, quelques lignes sur le papier a liséré jaune, peut vous remonter le moral.

Lundi soir. Toujours rien, sinon que quelqu'un a fouillé mes bagages dans la chambre 505 de l'hôtel *Sucre*. Discrètement. Tout a été soigneusement remis en place, tout ou presque : je ne retrouve plus le *Playboy* que j'avais acheté à Orly.

Côté positif, une petite liste des amis de Klaus Barbie. Avec des appréciations sur leur importance, leur pouvoir. On me dit qu'un soir, il y a quelques années, Klaus Altmann complètement ivre s'était mis à tirer des coups de feu en l'air au cercle allemand en hurlant :

« Je suis de la Gestapo. Je n'ai peur de personne. »

Vrai, pas vrai... invérifiable pour l'instant.

Et puis on commence à raconter que rien ne peut arriver à Barbie tant qu'il y aura des Allemands dans le pays. La colonie allemande de Santa Cruz de la Sierra, superpuissante, soutient Barbie et ne le lâchera pas, même si les Boliviens ont sous les yeux le récit authentique et complet des crimes perpétrés à Lyon, dans le Jura ou en Hollande. Herr Altmann a fourni des armes au général Hugo Banzer pour remplacer le démocrate Juan Torres. Il lui en est redevable. Et ça, je commence à le comprendre tant il est difficile d'aborder l'affaire Altmann en haut lieu.

Mardi : rien. Toujours des démarches. Accueil courtois mais peu de progrès. Tout juste des ébauches de promesse.

« Revenez demain. *Mañana...* »

Paris commence à s'inquiéter. Nous sommes partis depuis quatre jours et pas un mètre de pellicule. A Cognacq-Jay, ils savent que la mission a peu de chances d'aboutir, mais tout de même... Si nous n'avons pas Barbie, il faudra filmer ceux qui gravitent autour de lui. Et c'est tout aussi difficile.

En début d'après-midi, l'ambassadeur de France, Jean-Louis Mandereau, dépose enfin la demande d'extradition au ministère des Affaires étrangères.

Colombani et l'attaché culturel avaient passé la nuit à déchiffrer le télex officiel envoyé en « tricodé »[1].

Je demande une interview au président de la République, le général Hugo Banzer Suares. Le protocole me répond :

« Si c'est pour le *caso* Altmann, M. le Président est vraiment trop occupé. »

Je m'en doutais. J'insiste quand même, naïvement.

« Il n'y a pas que cela. Il y a la politique bolivienne, les relations internationales... »

Ça ne prend pas. Il faudra voir ailleurs. Nous finissons tous les quatre chez un Chinois qui parle espagnol avec l'accent bolivien. Il n'y a pas qu'au Quartier latin ou à New York qu'on trouve des *nem*. Comment s'étonner, depuis que nous avons vu, à La Paz, une affiche de corrida avec un torero... japonais.

Mercredi. Enfin ça se précise. Un « contact », une dame d'un certain âge qui a besoin d'arrondir ses fins de mois, m'obtient une singulière autorisation pour rencontrer Altmann. Le moment est propice. Pour faire sans doute plaisir à la France qui a demandé son extradition ou pour le protéger, les Boliviens vont arrêter Altmann. Momentanément. Je crois plutôt à la seconde raison puisqu'un encadré du journal *Hoy* révèle que, sous couvert d'une équipe de la TV française, un commando est arrivé à La Paz pour enlever ou abattre Klaus Altmann. Rien que ça.

Les Boliviens s'apprêtent à enfermer Klaus Barbie au Panoptico Nacional, la prison Saint-Pierre à La Paz. Motif officiel : il doit de l'argent depuis des années : 54 237,26 pesos (avec les intérêts) pour n'avoir pas respecté l'aval d'un crédit à la Corporation bolivienne pour le développement. Ils vont l'interroger. Je ne vois pas à quoi ça rime puisqu'ils connaissent tout de lui. Mais enfin, le moment est choisi. Barbie n'est plus tout à fait maître de sa destinée. Pour l'instant.

L'autorisation est rédigée sur papier libre, signée d'un haut fonctionnaire ami de la dame. Au ministère de l'Intérieur (à quelques mètres en contrebas de l'ambassade de France), je présente le bout de papier. Les policiers me fouillent, c'est la troisième fois. Le laissez-passer n'est pas valable : il n'a pas été convenablement daté. Je perds cinq heures pour légaliser la date portée au crayon.

Redemande d'interview avec le ministre de la Justice.

---

1. A la suite de quoi l'ambassade de France à La Paz avait enfin été équipée d'une machine à décoder automatique. Un CRS des Pyrénées orientales avait été envoyé en poste en Bolivie pour s'occuper du « chiffre ».

« *Mañana...* »

En attendant, nous « tournons » Beate Klarsfeld qui est désignée ici comme la *cazadora* de nazis. Elle se fera expulser deux heures plus tard et emmènera les bobines dans son sac. Toutes les portes se sont fermées devant elle, y compris celles de l'ambassade de France où on estime son action incompatible avec l'intérêt diplomatique. Pourtant, c'est bien elle qui a exhumé le dossier Barbie. Après Kiesinger, l'ancien chancelier d'Allemagne fédérale, au passé nazi, qui va-t-elle gifler ici ?

Nous filmons le cimetière allemand de La Paz. Exclusivement réservé aux Allemands, avec des croix gammées en relief sur certaines tombes et un mémorial pour la guerre de 1914-1918 à l'entrée. Barbie a déjà sa place ici dans la verdure, à neuf mille kilomètres de Berlin...

Des plans de la ville. Interview d'un juif qui habitait à Lyon autrefois. Il nous raconte que sa femme est morte en déportation, à Auschwitz. Il ne connaît pas Barbie, mais nous parle de l'oligarchie allemande.

Le père Rivals, un prêtre français qui a vu de très près les derniers affrontements (deux cents morts à La Paz au mois d'août), nous dit avec l'accent de Perpignan :

« Les nazis ont été accueillis à bras ouverts en Bolivie, comme un peu partout en Amérique du Sud. Les gouvernants avaient besoin d'organisateurs, connaissant la discipline, les méthodes de police, la lutte antiguérilla. La Seconde Guerre mondiale, ils s'en fichent. Les réfugiés SS sont considérés comme d'excellents meneurs d'hommes. On leur a donné des postes de responsabilité. »

Il est vrai que dans ce pays où l'armée défile au pas de l'oie, le mythe du nazisme ne produit pas le même effet. Les Allemands, ceux qui avaient fondé les phalanstères avant 1914, ont fait du bon travail. Quand vous parlez des Allemands à un Bolivien, c'est à ceux-là qu'il pense en premier lieu. La Paz est bien loin des champs de bataille de la dernière guerre mondiale. C'est comme si vous parliez de la guerre du Chaco à un instituteur breton.

Jeudi 3 février. Enfin, je suis reçu au ministère de l'Intérieur. Je crains que ce soit pour interviewer seulement le ministre. Des murs gris. Des calendriers pour camionneurs. Un homme en kaki tous les trois mètres, armé d'une mitraillette. Ils donnent l'impression d'avoir à peine seize ou dix-sept ans. Encore une fouille. Le gradé me dit :

« C'est arrangé. Le ministre accepte le principe d'un entretien... »

Ce n'est pas tout à fait ce que je voulais. Je ne m'attends pas à ce qu'il enchaîne :

« ... mais à condition que M. Klaus Altmann soit bien d'accord. »

Voilà des jours que j'attendais ça. Et là, je suis pris au dépourvu. Mon équipe n'est pas là. Elle tourne en ville de quoi illustrer un reportage de remplacement.

« On vous bandera les yeux, on vous emmènera dans un camion de la police avec votre matériel. Pour des raisons de sécurité, personne ne doit connaître l'endroit où se trouve M. Altmann. »

L'enlèvement d'Adolf Eichmann par un commando israélien en Argentine avait fait les gros titres de la presse locale. Eichmann a été pendu il y a exactement dix ans, et on s'en souvient encore. A cette époque, les anciens nazis s'étaient fait tout petits, et puis ils avaient lentement refait surface.

Deux heures d'attente avec un lieutenant et son fils de douze ans qui croit que la France se trouve au Moyen-Orient. Et puis, un contrordre :

« C'est trop risqué, on vous l'amènera ici. Revenez à 15 heures. »

J'ai pu joindre Christian, le cameraman, au téléphone. Je lui dis de venir, et j'insiste auprès des Boliviens pour qu'ils nous laissent installer le matériel dès maintenant. Si tout est prêt, si les projecteurs sont en place, ça va peut-être amorcer... Les caisses sont déposées dans un bureau du troisième étage. Pas de déjeuner. Nous avons passé le temps à nous interroger. J'ai vite relu ma documentation. Lyon, Jean Moulin, les « coïncidences » de noms, de dates et de lieux entre la famille Altmann et la famille Barbie. Je prépare des questions en allemand, mais je me dis que je ne devrai pas regarder mon carnet. Je sens que si tout se passe bien j'aurai peu de temps et que, dans ces cas-là, il faut regarder le type en face et ne pas se perdre dans les papiers.

Christian Van Ryswick a chargé plusieurs magasins de film 16 mm couleur et les a rangés en enfilade sur le bureau d'un officier. Les projecteurs sont prêts. René s'est assis dans le fauteuil préparé pour l'invité. Jean-Pierre a placé une bande ultrafine, longue durée, pour éviter les coupures. Il a branché un magnétophone supplémentaire et deux micros de secours.

« On n'aura pas le temps de faire un clap de début. Il faut tourner dès que la porte s'ouvre. »

Et elle s'ouvre plusieurs fois. Chaque fois on tourne, on

grignote un peu de pellicule pour rien. Nos nerfs s'émoussent. L'attente dure près de trois heures. Le cendrier est bourré de mégots. Les Boliviens entrent, sortent, reviennent.

« Señor Altmann n'est pas très chaud...

« Où est-il?

« Dans l'autre pièce.

« Mais juste une déclaration...

« On va voir. »

Arrive un colonel :

« Il faut soumettre les questions. En espagnol. Ce n'est pas de la censure, c'est juste pour savoir. M. Altmann préfère. »

J'ai caché mes notes avec les photos de Jean Moulin et de Barbie dans le sous-main de l'officier qui, d'ordinaire, occupe ce bureau. Le colonel attend. Je ne veux pas qu'il voie les clichés. Sinon il n'y aura pas d'effet de surprise quand je les tendrai à l'invité. Alors je me mets à la machine à écrire et je tape cinq questions, en espagnol, le plus anodines possible.

« Aqui le TV Francesa en compania de Klaus Altmann. Cuestionario. 1° Tiene Ud. la posibilidad de decirnos quien es Ud. y cual es su nombre, donde nació, y cuantos miembros tiene en su familia y como se llaman? 2° Las autoridades alemanas », etc. [1].

Il est presque 18 heures quand la porte s'ouvre à nouveau. Cinq ou six gradés et derrière : Klaus Altmann! Je craignais les avocats. Ils ne sont pas là. Ou alors, ils attendent.

Plus petit que je l'imaginais. Col roulé blanc, veste marron. L'œil doux, le sourire un peu mollasson, mais on sent l'arrogance. Il paraît fatigué. Il regarde autour de lui, l'air de dire « c'est trop d'honneur »...

Le magnétophone tourne depuis l'entrée des gradés.

« Vous avez cinq minutes! » m'ordonne un Bolivien.

René envoie pleine lumière. Un colonel se prend le pied dans le fil, le micro tombe. Jean-Pierre le remplace en trois secondes. Altmann s'assied comme un prince.

« Tiene Usted la posibilidad de decirnos... »

Sans attendre la réponse, je me retourne vers les Boliviens et leur annonce que je recommence, que je traduis en allemand.

« Wie heissen Sie [2]... »

_____

1. « Ici la télévision française en compagnie de Klaus Altmann. Questionnaire. 1° Avez-vous la possibilité de nous dire qui vous êtes, quel est votre nom, où êtes-vous né, quels sont les membres de votre famille et comment s'appellent-ils? 2° Les autorités allemandes », etc.

2. « Comment vous appelez-vous? »

Altmann répond d'une voix monocorde, faible, presque en murmurant. En allemand.

« Je suis Klaus Altmann Hansen, né le 25 octobre 1915 à Berlin... J'ai une femme et deux enfants. Ma femme s'appelle Gina, mon fils s'appelle Jörg et ma fille Ute.

« – Votre fils a épousé une Française?

« – Oui, une Française... »

Les Boliviens s'impatientent. Ils ne comprennent pas l'allemand. Ils n'avaient pas prévu, ce n'est pas dans les règles. Alors j'enchaîne :

« – *Secunda pregunta. Las autoridades alemanas y el procurador de Munich* [1]... »

Et je recommence en allemand. Señor Altmann continue doucement sur le ton du pauvre homme victime d'une méprise. Il a réponse à tout. Je résume :

Les portraits?

« – Vous savez quel rôle le hasard joue dans les portraits? »

Les mêmes prénoms?

« – Il y a beaucoup de coïncidences comme ça. »

La guerre?

« – J'ai été d'abord lieutenant puis capitaine. J'ai participé à l'invasion. En Hollande, en Belgique, ensuite je suis allé en Russie, du 22 juin 1942 jusqu'à fin 1943. J'ai été dans la poche de la Ruhr avec le 12ᵉ corps d'armée blindé, et le 8 mai la guerre s'est terminée, comme vous le savez... »

Le dialogue est établi. Je n'ose pas regarder ma montre, mais je sais que dix minutes au moins se sont écoulées puisque Christian a dû permuter son magasin 16 mm. Les Boliviens n'osent pas couper Altmann. Alors, très vite, en plein milieu je lui demande... en français :

« N'êtes-vous jamais allé à Lyon?

« – *Nein. Ich bin nie in Lyon gewesen, aber es ist so...* [2]. »

Il est tombé dans le piège. Il vient de répondre du tac au tac alors qu'il prétendait ne pas comprendre le français. S'en est-il immédiatement aperçu? Altmann ne s'est pas arrêté de parler. Seulement son regard s'est durci. J'ai maintenant la preuve qu'il connaît notre langue. Je peux pousser le bouchon un peu plus loin.

---

1. « Deuxième question. Les autorités allemandes et le procureur de Munich... »
2. « Non. Je ne suis jamais allé à Lyon, c'est-à-dire... »

« *Tercera pregunta...*

« – Je n'ai jamais appartenu à la Gestapo.

« – Nazi?

« – J'ai été membre du Parti national-socialiste, naturelle-ment, Jeunesses hitlériennes.

« – SS?

« – Je n'ai pas été dans les SS, j'appartenais à la Wehrmacht, 126ᵉ division d'infanterie. »

Ça passe vite, très vite. C'est tout juste si je perçois le cliquetis de fin de bobine. Christian a de nouveau changé son magasin de cent vingt mètres en un clin d'œil, toujours sans comprendre ce qui se dit puisque tout se passe en allemand.

« Avez-vous connu Klaus Barbie?

« – Heu, non, je ne peux pas me rappeler. Mon opinion? En tant que soldat, il a exécuté des ordres. Tout comme probable-ment des soldats français en Afrique, en Afrique du Nord, ou comme aujourd'hui des soldats américains au Viêt-nam, ou comme des soldats israéliens ou comme des soldats arabes, pakistanais ou indiens... »

Quatrième, cinquième question pour les Boliviens. Les yeux gris de Señor Altmann visent ses chaussures. Son regard remonte furtivement. C'est moi qui suis le flic maintenant. C'est anormal mais envoûtant. Je vais tenter la mise à mort. Je lui tends la photo de Jean Moulin – la célèbre avec le chapeau et le cache-col. Il ne se trouble pas.

« Non. Je n'ai... je crois... dans *Paris-Match* quelque chose une fois a été publié sur lui. D'après ce que j'y ai lu, ce M. Moulin est mort dans un convoi vers l'Allemagne...

« – Ainsi vous avez bonne conscience?

« – Oui.

« – Avez-vous peur de la mort? [1] »

J'attends qu'il bondisse comme le ferait sans doute un innocent.

« Je ne comprends pas cette question. J'ai fait la guerre, et là je n'avais pas peur de la mort. »

L'interview se termine. J'explique au Señor Altmann que tout ce qu'on vient de faire ne sert à rien, et que ce serait aussi bien si on recommençait pour trente secondes, mais en français. Pour que tout le monde comprenne bien, pour que ce soit bien clair :

« Je ne sais pas assez le français...

---

1. La peine de mort était encore appliquée en France en 1972.

« – Je vais vous aider : " Je ne suis pas un assassin "...

« – Je ne suis pas un assassin. »

J'en ai froid dans le dos. Je me retourne doucement vers Jean-Pierre. En entendant tout à coup Barbie parler français, il a frissonné. Sa main tremble sur le bouton du volume sonore. Christian a serré au maximum son cadrage et il retient sa respiration.

Et le nazi répète, docile :

« Je n'ai jamais torturé. Je ne connais pas Jean Moulin (cette fois il a prononcé " Mouline " à l'espagnole). Je ne suis jamais allé à la Gestapo de Lyon. »

J'évoque le cas Eichmann. A-t-il peur que semblable « mésaventure » lui arrive ? Alors il lance cette phrase lourde de menaces :

« Ce serait naturellement une très mauvaise chose pour la France. »

Tiens, tiens...

« Vous aimez les Français ?

« – Puisque mon fils a épousé une Française, vous pouvez en conclure que je n'ai absolument rien contre le peuple français. »

A-t-il rencontré Bormann ou le Dr Mengele ? Il ne les connaît pas. Mais j'ai vu un instant son visage se rider, ses lèvres frémir. Il va couper court. Il cherche le secours des officiers qui sont à ma gauche dans la pénombre. Tout le monde se sent mal à l'aise. Il se lève. Salue à l'allemande en courbant la tête. Le colonel me dit, sans s'apercevoir qu'on l'enregistre, lui aussi :

« Entendons-nous bien : cette rencontre n'a pas été arrangée par la police bolivienne, n'est-ce pas ? »

Comment donc!...

Ça tourbillonne dans ma tête. Je n'ai même pas vu que Barbie a disparu. J'aurais dû lui poser mille autres questions. C'est toujours comme ça, après.

Mon premier souci : cacher les pellicules et les bandes son. Je les glisse dans mes dossiers, et la mine assurée je descends comme si je me dirigeais tout droit vers le bureau du général. Je dépasse la pièce sans m'arrêter, et me voilà presque dehors. Je redoute que les Boliviens exigent une relecture de la bande son. A la sortie du ministère, je distribue les sourires et les *hasta luego*. L'ambassade de France est juste au-dessus, à cent cinquante mètres. Le consul m'ouvre le coffre. On y fourre les bobines et je m'effondre dans un fauteuil, vidé. Je reste un long moment à regarder le mur d'en face, sans dire un mot. Christian et René arrivent au bout d'un quart d'heure, contents et furieux à la fois car je les avais lâchés. Les Boliviens avaient repris leurs passeports et tripoté une nouvelle fois les caisses de matériel. Ils voulaient les bobines. Le consul Colombani est venu les tirer de là.

Télex à Paris : « Vif du sujet dans la boîte. Deux bobines et demie. Préférons envoyer le bébé plutôt que d'avoir à le dorloter avec nous. » Pas de réponse. A cette heure-là, il n'y a plus personne à Cognacq-Jay. Paris dort déjà.

Vendredi. Comme ils l'avaient annoncé, les Boliviens ont mis Klaus Altmann en prison. Le journal *Hoy* rend compte de l'interview de façon pour le moins inattendue :

« Les journalistes de *Hoy* ont appris que des agents de la Sûreté (police française) ont récemment interrogé Klaus Altmann (...) avant qu'il soit incarcéré à la prison Saint-Pierre.

« Ces agents français se sont fait passer pour des journalistes de la télévision française assurant aux autorités qu'ils avaient, à la disposition des gardes d'Altmann, un questionnaire en allemand.

« Cependant ces " journalistes " n'ont pas posé les questions prévues (...). Au contraire, ils ont procédé à un véritable interrogatoire en employant l'anglais, le français et l'allemand, certainement pour enregistrer la voix d'Altmann; lui demandant d'écrire, probablement pour analyser son écriture; quand ils ont demandé à Klaus Altmann de faire quelques pas, celui-ci a refusé énergiquement et ainsi prenait fin le travail des agents de la Sûreté française. »

Nous sommes convoqués chez le ministre de l'Intérieur.

« La Constitution bolivienne reconnaît l'indépendance du pouvoir judiciaire, me dit le secrétaire d'État, Walter Morales, devant la caméra. Klaus Altmann est naturalisé citoyen bolivien. Tant que, légalement, on ne démontre pas le contraire, nous ne pourrons pas nous prononcer. »

La procédure va durer une éternité. Cet après-midi-là je remets cent cinquante dollars au gouverneur du pénitencier Saint-Pierre pour qu'il me laisse voir Barbie. Il accepte à condition qu'il n'y ait pas de caméra et qu'on ne dise pas qu'il a touché de l'argent. Mais il me délivre tout de même un reçu...

La cellule d'Altmann, c'est le bureau du lieutenant. Des murs propres, un Christ sur un socle avec des fleurs artificielles. Il a même le téléphone et peut à loisir communiquer avec l'extérieur, avec sa femme qui est restée à Lima, avec son avocat ou ses amis qui ne vont pas tarder à lui venir en aide. Il peut se promener librement dans la cour, mais il ne se mélange pas aux autres détenus. Il prend ses repas dans le bureau. « Par mesure de sécurité. »

Son regard est plus arrogant que la veille. Je m'y attendais. Car non seulement il s'est rendu compte qu'il n'a pas convaincu, mais de plus il est en prison. Et même s'il est certain d'en sortir bientôt, la prison c'est le début des ennuis avec le fisc bolivien.

« J'aime bien Paris, vous savez. J'y suis allé l'an dernier, fin février. Je transitais par Orly. J'en ai profité pour visiter pendant quelques heures... Paris a bien changé », me dit Klaus Altmann-Barbie.

J'essaye de le photographier bien de profil, pour le comparer aux clichés de 1947 pris par les Américains alors que Barbie était sous leur protection à Munich. Il a compris et tourne en même temps que moi pour éviter de se montrer de profil [1]. Les gardiens ne nous lâchent pas d'une semelle. Vis-à-vis d'eux, Señor Altmann se croit obligé de sourire, l'air détaché, amusé. Mais tout l'agace. Il vient vers moi et susurre :

« Faites bien attention à vous. Regardez bien où vous mettez les pieds. Oh! moi, je ne vous en veux pas (puis en français), mais j'ai beaucoup d'amis... »

Peut-être parlait-il comme ça quand il caressait son fameux chat gris avant de torturer Simone Lagrange qui n'avait alors que treize ans.

Je quitte la prison et je rapporte cette petite phrase au consul Paul Colombani.

« Pas de blague, me dit-il. Il faut filer. Il faut prendre le premier avion. Ici on vous " descend " un type pour cinquante dollars. »

Une fois à Lima, je tente de rencontrer la femme de Barbie, Regina. Rien à faire. Friedrich Schwend la protège dans sa ferme fortifiée de Santa Clara, la plaque tournante des nazis dans cette partie de l'Amérique du Sud. Schwend me reçoit avec le correspondant de l'Afp à Lima, l'excellent Albert Brun. Meubles espagnols, tentures bicolores, whisky-sour sur la table.

---

1. Je ne savais pas à l'époque qu'une différence particulière existait en comparant ses oreilles, détail qui a permis en 1983 à une résistante de le reconnaître.

« Je vous assure, Altmann n'est pas Barbie. J'ai personnellement rencontré Barbie. En Égypte. Il doit avoir maintenant près de quatre-vingts ans... »

Peut-il me l'écrire noir sur blanc? Non.

A Paris, on a changé le bain du révélateur pour améliorer la qualité du développement. Trois copies sont tirées de l'original. Jacques Alexandre, directeur de l'Information, fait venir deux interprètes, un Allemand et un Espagnol, pour traduire l'interview. Il m'envoie le télex suivant :

« Ai visionné votre document. Fantastique. Interview parfaite. Document premier ordre. Toutes nos félicitations. Bon courage. »

Pour l'émission « Plein Cadre », il lance les reportages annexes : enquêtes en Suisse au siège de la Croix-Rouge internationale pour savoir comment Barbie a pu bénéficier d'un sauf-conduit en 1951, alors que la France réclamait déjà son extradition aux Alliés; en Allemagne fédérale pour interviewer le procureur général de Munich, Manfred Ludolph, qui – sur l'insistance de Beate Klarsfeld – avait relancé l'enquête officielle après son classement par le procureur Franz Rabl; reportage auprès de l'expert G. Ziegelmayer, de l'université de Munich, qui a produit le rapport anthropométrique; enfin le plus important : l'enquête à Lyon, dans les caves de la Sipo-SD, à l'École de santé militaire et à la prison du fort Montluc avec, bien entendu, le récit des témoins.

Mais sans attendre la diffusion du magazine, Jacques Alexandre prépare une opération exceptionnelle pour le mardi 8 février : 20 minutes d'émission spéciale dans le journal télévisé du soir. Une confrontation entre Altmann (enregistré) et ses victimes. A Rome en duplex : Raymond Aubrac, arrêté avec Jean Moulin, torturé une dizaine de fois par Barbie. En direct de Lyon, le Dr Frédéric Dugoujon. Dans le studio de Paris : Simone Lagrange et M. Fusier. Un extrait de l'interview passe pendant six minutes. Mme Lagrange est formelle : « C'est lui! »

Raymond Aubrac manque de s'évanouir.

« J'ai éprouvé quelque chose de très pénible, dit-il, comme lorsque je me trouvais dans le bureau de Barbie. Cette façon de baisser les yeux et de les relever très rapidement... Entre cet homme et Barbie, il y a la ressemblance qui existe parfois entre un homme et son père. »

L'émission [1] a un tel succès que nos concurrents de « 24 Heures

---

1. L'émission a obtenu le prix du reportage à Cannes.

sur la une » sont obligés de supprimer la séquence qu'ils avaient programmée le même soir dans leur magazine d'information.

On a beaucoup écrit sur cette « confrontation » en direct. Je ne citerai que ce passage que je trouve significatif de ce qui était alors la « boîte à images » (Roger Bouzinac, *Nice-Matin*) :

« La télévision est vouée au témoignage direct. Pour une fois on ne pourra pas l'accuser de nous avoir installés dans une sorte de béatitude. Elle a éveillé les esprits et réveillé les consciences. »

C'était en 1972.

2.

LE SENS DE LA RACE

Légitime? Illégitime? La main ne tremble pas, le trait de plume est net, précis, il barre le mot *ehelich*... C'est la première fois que l'adjudant Klaus Barbie répond à un tel questionnaire. Reconnaître comme cela, avec ce petit trait oblique sur un mot imprimé en caractères gothiques, que l'on est un enfant de l'amour et pas nécessairement de la raison, c'est blessant. Généalogiquement Klaus n'y est pour rien, mais s'il veut devenir un bon SS, tout à fait conforme, il doit assumer toutes les interrogations que cette petite ligne violette provoque immanquablement. Enfant naturel : cela inspire encore, dans ces années d'avant-guerre, les sous-entendus. L'administration du Reich ne portera sans doute pas cette « imperfection » dans la colonne « positif ». Et c'est tout aussi frustrant vis-à-vis de sa famille. L'enfant naturel, illégitime, voudra donc prouver – un jour – qu'il n'est pas inférieur parce qu'il était né avant la cérémonie... Cela explique bien des comportements, dira n'importe quel expert psychiatre.

Pour clarifier cette question embarrassante il en aurait bien parlé à son père, le jour du questionnaire, mais celui-ci était mort.

M. Barbie père avait dans la famille un avantage dont il n'avait pas vraiment su user : il avait été le premier de la lignée, et le premier de ses sept frères et sœurs, à renoncer aux corvées de l'agriculture. Lui était instituteur. A Udler, au milieu des forêts de l'Eifel, entre Coblence et Trèves, et sans doute lui donnait-on du *Herr Doktor*.

Le père a donc vingt-cinq ans quand il voit naître le petit Klaus, le samedi 25 octobre 1913, à Bad Godesberg (aujourd'hui la banlieue riche de Bonn que les antisémites, sourires en coin, appellent Bad Judesberg, la « montagne aux juifs »).

C'est l'époque où l'Allemagne se prépare à la guerre (les troupes se concentrent à la frontière sarroise; le service militaire vient d'être porté à trois ans), tandis que le plus grand dirigeable, le Zeppelin *L II,* a explosé en plein vol de démonstration au-dessus de Johannisthal.

La mère, Anna, est un peu plus âgée, elle a vingt-sept ans. Son bébé avait déjà quatre mois le jour du mariage le 30 janvier 1914, à Merzig (Sarre), ville où nous retrouvons pour le moins cinq générations de Barbie. Or Merzig est très proche de la frontière française, Metz ne se trouve qu'à cinquante kilomètres.

Anna Hees, future Mme Barbie, décide de prénommer le bambin : Nikolaus (Klaus pour les familiers). Klaus c'est déjà le prénom du papa. Il s'en trouve fort satisfait; il perpétue ainsi le rite des Nikolaus en souvenir de son grand-père, journalier, et son bisaïeul, agriculteur. Il était fréquent à l'époque de transmettre le prénom du père au premier enfant masculin. Cela se pratique encore. Aux États-Unis, par exemple, où le fils aîné de John Untel devient John Jr (junior) Untel.

L'étude de l'arbre généalogique que Klaus Barbie Jr devra fournir plus tard (en 1939) au Rasse und SiedlungsHauptamt SS [1], sorte de ministère de la Race aryenne, révèle ceci : aussi loin que l'on puisse vérifier, tout le monde se prétendait catholique, tant du côté paternel que du côté maternel. Seuls – Führer oblige – Klaus Barbie et sa fiancée inscriront l'abréviation *Gottgl. (Gottgläubig),* c'est-à-dire « croyant ». Car chez les nazis la chrétienté devait céder la place à l'hitlérisme.

En parcourant la filiation des Barbie et des Hees, on ne trouve en somme que des cultivateurs, Sarrois de père en fils. Côté maman, les familles Hees, Marten, Wolff, Hermes, Schneider, Illigen, etc., sont originaires de Boverath, de Mehren ou de Kradenbach, autant de villages qui se sont retrouvés sous tutelle de la France, l'espace d'un après-guerre.

Chez les vieux du village de Daun, Barbie fils a laissé un souvenir imprécis. Il était trop petit. De son père, l'instituteur, une photo de classe ravive les souvenirs : il distribuait des taloches, surtout quand il avait trop bu... Il élevait des chèvres... Chaque année, il tuait deux porcs et, pendant toute une semaine, les élèves devaient l'aider à préparer les cochonnailles, etc. Le fils aîné, lui,

---

1. *RuSHA :* Service central de la race et de la colonisation.

on le retrouve en costume marin. Il était le chouchou. Intelligent et pas bagarreur pour un sou, paraît-il.

Des années plus tard, Klaus Barbie parlera de son père avec beaucoup d'admiration et se souviendra précisément de la date de sa naissance parce qu'elle coïncidait (27 janvier 1888) avec la prise du pouvoir de l'empereur Guillaume II. D'origine française, la famille Barbie exilée en Germanie avait d'abord été du côté des huguenots avant de retrouver le chemin de l'Église catholique. Papa Barbie jouait du violon ou tapotait l'harmonium sous le clocher du village, et il aurait eu quelques espérances à voir naître son petit Klaus à Godesberg, le village natal de Beethoven... A Udler, le prêtre descendait souvent la colline pour pousser la porte des Barbie, et il enseignait à petit Klaus les rudiments de latin (« væ victis »...). Enfance normale pour l'époque, la région et les croyances.

Parti avec ses parents s'installer à Trèves (fin 1925), le petit garçon retournait dans le massif de l'Eifel chaque été. Il portait alors la casquette des lycéens sur laquelle étaient cousues des bandes de couleur indiquant sa classe. Ainsi tout le monde pouvait voir s'il avait progressé ou redoublé. Petit Barbie avait, lui, la casquette changeante. A l'époque, rapporte un enquêteur du quotidien local, ce bon petit élève avait ressenti l'appel de la vocation. Oui, Klaus Barbie Junior disait qu'il voulait se lancer dans la théologie... Et puis soudain une volte-face (après son bac) : à une amie, dit cet enquêteur, il avait envoyé une lettre dans laquelle il se moquait des curés, de la religion. L'endoctrinement nazi avait si bien commencé son œuvre que – plus tard – sa première tâche dans les services de sécurité de la SS sera de surveiller les églises, de trouver ce qu'on y dit d'hostile au Reich ou à son Führer, ce qui, pour lui, revenait au même.

Le père de Klaus Barbie meurt en octobre 1933 d'une tumeur au cou si l'on en croit son fils. D'après ses voisins du village d'Udler, il aurait succombé à une overdose alcoolique. Peut-être buvait-il pour mieux supporter la douleur d'une blessure ? Peut-être pas. Ils se souviennent en tout cas que cet instituteur sévère n'avait exercé que pendant six ans, de 1919 à 1925, et lorsqu'il était trop ivre pour assurer la classe, sa femme, Anna, le remplaçait sur l'estrade. Cependant, voici ce que Klaus Barbie racontait au Brésilien Ewaldo Dantas Ferreira en mai 1972 :

« (...) Mon père avait été gravement blessé pendant la Première Guerre mondiale, et c'est des suites de cette blessure à la gorge, près de la carotide, qu'il mourut [1]. Il avait pris une part très active dans la lutte contre l'occupation française sous la direction de Schlageter [2] et avait constitué un groupe de paysans résistants. Ils n'avaient pas d'armes. Ils étaient organisés en résistance passive : sabotage des voies ferrées, propagande de toute sorte.

« Je me souviens bien de l'engagement de mon père. Il avait pris part à un affrontement célèbre dans le village d'Aegeidienberg quand les résistants allemands s'étaient opposés aux partisans de la séparation de la Rhénanie [3]. »

Voilà donc les racines de la haine que Barbie va puiser dans l'humiliant traité de Versailles. Le jour du décès de son père, Klaus Barbie a vingt ans. Il n'a pas encore son baccalauréat (Abitur) – il l'obtiendra l'année suivante –, mais il est inscrit depuis six mois aux Jeunesses hitlériennes. Comme la plupart des jeunes gens dans toute l'Allemagne. Et comme eux, du moins comme ceux qui voudront passer le baccalauréat, il écrit son autobiographie. C'était l'usage, à l'époque. Les élèves écrivaient au directeur pour dire comment ils voyaient la vie... La copie se trouve encore au lycée de Trèves. L'élève Barbie, qui apparaissait bien noté en religion, histoire, biologie, dessin, musique et gymnastique, devenait « passable » dans les autres matières comme les langues, la géographie ou les sciences. Extrait du rapport écrit fin 1933, année de la mort de son père et de son jeune frère Kurt.

« Ce que j'ai dû endurer (...) en peines vraiment amères, je le garderai toujours secret, ce sera un avertissement pour le reste de ma vie. Je peux dire que ces années ont fait de moi un homme mûr. Cette période m'a appris combien la vie est amère et comment le destin peut être terrible. »

A en croire Klaus Barbie, juste après son baccalauréat il aurait eu l'intention de devenir médecin militaire... Il en avait réussi les tests mais il lui fallait attendre un an, faute de place.

---

1. Au cours de l'instruction à Lyon, en 1984, Klaus Barbie se souviendra très précisément de ce jour : il avait lui-même épinglé sur la veste du mort l'insigne de la Croix de Fer.
2. Léo Albert Schlageter avait été l'un des leaders de la résistance allemande contre l'occupation française de la Ruhr. Arrêté et fusillé en 1923 à l'âge de vingt-sept ans, il était devenu un symbole pour les nazis. C'est lui et non pas Goebbels, prétendent certains historiens, qui aurait dit : « Quand j'entends parler de culture, je sors mon revolver! »
3. A Christian Pineau, chef de Libé-Nord (cf. chapitre 5), qu'il interrogera pendant onze heures de suite à la Gestapo de Lyon en 1943, Barbie expliquera son dégoût pour les français : « Ils ont gardé mon père prisonnier pendant trois ans! »

La France est toute proche, et pourtant Klaus Barbie prétend n'avoir jamais traversé la frontière. Aversion inexorable pour les Français? Mais alors comment expliquer qu'il a si bien appris la langue « adverse »? A la question : « Êtes-vous allé à l'étranger? » il répond en février 1940 : « Non. » Mais à partir du mois de mai de cette année 1940 Klaus Barbie va suivre les troupes d'invasion et connaître tour à tour la Hollande, la Belgique et la France. Sans doute a-t-il même parcouru la Suisse puisqu'un rapport mentionne qu'avant son affectation au KdS/SD [1] de Lyon en novembre 1942, il avait dirigé un commando spécial à Gex, au bord de la frontière helvétique.

Pour les besoins de la Gestapo, Klaus Barbie écrit plusieurs fois – en gothique – son curriculum vitae (voir en annexe, page 325) en 1939 et 1940 notamment. Voici ce qu'il rédige :

« Je suis né le 25 octobre 1913 à Godesberg. Jusqu'à l'âge de onze ans j'ai fréquenté l'école primaire à Udler-Eifel où mon père était instituteur. A onze ans j'ai commencé mes études secondaires au Friedrich Wilhelm Gymnasium de Trèves. A la fin de ma scolarité secondaire j'y ai obtenu le baccalauréat, à Pâques 1934. Ensuite je me suis engagé comme volontaire dans le Service du travail (Arbeitsdienst) à Niebüll/Schleswig-Holstein. De retour à la maison je n'avais pas de travail au début, mais pendant cette période j'ai dirigé un petit groupe de Deutsches Jungvolk (Jeunesses allemandes). J'ai d'ailleurs exercé cette activité dès avril 1933, date à laquelle je me suis inscrit aux HJ (Jeunesses hitlériennes). En même temps, j'ai été collaborateur volontaire de la section locale Trèves-centre du NSDAP [2]. C'est là que j'ai eu mes premiers contacts avec le Service de sécurité (Sicherheits-dienst : SD) de la RF.SS au début de l'année 1935. En septembre 1935, j'ai été engagé à plein temps au bureau central du Service de sécurité. En octobre 1936, j'ai été muté auprès du chef de ce service au département ouest de la SS.

« Klaus Barbie. »

Effectivement Klaus Barbie suivra une carrière normale, assez ambitieuse, certes, mais sans brûler les étapes. Il avait d'abord tenté d'entrer dans la marine de guerre à Flensburg où il avait suivi un camarade, fils d'officier de marine (Mme Barbie mère l'avait toutefois persuadé de renoncer à cette carrière). Il aurait alors voulu entrer à l'Université, mais la mort de son père l'en

---

1. *KdS/SD : Kommandeur* de la Police de sûreté et du Service de sécurité.
2. *NSDAP :* National Sozialistiche Deutsche Arbeitpartei, parti nazi.

a empêché. Cela ne gênera cependant pas sa progression puisque, ayant trouvé sa vocation grâce à un certain Jacobs, policier de Berlin en vacances à Trèves, il avait choisi de devenir super-flic.

Dans un autre curriculum vitae, daté de Dortmund le 12 février 1940, il précise en outre qu'il n'a pas poursuivi des études universitaires faute d'argent et donne des détails sur son choix politique :

« Mon activité politique a débuté par mon adhésion aux Jeunesses hitlériennes en avril 1933. Après six mois de service j'avais été pris comme chef dans le Deutsches Jungvolk. Grâce à ma collaboration à la section locale du NSDAP Trèves-centre, j'ai été en contact avec le Service de sécurité pour lequel j'avais d'abord travaillé à titre bénévole. Puis j'ai été recruté à la suite de ma candidature. »

Après les Jeunesses hitlériennes pendant lesquelles il avait accompli sa période de travail volontaire (mais pas plus de cinq mois : du 28 mai au 1er novembre 1934), Klaus Barbie s'engage dans les SS. Il n'a pas vingt-deux ans. Les Schutzstaffeln (SS : groupes de protection) c'est le saint des saints, c'est le temple. SS est synonyme de sécurité, de puissance. Le 1er octobre 1935, il se voit attribuer officiellement le n° 272284 qui sera inscrit en tête de toutes les pièces de son dossier administratif et parfois à côté de sa signature.

Un mot sur les SS : « Tous les SS ont ceci de commun : des yeux froids comme ceux des poissons et qui traduisent une absence totale de vie intérieure, une absence totale de senti-ments », disait sans le moindre humour un déporté, Rudolph Pechel, fondateur de la Deutsche Rundschau.

D'autres victimes du nazisme affirmeront que les SS étaient un ramassis d'insatisfaits, de ratés, de refoulés de toutes sortes.

Pour les historiens qui se sont plus intéressés à son origine qu'au bilan de son action, cette organisation était composée d'autant de criminels que d'idéalistes, de romantiques que de forts en gueule. Dans quelle catégorie peut entrer Klaus Barbie? Certainement pas dans celle des romantiques...

Après son admission parmi les SS, il entre tout naturellement au parti nazi, NSDAP, le 1er mai 1937 [1] (il attend toujours les débuts de mois pour s'inscrire, cela fait plus propre). Il reçoit la carte n° 4583085. Pour les archivistes, ce numéro sera aussi

---

1. Quatre jours après le bombardement de Guernica par l'aviation allemande.

important que celui des SS. Et il se lance dans la « carrière » toute tracée par Heinrich Himmler [1]. Tout naturellement Barbie recevra une formation appropriée dans l'une des six écoles de la SS, celle de Bernau, près de Berlin, en 1937, où il fera d'ailleurs la connaissance de Herbert Hagen que l'on retrouvera quelques années plus tard à la tête de la Gestapo à Paris. Un court séjour dans l'infanterie du Reich (du 5 septembre au 3 décembre 1938, ce qui lui permettra d'avoir un « alibi », pour la « nuit de cristal », première grande attaque antisémite), puis il démarre dans le métier comme « référendaire » (en allemand : *referent*) II/122-123 au SD secteur central de Düsseldorf.

Les enquêteurs du RuSHA notent scrupuleusement dans le dossier Barbie la date de ses fiançailles avec Mlle Regina Willms, excellente nazie inscrite au parti sous le n° 5429240, fille d'un manchot de la guerre de 14, deuxième d'une famille de quatre enfants, un « amour de collège » auprès duquel le jeune Klaus passera dix ans avant de se marier. Assistante puéricultrice dans une crèche à Düsseldorf, Mlle Willms était douée pour la peinture et la musique. Ainsi on appliquait le règlement puisque Heinrich Himmler, grand maître des SS, avait décidé d'organiser la vie privée de ses « fidèles ». Respectueux des nouvelles méthodes nazies et trouvant cela parfaitement logique – c'est le cas des Barbie –, les jeunes gens ne pouvaient plus se marier et, de surcroît, procréer sans avoir été soumis au détecteur de pureté que constituait l'examen médical. Dans un dessein de « grande noblesse », cette dictature imposait aux futurs époux [2] de répondre à des questionnaires fastidieux mais sophistiqués, de dresser les arbres généalogiques qui remontaient jusqu'à la 63e filiation... tout cela pour établir avec une certitude absolue (?) la pureté de la race dite aryenne. Les examens ne se faisaient pas en quelques heures. Les recherches administratives étaient complexes [3], les fonctionnaires tatillons comme partout, d'autant plus que Klaus Barbie sollicitait une subvention. N'importe quel praticien n'était pas agréé, il fallait être médecin nazi. Et encore était-il indispensable de produire les témoignages des supérieurs et des garants de mora-

---

1. Himmler, alors qu'il était chef de la Gestapo en 1935 : « Le SD démasque les adversaires de l'idée nationale-socialiste et oriente l'action de la police. Le SD sera une police de l'esprit, l'instrument de mesure et contrôle de la pensée. »
2. Décret du ministre de l'Intérieur du 5.8.1938.
3. Les gradés SS, pour leur part, devaient préciser leur ascendance jusqu'à l'année 1750.

lité, sorte de parrains au mariage. Au total quarante-six documents.

L'un de ces questionnaires avertit le signataire : « Il est inutile de craindre quoi que ce soit s'il se révélait nécessaire de signaler un parent " héréditairement taré ". Les renseignements ne serviront qu'à déterminer les tares les plus lourdes (...). Cela ne sert qu'à protéger le SS lui-même du cumul d'hérédités qui provoqueraient la maladie des enfants. »

Ainsi nous trouvons dans le dossier du RuSHA une longue et très précise fiche médicale. Elle va nous apprendre à mieux connaître l'homme Barbie. Le 9 mars 1939, le Dr A. Hoffmann, médecin SS assermenté à Düsseldorf, Spielbergstrasse, 4, calligraphie ses observations. Il doit constater la pureté de la race. Le rapport médical n° 115607 comporte six pages. Pour prouver qu'il n'est ni métissé, ni tzigane, ni russe, ni polonais, ni franc-maçon, ni communiste, ni homosexuel, ni taré, ni fou et – surtout pas – un tantinet juif, Klaus Barbie va se faire examiner de la tête aux pieds. C'est édifiant. Ainsi on apprend que le petit Klaus est venu au monde tout à fait normalement (sinon qu'il est arrivé avant le mariage de ses parents, on le sait, mais est-ce là un défaut de construction?). Il ne faisait pas pipi au lit, précise le rapport. Il a marché à l'âge de un an et a commencé à parler à dix-huit mois. Le parfait bébé SS...

Les antécédents familiaux : pêle-mêle, il est question des cas d'alcoolisme, des cures de désintoxication, de l'emprisonnement éventuel, des naissances multiples ou des suicides. Rien de tout cela chez les Barbie. Des grands-parents un seul reste en vie, il a quatre-vingts ans. Les autres sont décédés, l'un d'une grippe, l'autre d'une occlusion intestinale, le dernier d'une pneumonie à l'âge de quarante-cinq ans. Et Klaus, son frère, mort à dix-huit ans de faiblesse cardiaque.

L'adolescent Barbie pratiquait l'athlétisme, la natation et l'escrime. Développement intellectuel : quatre ans d'école primaire, le lycée sans avoir redoublé une seule fois, le baccalauréat... nous connaissons la suite. Le jeune SS ne fume pas, ne boit que très peu d'alcool et habite chez sa maman.

L'examen général du Dr A. Hoffmann est pittoresque. Le candidat au mariage mesure 170 centimètres debout et 83 centimètres assis par terre... Jusqu'où peut se nicher la précision scientifico-hitlérienne! Il pèse 64 kilos, ce qui est parfait pour son âge (vingt-cinq ans); son tour de poitrine varie de 87 à 92 centimètres en fonction de la respiration et son tour de tête est calibré à 57 centimètres, chiffre qu'il lui sera utile de retenir s'il veut porter convenablement la casquette. Le Dr Hoffmann le trouve plutôt svelte, élancé. La démarche redressée et le ventre ferme. Son teint est rose-blanc *(rosigweiss),* ses yeux bleu-gris et les cheveux blonds tirant sur le châtain clair. Les pommettes ne ressortent pas et on ne décèle pas de pli mongolique à l'œil. Dominante raciale : « nordique ». Voilà de quoi rassurer l'Office central du Rasse und Siedlung.

L'exploration continue. Klaus Barbie ouvre la bouche : le médecin constate qu'il possède trente-deux dents parfaitement saines, ce qui n'est pas le cas de sa fiancée examinée le même jour (on déplore chez Mlle Willms sept dents plombées, trois prémolaires couronnées et l'absence de deux autres).

Pilosité normale, aucune anomalie de la pigmentation, les muqueuses paraissent bien irriguées. Colonne vertébrale, thorax, crâne... RAS. Le sujet présente 6/6 d'acuité visuelle à chaque œil, ne louche pas, distingue bien les couleurs. Aucun défaut d'élocution. L'audition est tout aussi parfaite puisqu'il entend murmurer à la distance de six mètres (ce qui, on le devine, lui sera fort profitable par la suite). Rien aux poumons. Côté cœur? Battements réguliers (72 pulsations à la minute) et puissants, note le Dr Hoffmann. La tension se situe dans les normes : 12-7. Ni sucre ni albumine dans les urines. Les organes génitaux : rien à dire. Aptitude à la procréation? « Normale d'après l'examen. » L'analyse du sang ne révèle aucune anomalie et le praticien inscrit « normal » après chaque test de réflexes. Le sujet donne-t-il l'impression d'être crédible et ouvert? Oui, écrit le médecin nazi. Faut-il compléter cet examen par une consultation de spécialiste? Ce n'est pas nécessaire. Et le praticien SS termine son rapport par cette appréciation au chapitre « aptitude au mariage » : il est souhaitable que le sujet reproduise dans le sens de la race.

En somme, Klaus Barbie n'est peut-être pas assez blond ni assez grand pour incarner le parfait SS tel qu'on le voit pavoiser sur les affiches nazies, mais – au mois de mars 1939 – l'apprenti bourreau n'est pas moins un jeune homme tout à fait normal.

Mieux : l'appréciation qu'en feront, l'année suivante, ses supérieurs et collègues de la Gestapo. L'enquête est établie à Düsseldorf le 14 mars 1940. On juge d'abord l'adjudant Barbie sur ses signes extérieurs. Et la première question est : quelle est son apparence raciale? Réponse : à prédominance occidentale.

Son comportement est estimé bon et rigide; sa présentation pendant le service ou en repos est disciplinée et sans reproche; sa situation financière est en ordre.

Sur le plan du caractère, l'appréciation de ses supérieurs est plus détaillée : Klaus Barbie aime la vie, la vérité et a le sens de la camaraderie. Il possède une bonne mesure de vivacité intellectuelle et une bonne capacité de compréhension. Sa force de volonté et sa détermination sont « prononcées ». Au plan de la culture générale et de l'éducation, on le trouve convenable. Il passe pour avoir une solide conception de la vie et un jugement clair. Caractéristiques particulières : il est un collaborateur zélé et circonspect. Il n'a jamais été condamné. Défauts et faiblesses particulières : aucun.

L'enquêteur note au passage que l'Oberscharführer Barbie fait preuve de fermeté dans son attitude face à l'idéologie nazie, et que ses connaissances pratiques ou théoriques du service intérieur, des questions disciplinaires et administratives sont « suffisantes ». Le rapport se termine sans nuance par l'appréciation d'ensemble :

« L'adjudant Barbie est un camarade sans reproche. Son activité dans le service est excellente. Son comportement en tant que SS aussi bien dans son travail qu'en dehors est irréprochable. »

Il reste aux futurs époux à déclarer sur l'honneur l'état de leur fortune et de leurs dettes. Curieusement, Klaus Barbie annonce n'être « pas encore » en possession de ses biens et n'avoir aucune dette. Il signe en reconnaissant qu'une fausse déclaration entraînerait son exclusion de la SS. Ni fortune ni créance non plus chez sa fiancée.

Pour obtenir l'autorisation de se marier, Klaus Barbie est obligé de demander son avis au général de division, le baron von Schade qui (en dépit de son nom, en français : « dommage ») n'avait pas hésité à élever le sergent-chef Barbie au rang d'adjudant. L'opinion du baron von Schade :

« D'un caractère honnête, Barbie est un travailleur qualifié. Du point de vue SS, on ne peut rien lui reprocher. Au plan du travail, on peut le considérer comme un des meilleurs employés *(referent)* du SD section ouest. »

Il est évidemment hors de question de demander à l'Église, catholique ou protestante, de consacrer un mariage ou un baptême. Les épousailles se célébraient comme des « noces ancestrales », sous le contrôle et le parrainage d'un chef SS qui offrait le pain et le sel pour donner l'illusion d'on ne sait quel rite de la Grèce antique.

Plus compliqué encore : il lui faut présenter les témoignages de deux parrains, deux capitaines SS de Düsseldorf, Karl Hönscheid et Willi Schmidtsiefen. Ils devront se porter garants non plus de Klaus Barbie mais de sa future épouse, Regina Willms. Cela restera confidentiel, précise le formulaire. Hönscheid et Schmidtsiefen affirment : la jeune femme est digne de confiance, bonne camarade, économe, aimant la vie au foyer, elle apprécie d'autant plus les enfants qu'elle est puéricultrice. Bref, elle est apte à épouser un membre de la SS. Une seule ombre au tableau, c'est Schmidtsiefen qui l'indique : la fiancée est certes convaincue de défendre l'idéologie du national-socialisme, mais sa famille continue d'entretenir de fortes attaches catholiques. Cela ne changera rien puisque le 30 mars 1939, enfin, Poppendick signe l'autorisation de mariage.

Helmut Poppendick n'est pas n'importe qui. Médecin spécialiste des maladies héréditaires, il avait été chargé par Himmler de la politique démographique et du RuSHA, le fameux Service de la race et de la colonisation. Il n'y avait pas une seule demande en mariage des SS et de leurs fiancées qui ne passe entre ses mains. Poppendick examinait chaque dossier scrupuleusement, éliminant tout risque d'échec. Ah! il fallait que la race soit pure et belle! En 1943, il avait été nommé chef d'état-major du Reichartz Grawitz. C'est suffisant pour comprendre qu'il était tenu au courant des expériences humaines dans les camps de concentration, par exemple celles de l'exécrable « D[r] » Joseph Mengele qui avait un faible pour la vivisection des enfants.

De Dortmund, Barbie écrit au Service de la race pour confirmer ceci : sa future femme n'a pas pu suivre l' « École des fiancées » de Brüggen où elle était pourtant inscrite car l'établissement est momentanément transformé en garnison. « Est-ce un obstacle au mariage? » Non, Klaus et Regina vont pouvoir convoler. Mais il subsiste une dernière tracasserie : la jeune femme devra terminer ses cours, à l'École des mères cette fois, avant la fin avril 1942. Elle le promet et le mariage est enfin célébré le 25 avril 1940 à la mairie de Düsseldorf-Nord, au moment où l'Allemagne attaque la Norvège.

Les Barbie déménagent. De Düsseldorf où ils demeuraient au 19, Feldstrasse, ils partent pour Dortmund et indiquent comme adresse : Horst-Wesselstrasse, 28. Pendant son absence, la correspondance du mari sera acheminée par la poste militaire sur cette simple indication : 15177 AA [1].

Les archivistes de la Gestapo noteront toujours aussi méticuleusement la naissance du premier enfant des Barbie, une fille : Ute, Regina (comme sa mère), née le 30 juin 1941 à Trèves. Son fils Klaus-Jörg naîtra seulement après la guerre, en 1946. Est-ce pour répondre à l'encouragement de Himmler qui préconisait à ses SS d'avoir quatre enfants que, penaud, Klaus Barbie s'excuse par écrit ? Voici, trouvé dans le dossier militaire, des explications signées Obersturmführer Barbie, lettre datée de Lyon le 19 avril 1944 :

« Déclaration.

« J'aimerais expliquer pourquoi nous n'avons pas eu de deuxième enfant jusqu'à présent.

« Ma fille Ute est née le 30 juin 1941. Après l'accouchement très difficile, ma femme avait dû se reposer pendant près d'un an. Pendant cette période, ma femme, qui habitait auparavant à Dortmund, s'était rendue chez sa mère à Trier [2] (Trèves) à cause des bombardements. Les circonstances étaient telles que deux autres filles mariées, dont les maris sont sur le front, habitaient chez leur mère. Une de ces filles a également un enfant en bas âge.

« J'ai adressé une lettre au président du district de Trier pour aider ma femme à trouver un logement, ce qui est absolument nécessaire pour la naissance d'un deuxième enfant. Jusqu'à présent, il ne m'a pas été possible de régler mes conditions de logement d'une façon acceptable. C'est le vœu de ma femme d'en tenir compte. »

Et comme une incidence, il ajoutait :

« Par ailleurs j'aimerais signaler une autre raison : aussi bien en 1942 qu'en 1943 je n'ai été qu'une seule fois en congé en raison des circonstances de service à Lyon. »

Une fois marié, plus rien ne retient formellement Klaus Barbie en Allemagne puisqu'on lui propose de partir avec les troupes du Reich et de mettre son talent à profit. En commençant par la Hollande où il se rendra dès la fin de son congé matrimonial.

---

1. Numéro du secteur postal du Sipo-SD de Lyon. A noter également que l'administration du Reich avait ouvert un compte pour son propre fonctionnement et pour les avoirs de ses agents : ainsi la fortune de la Gestapo était déposée à la Banque de France, filiale de Lyon, sous le n° 33455.
2. Liebfrauenstrasse, 5, à deux pas du célèbre Dôme.

3.

LA LISTE

S'il était une contrée où une nouvelle recrue du SD allait pouvoir mettre en pratique sa compétence de la subversion contre ces parias « ennemis du Reich », les communautés juives par exemple, c'était bien à Amsterdam. Pas moins de quatre-vingt mille juifs y avaient été regroupés, étouffés par l'appareil nazi. Arithmétiquement, on pouvait trouver un juif chaque fois que l'on comptait dix personnes.

Quels « exploits » ont marqué le séjour de Klaus Barbie en Hollande? Essentiellement la chasse aux juifs. Pour le reste on ne trouve plus de trace. Mais il faut le préciser : le sillage de Barbie ne subsiste que dans les mémoires car – à part un seul document, une seule signature manuscrite de Barbie – les archives ont disparu dans ces flambées qui, en quelques secondes, consumaient ensemble les listes des juifs à déporter et les noms des collaborateurs de la Gestapo, les bonnes adresses des prostituées et l'inventaire des bijoux ou autres valeurs, volés et pas toujours envoyés à Berlin pour le confort du grand Reich... Ainsi il ne reste que les récits des plus vieux et quelques lignes d'historiens disparus, mais qui avaient rassemblé leurs souvenirs et ceux des témoins de l'époque. Ce que l'on sait de Barbie a été recoupé par divers témoignages, corroboré par son dossier administratif – retrouvé intact, celui-là, au RuSHA de Berlin.

Fraîchement promu Untersturmführer (sous-lieutenant), Klaus Barbie arrive à Amsterdam le 29 mai 1940. Il n'a pas encore vingt-sept ans, et déjà il est chargé de fouiner dans les milieux religieux, des chrétiens aux juifs, et chez les francs-maçons ou autres sociétés occultes. Il s'agit pour lui de contrôler ces groupes qui pourraient, même avec des moyens dérisoires, faire obstacle à l'invasion allemande. Ainsi, sous l'autorité directe de l'office central de la Sipo-SD [1] implantée à La Haye, Klaus Barbie s'installe avec son Aussenstelle (sorte d'annexe régionale) en plein centre d'Amsterdam. Ceux qu'il combattra n'oublieront pas son nom même si la silhouette est brouillée : le nom de Barbie sonne italien, tandis que les autres, Willy Lages (prononcez : Lagues), Aus der Fünten, Fischer, Dittges, Lauhus et autres Fritz représentaient bien les SS même sans l'uniforme noir et la casquette surchargée de la tête de mort [2]. Barbie, lui, était le plus souvent en trois-quarts beige et chapeau mou. Le flic tel qu'on se l'imagine dans les histoires d'espions trente ans avant James Bond, à ceci près que ce flic-là était obligé de relever le menton et de monter sur la pointe des pieds pour placer son regard d'acier au même niveau que celui des « terroristes », comme il les appelait.

La section d'Amsterdam allait se révéler plus importante que celle de La Haye, tout au moins dans la chasse contre les juifs. Elle s'était installée dans les vieux immeubles du Herengracht, aux n° 485-487, là où le canal des Seigneurs (c'est son nom) forme une courbe légère. A l'abri des attentats car le bâtiment était relativement facile à protéger. Il suffisait, le cas échéant, de repousser n'importe quel assaillant vers le canal.

Klaus Barbie, on va le retrouver trois fois. Tout d'abord, plusieurs témoignages indiquent que c'est bien lui qui arrêta le vieux général Hermanus Van Tongeren, grand maître de la loge franc-maçonnique. Sa fille, Charlotte, racontait il y a quelque temps comment Barbie brutalisait sa famille quand elle venait demander des nouvelles du prisonnier. Écroulé de rire, Barbie montait le son de la radio, faisait brailler les chansons allemandes chaque fois que les visiteurs voulaient prendre la parole... Déporté au camp de Sachsenhausen, le général Van Tongeren succombait cinq mois après son arrestation. Ce serait encore lui qui aurait

---

1. *Sipo :* Sicherheitspolizei (Police de sûreté); *SD :* Sicherheitsdienst (Service de sécurité) dont dépendra la Gestapo. A l'origine, la Sipo faisait partie de la structure normale de la Police de l'État tandis que la SD provient de l'organisation nazie. Les membres de la SD sont des employés du parti. Dans les territoires occupés, comme la région lyonnaise par exemple, l'ensemble sera officiellement appelé E.K. (Einsatzkommando).
2. La tête de mort devait symboliser à la fois un avertissement aux ennemis du Reich et l'abnégation de la vie du SS au profit de Hitler.

apporté l'acte de décès à la jeune femme. D'ailleurs celle-ci se souvient de Barbie au point d'assurer que, revenu en septembre 1944 – on verra cela plus loin –, le SS aurait assassiné le propre fils du général, dans la ville de Haarlem.

Barbie dans sa « confession » recueillie en Bolivie, au printemps 1972 : « Vers le mois de juillet 1940, j'avais été incorporé à un groupe qui avait commencé à travailler près de La Haye pour préparer l'invasion de l'Angleterre. L'invasion n'eut pas lieu et ce fut une période plus ou moins calme pour moi. » Et il ajoutait (mais cela a été coupé dans son récit) que, profitant de cette accalmie, il était momentanément parti suivre des cours de perfectionnement en Allemagne. A l'école des espions...

L'Untersturmführer Barbie fera à nouveau parler de lui dans cette étonnante histoire du marchand de glaces à l'enseigne *Koco,* contraction approximative du nom des propriétaires : A. Kohn et Ernst Cahn. Ces deux vigoureux juifs tenaient un salon de thé au 149, Van Woustraat. C'était une cible facile pour les « noirs » (ainsi appelait-on les fascistes hollandais du NSB, le mouvement national-socialiste local, équivalent du NSDAP allemand). A force d'être attaqués par ces commandos de fanatiques, Kohn et Cahn avaient formé un groupe d'autodéfense pour riposter aux agresseurs qui s'égayaient en « bouffant du juif » sous le regard amusé de la police néerlandaise. Les deux amis avaient même bricolé un ingénieux système qui, le soir venu, devait dissuader les assaillants : un bouton commandait un projecteur qui éclairait les visiteurs, aussitôt aspergés de gaz ammoniac dont les bonbonnes (normalement utilisées pour la réfrigération des crèmes glacées) étaient solidement attachées en batterie à l'entrée du salon de thé. Au début de la nuit du 19 février 1941, Ernst Cahn déclenche la « machine ». Le piège fonctionne, cependant les assaillants n'étaient plus des nazis hollandais, comme ils s'y attendaient, mais un groupe de la Sicherheitsdienst, la fameuse SD.

« Quoi? On s'attaque aux Allemands maintenant?... »

Klaus Barbie était présent. Il l'a résumé lui-même [1] :

« Cahn se trouvait là. Un superbe chauve... J'eus encore la force de saisir un cendrier et de le lui envoyer à la tête. Il fut déchiré du sommet du crâne jusqu'ici (il montre son épaule). Nous l'avons arrêté... »

Coïncidence ou provocation de la part des SS qui s'étaient

---

1. Interview accordée à Gerd Heideman en 1979 et publiée seulement en 1983 par la revue allemande *Stern.*

substitués aux nazillons locaux? Le résultat est le même : ce soir-là, les juifs qui n'avaient pas réussi à quitter l'arrière-boutique étaient arrêtés. Ernst Cahn a été le premier juif que les Allemands aient officiellement jugé et condamné à mort (il fut exécuté le 3 mars 1941; son ami Kohn, condamné à dix ans de prison, mourut en déportation).

Barbie : « En fin de compte, on m'a confié le peloton d'exécution... Je me suis trouvé mal quand j'ai vu sauter toute cette cervelle. »

Mais cette affaire Koco, ajoutée à un attentat qui avait coûté la vie, huit jours avant, à un certain Koot qui dirigeait les groupes de placardeurs (« Interdit aux juifs »), allait avoir des conséquences plus graves encore. Le grand chef de la police, le Reichsführer Heinrich Himmler, prévenu à Berlin que « les juifs avaient – notamment – mordu à mort un homme de la WA (la division armée) » ordonnait la déportation de quatre cent vingt-cinq juifs de Hollande. Pourquoi quatre cent vingt-cinq? Le hasard peut-être. Au cours de deux grandes rafles, le samedi 22 février et le lendemain, les SS arrêtent trois cent quatre-vingt-neuf juifs [1]. Cela ne fait pas le compte, mais tant pis... Ils sont expédiés au camp de prisonniers de Schoorl, sur la mer du Nord, puis presque aussitôt transférés en camions vers Alkmaar où les Allemands les entassent dans un train à destination de Buchenwald et Mathausen. Pas de survivants. Il est établi que cent soixante d'entre eux sont morts dans les chambres à gaz expérimentales. C'était le prélude aux déportations massives qui allaient trouver leur plein rendement à l'été 1942 [2].

Alors, pour la première fois dans l'histoire de la Seconde Guerre mondiale, se déclencha une grève contre l'oppression nazie. Grève de deux jours, organisée par le parti communiste clandestin à Amsterdam, et qui s'était poursuivie dans les ateliers d'Hilversum. On a retrouvé les tracts. Les communistes exigeaient la liberté pour les juifs, mais n'omettaient pas de réclamer, dans le même texte, l'augmentation des salaires.

Convoqués au siège de la SD, les chefs du Conseil juif avaient été avertis : si cela continuait, si les incidents se multipliaient, les Allemands allaient devoir abattre cette fois cinq

---

1. Un soldat allemand a pris des photographies de la rafle pour son album souvenir (voir le cahier d'illustrations).
2. Au total cent sept mille juifs ont été déportés des Pays-Bas. Il n'y eut que cinq mille deux cents survivants!

cents juifs. Rien que cela... La semaine suivante, rapporte l'historien Ben Braber, le grand chef Willy Lages arrivait de La Haye. La grève allait changer la tactique des Allemands : plutôt que de surveiller les syndicalistes, ils les arrêtèrent. Les patrons de Barbie, Dittges et Lauhus, furent mutés. Barbie allait bientôt monter en grade.

On retrouve Barbie plus tard dans l'affaire du phalanstère de Wieringermeer, un polder au nord d'Amsterdam, où des juifs allemands s'étaient regroupés – dès 1934 – dans l'attente de partir pour la Palestine. Ils vivaient de l'agriculture, de l'horticulture et enseignaient aux plus jeunes la ferronnerie ou l'ébénisterie. Quelques semaines après la menace d'abattre les cinq cents juifs et alors que les affrontements d'Amsterdam paraissaient avoir cessé, la sirène du village hurlait le signal du rassemblement. C'était le 20 mars 1941, un jeudi. Sept cars bleus des transports urbains d'Amsterdam s'étaient rangés au milieu du village.

« Je ne comprends toujours pas pourquoi nous avons tous pris la direction du bâtiment principal au lieu de fuir... me raconte Julius Reutlinger, qui avait vingt ans à l'époque.

« Il y avait là cinq ou six Allemands en civil et un seul en uniforme : Lages [1]. Parmi les civils, Klaus Barbie. Il a été formellement reconnu. Mais ne me demandez pas aujourd'hui si je m'en souviens parfaitement... Je sais qu'il était là, mais je ne sais plus sur quel détail je l'avais repéré. »

Sans donner la moindre explication, les Allemands regroupent la plupart des juifs, les jeunes surtout, ne laissant sur place que certains adultes pour soigner les bêtes et ne pas laisser les cultures tomber en friche. Voulaient-ils simplement arrêter les jeunes ? Voulaient-ils plutôt nettoyer cette partie de la côte de tout risque d'espionnage, ou bien donner aux agriculteurs nazis les terres rendues fertiles ? On ne comprend pas.

Lages hurlait qu'il fallait quitter le camp, poursuit Julius Reutlinger. Dix minutes nous avaient été accordées pour rassembler nos affaires. La plupart d'entre nous avaient pensé : « Ça y est, on va droit vers le camp de concentration. »

Eh bien, non ! Arrivés à Amsterdam, les juifs allaient être dispersés dans diverses familles. Sans explication. Le rôle exact de

---

1. Willy Lages, condamné à la réclusion perpétuelle, a été gracié pour raisons de santé. Il était alors le plus vieux prisonnier allemand en Hollande. Il est décédé quelques années après sa libération.

Barbie dans cette affaire a relativement peu d'importance jusque-là. C'est la suite qui compte.

Pendant trois mois il ne se passe rien. Les Allemands avaient réussi à convaincre le chef de la communauté juive, David Cohen, qu'il valait mieux continuer à entretenir de « bons » rapports avec le SD plutôt que de s'ignorer... pour le bien de chacun. Ainsi le président du Conseil juif venait voir Barbie deux ou trois fois par semaine dans les bureaux du canal des Seigneurs. Or voilà que, subitement, un jour, Klaus Barbie tend une main chaleureuse au vieux David Cohen et le gratifie de son plus large sourire. Voici ce qu'il lui dit :

« Vous réclamez de l'aide dans la ferme de Wieringermeer. Nous sommes d'accord pour laisser les jeunes y retourner. Donnez-moi la liste de tous les noms, on va organiser cela [1]... »

Barbie (toujours ce nom à consonance italienne...) assurait que les jeunes n'auraient ainsi plus de raisons d'être effrayés si on venait les chercher. C'était pour leur bien, pour leur propre sécurité. Interrogés par David Cohen, les autres chefs du village de Wieringermeer se disant ravis à l'annonce de retrouver leurs jeunes, le 11 juin 1941, Cohen remet une liste (incomplète) à Barbie...

Or cette liste allait servir à former le deuxième groupe de déportés. Pour la Gestapo, il suffisait de trouver le prétexte. Il se présenta lorsqu'un attentat endommagea le central téléphonique de la Werhmacht.

Julius Reutlinger travaillait au sud-ouest d'Amsterdam, à Sloten, quand on vint lui dire de retourner immédiatement chez lui.

« Je me suis méfié, je ne suis pas rentré. C'était comme si j'avais un sixième sens... De cette liste je suis le seul survivant ! »

Comme Barbie et ses camarades de la Sipo-SD ne parvenaient pas à retrouver tous les juifs puisque certains d'entre eux avaient réussi, poussés par l'instinct, à se fondre dans la population d'Amsterdam et des environs, ils en arrêtèrent d'autres, au hasard, pour faire le nombre, pour arriver à un total de trois cents. Ils ont été transportés, directement cette fois, à Mathausen. Et, d'après ce que l'on sait, ils ont servi de cobayes pour les expériences d'extermination dans les chambres à gaz.

---

1. Propos rapportés dans les *Mémoires* de David Cohen et cités par l'historien hollandais Jacob Presser, aujourd'hui disparu.

A cette époque, si l'on en croit le récit fait en 1972, Barbie prétend avoir été propulsé jusqu'au front russe, en avril 1941, en passant par le port de Königsberg (aujourd'hui Kaliningrad). Sur cet « épisode russe », Klaus Barbie déclarait au reporter de *Stern* :

« Nous n'avons jamais eu peur de rien, sauf des femmes... Les bataillons de femmes!... Quand l'un de nous tombait entre leurs mains... Si vous aviez vu nos camarades empalés... »

Et il cite un autre « souvenir », celui d'une colonne de soldats ébouillantés et brûlés par de l'eau et du goudron fumant pendant la traversée d'un village :

« Alors nous avons foncé avec nos chars sur les trottoirs. Tout ce qui se trouvait là s'est écroulé... Puis nous avons utilisé les munitions incendiaires. »

Sans toutefois préciser s'il était revenu en Hollande, Barbie affirmait avoir été nommé en France vers le mois de juin 1942.

« Que Barbie ne vienne pas dire maintenant que les ordres qu'il allait appliquer à Lyon découlaient des actions intentées par les " terroristes ", me dit David Barnouw, l'un des jeunes historiens néerlandais. Aux Pays-Bas, vous le voyez, il avait déjà un passé de criminel contre l'humanité! »

En février 1984, personne n'avait trouvé en Hollande de document signé « Klaus Barbie » autre que celui concernant un V-Mann, c'est-à-dire un *Vertrauensmann,* un homme de confiance. Ce document est signé le 4 décembre 1941 et prouve, pour le moins, que Barbie était à Amsterdam ce jour-là. Mais, avant de revenir sur ce document, il est nécessaire de situer l'importance des V-Mann (les Allemands emploieraient plutôt le pluriel de *V-Leute*) qui, pendant toute la guerre et dans tous les pays occupés, vont jouer un rôle capital auprès de la Gestapo.

Dès 1937, une circulaire envoyée par la SD (département nord-ouest) précisait ceci :

« Chaque chef de poste doit tendre à s'assurer le concours d'un ou plusieurs hommes de confiance (V-Mann) dans sa région. Chacun de ces agents aura lui-même des informateurs qui ne devront, à aucun prix, savoir qu'ils travaillent pour nous. Qui peut devenir V-Mann? Chaque homme disposant d'un minimum de culture, de bon sens, d'objectivité, de logique. »

Telle était la grande armée fantôme du SD, commentait l'historien Heinz Höhne dans ses recherches sur l'ordre noir. Les tentacules du SD pénétraient les moindres recoins de la société allemande. Or les informations n'étaient pas seulement fournies par des petits mouchards ou des espions de fortune. La Sicherheitsdienst se servait aussi bien de magistrats, d'entrepreneurs, d'hommes d'affaires, d'artistes, de savants. Bref, il n'était de si bons « donneurs » que les notables. Cela c'était avant la guerre. Mais la même organisation, calquée sur un organigramme identique, allait se développer sur tous les territoires envahis ou en passe de l'être.

Finalement, Barbie avait de quoi se réjouir en quittant les Pays-Bas : il avait été promu Obersturmführer (lieutenant) le 9 novembre 1940 et en avait certainement profité pour aller passer quelques jours chez lui, en Sarre, puisque neuf mois plus tard naissait son premier enfant. Suivant la coutume du RuSHA, chargé de la Race et du Peuplement, la petite Ute a dû recevoir alors son cadeau du Reich : un gobelet et une cuiller en argent tout spécialement fabriqués pour les bambins des SS.

Pour l'interprète de la Gestapo, un Hollandais du nom de Diepgrond, le souvenir de Barbie n'est pas tout à fait celui d'un jeune marié inquiet du sort de son bébé :

« Si Barbie a quitté Amsterdam, c'est parce qu'il ne s'entendait pas avec le grand chef, Willy Lages. Celui-ci lui reprochait de n'être pas assez strict et de trop s'occuper des femmes! »

Cependant, si tout cela est utile pour l'Histoire, ce ne l'est plus pour la justice : les magistrats hollandais ont baissé les bras. Le procureur de la reine, Paul Brilman, spécialement chargé des crimes contre l'humanité, a conclu – en février 1984 – à l'impossibilité de poursuivre Klaus Barbie devant la justice néerlandaise. Faute de preuves. Accompagné d'un vieux policier scrupuleux, J.J. Koppe, qui enquêtait depuis des années sur la responsabilité de Barbie, le magistrat était venu à Lyon, fin 1983, avec une liste de soixante-dix questions. La chancellerie leur avait donné l'autorisation d'interroger Klaus Barbie au prétoire de la prison Saint-Joseph (cette même autorisation avait été refusée aux magistrats américains peu de temps auparavant). Il y avait là le juge Riss, sa jolie greffière, Mlle Delamare, on avait prévu deux interprètes pour l'allemand et le hollandais, le médecin de la prison était sur ses gardes. Or il a suffi que Barbie interroge du regard un de ses avocats...

« Je suis citoyen bolivien. J'ai été extradé illégalement. Je ne répondrai à aucune question. »

L'entretien n'a pas duré cinq minutes. Et pourtant il y avait de quoi discuter!

Quant à la Belgique dont fait mention le fameux dossier de la Gestapo, il est vraisemblable que Barbie n'y a pas séjourné longtemps. Il s'agit là d'une erreur d'interprétation étant donné que pour les Allemands, en 1940, la Belgique et les Pays-Bas ne formaient qu'un seul et même ensemble territorial. Si l'on trouve la trace de quelques juifs de nationalité belge déportés par Barbie – comme Marcel et Paule Mermelstein, sept et dix ans, qui se trouvaient dans la colonie d'enfants juifs d'Izieu, dans l'Ain –, le SS n'a pas laissé en Belgique le moindre souvenir. Les historiens sont unanimes : tout au plus Barbie est passé par Bruxelles pour venir prendre son poste à l'Amt VI (Renseignements) de la région de Gex dépendant de Dijon. C'était au printemps de 1942.

A peine arrivé en France, du côté de Gex, tout près de Genève, qui était au même titre que Lisbonne le grand lieu de rencontre des espions, Barbie s'était lancé dans une enquête en territoire helvétique. Il devait identifier rien moins qu'un groupe d'espions russes qui semait le désastre dans les rangs allemands, ayant réussi à s'infiltrer dans le haut commandement de Berlin. Colossal travail pour un petit poulet : qui donc était le mystérieux Werther qui fournissait, à partir de la Suisse, des renseignements de tout premier ordre aux Soviétiques? Sur cette affaire, Klaus Barbie reconnaît avoir fait chou blanc, mais son travail, disait-il en 1972, n'avait pas été inutile puisqu'il avait laissé auprès de la police helvétique suffisamment d'informations pour lui permettre de démanteler le réseau au début de 1944. L'histoire ne dit cependant pas qui était ce mystérieux espion qui signait ses messages du nom de Werther. Mon confrère Victor Alexandrov pense que Werther était en fait un nom de code du capitaine de cavalerie Wilhelm Scheidt, de l'entourage immédiat d'Adolf Hitler, ou du colonel Gehrts, conseiller militaire de Goering. Car il est vrai que les secrets les plus jalousement gardés par l'OKW [1] passaient entre leurs mains, écrit-il dans son livre sur les services secrets de Staline [2].

La Suisse est autrement importante pour Barbie : c'est par là que certains mouvements de résistants (notamment Combat) vont tenter de trouver l'argent si nécessaire à leurs réseaux. Non pas l'argent des Suisses, mais celui des Américains, celui que peut distribuer le chef des services secrets US en Europe, Allen Dulles.

---

1. *Oberkommando der Wehrmacht :* haut commandement de l'armée allemande.
2. *OSI,* Éd. Planète, 1968.

Car, à Londres, de Gaulle ne peut pas obtenir des Anglais autant qu'on lui demande (ou bien préfère-t-il le distribuer autrement?).

La frontière suisse n'était pas son seul objectif du moment. Abandonnant le double éclair runique de la SS pour endosser ses vêtements civils, Barbie se promenait en zone sud, la zone dite libre, tantôt sous la fausse identité d'un représentant en tissus d'origine flamande, ce qui pouvait « coller » à ses intonations germaniques, tantôt avec des papiers au nom d'un certain Karl Meyer, ou Mayer. C'est d'ailleurs sous ce nom qu'il paraîtra dans la première liste des criminels de guerre établie à Alger par les services spéciaux du colonel Paul Paillole.

4.

COLOSSALE FINESSE

Pour Klaus Barbie, le cœur de la guerre est à Lyon. C'est là qu'il va s'épanouir avec les loups dans une guerre sournoise où les Allemands sont la plupart du temps en civil et parlent français, et où certains Français, précieux auxiliaires, crient *Heil Hitler!* avec l'accent du Midi.

Lyon est sa consécration. C'est qu'il a mérité, Herr Barbie. Il avait déjà bien servi en Hollande, il s'était distingué dans le « renseignement », à la frontière suisse, et voilà qu'on le nomme dans cette cité qui, à l'opposé de Vichy où se trouve le vieux maréchal Pétain, va devenir la capitale de la France insoumise. Sous l'impulsion de Londres, c'est à Lyon que se forme principalement la Résistance. Du pain sur la planche pour l'Obersturmführer qui arrive en zone « libre » alors que les Français sont placés devant ce choix : accepter d'aller travailler pour les Allemands – c'est le service du travail obligatoire (STO) – ou rejoindre les rangs de la Résistance.

Barbie n'a pas encore vingt-neuf ans, mais le Reich considère que c'est l'âge approprié pour diriger une aussi grande entreprise de répression contre l'armée de l'ombre. Berlin veut des hommes jeunes, fidèles, dynamiques, pour commander cette petite légion de SS dont le sigle – autant que celui du SD brodé sur la manche – attire le respect et la crainte de n'importe quel gradé de l'armée régulière, la Wehrmacht. La Gestapo [1] a toutes les priorités. Pour mieux comprendre l'importance de cette organisation, voyons d'abord comment elle s'est implantée dans la région.

---

1. *Gestapo :* GEheime STAatsPOlizei (police secrète d'État), créée en 1934 par Heinrich Himmler et Reinhard Heydrich dans l'ancien musée folklorique prussien 8, Prinz Albrechtstrasse à Berlin.

Avec leurs tractions avant noires les hommes de la Gestapo avaient déboulé fin septembre 1942, juste avant – précisément – l'invasion de la zone sud. Travaillant sous couvert de la Commission d'armistice, ils avaient pour tâche de préparer le terrain pour l'arrivée de ces messieurs de la troupe (11 novembre). Ils devaient, en priorité, débusquer les postes radio-émetteurs qui communiquaient avec le BCRA [1] du général de Gaulle à Londres, et ils disposaient pour cela des tout nouveaux radiogoniomètres. C'était ce que les Allemands avaient appelé la mission Donar, ce qui convenait parfaitement à l'idéologie germanique puisque ce nom issu de sa mythologie incarnait la foudre, symbole des communications radio. Mais Donar fut dépassé par Arès, et le premier objectif qui était de neutraliser les émissions pirates devint rapidement le « jeu » de la guerre des ondes : les Allemands se servaient des émetteurs pour continuer à « converser » avec Londres. On imagine le nombre de parachutages qu'ils ont réussi à dévier à leur profit (armes, munitions, documentations, vivres), et souvent même les Allemands étaient à la réception pour cueillir les agents tombés du ciel. Le grand maître du Funkspiel, au dire d'Helmut Knochen, l'un des patrons de la Gestapo en France que j'ai retrouvé en Allemagne, était Hans Kieffer [2].

En se référant aux travaux de l'historien Jacques Delarue, il apparaît que le détachement de Lyon avait réussi à saisir quatre postes avec leurs opérateurs : l'un à Caluire, l'autre à Rochetaillée, un troisième à Châtelguyon et enfin le dernier en plein centre de Lyon.

Mais la mission Donar avait un autre but : elle favorisait l'implantation dans l'ancienne zone libre de la fameuse Sipo-SD (dont la section IV allait être appelée la Gestapo), répertoriant les immeubles, neutralisant les récalcitrants au régime de Vichy et, pendant qu'ils y étaient, dressant les premières listes de juifs, autant pour satisfaire Eichmann à Berlin que son délégué Dannecker à Paris.

A vaste programme gros moyens. Le Reich ne lésinait pas. Sous l'autorité du BdS [3] de Paris, les spécialistes du Funkspiel prenaient d'abord place au casino de Charbonnières, à l'ouest de la ville, tiraient une ligne directe avec Vichy, et puis, comme tout se déroulait sans incident majeur, décidaient de s'implanter

1. BCRA : Bureau Central de Renseignements et d'Action (colonel Passy).
2. Le Haupsturmführer Kieffer a été jugé et pendu par les Britanniques.
3. *BdS (Belfehlshaber der Sipo-SD)* : responsable de la police secrète.

carrément avec la Sipo-SD à l'hôtel *Terminus,* à quelques mètres de la gare de Perrache, près du train, près du centre, à mi-chemin du Rhône et de la Saône.

A compulser les archives, on risque de tomber dans le ronron où l'épouvante ne trouble plus. Même les photographies des suppliciés ne retiennent plus le souffle. On se surprend à examiner avec des yeux de bovidé ces visages que la souffrance, les blessures et la boue ont rendus laids, sales, grimaçants. On devient garçon de morgue. Ne réagit-on pas comme Eichmann dans sa cage devant les juges israéliens, petit comptable contestant la moindre erreur de chiffre sur les milliers de juifs qu'il envoyait dans les chambres à gaz? Il faut se réveiller, s'extraire de ces dossiers jaunis et penser que c'est la nourriture de la justice, et non plus celle de l'enquêteur.

Évidemment les hommes de la Gestapo ont brûlé la plupart de leurs archives en abandonnant Lyon au moment de la débâcle. Entre autres l'un de leurs QG, avenue Berthelot, avait été détruit par un bombardement en mai 1944. C'est donc par le récit des prisonniers allemands, par les aveux des traîtres français, qui, une fois incarcérés, parlaient tant et plus dans l'espoir de rallonger le temps qu'il leur restait à vivre avant d'être fusillés, c'est grâce à ces gens-là notamment que l'Histoire est mieux connue aujourd'hui.

Le tout premier rapport de police, daté du 15 février 1945 (rapport 3933/2 D3 non signé), que j'ai retrouvé dans les archives de la justice militaire s'inspire d'un... poème humoristique allemand. Ce petit papier d'une colossale finesse avait été rédigé par l'un des « gestapistes » pour être déclamé lors d'une fête donnée le 9 novembre 1943 à l'hôtel *Terminus* en l'honneur du sacro-saint anniversaire du premier putsch d'Adolf Hitler [1]. Ce « poème hilarant » faisait la caricature de cinquante et un membres du SD (Sicherheitsdienst : Service de sécurité). Tout le monde y passait, de l'Obersturmbannführer au cuisinier, sans oublier les comptables, les archivistes ou les chauffeurs. Le policier français n'a pas trouvé cela drôle en 1945 – on le comprend – et il précise en commençant son rapport que « la traduction intégrale du texte ne

---

1. Le 9 novembre 1923, Hitler avait tenté de prendre le pouvoir avec le général Ludendorff à la brasserie *Bürgerbräu* de Munich. Tirant un coup de feu au plafond pour réclamer le silence, il s'était écrié : « Que des pitoyables ruines de la patrie surgisse à nouveau l'Allemagne dans sa puissance, sa liberté et sa splendeur. Amen ! » Arrêté le lendemain, il passa treize mois et demi à la forteresse de Landsberg où il écrivit *Mein Kampf.*

présentant guère d'intérêt », il n'en extrayait que l'essentiel. Il en ressort que sous les ordres du Dr Knab (« sévère au début, il s'est vite amélioré dès qu'il a disposé d'une villa particulière avec chauffeur, laquais et cuisinière », écrit le pamphlétaire) se trouvait immédiatement « le chef de la section IV qui aime trop le vin et les femmes » : Klaus Barbie. Toujours d'après le poème, le programme de l'Einsatz-Kommando[1] avait démarré, dès son installation en novembre 1942, à l'hôtel *Terminus* et avait pour but de lutter contre les communistes, les juifs, les francs-maçons et les terroristes, de briser les mouvements de Résistance, de s'emparer des Anglais parachutés, des francs-tireurs, des gaullistes, des anglophiles et des giraudistes... Comme quoi, tout en s'égayant autour de quelques bouteilles de schnaps envoyées par colis spécial, les SS ne s'écartaient jamais du devoir tracé par l'idéologie nazie.

Plus sérieusement, l'inspecteur de police judiciaire Antoine Chardon a reconstitué l'organisation de la Sipo-SD de Lyon ainsi que des annexes couvrant la Savoie, la Loire, la Drôme et l'Isère.

Ainsi le colonel Fritz Hollert puis le lieutenant-colonel Werner Knab[2] eurent sous leur autorité la Sipo-SD de Lyon composée de six sections :

    I : administration;
   II : questions judiciaires;
  III : surveillance de l'économie française;
  IV : répression des crimes et délits politiques;
   V : répression des crimes et délits de droit commun (surveillance du marché noir notamment);
  VI : renseignements (et registres des agents français).

Bien que cette dernière section commandée par le SS Moritz ait joué un rôle de premier plan dans la lutte contre la Résistance, notamment en surpassant les services de renseignements de l'Abwehr (le sergent Heinrich Sasse, chargé des informateurs, disposait par exemple de cent soixante indicateurs à Lyon), la plus importante section demeurait la quatrième, communément appelée Gestapo, dirigée par Klaus Barbie. Pour preuve de sa vitalité, le nombre de sous-sections dont il disposait :

---

1. Commando spécial.
2. Le colonel SS Werner Knab (carte SS n° 191584), né en décembre 1908 à Frankenthal, dans le Palatinat, avait déjà organisé le SD à Oslo puis à Dniepropetrovsk.

IV (ou A 1) :   anticommuniste;
IV A (ou A 2) : contre-sabotage;
IV B :   antijuive (responsable : le sergent-chef SS Th. Wenzel; tué dans le bombardement de mai 1944, il sera remplacé par Erich Bartelmus);
IV C :   recherche des individus munis de faux papiers et des travailleurs évadés d'Allemagne;
IV D :   contre-espionnage (militaire, politique, économique);
IV E :   fichiers, registres d'écrou et de déportation.

Comme le Kommandeur Knab qui disposait dans des locaux séparés, 23, boulevard des Belges, d'un sergent utilisé comme ordonnance, d'un capitaine chargé des liaisons avec la Wehrmacht, d'un chauffeur du nom d'Hildebrand et de deux dactylos, Mlles Beyer et Ross, l'Obersturmführer Barbie avait aussi son équipe personnelle. Sept SS : son secrétaire Betersdorfer (abattu par la Résistance en juin 1944); un certain Hans Becker, chargé de la répartition du travail des sous-sections (Becker, nommé en novembre 1943 au SD d'Annecy, a été successivement remplacé par l'adjudant Klaempfert, puis par l'adjudant Bleininfeld); l'adjudant-chef Alfred Lutgens, quarante-six ans, aux yeux globuleux; l'ancien policier Kusmierz, secrétaire; le sergent Bartel qui lui servait souvent de chauffeur; un ancien instituteur du nom de Henseler chargé plus spécialement du transfert des prisonniers et enfin le sergent armurier Koth, originaire de Berlin, qui s'occupait aussi des transports avant d'avoir été muté à Grenoble.

Dans le rapport de la justice militaire établi après guerre à la suite des premiers interrogatoires des collaborateurs français, Klaus Barbie apparaît dès le début en ces termes :

« Capitaine SS, alias " Barbier ", alias " Barby ", alias " Meyer " (...), corpulent, teint rose, lèvres minces, particulièrement cruel et brutal sous un extérieur jovial. »

Et parfois des précisions comme celle-ci : « Porte à l'auriculaire gauche une bague avec pierre de couleur bleue. »

Pour sa besogne, Barbie puisait à loisir dans les sous-sections comme chez ses voisins des sections V et VI puisque, étant numéro deux de l'organisation (il devient numéro trois après l'arrivée de Knab et l'éviction de Hollert), il devait s'entourer des meilleurs éléments tels que Stengritt qui parlait parfaitement français et essayait de se faire passer, quand il était en civil, pour un Anglais (il avait servi en 1942 à la Geheime Feldpolizei de Maisons-Laffitte, puis à Alençon avec Lutgens) ou Erich Bartelmus, trente-trois ans, Oberscharführer à la mâchoire carrée, parlant avec l'accent bavarois en roulant les « r », spécialiste du ramassage des juifs que le pamphlet de 1943 désignait comme étant « l'ami des juifs auxquels il fait passer l'envie de mentir à coup de " Felix " » (probablement le nom de sa mascotte : un nerf de bœuf). Harry Stengritt [interrogé en RFA en 1964] racontera qu'il était chargé, lui, de transmettre tous les quinze jours un rapport à Paris sur l'état d'esprit de la population française. Stengritt se baladait en civil avec une carte que lui avait donnée le PPF au nom d'un juif : Harry Simon... Exemple d'un message envoyé à Paris (24 novembre 1943) :

« Comme auparavant les juifs bénéficient de la protection et de la pitié de la population. »

Un détail dont on reparlera longuement au procès : il semble bien que Barbie ait été chargé de contresigner les « câbles » – on disait « télétypes » –, l'appareil étant d'ailleurs installé dans son service, au bureau de l'Amt IV. Systématiquement, la signature de Klaus Barbie était précédée des lettres « I.V. » ou « I.A. ». Les experts allemands conviendront que le sigle « I.V. » (In Vertretung), « par procuration » ou « par délégation », n'était employé que lorsqu'un subalterne signait à la place du commandant, en tant que son représentant. « I.A. » (Im Auftrag), « par ordre », s'appliquant à tout le reste du personnel. Autrement dit Klaus Barbie ne pouvait faire précéder sa signature des lettres « I.V. » que lorsque le commandant (Knab) était absent. Dès lors il endossait la responsabilité. Or l'organigramme local était calqué sur celui du ministère de l'Office suprême du Reich, le RSHA de Berlin, où le bureau IV B faisait partie de la section IV mais dépendait directement du commandant en chef de la Sécurité. En transposant au stade régional, à la Sipo-SD de Lyon par exemple, cela tendrait à démontrer – compte tenu de ce que l'on sait sur les rapports d'autorité dans le III⁰ Reich – qu'un fonctionnaire ne pouvait pas signer une dépêche sans en connaître précisément le contenu [1]. C'est important pour bien comprendre le dossier sur l'enlèvement

---

1. Dès le 21 avril 1938 une note de service (n⁰ 629) précisait officiellement que tous les télétypes devaient comporter, à la fin du texte, « le nom du collaborateur responsable ».

des enfants d'Izieu (cf. chapitre suivant), car si la rafle n'avait pas été déclenchée sur une initiative de la Gestapo locale – Lyon – le télex aurait très probablement comporté la référence des instructions venues d'ailleurs...

A qui étaient adressés ces télex? La plupart du temps au colonel Knochen, BdS de Paris. En 1968, mon confrère, Philippe Alexandre, éditorialiste politique à RTL, fut le premier à rencontrer, dans une brasserie de Munich, Helmut Knochen, premier chef de la Gestapo en France (il n'a jamais publié cet entretien). Condamné à mort par un tribunal militaire à Paris, puis gracié le 28 novembre 1962, il avait passé dix-huit ans dans les prisons françaises. Quinze ans plus tard, j'ai retrouvé Knochen dans la banlieue de Francfort.

Il m'a raconté qu'à partir de 1942 la police allemande était passée de la recherche du renseignement à la lutte contre la Résistance. Avec, comme précieux auxiliaires, les brigades spéciales de la police française pour lesquelles les gaullistes n'étaient pas les seuls adversaires : ils chassaient tout aussi volontiers les communistes et les juifs.

« Le BdS comportait en France 3 000 hommes au total, avec tous ses Kommandeurs... Sans une coopération étroite avec la police française il n'aurait pas été possible de travailler convenablement. »

Knochen admirait deux hommes, deux de ses collaborateurs directs : Kieffer et Bömelburg. Le premier était l'« as des Funkspiel », le second un « modèle de policier », un type qui connaissait parfaitement son métier et qui disait, se souvient Knochen : « L'arme primordiale du contre-espionnage c'est la psychologie. »

« Bömelburg connaissait bien les structures insurrectionnelles des communistes, et il avait un flair spécial pour les détecter...

Après les revers subis par la Wehrmacht, après Stalingrad, explique toujours Knochen, la Résistance s'était étendue progressivement et proliférait comme un cancer. Il admet que des agents alliés ou des résistants avaient réussi à s'infiltrer dans ses propres services. Mais, en contrepartie, ils détenaient les fameux V-Mann (ces hommes de confiance que les tribunaux militaires français qualifieront plus logiquement de traîtres...). Les hommes classés V apportaient des informations à la Gestapo. Pas seulement pour de l'argent, mais par conviction politique. Ils étaient des farouches partisans de la collaboration.

« D'ailleurs nous écartions ceux qui voulaient avant tout de l'argent. A Lyon, Barbie n'avait pas à demander notre autorisation pour utiliser les V-Mann. C'était sa responsabilité. »

Pour me donner une idée de la philosophie des chefs de la Gestapo, Helmut Knochen poursuit :

« Heydrich (chef suprême de la police) m'avait dit : " La collaboration doit réussir en France mieux que partout. " » Ceux qui, revenant de l'Est, étaient mutés ailleurs nous enviaient. Paris c'était la nourriture, les cabarets, les femmes et pas de guerre.

« Les interrogatoires ? Kieffer disait que frapper un prisonnier était le meilleur moyen pour ne pas le faire parler. Il suffisait, disait-il, de leur faire croire que l'on sait et de leur tendre un papier... Le reste suivait. On leur apportait des sucreries, des cigarettes, du whisky ou alors on les emmenait dans les bars, ami-ami. Sauf les communistes. Ceux-là ne parlaient jamais. Je n'ai pas le souvenir d'une seule trahison chez les communistes. »

Et comme s'il ne voulait pas oublier quelque chose, Helmut Knochen ajoute cette « anecdote » qu'il dit avoir relevée lors d'un entretien avec le chef de l'Abwehr (services de renseignements de la Wehrmacht), l'amiral Canaris : « N'ayez pas de préjugé, au besoin employez des juifs ! »

A peine arrivé à Lyon, l'Obersturmführer Barbie en uniforme de SS s'était rendu dans une prison de la région, le 16 décembre 1942. Il venait annoncer au militant nationaliste tunisien Habib Bourguiba que « le Führer (Hitler) avait décidé de le libérer ». Surprise de Bourguiba qui, détenu depuis deux ans et demi au fort Saint-Nicolas à Marseille, venait d'être transféré à Montluc puis au fort Vancia.

Barbie : « Vous serez mieux en Tunisie pour défendre votre pays. Préparez-vous au départ [1]. »

Le combattant tunisien s'empresse d'en parler à voix haute à l'adjudant français qui était chargé de le garder, au cas où il aurait pensé qu'il y avait connivence avec les nazis. Effectivement libéré, Bourguiba s'attendait donc à retrouver Tunis. Il débarqua à Rome. But de la visite : les Allemands voulaient compromettre le Néo-Destour, dont Bourguiba était le chef, en le présentant auprès de « l'ami » Mussolini, ce qui aurait – pensaient-ils – convaincu les indécis que la Tunisie allait être un jour le

---

1. En 1984 Klaus Barbie dira que le gouvernement avait eu l'intention, à l'époque, de ramener dans les colonies françaises d'Afrique du Nord Habib Bourguiba et seize autres nationalistes tunisiens qui avaient combattu la France avant-guerre. « Ils étaient tous condamnés à perpétuité... et c'est moi qui les ai libérés. »

prolongement de l'Axe [1]. Mais alors que Habib Bourguiba venait de terminer ses « vacances romaines », un tract diffusé à Tunis, informait :

« Il n'est pas d'exemple qu'un chef de parti mal traité comme je l'ai été par la volonté de certains Français (...) soit resté fidèle à la France, ait refusé de faire le jeu de ses ennemis, alors qu'ils venaient de lui apporter la chose à laquelle un homme tient par-dessus tout : la liberté. »

Il est vrai que jamais on n'entendit Bourguiba dire un mot hostile contre la France, contre les Alliés ou contre les juifs. Cela à un moment où il n'était pas aisé de refuser à Hitler ou à Mussolini sans risquer de retourner en détention.

Dans cette ville de Lyon qui manquait de tout sauf de tribunaux d'exception, où jusqu'en 1949 il faudra des tickets pour acheter le pain, où le fromage était rationné à soixante-quinze grammes par semaine, les cigarettes à deux paquets chaque dix jours, les SS vivaient dans le confort de l'hôtel *Terminus,* assurés quant à eux de ne manquer de rien d'autant que certains Français n'hésitaient pas à accompagner leurs dénonciations de quelques délicatesses. Une dénonciation anonyme, une tablette de chocolat. Une lettre signalant la présence de juifs, un billet ou même un chèque... au porteur. Est-il si loin du compte, Henri Amouroux, quand il évoque les quarante millions de pétainistes [2] ?

Au *Terminus* les SS avaient réquisitionné une soixantaine de chambres. Plus précisément, au troisième étage, vingt pièces étaient réservées aux interrogatoires des détenus amenés chaque jour de la prison Montluc. Il est vraisemblable que dans cet hôtel il ne se trouvait pas de réduit spécialement aménagé pour la torture, mais cela n'empêchait pas les tortionnaires d'agrémenter leurs interrogatoires de coups de matraque.

Le nombre d'arrestations de résistants et de juifs (fussent-ils allemands) devenant plus important, l'hôtel se révéla trop exigu. On se bousculait dans les étages. Il fallait trouver un local à la dimension de l'entreprise. Début juin 1943, le choix s'arrêta sur les bâtiments de l'École de santé militaire, 14, avenue Berthelot, car ils étaient plus faciles à protéger contre l'action des résistants. Autre avantage considérable pour les Allemands : les caves. De

---

1. De cette affaire, commandée par Berlin, Klaus Barbie se vantera auprès de ses amis boliviens. Il avait bien libéré un (futur) président de la République, mais il se gardait d'ajouter que la manœuvre avait politiquement échoué.
2. C'est le titre du tome II de l'*Histoire des Français sous l'Occupation,* Éd. Robert Laffont.

longues galeries débouchant sur des caves voûtées dont les murs sont si épais qu'aucun cri ne parvient jusqu'à la rue. Au rez-de-chaussée on trouvait la sinistre « chambre 6 » dans laquelle les détenus subissaient leur premier interrogatoire avant d'être montés au quatrième étage où, dans plusieurs pièces, étaient installés les instruments de torture, les baignoires, mais aussi les réchauds pour rougir les fers.

[On dira que juif ou pas, là n'était pas la question; ce que recherchait Barbie c'était les « terroristes », les « guerilleros », comme il dira un jour aux Boliviens en leur expliquant « sa » guerre... Quelle différence? Témoignage de Lucien Damien, ancien surveillant à la SNCF :

« En arrivant à l'École de santé militaire on m'a obligé à baisser le pantalon pour vérifier si je n'étais pas juif. »]

Ainsi donc, d'après Barbie, le premier objectif de la Gestapo était : la chasse aux résistants. Comme pour ses collègues de l'Abwehr et notamment un certain Moog, du bureau de Dijon, avec lequel il travaillera [1], les consignes sont nettes. Le BdS de Paris donne libre cours à l'inspiration pourvu que les « terroristes » tombent dans leurs filets. Mais comme il n'y a pas pléthore d'imagination et qu'on aime bien, à Berlin, mettre les directives noir sur blanc (c'est bien ce qui a permis de juger Eichmann...), les Sipo-SD de province auront leur « bréviaire ». Exemple des consignes envoyées par le RSHA [2] que j'ai trouvées dans les archives de la Gestapo :

« Pour augmenter l'effet de la terreur, les points suivants sont à observer : en aucun cas la durée de la période d'internement ne doit être communiquée. Indiquer toujours : " Jusqu'à nouvel ordre. " Ne pas hésiter à augmenter la terreur dans les cas difficiles, par une habile propagande d'oreille à oreille : qu'on a entendu dire que le détenu, en raison de la gravité de son affaire, ne peut être libéré que dans deux ou trois ans. »

Et à propos de l'interrogatoire « renforcé » :

« Le système renforcé peut être appliqué après les bastonnades; il peut comprendre : nourriture élémentaire (pain et eau), couche dure, cellule obscure, manque de sommeil, exercices exténuants (...). Pour plus de vingt coups de bâton on doit faire venir un médecin. »

---

1. Barbie aurait tenté de doubler Moog plutôt que de collaborer avec lui.
2. *Reichssicherheitshauptamt :* cet accolage de vingt-cinq lettres représentait le ministère de la Sûreté.

Le 12 juin 1942, Berlin envoie « à tous les chefs des sections IV », notamment, des instructions on ne peut plus précises :

« (...) Ces interrogatoires " renforcés " ne peuvent être appliqués que contre les communistes, marxistes, *Bibelforscher* (chercheurs de la Bible), saboteurs, terroristes, résistants, agents de liaison (pour parachutages), asociaux, travailleurs réfractaires, Polonais ou Russes vagabonds. »

Et cette note émanant du chef de la Police de sûreté se terminait ainsi :

« Pour tous les autres cas, en principe il faut mon autorisation préalable. »

« En principe... » Au fait, qui pouvait-on après cela exclure du règlement? Surtout pas les juifs. A la rigueur il restait bien quelques Polonais non vagabonds... Mais en cherchant bien on trouve toujours un règlement approprié. Les Polonais? Tenez, on ouvre un tiroir, et voici ce que préconise le Reichsführer pour traiter les Polonais à la même enseigne que les juifs ou les Tziganes :

« Les Polonais et les ressortissants des pays de l'Est sont des races et peuples d'hommes inférieurs, vivant sur le territoire du Reich. Il en découle pour l'ordre public allemand de sérieux dangers. » Etc.

De telles directives ne posaient pas le moindre cas de conscience à Herr Klaus Barbie. Au contraire, ça l'excitait. D'autant plus que Hitler avait bien déclamé ceci (1942) :

« Je pourrirai les pays que j'occuperai, je ferai dénoncer les uns par les autres, et je serai le dénonciateur des uns en les désignant comme les dénonciateurs des autres... je sèmerai la boue... »

Sur ce point Klaus Barbie était un fidèle auditeur.

Comme il est difficile de capturer les résistants, ceux que Barbie appelle les « terroristes », au coin de la première rue, Barbie va appliquer une méthode qui a fait ses preuves dans toutes les Gestapo du monde : il va s'en prendre aux familles de ceux qu'il ne parvient pas à coincer. Pour cela, les « bienheureuses » dénonciations lui fourniront tout ce dont il a besoin : noms, adresses, planques, fortunes, listes des parents, des amis et des maîtresses. Quand il s'agit de faire plier un suspect dont la sensibilité est à fleur de peau, eh bien, il menace ses proches. C'est pire qu'un coup de trique sur les couilles, pire que la baignoire, pire qu'un ongle arraché. Un résistant tel que Guillain de Bénouville l'a admirablement décrit dans son *Sacrifice du matin* [1] en faisant allusion à l'un de ceux qui ont trahi. Et il n'est pas un survivant de la Résistance qui n'ait réussi à mettre un nom sur l'homme qu'il dépeint :

« Dès que l'on pense que ces souffrances dont on est menacé, que ces souffrances que l'on endure, pourront être appliquées à ceux que l'on aime, alors on chancelle. On est faible dans les autres. »

Barbie, d'après ce que j'ai pu relever dans les témoignages, n'était pourtant pas meilleur psychologue que flic. S'il usait de ces méthodes, c'est bien parce qu'elles étaient vieilles comme les tortionnaires. Non, Barbie, ce qu'il aimait c'était cogner. Cogner, et cogner encore, avec n'importe quoi. Un pied de table (comme à Caluire, on le verra), avec sa cravache à double torsade, à coups de poing, à coups de botte. Cogner et tuer, si on se réfère au témoignage de ses propres amis comme celui de Ferdinand Palk [interrogé en 1964] :

« Barbie s'était vanté d'avoir fait exécuter un dénonciateur, un ancien légionnaire autrichien amputé d'un bras, en l'obligeant à se pendre devant la photo de sa famille... »

Au cours du procès on entendra bon nombre de témoignages sur la cruauté de l'Obersturmführer. Exemple, celui de Mme Lise Lesèvre qui a fini, après des années de bataille juridique, par faire entrer dans le dossier Barbie sa propre histoire. Mme Lesèvre est une dame raffinée. Elle parle de la guerre avec simplicité, sans superlatifs. Me pardonnera-t-elle de dire qu'elle est une vieille dame? Elle est née avec le siècle. Elle avait quarante-quatre ans lorsqu'elle est tombée, gare de Perrache, à Lyon, entre les mains de Klaus Barbie. Avec ses treize ans de plus elle pouvait toiser ce petit homme au regard d'acier. Assise dans un de ces fauteuils légers que l'on replie dans le coffre pour aller en pique-nique, la vieille dame tremble un peu en reprenant ses notes. Non pas qu'elle ne se souvienne plus, mais elle ne veut pas perdre un détail :

« Les Allemands m'avaient arrêtée sur le quai. J'avais un pli pour " Didier [2] ". On nous a emmenés avec une vingtaine d'hommes au siège de la Gestapo, à l'École de santé militaire. C'était le 13 mai 1944. Dans la voiture, une traction avant Citroën, j'avais

---

1. Éd. Robert Laffont, 1946.
2. Les Allemands recherchaient Albert Chambonnet, alias « Didier », capitaine d'aviation, chef de l'Armée secrète pour la région de l'Ain, du Jura et de la Saône-et-Loire.

réussi à manger quelques papiers compromettants, et ce qui ne passait pas, comme les photos, j'en avais fait des boulettes de papier mâché que j'avais glissées dans mes gants. A la Gestapo, au rez-de-chaussée, on m'avait poussée dans une pièce où étaient accrochés de grands portraits de Hitler et des dignitaires du Reich. Ils m'interrogent : " C'est vous Didier! – Non. – Alors qui ? "

« J'avais donné le premier nom qui me venait à l'esprit, celui de la rue en face de chez moi : Louis Guérin. Peu après les Allemands allaient tenter un coup de bluff, pour évaluer ma réaction. Ils m'annoncent : " On a arrêté Guérin. On l'a pendu! "

« Je n'ai pas réussi à sangloter... » me dit-elle, amusée.

Le lendemain, Klaus Barbie, les manches retroussées, passe lui-même les menottes à Lise Lesèvre, pour la suspendre à un crochet.

« Il me frappait avec un nerf de bœuf. Je m'évanouissais. On me réveillait, puis on refermait les menottes, derrière le dos cette fois, et cela recommençait : " Tout à l'heure tu parleras! " »

Avant la tombée de la nuit les Allemands font défiler devant Lise Lesèvre son mari et son plus jeune fils (seize ans) :

« Tu parles et je les libère... » propose Barbie mielleux.

Mme Lesèvre ne dit pas un mot.

« Je vois, tu préfères qu'ils restent prisonniers... » ajoute Barbie avec son accent teuton.

Dure comme fer, la résistante n'allait pas céder au chantage. Ainsi pendant dix-neuf jours consécutifs, dont neuf à la salle de tortures. Mme Lesèvre me raconte qu'avant les interrogatoires les types de la Gestapo l'obligeaient à se déshabiller entièrement. Quand tout était prêt, entrait Barbie. Il cognait tout de suite. Comme cette femme ne disait rien et faisait mine de ne rien connaître sur les résistants – les « terroristes », comme disait Barbie –, on la plongeait dans l'eau glacée de la baignoire, menottes dans le dos, attachée à une planche. Ils tiraient par les cheveux. Elle suffoquait. Alors ils sortaient la tête de l'eau et, aussitôt, dans la bouche qui cherchait l'air, ils déversaient la flotte d'une vieille boîte à biscuits utilisée comme épuisette. Et on recommençait. Le souvenir de Mme Lesèvre en est tellement marqué que, pendant plus de vingt ans après la guerre, elle manquait de s'évanouir à la vue d'une de ces grandes baignoires à pieds de fonte comme on les fabriquait autrefois.

Le supplice de la baignoire ne suffisant pas, Barbie reprenait la méthode « douce » : il lui présentait d'autres prisonniers qui –

eux – s'étaient montrés dociles, à force... Puis elle retrouvait la cave voûtée où Barbie se plaisait à enfermer les curés avec les femmes. Cela le faisait rire. Il y avait là, dans les couloirs immondes, des blessés, des torturés, des gars allongés par terre que Barbie retournait du bout du pied. Quand c'était un juif, raconte Mme Lesèvre, Barbie écrasait sa semelle sur le visage.

« Un matin, poursuit la vieille dame, on me pousse vers un bureau au fond d'une pièce. Je vois le sous-main en cuir de mon fils, Jean-Pierre. Au mur : un chardon séché, celui de sa chambre à coucher, à la maison. Des photos de mon mari et de moi. Des poèmes de Jean-Pierre écrits sur des petites fiches. Je les reconnaissais. Il avait inscrit " Maman " partout, partout... »

Pour l'impressionner Barbie avait soigneusement reconstitué le bureau de son fils !

Sa réputation était telle que Klaus Barbie avait été rapidement porté sur la liste des hommes à abattre. Il était numéro deux, juste après Francis André, dit « Gueule tordue », chef du MNAT (Mouvement national antiterroriste), qui épinglait sur ses victimes ce mot : « Tueur contre tueur, cet homme paie de sa vie la vie d'un national ! » Ancien boxeur, très connu et assez aimé (au début) du Lyon sportif, il se régalait à torturer tous ceux qui n'allaient pas dans le sens de l'Allemagne.

Mario Blardone, « Maurice » pour la Résistance, avait été spécialement chargé de descendre Klaus Barbie. Mais ce n'était pas si simple. Non pas qu'il avait peur, c'eût été plutôt le contraire, mais il ne fallait pas louper le SS. Alors il devait repérer ses faits et gestes. « Maurice » avait appris avec un vieux chasseur à composer les paquets d'explosifs. Il faisait sauter des pylônes, des transformateurs électriques. Ce « terroriste » de dix-neuf ans n'hésitait pas à tirer sur les soldats allemands. Dans sa maison de Saint-Geoire-en-Valdaine, dans l'Isère, où je l'ai rencontré, il a rectifié quand je lui ai demandé s'il avait été un terroriste :

« Nous étions, disons-le, une équipe de tueurs ! »

« Maurice » Blardone avait dans sa poche deux photographies : une du collaborateur Max Payot, l'autre de Barbie sans savoir qu'il s'appelait ainsi. La première était une photo d'identité. La seconde, un cliché pris à la sauvette (dommage que cette photo ait disparu). Les cinq autres membres de son Groupe d'action immédiate en avaient autant, paraît-il. Ainsi, entre deux explosions et tout en continuant son métier d'ouvrier mécanicien à Vénissieux, il pistait les allées et venues de l'Obersturmführer. Certains savaient que Barbie avait une maîtresse au 48, cours

Morand (aujourd'hui cours Franklin-Roosevelt), veuve d'un riche capitaine juif et manchot [1]. Lui, il avait repéré une maîtresse, rue Laborde, à Bron. Mario Blardone avait planqué et au bout d'un moment :

« J'ai vu arriver Barbie, tout seul, au volant d'une Opel noire. Mais je ne pouvais pas le descendre à ce moment-là. Je devais être sûr qu'il n'était pas suivi et protégé à distance. » (NDA : d'ailleurs Barbie affichait une certaine fierté à circuler quelquefois sans escorte, par défi, pour montrer à ses collaborateurs, ses subordonnés, l'inefficacité des commandos de la Résistance et leur faire croire que s'il partait seul c'était pour se rendre à des rendez-vous ultrasecrets...)

« Je l'ai revu une seconde fois, en uniforme, avec plusieurs officiers au restaurant du *Moulin à vent,* place Bellecour [2]. Il y avait trop de monde, il aurait fallu " y aller à la mitraillette ". »

Blardone est arrêté – sur dénonciation vraisemblablement. Il sera transféré à Lyon. On le pousse dans la cave de l'École de santé militaire. Il y reconnaît le garagiste qui réparait les tractions du groupe et cachait un dépôt d'armes. Les interrogatoires sont d'abord conduits par un Français, le fameux Francis André, « Gueule tordue ». Puis il est traîné à l'étage supérieur, chez Barbie :

« D'abord il interrogeait en douceur. Il me tutoyait. Il me montrait des liasses de billets de banque, me disait qu'on pourrait s'entendre. Il me proposait de collaborer. Une fois, il m'a même donné un pistolet. Je l'ai pris : il était vide... Moi, je ne me faisais plus d'illusion. Je m'attendais à être exécuté. Je voulais qu'il me considère comme un soldat puisque j'avais été pris les armes à la main. Non. Il m'envoie dans la pièce à côté. D'autres me frappent à coups de nerf de bœuf. Barbie vient juste regarder. Il est en civil, bien mis. Il observe. Après on me plongera dans la baignoire.

---

1. Cette dame, une Savoyarde plus âgée que lui, dont on dit qu'elle était surtout une excellente cuisinière, avait été emprisonnée pendant quelques mois à Montluc après la libération de Lyon. Elle avait tout reconnu. Pour recevoir tranquillement Barbie elle prévenait son mari : « Va te cacher chez des amis, on me dit que la Gestapo va venir... » Le mari, vieux capitaine de la guerre de 1914-1918, partait et attendait qu'elle lui dise de revenir. Et pendant ce temps Barbie entrait dans la grande chambre au parquet ciré. Au-dessus du miroir entouré de moulures en stuc : des petits anges au pastel. Ils y sont toujours.
2. Le *Moulin à vent* était un établissement fort prisé des Allemands. Une bombe y explosa dans la nuit du 26 au 27 juillet 1944. Nous y reviendrons (page 147), car cet attentat avait été le prétexte pour provoquer, le lendemain, l'exécution de cinq otages, dont précisément le chef de Mario Blardone.

« Barbie avait deux chiens. Un pour mordre, qu'il tenait en laisse serrée, un berger allemand, l'autre pour " cavaler ". Celui-là il l'employait uniquement pour chevaucher les femmes qui refusaient de répondre à ses questions. Avant l'interrogatoire, elles étaient déshabillées par ses subordonnés. Étendues sur une table. Barbie arrivait. On m'avait mis dans un coin, on me faisait voir. Si elles refusaient de parler, il faisait venir le second chien. Ça l'amusait de les voir baisées par un chien... »

Indirectement, Blardone a été sauvé par les Alliés. Le bombardement de mai 1944 détruit partiellement l'École de santé. Des SS, dont Fritz Hollert, l'adjoint du Kommandeur Knab, meurent sous les décombres. Dans les caves les prisonniers sont à l'abri. Le bombardement terminé, la Gestapo transfère à Montluc ce qui restait de prisonniers. Blardone avait passé dix-huit jours dans les caves. Il se retrouve à Montluc où il prétend avoir été tout simplement arrêté au cours d'une rafle. Barbie n'est plus là. Blardone sera déporté. Le 5 juillet, il est dans le fameux « convoi de la mort », parti de Compiègne pour Dachau. Il est de ces survivants qui se réveillent au bloc 9, en plein délire. Il ne sait plus ce qu'il dit, mais il se souvient d'avoir fait la promesse à Edmond Michelet (ancien ministre du général de Gaulle) de ne jamais rien raconter de ce qui s'était passé dans ce convoi. Il a tenu parole.

5.

« DÉPORTÉ OU FUSILLÉ, C'EST PAREIL! »

Savait-il?

Klaus Barbie, comme son supérieur Werner Knab ou ses camarades de la sous-section antijuive, savait-il qu'à Auschwitz, à Mathausen ou ailleurs les fanatiques du Reich poussaient les juifs dans les fours crématoires? Peut-être pas. Mais si nous pouvions poser la question autrement, en demandant à Klaus Barbie : « Que devenaient tous ces juifs que votre fameuse section IV fourrait dans les trains pour Drancy? » Peut-être aurait-il le courage de répondre ce qu'il avait dit en substance un certain jour de 1944 :

« Fusillé ou déporté, c'est kif-kif. »

Il savait qu'il y avait des camps, mais imaginait-il déjà ces images que les actualités cinématographiques des années 45 allaient diffuser dans toute l'Europe : des cadavres nus que des survivants squelettiques en défroques rayées refoulaient vers les fosses ou les fours. Qu'on aurait aimé avoir vu, une fois, l'attitude d'un Barbie devant les premières photos des camps libérés, avec ces enfants sans muscles et les vieillards de trente ans agrippés aux barbelés de Dachau. Étonnement, surprise, curiosité ou tout simplement une expression de déjà vu ou déjà imaginé? C'est sur cela aussi qu'il eût fallu l'interroger quand il était retourné en Allemagne juste après la guerre (on y reviendra). Aujourd'hui c'est trop tard. Sa réaction ne peut plus être celle de la spontanéité.

Herr Doktor Werner Knab est mort (son cadavre aurait été identifié après un bombardement sur une autoroute allemande) et les sous-fifres ont toujours récité la même leçon : « Les juifs? On ne s'en occupait pas! » Même son de cloche chez Barbie : « Les juifs? Ce n'était pas mon affaire. C'était le travail de Wenzel, de Bartelmus... »

Or Bartelmus, dernier responsable de la sous-section IV B de Lyon, condamné à huit ans de travaux forcés par le tribunal militaire de Lyon en 1954, est retourné vivre tranquillement chez lui après avoir rejeté toute la responsabilité sur ses supérieurs au point qu'il n'avait pas été reconnu coupable dans la chasse aux juifs. Le considérant comme un lampiste, les juges militaires l'avaient absous du crime contre l'humanité. Qui donc est coupable? Le patron, le sous-patron ou celui qui faisait passer l'envie de mentir à coups de « Felix »?...

Cette question s'est posée aux autorités judiciaires allemandes bien avant que l'on découvre (officiellement) Klaus Barbie dans sa retraite d'outre-Atlantique. Les Français ne pouvant bientôt plus rien entreprendre puisque les crimes de guerre arrivaient à prescription, nos voisins comptaient – sans trop insister – sur la procédure qui aurait permis à partir de février 1971 de juger en Allemagne des nazis déjà poursuivis et condamnés en France. Et sans l'intervention des époux Klarsfeld, dont nous reparlerons, l'affaire aurait été à tout jamais enterrée.

Que disaient les magistrats allemands? Que les membres du BdS à Lyon n'étaient pas « nécessairement » informés puisque « la prétendue solution finale de la question juive, étant une affaire secrète du Reich, était soumise à la plus grande conservation du secret ». Dans leurs tiroirs : les rafles de l'UGIF (Union générale des israélites de France [1]) et de la colonie des enfants juifs d'Izieu. Les télégrammes signés Barbie pour annoncer à Paris que le boulot avait été bien fait ne suffisaient pas à la justice allemande : il fallait des preuves. Et il en faut encore aujourd'hui, c'est bien là le problème.

Quelques mots, toutefois, avant de revoir de plus près ces deux affaires, l'UGIF et Izieu. Il est nécessaire de rappeler que, dès 1920, le programme du parti nazi indiquait qu'aucun juif ne pouvait être membre de la race... ce n'était donc pas récent. La doctrine se propageait selon laquelle « la race slave est une race

---

1. Créé sur l'impulsion du SS Kurt Lischka pour représenter la population juive auprès des autorités françaises et occupantes. L'article premier de cette loi instituant l'UGIF, signée le 29 novembre 1941 par le maréchal Pétain, stipulait : « Cette union a pour objet d'assurer la représentation des juifs auprès des pouvoirs publics, notamment pour les questions d'assistance, de prévoyance et de reclassement spécial. Tous les juifs domiciliés ou résidant en France sont obligatoirement affiliés à l'UGIF. (...) Toutes les associations juives existantes sont dissoutes. »

inférieure et le juif à peine un être humain », le chancre à extirper. La « solution finale » restée secrète, certes, avait pris sa structure à la conférence de Wannsee, début 1941, et à partir de là, si on ne parlait pas encore des chambres à gaz, déjà il était question de rassembler les juifs en équipes de travail pour construire les routes de l'Est, où allait immanquablement intervenir la « diminution naturelle ». C'était déjà la mort à petit feu... Les directives officielles, relayées en France par le gouvernement de Vichy, n'allaient pas stopper le système qui devait (Barbie pouvait-il l'ignorer?) conduire à l'extermination totale : coup sur coup les juifs devaient se déclarer, se recenser; les professions « nobles » leur étaient interdites, ils ne pouvaient plus détenir des valeurs; puis on « aryanise » les entreprises; les juifs ne pourront plus sortir à la nuit tombée, ne pourront plus faire leurs courses qu'entre 15 et 16 heures, et surtout pas déménager; c'est enfin l'obligation de porter l'étoile jaune, sous peine de... déportation. En France le premier convoi de déportés quitta Paris le 27 mars 1942. Il transportait 1 112 personnes à Auschwitz. Ce jour-là, précisément, j'avais trois ans... Quarante ans après j'ai voulu comprendre.

Pour la grande rafle de l'UGIF, comme pour l'enlèvement des enfants d'Izieu, la justice ne dispose plus guère de témoins. Un seul déporté pour l'UGIF, un seul déporté pour Izieu...

La toute première répression de masse organisée par la Gestapo à Lyon eut lieu le mardi 9 février 1943. A la fin de la matinée les Allemands investissaient les bureaux de l'UGIF installés dans ceux de la vieille Fédération des sociétés juives de France (constituée après les pogroms de 1928). C'était au deuxième étage du 12, rue Sainte-Catherine. Ce 9 février était un jour de distribution de secours aux juifs nécessiteux. Mais tandis que certains venaient se faire soigner au dispensaire, d'autres profitaient de ce rassemblement autorisé pour organiser le départ des enfants vers la Suisse. Les Allemands avaient dressé une véritable souricière puisque la secrétaire, flanquée d'un SS, devait répondre à ceux qui appelaient : on ne règle rien par téléphone, il faut venir à l'UGIF. Ainsi, au fur et à mesure de leur arrivée, les juifs étaient happés et poussés dans la pièce du fond. Cette opération était à la portée de n'importe quel petit gestapiste : il suffisait de demander les papiers et de voir s'ils comportaient ou non le tampon « juif ». Rien de plus, sinon de se méfier un tant soit peu en interrogeant tout particulièrement ceux qui présentaient des papiers « normaux », mais les fausses cartes n'étaient pas nombreuses vu l'empressement des fonctionnaires de l'époque à vouloir sauver ces gens-là...

« Quand je ferme mes yeux, je revois Barbie en civil derrière le bureau », me raconte Michel Kroskof Thomas, arrivé tout droit de New York en décembre 1983 pour être confronté au « boucher de Lyon » quarante ans après.

Un petit mot sur Thomas. Juif, apatride, né en Pologne (il est fort discret sur ce sujet au point de ne pas révéler sa date de naissance), il avait été arrêté par Vichy comme résistant, puis enfermé en juillet 1942 au camp des Mille comme juif. Évadé, il avait rejoint l'Armée secrète dans la région de Grenoble. En février 1943, il revenait à Lyon, un carton à dessins sous le bras, officiellement pour vendre ses œuvres, officieusement pour convaincre les jeunes gens de la communauté juive, ceux qui n'avaient pratiquement plus que l'UGIF comme adresse de référence, de ne pas continuer à vivre cachés, mais de se lancer dans le combat. Michel Thomas leur offrait d'entrer dans la Résistance.

« Dans l'escalier qui conduisait aux bureaux du deuxième étage j'avais eu une prémonition, poursuit M. Thomas. Vous savez : de ces moments dans la vie où, on ne sait pas l'expliquer, quelque chose vous retient... J'ai continué. Au moment d'entrer, la porte s'est brusquement ouverte. *Kommen Sie hinein!* ("Entrez donc!") C'était la Gestapo. Je fis semblant de ne pas comprendre l'allemand. Dans la pièce à côté il y avait déjà des dizaines de personnes arrêtées, serrées comme des sardines. "On va te présenter au grand chef!" dit l'un des Allemands en me poussant vers Barbie (je n'ai su que plus tard qu'il s'appelait ainsi). Il était le seul de la Gestapo à n'être pas en uniforme. Derrière moi j'entendais les Allemands : "Je tire dans l'oreille ou dans la nuque?..." C'était pour me faire réagir. Je ne tombai pas dans le piège. Je faisais toujours semblant de ne pas comprendre. »

Michel Thomas, qui se faisait passer à l'époque pour un dénommé Sberro, présente ses faux papiers d'identité, ses cartes de ravitaillement. Barbie le renvoie. Il dévale les escaliers.

« C'est comme cela que j'ai pu donner l'alerte dans les cafés où je savais trouver les juifs. »

A l'UGIF, dans la pièce du fond, parmi les prisonniers

apeurés et hébétés, le médecin de l'UGIF essayait de redonner le moral en disant qu'il fallait se préparer pour un grand voyage en Pologne et il demandait à chacun les chants qu'il connaissait, « on chantera dans le train ».

On peut se demander aujourd'hui si parmi les preneurs d'otages certains ont pu avoir des lueurs de compassion, à moins que ce ne soient des éclairs d'idiotie. Voyons les récits de ceux – rares – qui en ont réchappé.

Victor Sulklaper, vingt-deux ans, possède une carte d'identité au nom de François-Victor Sellier. Il ressort, voit l'autre entrée surveillée par la Gestapo et court envoyer un télégramme au Consistoire de Nice : « M. Korban est arrivé à l'UGIF de Lyon, prévenez les gens. » Or Korban en hébreu signifie : sacrifice, en souvenir du massacre des nouveau-nés en Égypte. [Son frère aîné, Rachmil Sulklaper, a été l'un des seuls survivants de la déportation. Interrogé en 83, il ne se souviendra pas de Klaus Barbie.]

Restée en ville, Mme Katz arrivée depuis peu de Tchécoslovaquie est souffrante. Sa fille Léa, dix-sept ans, a été coffrée dans les bureaux de l'UGIF et, au moment où elle va être poussée dans la pièce du fond pour rejoindre les autres, elle dit : « Ma mère est malade, je dois aller la prévenir ». Elle promet de revenir. L'Allemand accepte en lui recommandant de se présenter le lendemain à 8 heures à l'hôtel *Terminus.* Le lendemain Léa se teignait les cheveux en noir... Chana Grinszpan, trente-neuf ans, de Varsovie, sera libérée après quelques heures : l'un des SS, excédé par les cris de son bébé, a lancé en français : « Mais qu'est-ce qu'il a ce gosse, allez donc lui donner du chaud! » Quant à Jacqueline Rosenfarb, elle témoigne que, tard le soir, alors qu'il ne restait plus que des femmes, une vingtaine, l'assistante sociale réussit à persuader les Allemands qu'elle n'a pas quinze ans et que, de surcroît, elle est française. Ça marche :

« En entendant que j'étais libre les femmes se sont précipitées sur moi pour me caresser et surtout me demander d'aller prévenir leurs familles. Elles parlaient toutes en même temps. Je suis sortie en courant. »

Deux autres juifs avaient réussi à s'évader du fort Lamothe où ils avaient été incarcérés faute de place à la prison de Montluc. En fonctionnaire scrupuleux, Klaus Barbie avait d'ailleurs signalé l'incident à Paris, d'autant plus aisément que ce n'était pas la faute de la Gestapo puisque ces prisonniers avaient été placés sous la garde de la Wehrmacht. Il donnait les noms des fugitifs : Aron Luksemberg (Luxenburg, écrivait-il), cinquante ans, et Sigfried Driller, quarante-sept ans, et précisait en référence à un précédent télex : « Parmi les enveloppes transmises à votre service qui contiennent des effets et des objets de valeur, il y aussi celles des personnes en fuite. »

Le télex n° 560 du 10 février, envoyé au bureau central de Paris, précise que le comité directeur de l'UGIF s'occupait depuis quelque temps du passage clandestin de juifs et d'autres émigrants vers la Suisse. « Le comité est financé principalement par des capitaux américains de la secte des Quakers. » La Gestapo signalait également que derrière toute cette organisation se trouvaient l'abbé Glasberg, en fuite, et le cardinal Gerlier.

Au dossier UGIF, qui est celui comportant le plus de documents signés Barbie, est venue s'ajouter une curieuse liste retrouvée par M° Serge Klarsfeld en 1984 : sept pages mentionnant les noms de 172 juifs, parmi lesquels tous ceux – la moitié très exactement – qui avaient été arrêtés rue Sainte-Catherine. Or cette nomenclature porte en titre « Liste des juifs arrêtés » et se trouve datée du... 1er février, soit huit jours avant la rafle. Faute de frappe, probablement.

Le principal document signé le 11 février de la main de Barbie – « par délégation » (I.V.) – précise notamment :

« Notre service *ici* avait appris qu'il existait (...) un comité juif... »

« Au moment de l'opération plus de trente juifs se trouvaient déjà dans les locaux. (...) Au cours de l'heure qui a suivi, plusieurs autres juifs sont arrivés et quatre-vingt-six personnes au total ont pu être arrêtées (...), la plupart des juifs ont détruit leurs fausses cartes et pièces d'identité avant qu'il ne fût possible de procéder aux différentes fouilles. »

Barbie niera toute participation à cette rafle. Il contestera l'authenticité des documents en expliquant que ces papiers ont été extraits du Centre de documentation juive et que – de surcroît – on a écrit après coup le sigle « SS » sur l'un des télex, celui envoyé au colonel Knochen. Dans ce câble il était d'ailleurs précisé que les juifs allaient être « transférés via Chalon SS »... mais il fallait lire Chalon-*sur-Saône*.

Des quatre-vingt-quatre personnes déportées le surlendemain, deux seulement ont survécu aux camps de concentration :

Mme Gilberte Jacob et Rachmil Sulklaper, le frère aîné de Victor. Il est décédé avant le procès, mais il avait témoigné en mai 1983 pour dire notamment qu'il n'avait pas vu le SS Barbie le jour de la rafle. Quant à Mme Jacob [1], elle viendra témoigner. Tous les autres juifs sont morts, gazés immédiatement à leur arrivée au camp d'extermination de Sobibor, près de Lublin. Tous sauf un qui a vécu quelques jours de plus, un garçon de treize ans, Paul Breslerman. Il avait failli réussir son évasion. Repris par la police allemande, il avait été transféré à Auschwitz. Il y est mort, lui aussi. Un mot sur cette histoire.

Paul Breslerman, qui se faisait appeler Guérin, était né à Leipzig et, malgré son accent, il avait fait croire aux Allemands qu'il était de Marseille. Juif, certes, mais Français, ce qui devait être à l'époque une garantie contre la déportation... Il avait été pris en main par Simon, un pelletier français originaire de la lointaine Bessarabie, qui avait son atelier quai du Maréchal-Joffre, à Lyon. Or cet homme de quarante-huit ans, qui aidait sans doute les jeunes juifs à s'enfuir vers la Suisse, a laissé le souvenir d'un comportement admirable. Il était le père de l'ancien ministre de la Justice et actuel président du Conseil constitutionnel, Robert Badinter.

Dans le convoi n° 53 parti le 25 mars de Drancy, il ne restait plus une lucarne dans les wagons : les moindres interstices avaient été bouchés. A l'arrêt d'Épernay, on avait entendu le bruit d'une fusillade. Les Allemands prétendaient avoir abattu quatre juifs qui avaient tenté une évasion. On imagine la panique qui s'était emparée de ces pauvres gens entassés dans les wagons à bestiaux, surtout quand – le soir venu – l'un d'eux, Sylvain Kaufmann, avait entrepris de scier le plancher. A l'arrêt de Metz, dans ce wagon-là, ils chantaient *La Marseillaise* à tue-tête pour couvrir le bruit. Or l'un des déportés, plus fragile que les autres, avait été saisi par une formidable frousse. Il avait fallu le ligoter et le bâillonner pour l'empêcher de communiquer sa peur. Comme beaucoup d'autres, presque tous, il ne se rendait pas compte qu'arrivé à destination il n'aurait plus longtemps à vivre. Simon Badinter avait alors réussi à calmer les plus inquiets, ce qui n'était pas facile dans l'obscurité de ce cercueil à roues d'acier. Il était parvenu à

---

1. Parce qu'elle était femme de prisonnier, Mme Gilberte Jacob avait été déportée au camp de Bergen-Belsen. A la fin de 1986, seulement, elle s'est rendu compte qu'elle était la seule survivante de la rue Sainte-Catherine.

porter sa voix douce, posée, au-dessus des cris. Au plus énervé il avait parlé comme à un vieil ami.

Sylvain Kaufmann, l'un des survivants, me rapporte ses propos :

« – Occupez-vous du petit (Paul Guérin)! Si j'avais vingt ans de moins je ferais sans doute la même chose..., m'avait-il dit alors que je finissais d'élargir l'ouverture dans le plancher. »

Le jeune Guérin, Sylvain Kaufmann et onze autres déportés parvenaient cette nuit-là à s'enfuir. Dans toute l'histoire de la déportation, ils sont les seuls à avoir réussi une telle évasion en territoire allemand. De tout le convoi parti de Drancy il ne reste que trois survivants aujourd'hui. Le petit Guérin, arrêté le lendemain, est mort en déportation.

[De tous ceux qui ont réchappé de la grande rafle de l'UGIF, un seul – Michel Thomas – pourra affirmer, quarante ans plus tard, que Barbie était là et qu'il dirigeait les opérations. De quels détails se souvient-il? De la dissymétrie des oreilles. Le lobe droit de l'Obersturmführer serait plus bas que le gauche... Confronté à Barbie le 20 décembre 1983, dans le parloir de la prison Saint-Joseph, Michel Thomas me disait à la sortie : « C'est un vieillard qui se donne l'air innocent, mais je l'ai bien reconnu. »]

La rafle dans les bureaux de l'UGIF allait indigner vigoureusement les autorités de Vichy... Dans une protestation écrite le 2 mars (lettre n° 708/9), Lavagne, chef du cabinet civil de Pétain, signalait :

«... Les fonctionnaires de ce comité (UGIF) dépendent d'un organisme officiel, créé par le gouvernement français, et à ce titre il appartient aux autorités françaises de prendre des sanctions à leur égard au cas où leur activité se serait révélée contraire à l'intérêt français. Il y a lieu également de faire valoir aux autorités d'occupation que cette opération de police, qui a été effectuée en zone libre, a porté indistinctement sur des juifs étrangers et sur des juifs français. »

Ainsi donc, ce qui gênait le plus ce n'était pas la déportation, mais plutôt le constat que la direction des opérations avait échappé au contrôle de Vichy...

Réponse deux semaines plus tard du Commissariat général aux questions juives (courrier n° 2698P) :

« Les mesures prises contre les ressortissants de l'UGIF à Lyon sont justifiées par le fait (...) que les personnes en cause avaient dépassé le cadre de leurs attributions, en se livrant à des actes répréhensibles et notamment préjudiciables aux intérêts des troupes d'occupation.

Signé : Antignac. »

Les Allemands n'étaient cependant pas assez nombreux pour procéder à toutes les rafles. Ils se faisaient aider...

Charles Goetzmann, trente-deux ans à la fin de la guerre, et sa maîtresse Jeanne Benamara (née Hermann), vingt-trois ans, alsaciens d'origine, chassaient les juifs pour la prime... Goetzmann, surnommé « Charly le boiteux » ou « Guigne à gauche », était un ancien boulanger qui avait eu un pied broyé par une machine agricole. Sa carte de visite avait satisfait la Sipo-SD : plusieurs fois condamné pour vol, confié à l'Assistance publique à l'âge de dix-sept ans, il sortait de l'asile d'aliénés de Bron, en 1943, quand il fut engagé par Floreck qui – ravi de constater qu'il parlait l'allemand – l'envoya travailler à la sous-section juive. Bartelmus lui donne un revolver calibre 6,35 et lui dit ce qu'il aimerait : quelques juifs par-ci, par-là... Goetzmann ne rencontrera pas beaucoup de difficultés : les bonnes gens dénonçaient facilement leurs voisins s'ils étaient des juifs planqués. Il n'y avait qu'à ramasser. Je ne citerai pas les dénonciateurs, mais il est nécessaire de raconter comment cela se passait. Quelques extraits des aveux de Goetzmann :

« Mme Léonie X..., de Saint-Fons, ne supportait pas la famille Tuitou. Il fallait les faire disparaître du quartier. Alors nous avons [avec un complice nord-africain] procédé aux arrestations : le père, la mère et les cinq enfants. Comme nous n'avions pas de locomotion, nous les avons conduits à la Gestapo en empruntant le tramway. Nous les avons livrés aux Allemands. J'ignore ce qu'ils sont devenus. Pour cette opération nous avons touché huit ou dix mille francs [1]. »

Puis trois mille francs pour avoir livré, toujours en tramway, le boucher juif Barouk, « on disait qu'il vendait au marché noir ».

« Sur les indications de Mme X... [toujours la même], j'ai

---

1. Des instructions secrètes envoyées en avril 1944 aux sections IV B4 déployées en France précisaient : « Les primes ne devront pas être trop élevées, mais présenter un attrait suffisant, plus important en ville qu'à la campagne. » La prime versée à l'homme de confiance devra être puisée sur « l'argent liquide pris aux juifs ».

arrêté une femme et sa fille de vingt ans. Mme X... disait qu'il fallait ôter cette sale race. Six mille francs. »

Au château de Saint-Bel l'opération est, disons, plus tragique encore. En voyant arriver Charles Goetzmann et Jeanne Benamara, Mme Cohen et sa fille essayent de s'enfuir. En sautant dans le jardin l'adolescente se foule un pied et la mère rebrousse chemin. La suite telle que le raconte Goetzmann :

« Quant au père qui se trouvait dans une pièce à côté, il avait sauté lui aussi dans le jardin, mais je l'avais vu. Je le rejoignis. Au même instant il se tranchait la gorge avec un rasoir après avoir dit : " Mieux vaut mourir que de m'avoir. " Alors que nous étions sur le point d'emmener la mère et la fille, je m'avisai que deux enfants de sept ou huit ans jouaient sur la route. La personne qui les gardait m'a dit que c'étaient des enfants juifs. Je les pris par la main... Dix mille francs. »

Au fur et à mesure que le policier retranscrit les aveux sur sa machine à écrire, les phrases se font plus courtes. Monotonie. Un jour Goetzmann cherchait des noms juifs sur les boîtes aux lettres. Rien.

« C'est par hasard que nous sommes tombés dans un appartement occupé par un vieil israélite, lequel à notre vue s'est mis à trembler. J'en ai eu pitié et après qu'il nous eut remis une somme de deux mille francs à chacun, nous nous sommes retirés sans l'inquiéter autrement. »

Et ça continue. Au total Goetzmann et Jeanne Benamara avaient arrêté soixante-six personnes [1]. Plus de la moitié sont mortes en déportation. « Guigne à gauche » fut provisoirement arrêté par la Feldgendarmerie parce qu'il avait quitté son travail. Il fut incarcéré à Montluc, dans la cellule de l'abbé Boursier. Il y resta deux semaines jusqu'à ce que Bartelmus le fasse sortir parce qu'il avait besoin d'hommes : le maquis était déjà à Villeurbanne. Goetzmann se retrouvera, en uniforme allemand, gardien de camp de concentration à Ettlingen. Au mois de mars 1945, les Français arrivent. Il remet son costume et crie : « Vive la France. » Jusqu'à ce que la supercherie soit découverte, il aura droit à tous les avantages : pension d'invalidité, cartes d'alimentation et de... déporté (FNDIP n° 39705).

---

1. Le commissaire chargé de l'enquête a terminé son rapport en avertissant les autorités judiciaires que ce chiffre était vraisemblablement en dessous de la vérité, car seules étaient connues les victimes ou les parents qui avaient pu venir témoigner.

Lui et sa maîtresse seront fusillés. Devant le peloton d'exécution, à l'aube du 19 novembre 1948, « Guigne à gauche » voulut parler une dernière fois à son avocat et à l'aumônier de service. Ils s'approchèrent et soudain Goetzmann hurla : « En joue ! » L'aumônier se jeta à plat ventre dans la boue et l'avocat, blême, resta pétrifié. Fort heureusement, les soldats n'épaulèrent point... Ce qui fit dire au commissaire du gouvernement, Alexis Thomas, qui assistait à l'exécution : « Vous venez de rater une belle occasion d'accompagner vos pénitents [1] !... »

Ancien avocat juif de Berlin, Kurt Schendel avait la tâche dramatique de faire la liaison entre les juifs et les nazis. A Paris, Schendel opérait avec l'appui et les subsides du Commissariat aux questions juives de Vichy. Retrouvé un jour par la jeune Allemande Beate Klarsfeld, il affirmait n'avoir pas connu personnellement Klaus Barbie, mais savait que celui-ci ordonnait « avec un zèle tout à fait particulier » les arrestations de juifs à Lyon.

« Il est certain, témoignait Kurt Schendel, que le responsable de la section IV de Lyon (Barbie) était aussi bien au courant de ce qu'il advenait des déportés que Röthke ou Brunner, responsables SS de la question juive à Paris. »

Et il se souvenait parfaitement que, lors d'une réunion avec les délégués de l'UGIF zone sud, quelqu'un avait rapporté ces propos de Klaus Barbie : « Déporté ou fusillé, il n'y a pas de différence ! »

Ce quelqu'un, c'était Me Raymond Geissmann qui avait été inscrit en première position sur la liste des dirigeants de l'UGIF à Lyon (Verwalter und Generaldirektor), le lendemain de la rafle de la rue Sainte-Catherine, ce qui allait le placer, il est vrai – à partir de mai 1944 –, hors d'atteinte du Service du travail obligatoire. Geissmann confirmait.

Reste qu'ayant su ou feignant d'ignorer la « solution finale », Klaus Barbie ne manquera pas d'évoquer l'excuse de l'ordre reçu. Il avait les directives. Le SS qu'il était devait s'y conformer aveuglément.

« Il n'y a aucune disposition dans les lois de la guerre qui permette à un soldat ayant commis des crimes honteux

---

1. Phrase rapportée par l'intéressé à l'historien Gérard Chauvy.

d'échapper au châtiment en faisant valoir qu'il a seulement obéi aux ordres de ses supérieurs, surtout lorsque ces ordres sont en contradiction flagrante avec toutes les notions de la morale humaine et des règles coutumières internationales pour la conduite de la guerre! »

De qui sont ces belles phrases ronflantes? De Goebbels lui-même [1]. Pour stupéfiant que cela paraisse, dans un article du 28 mai 1944, dix ans plus tard, elles seront citées par le colonel Bourely, commissaire du gouvernement, dans son réquisitoire du second procès intenté au contumax Barbie.

Juif ou résistant? Ou juif-résistant? Pour la justice de 1984 la différence est énorme. Elle l'est depuis un quart de siècle, depuis que le général de Gaulle a fait adopter par le Parlement la notion des crimes contre l'humanité. Dans le premier cas, celui où la victime est juive, Barbie risque la prison à vie. Dans le second, il n'encourt plus rien. Rien du tout. Car un « simple » crime de guerre est couvert par la prescription (vingt ans).

Elie Nahmias, apprenti cordonnier, a été « chopé » le 1er juillet 1944 à Lyon. En observant les gens qui venaient signer le registre des condoléances devant le catafalque de Philippe Henriot [2], exposé dans le hall du *Progrès,* un membre de la Croix-Rouge lui avait discrètement demandé de porter une lettre au 33, rue Victor-Hugo, de l'autre côté de la place Bellecour. A l'adresse indiquée il n'avait trouvé personne, mais en redescendant l'escalier il était tombé nez à nez avec Barbie.

« Il m'a repoussé comme un tiroir, m'a raconté Elie Nahmias, petit homme râblé qui cache comme il peut son invalidité à cent pour cent. "Toi, tu es juif... " J'ai répondu que j'étais musulman. Alors il m'a demandé de réciter un verset du Coran. Comme j'en étais incapable, Barbie m'a conduit dans les bureaux de la Gestapo, au quatrième étage [3]. »

---

1. Joseph Goebbels, ministre de la Propagande, choisi par Hitler pour assurer la succession. Le 29 avril 1945, il se suicida avec toute sa famille dans le bunker de la chancellerie à Berlin.
  Le Tribunal international de Nuremberg avait – à son tour – écarté l'excuse absolutoire fondée sur « l'ordre reçu ». Article 8 : « Le fait que l'accusé a agi conformément aux instructions de son gouvernement ou d'un supérieur hiérarchique ne le dégagera pas de sa responsabilité... »
  2. Secrétaire d'État à la Propagande, sous Vichy, abattu par la Résistance le 28 juin.
  3. Après le bombardement du 26 mai 1944, la Gestapo avait déménagé place Bellecour.

Conduit par la suite à la prison Montluc, il décrit son arrestation. Les codétenus identifient Barbie. Le 27 juillet, Elie Nahmias y rencontre Léon Pfeiffer [1] qui ne lui cache pas sa fierté de n'avoir pas parlé sous les coups de Barbie. Huit jours plus tard, Nahmias était à Auschwitz. Dans son convoi se trouvaient quatre cents enfants dont il se souviendra toujours : à l'« étape » de Drancy, plusieurs personnes avaient tenté d'extraire les enfants du train en partance pour la Pologne, la garde mobile française avait alors mis en batterie un fusil-mitrailleur.

Quand il était revenu de déportation il avait raconté.

« On n'a pas voulu me croire. Quand je disais qu'on vivait avec la mort, que je m'asseyais, indifférent, sur des cadavres pour grignoter en cachette une pomme de terre volée, on ne me croyait pas. Les gens, ils s'amusaient, c'était la Libération, ils avaient le ventre plein, ils ne voulaient pas nous entendre... »

En 1983, au cours d'une des premières confrontations avec les parties civiles, Klaus Barbie a eu cette excuse qui prenait la forme d'un aveu : « Pourquoi vous aurais-je arrêté?... Vous n'avez pas la tête d'un juif! » Son avocat lui a fait signe. Trop tard : la greffière avait déjà inscrit.

Le 18 juin 1943 (troisième anniversaire de l'appel du général de Gaulle), Klaus Barbie écrit à l'intendant de police de Lyon, un nommé Marchais. Il signale que le juif français Max Heilbronn a été arrêté pour « marché noir et attitude anti-allemande », que toutes les denrées alimentaires stockées chez lui ont été saisies, etc. Il ajoute : « Vous voudrez bien disposer de plein droit de l'appartement. » Signé : Barbie.

Pour avoir une idée du fossé qui se creuse, depuis des années, entre juifs et résistants autour de l'affaire Barbie (comme s'il n'y avait pas eu de résistants juifs), voici ce que disait récemment le Dr Aron, président du Comité de coordination des communautés juives de Lyon :

« Qu'on n'oublie pas que parmi les victimes de Barbie il y a les juifs d'un côté, et les résistants de l'autre. On arrêtait les résistants pour cause de guerre, et les juifs parce que l'universalisme qu'ils représentaient s'opposait au nationalisme farouche des Allemands. Nous tenons à ce que personne ne fasse l'amalgame entre les deux causes au cours du procès, et nos amis résistants sont d'accord. »

---

1. L'un des cinq exécutés devant le *Moulin à vent* le même jour; voir page 147.

Je rapprocherai cette opinion de la constatation relevée par Beate Klarsfeld qui, dans son livre [1], évoquait le terrible convoi du 31 juillet 1944 (celui d'ailleurs où se trouvait Elie Nahmias) :

« Aucun attentat, aucun sabotage, aucune tentative même n'est venu interrompre la route vers la mort de ce train et de tous ceux qui l'ont précédé, écrit-elle. L'arrêt des trains chargés de munitions, les trains chargés de troupes ont toujours eu la priorité sur les trains chargés de juifs, même d'enfants. »

(Aujourd'hui plusieurs associations de résistants préféreraient « coller » aux représentations juives, pour ne pas fragmenter le procès Barbie.)

Qu'avait-il donc également contre les curés, lui qui, adolescent, avait senti la vocation au point de vouloir se consacrer à la théologie? Toujours est-il que lorsque les prêtres étaient doublés de résistants, ce qui était assez fréquent (mais on a vu aussi des abbés dénonciateurs...) Barbie voyait rouge. D'autant plus qu'il existait des ecclésiastiques, de mère juive, qui s'étaient convertis au catholicisme. Exemple l'abbé Glasberg, d'origine ukrainienne, homme massif, gourmand, serré dans sa soutane noire et qui savait aussi bien réconforter les vieux que les enfants malgré son regard grossi par d'épaisses lunettes. Barbie le cherchait partout car l'abbé n'avait jamais perdu une occasion d'aider les victimes des persécutions nazies, qu'il s'agisse des juifs, des apatrides, des républicains espagnols fuyant les camps de Vichy ou des militaires qui voulaient rejoindre l'Angleterre. Un ambassadeur, l'un des vingt diplomates encore en vie à s'être vu décerner le titre d' « ambassadeur de France [2] », m'a raconté l'histoire de l'abbé Glasberg. C'est Jean-Marie Soutou, ancien secrétaire général du Quai d'Orsay, l'un des premiers diplomates dans l'Algérie indépendante, président de la Croix-Rouge française, etc. :

« Son quartier général était à l'Amitié chrétienne, me rapporte l'ambassadeur de France. C'était une œuvre d'assistance aux réfugiés et aux exilés placée sous le patronage du cardinal Gerlier et du pasteur Boegner. En fait, elle aurait pu s'appeler l'Amitié judéo-chrétienne puisqu'elle comprenait, dans le groupe qui la dirigeait, des représentants des organisations juives. Ses locaux, jusqu'au retour de Pierre Laval [3] au pouvoir en tout cas,

---

1. Beate Klarsfeld : *Partout où ils seront,* Éd. spéciale, 1972.
2. Dignité qui leur confère le droit de porter ce titre même après avoir quitté leurs fonctions au Quai d'Orsay.
3. Chef du gouvernement collaborationniste de Vichy, fusillé en 1945.

jouissaient d'une sorte d'immunité due au prestige de ses protecteurs ecclésiastiques.

« Un jour, l'abbé Glasberg décida d'acheter un superbe manteau de fourrure et de l'offrir à la femme d'un haut fonctionnaire, directeur du Service des étrangers, pour qu'il enregistre de fausses cartes d'identité au fichier central. Au moment de partir pour la préfecture, le paquet sous le bras, il était revenu sur ses pas et nous avait interrogés du regard avec ses yeux d'épagneul : " Ça ne va pas, il va refuser, le paquet est trop beau... " Il valait mieux prétendre, pensait-il, que le manteau avait été trouvé parmi les vêtements collectés pour les nécessiteux. On lui apporta donc du papier d'emballage, de vieux bouts de ficelle et on rempaqueta le cadeau. »

Mais là c'est l'anecdote, voici l'essentiel. Une caserne désaffectée de Vénissieux (banlieue de Lyon) allait servir de camp de rassemblement pour les juifs arrêtés dans les départements de la zone sud. L'abbé Glasberg transforma aussitôt ses amis en équipe d'assistants sociaux placée à la disposition du camp avec, évidemment, la caution du cardinal. L'abbé Glasberg et ses amis allaient avant tout servir d'interprètes...

« Bien entendu, les " assistants sociaux " traduisaient de façon à obtenir des dérogations », poursuit Jean-Marie Soutou.

C'est ainsi qu'ils avaient réussi, pendant l'arrivée des convois, à fouiller dans la serviette d'un fonctionnaire et avaient découvert cette instruction : « Les enfants jusqu'à seize ans ne doivent pas être déportés. » Or cela leur avait été caché, pour permettre sans doute aux autorités de compléter les convois au cas où leur nombre se révélerait insuffisant. Aussitôt l'abbé Glasberg avait fait rassembler tous les enfants et, brandissant cette fameuse instruction, les avait fait sortir du camp.

« Alors commença cette douloureuse et nécessaire tragédie : la séparation des enfants et des parents. Cela dura toute la nuit et une partie du jour suivant. L'abbé était partout, forçait les décisions, posait la main sur une épaule, disait quelques mots en dialecte germanique ou slave puis repartait vers une autre famille repliée sur son châlit, les bras noués. Sur quelques centaines, une seule refusa de se séparer de son jeune garçon. »

L'abbé Glasberg avait fait venir des gazogènes (autobus dont les moteurs fonctionnaient non pas à l'essence mais au gaz) et les quatre-vingt-quatre enfants furent conduits dans un couvent désaffecté, situé montée des Carmélites, immense bâtisse d'où l'on pouvait s'échapper par les « traboules [1] ». Ils n'étaient plus dans le couvent lorsque, le lendemain, les gens de Vichy avaient donné l'ordre de les retrouver. Quelques semaines après cette affaire, Barbie arrêtait Jean-Marie Soutou.

« Où est ce juif de Glasberg?

« Il n'est pas juif, il est curé. C'est lui qui nous a mariés. »

Hautain, Barbie le prend pour un imbécile.

« Ah! Vous ne savez pas qu'on peut être curé et avoir été juif?... »

L'abbé Glasberg, quant à lui, s'était réfugié à Lériboscq, dans le Tarn-et-Garonne (il est décédé en 1981). Des trois semaines passées entre les mains de Klaus Barbie, l'ambassadeur retient ces deux épisodes :

« J'entendais des cris dans la pièce à côté : Barbie voulait me faire croire que c'était ma femme qu'on torturait.

« Et puis, en janvier 1943, les Allemands avaient tous reçu leurs colis de Noël. De loin, je les voyais ouvrir leurs paquets qu'ils attendaient depuis plusieurs jours. Ils y trouvaient les *Baumkuchen* (" bûches de Noël ") et les branches de sapin. Ils riaient, ils s'agitaient. Klaus Barbie était allé leur faire un discours pour la nouvelle année. Ils étaient contents. »

Le procès, quarante ans après?

« S'il y a un procès à faire, conclut Jean-Marie Soutou, c'est celui du totalitarisme, pas celui des comparses. Avant Barbie il faudrait juger ceux qui se sont enrichis en construisant le mur de l'Atlantique... »

Maintenant, les enfants d'Izieu.

Le soir du Jeudi saint, 6 avril 1944, à 22 heures 10 pour être précis, un télégramme était envoyé au BdS Paris signalant que la colonie d'enfants juifs d'Izieu, dans le département de l'Ain, n'existait plus. Voici le texte :

« Il a été mis fin ce matin aux activités du foyer d'enfants juifs " colonie enfant " (NDA : en français dans le texte) d'Izieu-Ain. Au total quarante et un enfants âgés de trois à treize ans ont été arrêtés. De plus, l'ensemble du personnel juif, soit dix têtes dont cinq femmes, a également été arrêté. Il n'a été trouvé ni argent

---

1. Passages en forme de tunnel reliant les immeubles du quartier Saint-Jean notamment.

liquide ni autres objets de valeur. Le transport vers Drancy aura lieu le 7 avril 1944.

« *Der KDR. der SIPO und des SD Lyon roem.* (NDA : en chiffres romains) 4 B 61/43. IA gez. Barbie SS-Ostuf [1]. »

Ce qui signifie que l'Obersturmführer *(Ostuf.)* Barbie a signé pour le responsable (KDR) de la Sipo-SD section IV B. C'est clair, c'est net. Seulement il y a ces initiales « IA » *(Im Auftrag)* qui signifient : « Par ordre. » Klaus Barbie l'a déjà fait savoir : signer par ordre n'est pas signer, et d'ailleurs c'est un faux. Faux télex, dira son avocat, parce que Barbie n'avait pas à signer pour un subalterne comme Wenzel ou Bartelmus, plus spécialement chargés des questions juives; apocryphe car deux des tampons dateurs utilisés pour l'enregistrement à Paris (le 6 et le 7) sont en français (ce n'est pas *April,* mais avril). Voilà donc, s'étonne Mᵉ Vergès, que des Allemands manquaient de cachet. Et qui plus est, il leur en manquait plusieurs puisque celui de gauche n'est pas le même que celui de droite. Faux enfin parce que l'original est introuvable. Le juge Riss ne possède qu'une photocopie. Barbie dépose donc plainte à son tour, ce qui provoque la surprise des uns et l'indignation des autres. Une petite enquête permet en effet de constater que l'original du télex a disparu. Il faisait partie d'un lot d'archives allemandes retrouvées, après la Libération, à l'ambassade hitlérienne de la rue de Lille, à Paris, ou bien dans les papiers restés intacts dans les bureaux de l'avenue Foch ou de la rue des Saussaies, locaux occupés par la Gestapo. Or ce fameux télégramme a été utilisé comme pièce à conviction lors du grand procès de Nuremberg. C'est d'ailleurs l'ancien président du Conseil, Edgar Faure, alors procureur adjoint, qui l'avait brandi. L'original devait donc se trouver dans les archives, au milieu des autres documents produits à Nuremberg, déposés depuis lors dans les chambres fortes de la Cour internationale de La Haye. On ouvre les dossiers et que trouve-t-on? Une photocopie, légalisée certes sous le n° RF 1235, enregistrée sous la référence H.4826, mais pas d'original! Explication des experts : devant la somme des documents présentés à Nuremberg, la décision avait été prise de les sélectionner et, pour ne pas égarer les pièces transmises par chaque pays, de nombreux documents étaient photographiés, enregistrés comme preuve incontestable, et rendus au substitut qui les avait apportés. Le 17 février 1984, Serge Klarsfeld découvrait enfin ce fameux télégramme au Centre de documen-

---

1. *Cf.* cahier d'illustrations.

tation juive contemporaine à Paris, mal rangé, dans le dossier de l'ambassadeur d'Allemagne à Paris pendant la guerre, Otto Abetz. Pièce difficilement contestable puisque au dos figure une carte géographique du nord de l'Écosse [1] : les Allemands, manquant de papier, s'étaient servis du recto des cartes pour imprimer leurs formulaires de réception des télégrammes; le puzzle géographie a pu être reconstitué avec des télégrammes identiques. Pour Barbie, cela ne signifiait pas toutefois qu'il était authentique... Mais alors, s'il s'agissait d'un faux, il fallait admettre qu'il avait été fabriqué avant... 1946! Preuve supplémentaire à l'encontre de tel avocat qui voudrait étayer la thèse du faux : Serge Klarsfeld exhumait des archives un autre télex, provenant de la Sipo-SD de Marseille cette fois. Câble envoyé le même jour à 22 heures et signé du Kommandeur SS Muehller. Ce document comporte exactement les mêmes tampons : « 7 APRIL » et « 7 AVR 1944 ».

C'est l'ancien ministre et président de l'Assemblée nationale, Edgar Faure, qui avait donné lecture de ce télex au cours du procès de Nuremberg – sans toutefois citer le signataire... Il commentait :

« Il y a quelque chose qui est encore plus frappant et plus horrible que le fait concret de l'enlèvement de ces enfants; c'est ce caractère administratif, le compte rendu qui en est fait selon la voie hiérarchique, la conférence où certains fonctionnaires s'en entretiennent tranquillement comme d'une des procédures normales de leur service; c'est que tous les rouages d'un État, je parle de l'État nazi, sont mis en mouvement à une telle occasion, et pour un tel but. C'est vraiment l'illustration de ce mot que nous avons lu dans le rapport de Dannecker : " la manière froide " ».

Le chef du central télex de la Gestapo de Lyon était un certain Wilhelm Wellnitz. Interrogé il se souvient seulement qu'il y avait dans le bureau où se trouvait le télescripteur « Siemens » deux hommes et deux secrétaires. L'un d'eux était le SS Unterscharführer Willy Fiss, télexiste originaire de Dantzig [jamais retrouvé], dont le nom peut correspondre aux lettres « FI » mentionnées sur la première ligne du texte (voir la photographie dans le premier cahier d'illustrations).

---

1. Selon toute probabilité, il s'agissait de copies de cartes anglaises effectuées pendant la guerre par les Allemands en prévision de l'invasion de l'Angleterre. Après les illusions perdues des Allemands, ce papier avait été « recyclé »...

Que disait Barbie, lors de son premier interrogatoire sur le fond, en 1983, à propos des juifs?

« Je savais que les juifs étaient conduits dans un camp de concentration, mais je n'en avais jamais vu de mes propres yeux. En revanche, je ne savais pas ce qui se passait dans ces camps. Vous savez que beaucoup de personnes en sont revenues. J'ai simplement vu après la guerre des reproductions, des photographies de ce qui avait pu s'y passer. (...) Tout ce qui concernait la question juive dépendait directement, à l'intérieur des commandements de région, de deux ou trois personnes envoyées par Eichmann lui-même. Personnellement, je n'avais rien à voir avec la déportation des juifs en Allemagne. Il y avait deux ou trois personnes dans le cadre du SD à Lyon chargées de cette question. Je me souviens du nom de l'une d'elles, il s'agit de Wenzel. »

Sur la question des enfants d'Izieu, Klaus Barbie répondait ensuite au juge d'instruction Christian Riss :

« C'est Wenzel qui avait reçu l'ordre d'Eichmann de dissoudre ce centre. Personnellement, je n'ai pas participé à l'opération et je n'ai vu aucun enfant dans l'École (de santé) militaire. Il est possible que j'aie eu connaissance du résultat et que j'aie rendu compte à mes chefs, mais je n'avais pas de responsabilité personnelle dans cette affaire. C'est un élément de l'ensemble concernant le problème juif en France. Si cette opération ne me concernait pas personnellement, il est possible que Knab l'ait prise sous sa responsabilité. »

Possible en effet. Comme il est difficile d'y voir clair, quarante ans plus tard, il faut se rapporter aux enquêtes effectuées après la libération de Lyon. Cette histoire des enfants déportés n'avait pas tellement tourmenté la population. Et pourtant aucun d'entre eux n'était revenu. Dans son *Mémorial de l'oppression* (avril 1945), l'éminent professeur Pierre Mazel, ancien prisonnier de Montluc, délégué régional au Service de recherche des crimes de guerre, n'a pas consacré plus de... cinq lignes à l'enlèvement d'Izieu. Il faut apparemment attendre septembre 1945 pour trouver un rapport sur l'enlèvement des petits juifs. Rapport établi par un inspecteur de... santé. On lui avait demandé d'établir la liste des disparus, il a répertorié soigneusement le nom des enfants sur une longue colonne, puis, à la fin de la liste de cinquante-cinq noms (enfants et adultes), il a noté la déclaration d'un témoin, Eusèbe Perticoz, qui tient en cinq lignes :

Vers 9 heures du matin une voiture boche arrive suivie de deux camions. Trois civils, dont un Français bien connu sous le nom de B... (NDA : sa culpabilité n'ayant pas été totalement prouvée, il n'est pas opportun de le citer) [1], de Brens, ainsi qu'une dizaine de soldats boches de Belley en descendent. Ils font monter tous ces braves gens en camion pour une destination inconnue et procèdent au pillage de l'immeuble. »

Le rapport note toutefois que les auteurs pourraient être « trois miliciens et douze boches ». Comme les camions étaient conduits par des gens du pays, les gendarmes font à leur tour une enquête. Ils ne découvrent qu'un élément intéressant la justice : l'un des chauffeurs des camions réquisitionnés par les Allemands s'appelle Godani. Il serait nécessaire de l'entendre. Il est mort. Mais à son employeur, L. Ermann, il avait dit en revenant d'Izieu : « sale boulot ». Un témoin allemand avait été identifié à l'époque comme étant l'un de ceux qui avaient pu participer à l'enlèvement des enfants : le caporal Paul Hoffmann, ordonnance du commandant de la 56713 A stationnée à Belley. Il avait été localisé comme habitant à Lebe en Tchécoslovaquie... Jamais retrouvé.

Ce n'est que bien plus tard qu'un témoin expliquera :

« J'étais torse nu dans la vigne, me raconte Julien Favet. J'attendais que la patronne m'apporte le casse-croûte. Il était déjà 9 heures du matin. Je suis donc remonté vers le hameau de Lelinaz, et j'ai vu les Allemands – une quinzaine – qui finissaient de pousser les gosses dans les camions. »

Les petits, dont les parents avaient presque tous été déportés, avaient été placés là, dans une grande bâtisse de douze pièces, louée par Mme Sabina Zlatin à une famille de Belley depuis mai 1943. Pourquoi à Izieu? Parce qu'à cette époque il était moins dangereux d'installer un home d'enfants en zone occupée par les Italiens que par les Allemands. Les gosses paraissaient adoptés par les villageois et, bien qu'ils n'aient pas toujours correctement

---

1. Lucien B... était jardinier dans un hospice en Lorraine avant la guerre. De mauvaise foi et querelleur, il est décrit comme « un franc collaborateur et admirateur du régime nazi ». Venu s'installer à Brens en 1942, tout près d'Izieu, il avait pour employé l'un des enfants de la colonie juive à laquelle il vendait des légumes. Des témoins l'avaient vu parfois recevoir des militaires allemands chez lui, à la tombée de la nuit. L'avant-veille de l'enlèvement, un voisin le voit circuler en voiture du côté d'Izieu en compagnie de deux officiers allemands puis, trois jours après le drame, ces mêmes Allemands l'aideront à déguerpir : ils organiseront son déménagement. Aux voisins Lucien B... racontera qu'il a été arrêté comme communiste. Plus tard on le retrouvera gardien du... camp de concentration de Sarrebruck. Il sera fait prisonnier par les Américains en mars 1945, peu après avoir été incorporé volontaire dans la Wehrmacht. Il sera acquitté pour l'affaire d'Izieu mais, reconnu coupable « d'indignité nationale », B... est finalement condamné à la dégradation nationale.

parlé français (ils venaient d'Autriche, d'Allemagne, de Belgique, etc.), ils étaient souvent invités dans les fermes. Mais parmi les habitants d'Izieu il y avait l'éternel dénonciateur...

« Les plus petits criaient parce que toute cette violence les effrayait, ils venaient à peine de se réveiller, reprend M. Favet. Les autres, ceux de treize ou quatorze ans, savaient très bien où ils allaient. A force de vivre cachés [1]... Je les ai vus partir sur des camions à ridelles. Ils chantaient : " Vous n'aurez pas l'Alsace et la Lorraine... " »

Klaus Barbie était-il présent? Julien Favet est formel (il est d'ailleurs le seul) :

« C'est Barbie qui dirigeait les opérations. Il m'a d'ailleurs sauvé la vie. L'un des officiers SS m'avait pris pour le médecin et avait voulu me faire monter dans l'un des camions. C'est Barbie qui lui a donné l'ordre de me relâcher. Pendant toute la rafle, il était resté appuyé à la fontaine de pierre, au milieu de la cour. Il était en civil. Chapeau mou et gabardine. Il donnait des ordres tantôt en français, tantôt en allemand.

« Cinq SS (?) ont été laissés en faction dans le village pendant trois jours. Ils déjeunaient chez nous, la mitraillette sur la table. Un matin, ils ont tiré sur le cochon qu'on engraissait à la colonie. Puis ils ont passé plusieurs heures à mitrailler son cadavre. Dans la cave ils ont trouvé du vin. Ils s'endormaient ivres morts tous les après-midi. J'ai bien pensé les tuer, mais à quoi bon, les Allemands auraient brûlé tout le village en représailles. Alors on se rassurait en pensant que les maquisards du Vercors pourraient être prévenus assez tôt pour intervenir.

« Il a fallu un mois avant que j'ose entrer dans la maison des enfants. Sur la table de la cantine, j'ai trouvé des corbeilles de pain et quarante-trois bols avec le café au lait qu'aucun enfant n'avait eu le temps de prendre ce matin-là. »

Il reste toutefois surprenant que les Allemands aient pu confondre cet agriculteur avec le Dr Reifmann. On trouve ainsi, dans la plupart des dossiers, des invraisemblances que Barbie ne

---

1. La plupart de leurs parents avaient déjà été déportés. Certains enfants ont même retrouvé leur mère à Drancy, dernier centre de tri avant les camps de concentration allemands. C'est le cas de Marcel Mermelstein, sept ans, et de sa sœur Paule, dix ans (déjà cités au chapitre 3), alors que leur père avait rejoint le maquis. D'autres, les Gerenstein, par exemple, ont pu croiser leur père déporté... M. Gerenstein, musicien professionnel, était « trompette » dans l'orchestre d'Auschwitz, obligé de jouer l'hymne de bienvenue à l'arrivée des convois qui venaient de passer sous le joug, le fameux arc en fer *Arbeit macht Frei* (« Le travail apporte la liberté »).

manquera pas de considérer non pas comme une simple anomalie, contresens de l'Histoire, mais comme un témoignage préfabriqué.

En 1983, dès que le juge d'instruction aborda cette affaire d'Izieu, Klaus Barbie affirma : « Je n'étais pas là, j'étais à Saint-Claude, dans le Jura. » Or, à force de patience, après avoir fouillé des dizaines de kilos d'archives jaunies, le juge Christian Riss a fini par trouver une pièce capitale : un laissez-passer signé Barbie et daté « 6 avril 1944 », c'est-à-dire le jour même de l'enlèvement des enfants d'Izieu. Ce jour-là Barbie avait donné l'autorisation de circuler librement à un de ses collaborateurs français :

« Le citoyen français Pierre Chaffard est bien connu à notre service. (...) Toutes les autorités allemandes, françaises et italiennes sont priées de bien vouloir se mettre en communication avec notre service avant de prendre des mesures quelconques contre M. Chaffard et sa famille. » Signé : Barbie...

Le dénommé Pierre Chaffard, affecté à la cellule anti-communiste du lieutenant Palk, occupait le bureau 70 à la Gestapo de l'avenue Berthelot et possédait un port d'arme. Son travail consistait à trier les lettres de dénonciation pour l'équipe de « Gueule tordue »... Le document du 6 avril écrit en français et en allemand tendrait à démontrer que, ce jour-là, Klaus Barbie ne se trouvait pas encore à Saint-Claude, avec ses spécialistes du renseignement, mais bien à Lyon (beaucoup plus proche du hameau d'Izieu). Cependant l'heure d'expédition du fameux télex envoyé à Paris − 22 heures 10 − rend difficile l'hypothèse de la présence effective de Barbie auprès du télexiste. Autrement comment aurait-il pu se trouver dès le lendemain dans la région de Saint-Claude, présence certifiée par une blessure qui lui a valu une distinction : l'insigne noir des blessés qu'il allait porter à côté de la Croix de Fer.

De leur côté les époux Klarsfeld allaient retrouver la trace des enfants dans les listes des convois pour Auschwitz. Mme Benguigui était déjà à Auschwitz quand ses trois petits garçons avaient été emportés par les camions d'Izieu. Elle espérait pourtant que dans ce refuge flanqué sur la colline ils auraient été à l'abri des nazis.

Au printemps 1944, elle reconnaît le pull-over de son fils Jacques. Il est sur le dos d'un enfant du même âge, l'enfant d'une femme médecin, prisonnière au bloc 10, et qui avait obtenu que son fils soit épargné en échange des « expériences médicales » qu'elle subissait du « D^r » Mengele ou de quelqu'un de la bande.

Mᵐᵉ Benguigui se souvenait parfaitement de ce pull : elle l'avait elle-même tricoté à Alger, puis, n'ayant pas assez de laine, elle avait terminé une manche, bien plus tard, avec des fils d'une autre couleur... Jacques (treize ans), Richard (six ans) et Jean-Claude (cinq ans) faisaient partie du convoi parti le 13 avril 1944 de Drancy. Tous trois sont morts à Auschwitz.

Un autre convoi, celui du 30 juin 1944, emportait vers la mort Minna Halaunbrenner (neuf ans) et sa sœur Claudine (cinq ans). Trente ans plus tard, la vieille maman accompagnait Beate Klarsfeld à La Paz, en Bolivie, brandissait une pancarte *Boliviano ayudame, pido solo justicia* (« Bolivien, aide-moi, je ne demande que la justice ») et s'enchaînait à un banc, espérant que les autorités allaient enfin se rendre compte de la moralité de celui qu'ils protégeaient...

Trois personnes, deux adultes et un enfant, ont toutefois échappé à la rafle d'Izieu. D'abord la directrice de la colonie, Mᵐᵉ Sabina Zlatin, partie quelques jours plus tôt dans la région de Montpellier à la recherche d'une maison plus sûre; puis le Dʳ Léon Reifmann et le petit René Wucher.

« Depuis que les Italiens avaient cédé la place aux Allemands, nous étions sur nos gardes, m'explique Mᵐᵉ Zlatin que j'ai retrouvée à Paris. Nous avions déjà fait partir quelques enfants, notamment en Suisse. Les autres, nous pensions les disperser après Pâques. »

Pâques était – surtout en cette année 1944 – un motif précieux pour se retrouver en famille. D'ailleurs le médecin de la colonie, Suzanne Reifmann, avait fait venir pour la circonstance son père (Moïse) et sa mère (Mova). Son frère Léon – qui avait dû interrompre ses études de médecine en 1940 – allait venir lui aussi. Il est arrivé le 6 avril, vers 9 heures du matin, cinq minutes avant les Allemands. Voici ce qu'il m'a raconté :

« En route, j'avais pris deux lycéens pour les convoyer jusqu'à Izieu. Ils devaient y passer les vacances. On y accédait en passant par un sentier discret, sans traverser le village. A peine arrivé, j'ai embrassé mes parents, au premier étage, j'ai entendu la cloche qui signalait l'heure du petit déjeuner, et l'un des gosses m'a dit alors que j'allais redescendre l'escalier : " On a besoin de vous. " J'ai regardé par la fenêtre. Les Allemands étaient là, tout autour, avec des mitraillettes. »

Le jeune homme saute alors par la fenêtre et se réfugie derrière un mur, dans le jardin en friche. Il reste là jusqu'à la nuit, caché dans un buisson.

« Je n'ai rien vu, mais j'ai entendu les cris. »

Le soir venu, deux voisines, Mmes Perticoz et Audelain, parviennent à lui faire quitter le jardin et l'accompagnent jusqu'au village de Chantemerle.

Quant au petit René Wucher, il doit la vie à une panne... Tout en laissant des sentinelles, les Allemands étaient repartis après avoir coupé la seule ligne téléphonique du hameau, celle des voisins Perticoz, et laissé comme consigne à la poste de faire suivre à la Gestapo le courrier de la colonie juive. Or l'un des camions transportant les enfants avait du s'arrêter un moment à Izieu pour demander du bois à brûler, pour son gazogène. Cela se passait juste devant la confiserie Bilbor où travaillait la tante de René Wucher. L'un des employés aperçoit alors les enfants et se précipite pour chercher la tante. Elle lui annonce que les gosses sont embarqués par les Allemands. La tante court dehors et, voyant les petits sur le camion, s'évanouit devant la confiserie. L'un des Allemands demande ce qui lui arrive. Les ouvrières répondent : « C'est une parente! » Alors l'Allemand s'étonne :

« Il n'est pas juif, le gamin? »

« – Non, non! »

Il fait descendre René Wucher et apprend ainsi, pendant qu'on chargeait le bois, que l'enfant avait été placé « par erreur » comme pensionnaire avec les petits juifs d'Izieu, simplement parce qu'il était insupportable à la maison. Cette histoire m'a été confirmée par René Wucher lui-même.

A la Libération l'autre rescapé, Léon Reifmann, s'était rendu aux nouvelles dans le hall de l'hôtel *Lutétia,* à Paris, où arrivaient la plupart de ceux qui, tant bien que mal, avaient remporté leur combat contre la mort dans les camps de concentration. Des scènes moins souvent joyeuses qu'épouvantables... Reifmann attendait comme cela depuis des semaines. Un jour, enfin, il retrouve une monitrice, Léa Feldblum [1]. Elle pèse trente kilos. Elle est l'unique rescapée, la seule survivante parmi les déportés d'Izieu. Léa Feldblum, née à Varsovie en 1918, avait d'abord immigré vers la Belgique puis, dès les premiers mois de 1940, avec ses parents, son frère et sa sœur elle avait quitté Anvers pour se réfugier en France. Quelqu'un lui avait fabriqué de faux papiers

---

1. Léa Feldblum s'est installée en Israël comme puéricultrice. Son mari a été tué pendant la guerre d'indépendance en 1948.

au nom de Marie-Louise Decoste. Comme cela elle avait pu prendre un travail : elle s'occupait du ménage à la colonie d'enfants juifs. Emmenée comme les autres à Drancy, elle révèle sa véritable identité pour ne pas se retrouver séparée des enfants [1], pour continuer le voyage... Les SS l'enregistrent à Auschwitz sous le numéro 78620. En janvier 1945 Léa sera enfin libérée par les Russes. Au *Lutétia* elle raconte son calvaire et puis Léon Reifmann l'interroge sur les autres. A-t-elle des nouvelles de sa mère, de son père, de sa sœur, de son neveu âgé de dix ans?

« Ils ont tous été gazés... »

---

1. Miron Zlatin, directeur de la colonie, et deux adolescents (Théodor Reis et Harnold Hirsch) pris pour des adultes ont été fusillés en Lituanie.

6.

CALUIRE

Enquêter sur l'affaire de Caluire sans avoir connu l'Occupation allemande ni à fortiori la Résistance, c'est comme si on voulait ouvrir à nouveau le dossier de l'affaire Kennedy : presque tout a été dit, tout a été analysé, et il faut le culot d'un Vergès – l'avocat de Barbie – pour s'attaquer à la légende, à l'image d'Épinal, alors que les survivants du drame sont toujours là et que, de toute manière, leurs enfants connaissent aussi bien cette affaire. Ils sont respectueux du souvenir et gardiens de l'Histoire. Ils ne laisseront pas passer la moindre inexactitude. Je sais qu'ils attendent au tournant. J'ai cependant l'avantage sur eux, témoins et écrivains, de revoir tout cela avec le regard du journaliste qui n'est tenu par aucun contrat politique et qui a pu fureter dans des dizaines de kilos d'archives oubliées où certains papiers jaunis, devenus dentelle, constituent les véritables antidotes de la mémoire sélective. Si je pouvais faire digérer l'affaire de Caluire par un ordinateur – pourquoi pas? –, s'il était possible de transcrire ces milliers de pages de procédures en codes informatiques, il en résulterait, sans aucun doute, ceci : tout le monde a commis des erreurs. Et il en ressortirait immanquablement cette question lancinante : pourquoi a-t-on laissé Jean Moulin et ses amis se jeter dans la gueule du loup? Le loup c'était Barbie. Il s'en pourlèche encore les babines.

Même le plus idiot des tortionnaires le sait : il est des personnages auxquels il ne faut pas toucher. Si Barbie n'avait pas torturé « Max » comme on casse un jouet neuf parce qu'on n'a pas trouvé le mode d'emploi, jamais la planque bolivienne n'aurait été découverte. Car c'est bien la mort de Jean Moulin qui a forgé la célébrité du Hauptsturmführer aux yeux gris, « le plus salaud de la bande ». Pas de Moulin, pas de Barbie... Il est probable que le dossier des pauvres enfants déportés d'Izieu vers les camps de la mort ou celui de la liquidation du Comité lyonnais de l'UGIF auraient fondu dans l'holocauste, tandis que Klaus Barbie serait resté le criminel de guerre n° 239, évanoui dans les yungas d'Amérique du Sud. C'est Jean Moulin qui a fait la carte de visite de Barbie. C'est Klarsfeld qui a rajouté la mention « petit Eichmann », en révélant que sous le criminel de guerre presque banal se cachait l'assassin contre l'humanité. Appellation moderne pour des crimes qui existaient avant le déluge. Crimes qu'il fallait bien définir un jour ou l'autre si l'on voulait empêcher ces assassins-là de dormir sur leurs deux oreilles, protégés par la sacro-sainte loi sur la prescription. Grâce aux nazis, l'Europe a fini par décider que rien ne pourrait plus effacer le jugement. Rien, sinon la folie ou la mort. Même dix, vingt, trente ou cinquante ans après le criminel contre l'humanité ne peut plus désormais espérer on ne sait quelle prescription à Tachkent ou à l'ombre des bananiers.

Autre question à l'ordinateur : quelle eût été aujourd'hui la physionomie politique de la France si l'Histoire n'était pas passée par Caluire? Et quand bien même... si Jean Moulin avait survécu? Quel rôle aurait-il obtenu une fois la guerre terminée, avec ou sans de Gaulle? Une « puce » informatique rappellerait que pour Henri Frenay, chef incontesté du mouvement Combat, Jean Moulin était proche des communistes. Frenay, qui n'était pas son meilleur ami, laissait ainsi supposer dans les années 70 (et il n'en démord pas) qu'à l'insu du général de Gaulle l'ancien préfet faisait le jeu du PCF et n'aurait pas manqué d'en favoriser le retour une fois Paris libéré. C'est là une imputation grave qu'il faut considérer avec le respect dû à l'un des plus grands résistants : Henri Frenay.

D'autres compagnons de route ont pensé que la disparition de leur chef, provoquant un vide politique, a directement favorisé le retour en force des partis politiques...

De là à penser que de Gaulle aurait pu ainsi proposer dès 1945 la Constitution de 1962... l'ordinateur s'emballe.

Klaus Barbie pouvait-il espérer surprendre un jour « Max » ou « Rex », ou « Régis », le grand chef, dans une réunion avec l'état-major de la Résistance? Possible puisque si elle ne connaissait pas encore le nom de Jean Moulin, la Gestapo savait au moins que de Gaulle avait un envoyé spécial en métropole, un homme qui réussissait à passer de la zone sud à la zone occupée sans laisser de trace. Et pourtant... si on refait l'Histoire à l'envers, on s'apercevra que Jean Moulin n'était pas aussi mystérieux puisqu'il avait ouvert à Nice une galerie d'art, la galerie « Romanin » (c'était sa signature d'artiste). Il l'avait inaugurée le 9 février 1943 en grande pompe, sous son véritable nom, invitant le préfet local et autant de personnalités sensées s'intéresser à la peinture moderne sous le regard morne du vieux Pétain accroché parmi les Matisse et les Bonnard. La légende veut que le portrait colorié du vieux maréchal soit d'ailleurs tombé pendant la réception... Un coup de pouce à l'histoire de France.

Toujours dans le même esprit de l'Histoire en marche arrière – principe banni des historiens, mais qui permet souvent de faire le point –, on se demande aujourd'hui si les services de renseignements allemands (ceux de l'armée, l'Abwehr, comme ceux de la SD du département VI, dont les Français feront toujours l'amalgame avec la Gestapo) n'auraient pas dû tenter de savoir ce qu'était devenu un certain préfet de Chartres qui, un jour de l'été 1940, s'était tranché la gorge pour ne pas céder aux Allemands.

Jean Moulin était alors préfet de l'Eure-et-Loir. A l'arrivée des soldats allemands, il s'était efforcé d'organiser la vie des habitants qui n'avaient pas fui. D'une certaine manière, c'était sa façon de résister et d'assurer la continuité de l'État. Le 15 juin, il écrivait à sa mère et à sa sœur Laure :

« (...) Mon pauvre département est mutilé et saignant de toute part. Rien n'a été épargné à la population civile. »

Et en post-scriptum il prévenait :

« Si les Allemands – ils sont capables de tout – me faisaient dire des choses contraires à l'honneur, vous savez déjà que cela n'est pas vrai. »

Étrange prémonition. Deux jours plus tard, les Allemands entraient dans la ville de Chartres. Le préfet les recevait en grand uniforme « puisque la fortune de la guerre veut que vous entriez en vainqueurs », écrira-t-il dans son rapport au gouvernement de Vichy. Venus le chercher le soir même pour, soi-disant, rencontrer leur général, les Allemands exigent qu'il signe un « protocole » où il doit reconnaître qu'un détachement de tirailleurs sénégalais a massacré des femmes, des enfants à Saint-Georges-sur-Eure. Jean Moulin refuse. Les Allemands le frappent. Il refuse toujours. Alors on le conduit vers le hameau de La Taye, sur les « lieux du crime ». Une cour de ferme, un hangar, l'un des soldats ouvre la porte à deux battants : « Voici vos preuves ! »

Jean Moulin, dans ces quelques lignes extraites de son livre *Premier combat* [1] :

« D'un geste de la main, il me montre, alignés côte à côte, neuf cadavres tuméfiés, défigurés, informes, dont les vêtements déchirés et maculés permettent à peine de reconnaître les sexes. Il y a plusieurs corps d'enfants (...). Le nazi : " Voilà ce qu'ont fait vos bons nègres (...) " Moi : " Ces malheureux sont victimes des bombardements. " »

On jette alors Jean Moulin dans un réduit. Étendu sur une sorte de tréteau : le tronc d'une femme, sans membres. L'un des soldats allemands repousse Jean Moulin vers le corps mutilé. La porte se referme.

« J'ai été projeté sur ce débris humain, et son contact froid et gluant m'a glacé jusqu'aux os. Dans l'obscurité du réduit, avec cette odeur fade de cadavre qui me prend aux narines, j'ai comme un frisson de fièvre. »

Les Allemands n'entrouvrent la porte que pour lui présenter à nouveau le « protocole ». Puis ils font mine de le laisser s'enfuir et tirent trois coups de feu. Jean Moulin n'est pas blessé, mais l'intimidation a réussi, il s'est effondré. Les Allemands attachent ses poignets avec une laisse de chien, le torturent encore, puis, revenus à Chartres, l'enferment dans un réduit où est déjà incarcéré un Sénégalais.

« Comme nous connaissons maintenant votre amour pour les nègres, nous avons pensé vous faire plaisir... », lance un officier.

Épuisé, Jean Moulin se rend compte qu'il ne sera plus capable de faire face encore longtemps à ses bourreaux :

« Je sais qu'aujourd'hui je suis allé jusqu'à la limite de la résistance. Je sais aussi que demain, si cela recommence, je finirai par signer. Le dilemme s'impose de plus en plus : signer ou disparaître. Fuir?... C'est impossible. J'entends les pas réguliers des sentinelles, non seulement dans le couloir, mais aussi devant notre unique fenêtre.

« Et pourtant je ne veux pas signer. Je ne peux pas être complice de cette monstrueuse machination qui n'a pu être conçue que par des sadiques en délire. Je ne peux pas sanctionner cet outrage à l'armée française et me déshonorer moi-même.

« Tout plutôt que cela, tout, même la mort. La mort?... Dès le début de la guerre, comme des milliers de Français, je l'ai

---

1. Éd. de Minuit, 1947 (édition posthume).

acceptée. Depuis, je l'ai vue de près bien des fois... Elle ne me fait pas peur.

« (...) Mon devoir est tout tracé. Les Boches verront qu'un Français aussi est capable de se saborder. »

Des débris de vitre jonchent le sol. Le préfet se tranche la gorge. Il doit être 2 ou 3 heures du matin. A l'aube une patrouille passe.

« Malgré son extrême faiblesse, il fait un effort pour la recevoir debout. Cris d'horreur des Allemands! » écrira sa sœur, Laure Moulin.

Qu'il se soit relevé... cela correspond bien au personnage. Devant l'ennemi, il était le représentant de l'État... sans savoir (comment l'aurait-il pu?) que quelques heures plus tard, à la BBC, le général de Gaulle allait appeler à la résistance.

Hospitalisé à la hâte, Jean Moulin sera sauvé, et révoqué par Vichy. Certains ont cru jusqu'ici que c'était pour masquer cette entaille à la gorge que Jean Moulin avait noué son écharpe autour du cou sur cette fameuse photo où, un peu comme le Bruant au cache-col rouge, il apparaît coiffé d'un feutre gris, le regard haut et un vague sourire aux lèvres. Que l'Histoire retombe sur ses pieds : la photo prise par son ami Marcel Bernard date de l'hiver 1939!

C'est cet homme exceptionnel qui avait été, à vingt-sept ans, le plus jeune sous-préfet de France, que le général de Gaulle va désigner comme son « seul représentant permanent » pour l'ensemble du territoire métropolitain, et tant pis pour les autres. « Max » aura pour tâche d'unifier – certains disent « réunifier » – les divers mouvements de la Résistance, les formations politiques qui ont répondu à l'appel du 18 Juin et les syndicats ouvriers. Ce n'est pas une mince affaire. Malgré les dissensions, les ambitions, la jalousie, la vanité de certains, Jean Moulin devra créer un Conseil national de la Résistance, tandis que Barbie est déjà sur ses traces.

« Max » venait donc coiffer les résistants au nom de Londres qui n'envoyait pas seulement des « recommandations » mais des ordres. Ce qui ne manqua pas de provoquer de fréquents désaccords dans les divers mouvements puisqu'ils disaient « oui » à la stratégie militaire de De Gaulle et « on verra » à ses options politiques, mais cela est un autre livre...

Avec ses quarante-trois ans il en imposait et n'avait nul besoin d'élever le ton pour réclamer le monopole des moyens, des transmissions et des fonds quand les mouvements voulaient garder leur autonomie. Quels mouvements? Combat, le premier apparu et le plus important, Libération et Franc-Tireur essentiellement. Le premier créé par Henri Frenay (« Charvet » dans la Résistance), le deuxième par Emmanuel d'Astier de La Vigerie (« Bernard ») et le dernier par Jean-Pierre Lévy (« Gilles »). La première réunion du CNR, groupant seize membres, n'aura lieu que le 27 mai 1943, à Paris, 48, rue du Four. En présidant ce premier conseil, Jean Moulin avait presque réussi à réaliser l'unité, tout en redonnant automatiquement un certain poids aux formations politiques telles que les socialistes, car il créait une union de résistants représentative de tous ceux qui combattaient dans l'ombre : de l'ouvrier à l'aristocrate, de la droite à la gauche communiste. Tout en se situant au-dessus des partis du moment, Jean Moulin, le démocrate, remettait tout à niveau. Et c'est bien là ce que certains lui reprochaient.

Le général de Gaulle écrira, bien plus tard, une fois retiré à Colombey : « (...) Plein de jugement, voyant choses et gens comme ils étaient, c'est à pas comptés qu'il marchait sur une route minée par les pièges des adversaires et encombrée des obstacles élevés par les amis. » Voilà qui en dit long.

Avant de revenir à Barbie, il me semble utile d'aborder encore cette question des camps de concentration. Jean Moulin connaissait leur existence, puisqu'ils fonctionnaient déjà avant-guerre. Il en avait même dessiné, d'imagination, pour illustrer les poèmes *L'Armor*. Mais savait-il, par des rapports secrets, ce qui s'y passait réellement, depuis 1942 en tout cas? Les travaux forcés, les chambres à gaz, les exécutions sommaires? Un témoignage donné à l'historien Henri Michel rapporte que Jean Moulin avait été informé – par Londres – du sort réservé aux déportés. Il aurait dit à Suzette Olivier, agent de liaison : « Si je tombe entre leurs mains, j'espère qu'ils me fusilleront avant! »

Avant quoi? La torture, la déportation? Tony de Graaff, qui allait être son secrétaire pour la zone sud, se rappelle avoir entendu cette même phrase prononcée après l'arrestation de Joseph Monjaret (Hervé), officier de liaison et, un temps, radio de Jean Moulin. A son avis il faut sous-entendre : « (...) avant... *que je ne parle!* »

Dans toute l'histoire de la Résistance, la réunion de Caluire ne devait être qu'un épisode. « Max » était revenu à Lyon pour réorganiser le commandement de l'Armée secrète. Presque une formalité. Mais c'était l'occasion rêvée pour Barbie d'arrêter le grand patron. Le petit Obersturmführer avait appris que le fameux « Max » était dans les parages. Il ne possédait ni photo ni signalement précis, mais il avait amassé une foule d'indications qui allaient l'aider à resserrer l'étau. D'où lui parvenaient ses renseignements? De l'Amt VI, c'est-à-dire du service spécialisé des Allemands (Stengritt, etc.), mais surtout des confidences rapportées à la Gestapo par certains résistants retournés.

Me Jacques Vergès, l'avocat de Barbie, n'aura rien révélé à ce propos qu'on ne sache déjà...

Des agents passés du côté des Allemands, il y en avait, quelques-uns. C'est archiconnu. Oh! pendant quarante ans on ne l'a pas crié sur les toits, la guerre était terminée pour tout le monde, mais il n'est pas un historien qui ne connaisse l'exemple de Lunel. Cet homme était un couard : quelques menaces et un peu de psychologie (« Prenez donc exemple sur le maréchal Pétain!... ») étaient venus à bout de ses hésitations. Les Allemands laissaient espérer à ces agents, sans le leur souffler, qu'ils pouvaient devenir des agents doubles... et le tour était joué. L'employeur ne changeait pas, mais à leur salaire s'ajoutait la prime des Allemands...

Ainsi la Gestapo possédait déjà une foule de renseignements au début de 1943. Elle connaissait les grandes lignes de l'organisation de la Résistance. Jean Moulin, lui, se sentait traqué. Pour preuve, le rapport qu'il envoyait, le 7 mai, au général de Gaulle :

« Je répète ce que j'ai dit souvent, il faudrait faire la politique de présence. Au point de vue militaire, c'est une nécessité absolue si l'on ne veut plus voir se prolonger le désordre actuel qui favorise largement les organisations giraudistes. Il faut absolument que Mars [1] ait en zone sud comme en zone nord des collaborateurs venus de Londres, sur lesquels il puisse compter et qui ne soient suspects à aucun mouvement.

« A mon point de vue, il est indispensable que j'aie un double dans chaque zone et un certain nombre de collaborateurs à poste fixe. »

Et quelques lignes plus loin, il lançait ce cri d'alarme :

« Je suis recherché maintenant tout à la fois par Vichy et la Gestapo, qui, en partie grâce aux méthodes de certains éléments des mouvements, n'ignore rien de mon identité ni de mes activités. Je suis bien décidé à tenir le plus longtemps possible, mais, si je

---

1. Premier nom de code pour le général Delestraint.

venais à disparaître, je n'aurais pas eu le temps matériel de mettre au courant mes successeurs. »

Si je venais à disparaître...

Que savent exactement les Allemands? Trois documents essentiels ont été retrouvés dans les archives du Reich. Ils ne sont pas tous antérieurs à l'affaire de Caluire, mais ils donnent une idée assez précise des informations connues de la Gestapo :

– le premier rapport du Dr Ernst Kaltenbrunner, chef suprême de la Gestapo. Il est daté du 27 mai 1943;

– le deuxième rapport Kaltenbrunner, du 29 juin 1943;

– enfin le rapport Flora (19 juillet 1943), établi après Caluire, mais qui contient des précisions antérieures.

Le plus important pour les historiens est évidemment le premier rapport. En vingt-huit pages, Ernst Kaltenbrunner qui a pris la direction de la Sipo-SD à Berlin, depuis l'assassinat de Reinhardt Heydrich (tué en Tchécoslovaquie), résume tout ce qu'il sait à l'attention du ministre des Affaires étrangères von Ribbentrop [1]. Tout sur l'organisation de l'Armée secrète, ses liaisons, ses agents, ses moyens. Le rapport est soumis à Hitler quinze jours avant la réunion de Caluire. Graphiques à l'appui, il ressort de ce texte, établi sur les indications de tous les bureaux de la Gestapo en France, que les Allemands connaissent l'organisation de l'Armée secrète, y compris certains détails. Conclusion de Kaltenbrunner : depuis les défaites en Afrique du Nord et la possibilité d'une « invasion » anglo-américaine sur le continent, « l'Armée secrète de France acquiert une importance accrue ».

Le « fameux » Jean Multon, devenu « M. Lunel », a trente-cinq ans. Un vieux. Renvoyé de Marseille à Lyon où il est plus à l'abri d'un éventuel règlement de comptes, il a déjà tenté un coup de grande envergure avec Klaus Barbie : il a failli surprendre le chef du plus important mouvement de la Résistance, Henri Frenay. Son assistante, Berty Albrecht, d'un héroïsme extraordinaire, tombe dans le piège (fin mai) mais parvient à donner l'alerte. Multon va apporter à Barbie l'un des plus beaux cadeaux dont puisse rêver un chef de la Gestapo : un message qui le conduira tout droit au chef de l'Armée Secrète. Le texte a été trouvé dans la « boîte Fer », l'une des boîtes aux lettres utilisées ordinairement par des membres du réseau Combat pour correspondre avec les saboteurs des voies ferrées. Or le texte n'est pas chiffré. Il ne peut

---

1. Ribbentrop et Kaltenbrunner ont été pendus le 16 octobre 1946 à l'issue du procès de Nuremberg.

pas être plus clair. Ce n'est pas : « Duchemol attend avec sa souris blanche » ou n'importe quoi, c'est carrément : « " Didot ", le général t'attend au métro Muette, le 9 juin, à 9 heures. » « Didot » est le nom de code de René Hardy, le patron de Résistance-Fer, l'un de ceux qui connaissent par cœur le plan de sabotage qui, en cas de débarquement allié, permettra de paralyser les voies ferrées utilisées par les Allemands. Et le « général » dont il est fait mention dans le texte n'est pas n'importe qui : c'est [la Gestapo le sait-elle déjà?] le général Charles Delestraint, alias « Vidal ». Sur proposition de Frenay, de Gaulle l'avait nommé chef de l'Armée secrète le jour même de l'invasion en zone sud, sept mois plus tôt.

Nouvellement installée dans les locaux de l'École de santé militaire, avenue Berthelot, la Gestapo va tendre ses filets. Elle a les pleins pouvoirs. Elle a les hommes, plus d'une centaine, autant d'Allemands que de Français collaborateurs. Elle détient l'argent, souvent issu des pillages. Elle connaît les méthodes et possède tous les moyens techniques. En face : une Résistance faite de jeunes gens ou de « vieux de quarante ans » (il est curieux de constater que les résistants de trente ans étaient plutôt rares, pourquoi donc?...). Souvent ils commettent des maladresses. Des professionnels du combat clandestin les qualifieraient de fautes graves.

Le message ramassé dans la boîte aux lettres de Mᵐᵉ Dumoulin, 14, rue Bouteille à Lyon, par l'ancien agent de liaison de Chevance-Bertin (Combat), le fameux Multon, va évidemment permettre à Barbie d'envoyer ses hommes au rendez-vous de Paris. Qui envoie-t-il? Multon lui-même. Puisqu'il a commencé brillamment sa collaboration, il ne va pas « lâcher le dossier ». Barbie est d'autant plus soucieux de réussir cette arrestation que K 30 est, lui aussi, sur le coup. K 30 est un Français, agent de l'Abwehr, détaché de Dijon pour le renseignement. Son véritable nom : Robert Moog, dit « M. Pierre ». Moog c'est l'armée, Barbie c'est la police secrète. Le premier veut prendre son temps pour démanteler tous les réseaux, découvrir tous les plans de sabotage; le second veut arrêter le chef, tout de suite. L'un est malin, l'autre brutal.

Comme Dupond et Dupont, Moog et Multon vont prendre le même train dans la soirée du 7 juin 1943. Les secrétaires des services allemands ont réservé les places : voiture 3 818, couchettes 9 et 10. Or, dans le même wagon, qui va occuper la couchette n° 8? René Hardy. Pur hasard, dira-t-on. Toujours est-il que Hardy n'ira pas plus loin que la gare de Chalon-sur-Saône.

« Voyant la Gestapo, je me suis échappé du train », prétendra-t-il avant d'avouer quatre ans plus tard qu'il avait été effectivement arrêté par les Allemands, et que Klaus Barbie, venu le chercher en personne, l'avait très longuement interrogé...

[Pourquoi avoir menti? René Hardy expliquera un jour qu'il avait craint d'être injustement accusé d'avoir donné « Vidal » (Delestraint). Tout l'accablait. Et puis, assurait-il, il lui fallait se méfier de tout le monde, à commencer par ses plus proches amis... On s'apercevra plus tard, si l'on en croit les révélations du chef du Sipo-SD de Marseille, Ernst Dunker, alias Delage, que la Gestapo était bien sur la piste Hardy. Les Allemands connaissaient depuis le 13 mai l'adresse de la nouvelle boîte aux lettres utilisée par la Résistance-Fer. Extrait des aveux de « Delage » interrogé le 28 mars 1947 :

« Multon a recollé la lettre et l'a remise dans la boîte. Voyant par là que Didot devait se rendre à Paris, plusieurs membres du S.D. avec l'aide de Multon ont fait une surveillance dans le train entre Lyon et Paris. (...) Didot a été arrêté et ramené à Lyon. Le chef de la section IV du SD de Lyon, *comme nous l'avions proposé,* lui demanda sa collaboration entière en faveur du service, en lui promettant la liberté complète s'il donnait satisfaction (...) *Hardy,* alias Didot, *accepta d'emblée.* »]

Ainsi, grâce à ce message que René Hardy dit n'avoir jamais relevé, car il savait que cette boîte aux lettres était « brûlée », le chef de l'Armée secrète sera arrêté à Paris. Comme prévu, le général Charles Delestraint est cueilli au métro Muette, le 9 juin, à 9 heures. Il attendait Hardy. Il ne le connaissait pas. Il a vu arriver un Français, sans savoir qu'il était de la Gestapo (c'était l'agent K 4 : Saumande) tandis que « M. Pierre » (Moog) attendait dans la voiture. Et c'est en toute bonne foi que le général Delestraint, en béret et rosette de la Légion d'honneur au revers, indique spontanément qu'il devait rencontrer ses lieutenants Gastaldo et Théobald, un peu plus loin, à la station de métro Pompe. Voilà comment les trois hommes se sont retrouvés dans les locaux de la rue des Saussaies. Le 9 juin, la Résistance armée était décapitée au plus fort de la lutte contre l'Occupation allemande. Dès ce moment et jusqu'à sa mort au camp de concentration de Dachau (trois balles dans le dos le 19 avril 1945), Delestraint prétendra toujours qu'il a été « donné par " Didot " ».

Hardy s'en est défendu et il a été acquitté. On y reviendra en considérant toutefois – comme son propre défenseur, Mᵉ Maurice Garçon – que la chose jugée, expression d'une vérité humaine, est faillible et ne satisfait pas toujours la conscience [1].

Ayant appris l'arrestation de Delestraint, Jean Moulin estime qu'il est urgent de le remplacer. Il faut se ressaisir, se réorganiser. Il faut donc réunir les chefs de la Résistance. Voilà pourquoi il y aura la réunion de Caluire.

Pour bien comprendre l'épisode de Caluire, il nous faut simplifier ce jeu de piste qui oppose la Gestapo aux dirigeants du MUR (Mouvements unis de la Résistance) et plus particulièrement à son Armée secrète. Voici les acteurs :

– Jean Moulin. Il a eu quarante-quatre ans la veille même de son arrestation. Parmi les présents, personne n'est censé connaître sa véritable identité. Personne ne sait qu'il est l'ancien préfet de Chartres, le premier haut fonctionnaire à avoir rejoint de Gaulle. Il est revenu de Londres il y a exactement trois mois. Pour la Résistance, il est « Max » (nom probablement choisi en souvenir de l'écrivain Max Jacob, son ami, qui mourut l'année suivante au camp de Drancy) après avoir été « Régis » et « Rex ». Pour les Allemands il sera « Jacques Martel », artiste peintre.

– André Lassagne, trente-huit ans, professeur d'italien. « Max » l'a désigné comme inspecteur national pour la zone sud.

– Raymond Aubrac, trente et un ans, de son vrai nom Samuel. Chef des opérations paramilitaires du mouvement Libération. Son pseudonyme du jour : « Claude Ermelin ». Il joue avec les noms au risque de se contredire (arrêté une première fois à Lyon au mois de mars il s'appelait « Vallet »). Comme il est grillé dans la zone dite libre, Jean Moulin lui demande de diriger le mouvement au nord, c'est-à-dire en zone occupée.

– Colonel Exile (sic) Schwarzfeld, cinquante-sept ans, ingénieur catholique, lieutenant-colonel de réserve appartenant au mouvement France d'abord. Il est un successeur possible pour le général Delestraint.

– Colonel Albert Lacaze, cinquante-sept ans également, ancien chef du 99e RIA de Lyon. Delestraint lui avait proposé les fonctions de chef du premier bureau de son état-major. Il avait été le professeur de Lassagne à l'École de perfectionnement des officiers de réserve (EOR) avant la guerre.

---

1. Maurice Garçon, avocat et académicien : « La chose jugée crée une fiction légale nécessaire, mais elle ne constitue qu'une présomption de vérité qui n'est que judiciaire » (plaidoyer du second procès Hardy, 1950).

– Henri Aubry, alias « Thomas », Avricourt, chef d'état-major de l'Armée secrète, titre qui semblera un peu trop lourd ou trop ronflant pour lui [1]. En l'absence d'Henri Frenay (parti pour Londres avec Emmanuel d'Astier de La Vigerie, patron de Libération), il représentera à Caluire le plus important mouvement de la Résistance : Combat.

– René Hardy, trente-deux ans, alias « Didot », responsable de la Résistance-Fer au sein du mouvement animé par Frenay. Il est le seul qui ait véritablement préparé, dirigé et effectué des actions de sabotage (voies ferrées). On le dit ingénieur. Ami d'Aubry.

– Bruno Larat, alias « Xavier Parisot », secrétaire de Jean Moulin. Il avait répondu sans hésiter à l'appel du 18 juin du général de Gaulle et, après un stage de formation en Angleterre (comme Moulin qui avait appris à sauter en parachute à quarante ans passés), il avait été largué, une nuit, au-dessus de la France. Hébergé pendant deux mois chez une dame, professeur d'allemand, « Xavier » était officier de liaison plus spécialement chargé d'organiser la réception du matériel envoyé par Londres.

– Frédéric Dugoujon, médecin généraliste, installé depuis 1939 dans sa haute maison de Caluire, village romain sur les hauteurs de Lugdunum, devenu au fil des ans la banlieue de Lyon. Résistant sans arme. On remarquera par la suite que son demi-frère avait été dans la milice (comme c'était parfois le cas dans les familles partagées entre de Gaulle et Pétain); le jeune homme s'était engagé à dix-huit ans, en juillet 1944! Le bon Dr Dugoujon est un ancien condisciple d'André Lassagne, et il n'hésitera pas une seconde à prêter sa maison pour la réunion, qu'il s'agisse d'anciens prisonniers (ce qu'il croit) ou des résistants de première ligne.

Pour simplifier la suite, nous nommerons les neuf hommes par leurs noms employés après-guerre : Moulin, Lassagne, Aubrac, Schwarzfeld, Lacaze, Aubry, Larat, Hardy et Dugoujon [2].

---

1. Henri Aubry avait pris pour adjoint un certain « André » qu'il avait nommé rien moins qu'inspecteur national de l'Armée secrète sans savoir qui il était, d'où il venait. C'était un agent des Allemands (la Gestapo ou l'Abwehr)! « On reste confondu, écrit Henri Noguères, devant tant de légèreté, d'imprudence, d'ignorance des règles de sécurité les plus élémentaires. »
2. Il ne reste plus, au printemps 1987, que trois survivants : Aubrac, Dugoujon et Hardy.

Comment l'Obersturmführer Barbie a-t-il su que la réunion avait lieu au village de Caluire? C'est toute la question. Klaus Barbie, lui, prétend que l'indication lui a été fournie par Hardy, sans difficulté. Le Français lui a montré un papier qui (toujours d'après le SS) le convoquait à cette réunion, mais n'indiquait ni le lieu ni le jour exact. Le jeu de piste allait donc commencer.

« C'est Jean Moulin et lui seul qui avait décidé cette réunion, me raconte Raymond Aubrac.

« – Vous connaissiez bien Jean Moulin?

« – Pour moi il était " Max ", ce n'est que bien plus tard que j'ai su. Je l'avais vu cinq ou six fois. A notre première rencontre sous les arcades du théâtre municipal, après avoir échangé les mots de passe, il avait extrait un microfilm du double fond d'une boîte d'allumettes : c'était l'ordre de mission signé (à Londres) par le général de Gaulle. Je lui avais dit alors : « Pour moi il ne prouve rien, mais vous feriez bien de vous en débarrasser. »

Le 19 juin vers 18 heures, « Max », Aubry, Aubrac et Lassagne se rencontrent au 7, quai de Serbie, chez le Pr Lonjaret, pour préparer Caluire. Il a plu le matin, mais la chaleur revient. Seul Jean Moulin a boutonné le col de sa chemise : il cache sa cicatrice. On convient de réunir tous les autres pour le lundi 21. Tous, sauf René Hardy dont il n'a pas été question.

C'est encore une fois sur les rives du Rhône que les têtes de la Résistance française vont se rencontrer. Comme l'écrit Henri Noguères dans son *Histoire de la Résistance en France* [1] : « Ils étaient dépourvus d'imagination. » Pour tromper la Gestapo seul changeait le nom du quai ou du pont où les clandestins se donnaient rendez-vous... Le 20 juin, le chasseur Klaus Barbie ne se trompera pas, il sera au point de passage, comme un vulgaire Lyonnais s'il n'avait sa veste de cuir un peu trop luisante!

« J'ai rencontré Aubry au pont Morand, rapporte Gaston Defferre, ancien secrétaire général du Comité d'Histoire de la Seconde Guerre mondiale. (...) Nous avons commencé à marcher le long des quais du Rhône sur la rive gauche et en passant dans un square nous avons vu Hardy. Il y avait à côté de lui un homme que je ne connaissais pas qui lisait un journal (...). J'avais trouvé à cet homme une attitude suspecte [2]. »

---

1. Tome III, Ed. Robert Laffont.
2. Gaston Defferre était alors un des représentants du parti socialiste dans la Résistance.

Henri Aubry précise :

« Tout en marchant avec Defferre, j'aperçois Hardy qui m'attend sur le banc. Je lui fais un petit signe de la main. Il y a, à côté de lui, quelqu'un dont je ne vois pas le visage et qui lit un journal largement déployé. (...) Je quitte Defferre et fais signe à Hardy de me rejoindre... »

La secrétaire d'Aubry, Madeleine Raisin, arrive à son tour. Elle apporte deux cent mille francs pour Hardy, c'est le budget mensuel alloué au service du sabotage des voies ferrées. Hardy lui propose de s'asseoir sur le banc, elle refuse car est déjà assis là « un bonhomme qui lisait son journal ».

Comment arrive-t-on chez le Dr Dugoujon? C'est André Lassagne qui, connaissant parfaitement Lyon, en décidera car ces gens-là n'étaient pas spécialement prudents (à trop côtoyer les périls ils en perdaient la notion). L'ABC exigeait que les rendez-vous ne fussent pas toujours pris à la même adresse. Lassagne téléphone à son ami et condisciple Frédéric Dugoujon, s'invite à déjeuner pour le lendemain et lui demande alors de prêter sa chambre au premier étage. Dugoujon accepte sans sourciller.

« D'ailleurs, me dit-il, il avait déjà été question dès le mois de mars d'une éventuelle réunion avec le général Delestraint. »

A ce moment-là, Barbie ne sait toujours pas où Jean Moulin doit rassembler son état-major. L'Obersturmführer a abandonné toutes les autres enquêtes pour ne se consacrer qu'à la capture du chef du Conseil national de la Résistance. La proie est d'importance. Il réunit ses SS et lâche ses moutons. Il va pister les suspects, ceux qu'il appelle les « terroristes ». Mais de quels liens dispose Barbie? De Mme Delétraz, agent double, qui pointe chaque semaine au quartier général de la Sipo-SD; des collaborateurs français qui sont carrément passés du côté des boches : Multon, Moog (K 30), Saumande (K 4), Doussot, Francis André qui a la gueule tellement tordue qu'on dirait qu'il le fait exprès, etc. Barbie tient-il Hardy? Il le prétend. Mais ne refaisons pas le procès...

A ce stade – quelle que soit la répulsion que l'on puisse ressentir aujourd'hui envers le prisonnier de Lyon –, il faut bien tenir compte de ce qu'il a dit, ou alors le débat s'arrête.

Tous les policiers le savent : ce sont les premières vingt-quatre heures de garde à vue qui comptent le plus dans une enquête. Klaus Barbie ayant réussi à s'enfuir pour trouver refuge chez lui, en Allemagne, après les terribles massacres d'août 1944, il nous faut prendre en considération ses déclarations recueillies trois ans après la fin de la guerre comme ses aveux les plus vraisemblables. Disons que ces interrogatoires sont pour nous l'équivalent des « premières vingt-quatre heures de garde à vue ». C'est pourquoi nous avons décidé de publier intégralement (en annexe) le « fameux » troisième interrogatoire du commissaire Bibes, écrit à la plume le 16 juillet 1948. Nous l'avons examiné avec autant d'attention que les témoignages des victimes. Ce ne serait peut-être pas utile pour une plaidoirie (Mᵉ Garçon avait tout simplement rejeté cet interrogatoire). Mais c'est indispensable aujourd'hui pour constituer le dossier Barbie.

Klaus Barbie en 1948 : « (...) Hardy, alias " Didot ", m'a indiqué qu'une réunion des chefs de la Résistance devait avoir lieu le 21 juin 1943 à Lyon, mais lorsqu'il m'a fourni ce renseignement, il ne savait pas encore le lieu de cette réunion, ni les personnes qui devaient y participer. Hardy m'a fourni ce renseignement quatre ou cinq jours avant la date fixée. (...) C'est par un document venu de Paris à sa boîte aux lettres que Hardy connaissait les points déjà indiqués. (...) J'ai vu Hardy tous les soirs avant que la réunion ait lieu, et chaque fois il m'a donné des détails nouveaux, appris par son agent de liaison. C'est ainsi qu'il m'a appris que " Max " devait participer à cette réunion. Hardy m'a dévoilé la véritable personnalité de " Max ", m'a dit que son véritable nom était Moulin... »

Cette dernière phrase au moins, « Hardy m'a dévoilé... », est un mensonge. L'enquête le démontrera. A Caluire, Hardy n'a pas pu désigner Jean Moulin, bien qu'il ait dit (mai 1972) qu'il le connaissait pour l'avoir « vu une fois dix minutes ». Il connaissait tout au plus le nom de « Max ».

Toujours Barbie sur une question qui, il faut le souligner, soufflait la réponse :

« (...) Je me suis donc rendu au lieu de rendez-vous du pont Morand en compagnie de Stengritt. C'était bien moi le civil assis sur le banc et lisant son journal. Stengritt était à côté de moi mais ne me prêtait aucune attention. Nous avons vu Hardy rencontrer deux hommes. C'est après, lorsqu'il est venu me voir, dans l'après-midi, qu'il m'a dit que le plus grand des deux hommes était Aubry [1]. »

D'après Stengritt (interrogatoire de 1948), l'agent de l'Abwehr, Moog, était aussi dans les parages.

---

[1]. Klaus Barbie savait déjà qu'Aubry devait être un des participants au rendez-vous de Caluire.

Le soir, Jean Moulin dîne avec Claude Serreules, le fameux adjoint que Londres consentait enfin à lui envoyer – le 16 juin [1]. Il reprendra la conversation le lendemain, très tôt. Puis, alors qu'il se dirige lentement vers la rue Paul-Bert où il doit rencontrer Aubry, il rencontre Gaston « Elie » Defferre.

« Il était inquiet et nerveux, raconte Gaston Defferre [2]. Il m'a fait part des difficultés qu'il avait avec les dirigeants d'un certain nombre de mouvements de Résistance qu'il devait rencontrer après moi à la fin de la matinée et dans l'après-midi. »

Et un peu plus loin cette appréciation :

« Il [Moulin] était très hostile aux partis politiques, même ceux qui s'étaient reconstitués dans la clandestinité. Il avait à cet égard la conception de Brossolette... »

Dans une interview pour TF1, en janvier 1984, Gaston Defferre me précisait :

« Au matin du 21 juin, place Jean-Macé, j'avais eu une très longue conversation avec " Max " (je savais qu'il s'appelait Jean Moulin). Il m'avait parlé de son rendez-vous de l'après-midi. Je lui avais formellement déconseillé d'y aller, car j'avais eu l'impression qu'une imprudence avait été commise. Jean Moulin m'avait dit qu'il s'y rendrait de toute façon, même si cela pouvait paraître dangereux...

« – Une imprudence... le choix du lieu ou une trahison?

« – Non, je n'avais pas l'impression qu'il avait été trahi. »

Venons-en au témoignage d'Henri Aubry recueilli par l'historien Henri Noguères (président de la Ligue des droits de l'homme) pour la rédaction de son *Histoire de la Résistance* :

« Pour la réunion générale provoquée par Jean Moulin et qui doit suivre notre rencontre à deux le matin, c'est Jean Moulin qui a convoqué les participants. Mais de Bénouville [3] a demandé à me voir et, au courant de ces prochaines réunions, souhaite que j'emmène avec moi Hardy, qui, après son saut du train, a repris contact avec tous ses camarades (NDA : sans rien leur dire) et désire me voir. Il a laissé plusieurs messages, déjà, à mon intention, demandant des rendez-vous. »

L'envoyé du général de Gaulle rencontre donc, comme prévu, Henri Aubry. Son humeur est la même :

---

1. Se rapporter à la lettre de Jean Moulin à de Gaulle le 7 mai 1943.
2. Lettre de 1963 à Henri Michel.
3. Pierre Guillain de Bénouville représente le chef du mouvement Combat arrivé à Londres.

« Jean Moulin attaque la conversation en me faisant le reproche très violent d'avoir fait enlever des armes qui avaient été parachutées dans la région de Brive. (...) Jean Moulin nous reprochait de vouloir faire cavalier seul. Il parlait de rupture. Sur le successeur de Delestraint, il n'avait rien voulu me dire sur le moment en m'assurant qu'on en reparlerait l'après-midi. »

21 juin (Saint-Méen), 14 heures, premier après-midi de l'été. Voilà donc les plus grandes têtes de la Résistance près de se réunir dans la banlieue de Lyon. Les combattants iront à pied, isolés ou par petits groupes.

D'après Barbie, ne sachant toujours pas où la réunion devait avoir lieu, l'Untersturmführer Wenzel sera spécialement chargé de filer Hardy. Wenzel établit un système d'estafettes et de relais tandis que Barbie attend avec deux ou trois voitures sur les bords du Rhône. Les « auxiliaires » français Moog, Saumande et Doussot sont chargés des filatures. Il y a aussi une femme. Barbie ne se souvient pas de son nom, mais elle-même l'a reconnu plus tard : Mme Edmée Delétraz.

Dans sa « confession » en Bolivie, Barbie dira : « *Nunca habíamos llegado tan cerca del éxito!* » (« Jamais nous n'étions arrivés si près de la réussite! »)

Jolie blonde en corsage rouge, Mme Delétraz s'était rendue avant midi, à l'insu des SS bien évidemment, dans les bureaux militaires de la Croix-Rousse pour tenter de rencontrer un officier de l'ORA (Organisation de Résistance de l'Armée), le capitaine Menat. Comme il était absent, Mme Delétraz annonce au premier venu que les Allemands allaient lui présenter un nommé « Didot », dit « Hardy[1] ».

« Cet homme-là doit se rendre à une réunion des chefs de l'Armée secrète, et la Gestapo m'a chargée de le suivre et de leur signaler l'endroit. »

Mme Delétraz tentera bien d'alerter d'autres personnes, mais

---

1. Dans sa déposition de 1948, Mme Delétraz avait reconnu la photographie de Moog (K 30) comme étant celui qui lui avait annoncé le matin du 21 juin : « Je vais vous présenter un Français qui a compris (...). Il doit se rendre aujourd'hui à 14 heures à une réunion des chefs de la Résistance. Vous aurez à le suivre et à nous dire dans quelle maison il est entré. Voici un *ausweis,* présentez-vous à l'École de santé pour 11 h 30. »

aucun des participants à la réunion de Caluire ne pourra être joint à temps. Le chef du fameux réseau « Gallia » ne sera avisé que le lendemain...

Retournée à l'École de santé, Mme Delétraz est mise en présence de « Didot » (René Hardy). Son récit :

« " Didot " prit alors la parole et me dit : " Si j'ai mon chapeau à la main, c'est que je vais dans l'une des rues ou maisons proches. Si je l'ai sur la tête c'est que je prendrai la " ficelle " (le funiculaire), ce que vous ferez.

« " Didot " et les autres parlèrent entre eux et à un moment donné des menottes truquées lui furent essayées (...). " Didot " pensa à la possibilité d'une réunion dans une maison à étages. " Donnez-moi un paquet de cigarettes, je viderai le contenu et je jetterai le papier sur le palier où je serai entré. " (...) Il semblait très à l'aise. Son comportement n'était pas celui d'un homme traqué. »

A propos de ce type de rencontre Stengritt précisera plus tard aux enquêteurs français : « J'ignore si Barbie a réuni d'autres personnes avant ou après cette réunion, mais je suppose, car le service de Barbie était une véritable usine. On y tapait à la machine, on interrogeait les gens et il y avait souvent et même tous les jours des réunions de service comme celle à laquelle je participais le 21 juin 1943...»

« Max », Aubrac et le colonel Schwarzfeld ont rendez-vous à la « ficelle » de la Croix-Paquet. Le premier tient dans sa poche la recommandation d'un médecin contenant des précisions d'ordre médical (destinées éventuellement au Dr Dugoujon). Le colonel est en retard. « Max » et Aubrac l'attendent. Et pourtant chaque résistant sait combien il est important de ne jamais patienter plus d'un quart d'heure. C'est une règle impérative dans la clandestinité.

S'étant proposé de conduire le deuxième groupe, André Lassagne attend Aubry. Il le verra arriver avec Hardy – ce qui n'était pas prévu –, et ne s'en étonnera pas outre mesure quand celui-ci lui dira : « J'ai seulement un mot à dire à " Max ". Il faut que je le voie. »

Explication d'André Lassagne (PV d'audition du 21 janvier 1946) : « Je n'avais aucune raison de me méfier de Hardy ni d'Aubry; la seule objection que je fis fut que " Max " n'étant pas prévenu de sa visite risquait de ne pas être satisfait, et que la prudence conseillait d'éviter des réunions trop nombreuses, mais Aubry insista pour faire une réunion préliminaire et rapide avec Hardy avant de discuter de sujets plus importants... [1]. »

Lassagne prend le premier funiculaire. Il a placé sa bicyclette sur le plateau à bagages. Il a demandé aux deux autres de prendre le train suivant.

Edmée Delétraz est là. Elle avait traversé le pont à pied, suivie un moment par un Allemand en civil qui lui avait fait remarquer que Didot portait son chapeau sur la tête.

« En haut de la " ficelle ", poursuit-elle, un homme tenait un vélo à la main (NDA : c'est André Lassagne) et leur a sûrement dit de prendre le tram nº 33, car Didot se retournant me dit : " 33! " »

Et elle poursuit sa filature jusqu'à la maison du docteur sans remarquer André Lassagne qui, à bicyclette, a rejoint le tram 33 et indique par la fenêtre l'arrêt où ils devront descendre.

Troisième groupe : Bruno Larat, secrétaire de Jean Moulin, nouvellement chargé de l'organisation des parachutages – le COPA – doit conduire de son côté le colonel Lacaze dont c'est le premier contact important avec les chefs de la Résistance. Lacaze paraît être le plus méfiant du groupe.

« Xavier » (Bruno Larat) était venu le prévenir chez lui, le 20 au matin. Il annonçait directement au « vieux » colonel (cinquante-sept ans, sept enfants) que la réunion allait se tenir dans une maison isolée, à Caluire, « chez le Dr Dugoujon », et que les participants seraient huit ou dix [2]. Réaction du colonel :

« Je l'avertis que la police allemande était sur une " affaire " de Lyon. Je lui dis : " Cette réunion ne doit pas avoir lieu et doit être décommandée. " Je lui demandai de me passer un coup de téléphone à l'issue de la décision prise. »

Et il donne le code : « Nous n'allons pas à la pêche demain! »

Comment le colonel Albert Lacaze pouvait-il savoir que les Allemands étaient sur une « affaire » à Lyon? Il explique :

« Le 17 juin, le capitaine de gendarmerie de la caserne Suchet me dit : " Faites attention, nous savons, à Vichy, que la police allemande est sur une 'Affaire' à Lyon [3]. " »

---

1. Dans un autre témoignage, Lassagne précisait que Hardy lui avait assuré : « C'est d'accord avec le secrétaire de " Max " (de Graaf). » Lettre au colonel Wilhem en 1947.
2. Voilà encore un mystère. Le colonel Lacaze précise que c'était avant midi. Or, à ce moment-là, si l'on en croit Lassagne, le Dr Dugoujon n'avait pas encore été prié de prêter sa maison pour la réunion...
3. Audition dirigée par le commandant de justice militaire Gonnot, le 9 avril 1948, à 9 heures.

Comme le coup de téléphone annulant la partie de pêche ne vient pas, le colonel envoie sa fille reconnaître les abords de la maison de Caluire et y déposer une lettre, le lundi vers 9 heures, expliquant : s'il est absent c'est que, malade, il aura dû garder le lit.

Et si l'on fait le compte des gens qui étaient au courant de cette réunion, on verra que tout cela avait été organisé sans trop tenir compte des règles.

Interviewé par Renaud Vincent en 1972, le chef des groupes francs de Combat, Marcel Rivière, devenu rédacteur en chef du *Progrès* de Lyon, avait déclaré : « Je savais qu'une réunion très importante devait se tenir dans la banlieue lyonnaise. J'ai dit : " C'est de la connerie, il faut mettre un service de protection. " On avait décliné mon offre. »

Lacaze arrive le premier, un peu avant l'heure. Il est légèrement souffrant. Il tourne autour de la maison et ne voyant rien de suspect se décide à entrer. Il est 14 heures. Il s'y est rendu uniquement, dit-il « (...) dans le but de voir le personnage important avant la réunion et de lui demander de nous disperser immédiatement ».

Tony de Graaf, alias « Gramont », secrétaire de Jean Moulin, aurait logiquement dû demander – s'il avait été là – aux Groupes francs d'organiser la protection de la réunion. Le 21 juin, il déjeunait avec « Max ». Il me rapporte ses propos :

« Êtes-vous sûr d'avoir pris des mesures de sécurité? »

Réponse de « Max » qui se savait recherché :

« C'est l'AS (l'Armée secrète) qui a organisé la protection. Cela doit être bien fait. »

La maison du docteur, quant à elle, offrait deux possibilités de fuite. L'une, délicate, par le toit proche de la fenêtre au premier étage; l'autre, plus facile, par la courette située derrière le bâtiment. Encore fallait-il que tous les participants aient repéré les lieux et qu'il y eût un guetteur...

Pour déjouer un éventuel espion de la Gestapo, Lassagne laisse donc Aubry et Hardy au terminus de la « ficelle », sur le plateau de la Croix-Rousse et part à bicyclette. Il parvient à Caluire avant les deux autres qui ont pris le tram 33 et dépose le vélo sous l'escalier extérieur de la villa, devant la porte de la cave. Le Dr Dugoujon vient à sa rencontre et l'interroge :

« Il y a beaucoup de monde? »

« – Je n'en sais rien », dit-il, l'air mécontent.

Lassagne rebrousse chemin pour aller chercher Aubry et son

invité, place des Frères. Tous les trois franchissent la porte (en bois à l'époque) du jardin et surmontée d'une « croix de Jérusalem » en fer forgé (que la Gestapo prendra pour la croix de Lorraine). Ils frappent. La gouvernante, mise dans la confidence par le docteur depuis une heure à peine, les fait monter directement dans la chambre à coucher au premier étage à gauche. Arrive ensuite « Xavier ». Larat. Même scénario. Trouvant que cela faisait beaucoup, la gouvernante Marguerite Brossier (cinquante-cinq ans) le fera asseoir parmi les clients dans la salle d'attente du rez-de-chaussée. Heureusement le médecin vient appeler le malade suivant. Bruno Larat se lève et lui dit :

« Je viens pour la consultation spéciale... »

Le Dr Dugoujon l'envoie à l'étage où attendent déjà les quatre premiers.

Aubry : « Nous parlons un peu de n'importe quoi, et nous abordons la question de savoir ce qui va se passer maintenant que le général Delestraint a été arrêté. Nous attendons très longtemps. Il est plus de 3 heures. Je suis assis près de la fenêtre [1]. »

Le colonel Lacaze lance à ses nouveaux camarades :

« Je crois que vous êtes suivis de très près... »

Réponse de Hardy qui exhibe la poche intérieure de sa veste où il avait caché un pistolet :

« Je le sais, j'ai d'ailleurs été condamné deux fois par contumace. »

Quelqu'un demanda alors, rapporte Albert Lacaze :

« C'est un silencieux?... »

« – Oui. »

D'où tient-il ce pistolet? Barbie prétend qu'il le lui a remis lui-même, peu avant, dans son bureau de la Gestapo.

Autre précision de Barbie : « Hardy, sur une suggestion de Wenzel, a marqué à la craie jaune les endroits où il se trouvait : la porte du jardin, l'escalier et la porte de la pièce où se tenait la réunion, au premier étage de la villa de Caluire. »

Évidemment, René Hardy a toujours nié ce fait.

Mme Delétraz, qui avait donc suivi le premier groupe, est retournée prévenir la Gestapo espérant, dira-t-elle, qu'entre-temps l'alarme aurait été donnée aux résistants, et que les Allemands arriveraient trop tard. Commentaire d'Henri Noguères : « On ne peut manquer de s'étonner (...) qu'une fois arrivée devant la porte

---

1. Témoignage d'Henri Aubry recueilli par Henri Noguères et partiellement cité dans *Histoire de la Résistance*, tome III.

de la villa, sachant qu'elle avait laissé la Gestapo loin derrière elle, Mme Delétraz n'a pas songé à franchir le seuil de la maison pour donner l'alerte... »

La belle agent double prend donc place dans une traction grise des SS :

« Barbie avait étendu une carte de Lyon afin que je leur indique le lieu. »

Elle dirige le chauffeur Barthel en faisant semblant de ne plus se souvenir. Le convoi tourne en rond, s'égare dans le quartier des Mercières, au Vernay, aux Marronniers. Barbie s'énerve. Et ce n'est finalement que près d'une heure après avoir vu entrer Hardy qu'elle consent à retrouver la mémoire. Il est presque 15 heures. Mais elle ne sait pas que Jean Moulin, Raymond Aubrac et le colonel sont – eux aussi – très en retard [1]!

« On ne savait pas jusqu'à quel point les Allemands connaissaient nos affaires après l'arrestation de " Vidal " (général Delestraint), me raconte Raymond Aubrac. Le 20 juin, " Max " me convoquait au parc de la Tête-d'or. Ma femme surveillait les alentours en poussant une voiture d'enfant. Je restai presque deux heures avec lui. Il me demanda de prendre la responsabilité de la zone nord. J'acceptai. »

Rendez-vous est pris pour le lendemain place Carnot, d'où ils iront rejoindre le colonel Schwarzfeld au-dessus de la « ficelle », puis comme les autres : une vingtaine de minutes dans le tram 33.

Je sonne. La bonne vient nous ouvrir. Elle nous introduit dans la salle d'attente où se trouvent déjà six ou sept malades. Je m'aperçois qu'on ne fume pas, je pose ma pipe sur la cheminée... Je l'ai d'ailleurs retrouvée après la guerre! »

Croyant qu'il s'agit de véritables patients (aucun ne s'est recommandé de M. Lassagne), la bonne du docteur, Marguerite Brossier, ne leur avait pas indiqué le chemin de la réunion. D'ailleurs, au premier étage, à force d'attendre, le colonel Lacaze sommeillait dans un fauteuil.

Klaus Barbie : « J'ai fait encercler la villa, ce qui n'était pas difficile, la maison étant seule. Et j'ai donné ordre de laisser entrer les gens, mais plus (d'en) sortir. »

Retrouvons donc Aubry à sa fenêtre du premier étage :

---

1. Mme Delétraz affirmait qu'aussitôt après avoir quitté les gens de la Gestapo, elle s'était à nouveau précipitée à la Croix-Rousse pour voir si l'alerte avait pu être donnée, si son message avait bien été retransmis.

« Tout à coup, le portail de la petite courette grince. Je regarde par la fenêtre et vois entrer des gens en veste de cuir, en grand nombre. J'ai eu le temps de me retourner et de dire aux autres : " Nous sommes cuits, drôles de gueules, c'est la Gestapo ! " »

Le Dr Dugoujon a vu aussi des ombres monter l'escalier devant sa fenêtre. Il s'apprêtait à reconduire une jeune fille et sa mère, la consultation terminée. Il ouvre la porte pour les faire monter directement au premier, pensant qu'il s'agit d'autres amis de « Max »...

« Police allemande ! Vous avez une réunion chez vous. »

Barbie repousse Dugoujon dans son bureau et monte les escaliers quatre à quatre, tandis qu'un autre Allemand entre dans la salle d'attente. « Max » a eu le temps de glisser au docteur : « Je m'appelle Jacques Martel », puis, dans un murmure, demande à Aubrac de prendre quelques papiers cachés dans la doublure de sa veste et de les avaler. Il en fait autant avec quelques documents pris dans la poche de Raymond Aubrac. En haut les volets ont été refermés, l'interrogatoire va durer plus d'une heure.

Mais revenons au récit d'Henri Aubry juste avant l'intervention des SS : « Hardy qui avait un pistolet dans sa poche le sort. Tout le monde est d'accord pour lui dire de le cacher. A peine dit, la porte de la chambre s'ouvre et un petit monsieur nous dit en excellent français : " Haut les mains ! police allemande [1] ! " Il fonce sur moi. En quelques secondes, je suis giflé, la tête cognée contre le mur, et je me retrouve les mains derrière le dos. Le petit homme me dit : " Mais alors, Thomas, cela n'a pas l'air d'aller. Tu avais l'air plus gai hier au pont Morand. Je lisais mon journal, mais il faisait tellement beau que j'ai pensé qu'il fallait te laisser encore cette belle journée puisque aujourd'hui on se retrouverait ! " Puis commencèrent les interrogatoires (...). A tour de rôle nous sommes emmenés dans la salle à manger. » A André Lassagne l'Obersturmführer lance :

« Les officiers français sont de la merde ! »

Barbie a brisé le pied soutenant la rallonge d'une table style Henri II et l'utilise comme matraque. Tous ont les mains derrière le dos. Tous ont des menottes, y compris le docteur. Tous... sauf René Hardy qui a le poignet entravé par un cabriolet, sorte de cordelette à nœuds terminée par un tenon en bois que retient le policier. René Hardy (Aubrac est stupéfait de le voir là) a été

---

1. Mots prononcés en français puis en anglais, précise Lassagne.

emmené le premier au rez-de-chaussée, il va devoir s'asseoir dans l'une des Citroën où les Allemands ont déjà poussé deux femmes, une cliente et la bonne. Un croc-en-jambe, un coup de poing de sa main gauche restée libre, Hardy raconte [1] qu'il claque la portière dans le visage de l'Allemand. La douleur le fait lâcher le cabriolet. Hardy court vers le bas de la place Castellane.

Explication de Barbie (toujours en 1948) : « Sa fuite était déjà préparée avec Stengritt (NDA : l'adjoint de Barbie chargé plus spécialement de la section Renseignements). Lorsqu'ils se sont trouvés près de la voiture, Stengritt a lâché le cabriolet. Hardy l'a bousculé, et il s'est enfui suivant le plan préparé. »

Accusation gravissime, mais atténuée par la moralité du signataire. Peut-on, doit-on donner crédit à un tel assassin? Pour Mᵉ Maurice Garçon, avocat de René Hardy lors de ses deux procès qui s'étaient soldés chaque fois par un acquittement – étonnante récidive – ce témoignage était bon à mettre au panier...

Cependant avant de tout jeter, regardons un peu :

« Tous les Allemands qui m'accompagnaient savaient que Hardy devait prendre la fuite. Je les en avais prévenus à la réunion préparatoire de l'opération. Hardy s'enfuyant, mes hommes ont tiré suivant le plan, mais en l'air. Il s'est alors produit un incident. Mon chauffeur, Barthel, ayant oublié mes consignes, a poursuivi Hardy et a tiré sur lui, mais l'a manqué. Les hommes de ma suite l'ont rappelé au respect des consignes et la poursuite a cessé (...). Hardy m'a raconté par la suite que, s'étant caché dans un fossé, il s'était blessé lui-même avec le petit pistolet que je lui avais remis quelques jours avant pour se protéger. »

A ce stade on peut se poser des questions, même si certains mensonges ou omissions dans le récit de Barbie tendraient à nous faire tout rejeter en bloc. Seulement voilà : plusieurs témoins ont confirmé cette version. A commencer par les agents de la Gestapo eux-mêmes. Témoignage du sergent-chef Harry Stengritt, interrogé en Allemagne (1948) :

« Une ou deux personnes arrêtées avaient déjà été conduites aux voitures pour être transférées. J'ai suivi avec Hardy que je tenais par une manche de son veston que j'avais un peu resserrée autour de son poignet par un effet de torsion (...). Arrivés à environ deux mètres de la voiture, je lui ai dit à voix basse en

---

1. Lors de son audition en 1943 par un policier français, le commissaire Henry, envoyé par la Résistance.

allemand : " *Los!* " (" Va-t'en! "). Hardy a alors brutalement retiré le bras que je retenais, et il a pris la fuite pendant que je faisais semblant de trébucher... »

Pour Stengritt, il n'y a donc pas plus de menottes que de cabriolet. Restent deux autres témoignages qu'il nous faut rappeler avant de voir les explications de Hardy. Celui de Mme Marguerite Brossier, décédée il y a quelques mois. La bonne du docteur attendait dans la première " traction avant " qui avait fait demi-tour pour conduire les prisonniers au siège de la Gestapo. Elle avait les menottes et fut pour le moins déconcertée par la facilité avec laquelle « ce monsieur a réussi à s'enfuir », tandis que les hommes de la Gestapo mettaient longtemps à réagir :

« J'ai pensé : il en a de la chance celui-là! »

Autre témoignage, celui de Claude Rougis, le vieux cantonnier de Caluire. Il se trouvait en contrebas de la place Castellane.

« J'étais après racler ma rigole... »

Il raconte que le fuyard avait plongé dans un fossé plein d'orties, en bordure de la route.

« Ils (la Gestapo) n'ont pas pensé à fouiller les herbes du fossé, ce qui m'a paru bien naïf de leur part. De dépit, le plus petit des policiers a tiré deux coups de revolver dans la propriété voisine. »

Une fois les Allemands retournés vers les voitures, sans avoir insisté dans leur poursuite, le cantonnier s'était approché :

« Vous êtes blessé?

« – Non. »

Dans la maison de Caluire, les résistants ont entendu les coups de feu. « Deux ou trois, pas plus », raconte Raymond Aubrac. Et pourtant les Allemands avaient des mitraillettes.

René Hardy est retrouvé blessé au bras [1]. Il a dévalé le coteau pour se réfugier chez une certaine Mme Damas – elle dit l'avoir vu arriver en voiture – où il retournera, plus tard, après une deuxième évasion. Pour clore le chapitre Hardy, disons encore que sa veste beige prince-de-galles avait été retrouvée après la guerre et soumise à expertise. Malgré le stoppage soigneusement effectué par sa maîtresse, la ravissante Lydie Bastien, les spécialistes

---

1. Sans attendre les interrogatoires de Barbie et Stengritt (1948), déjà en 1946 les magistrats militaires avaient recueilli des témoignages d'Allemands affirmant que Hardy s'était blessé lui-même.

avaient conclu, en examinant la doublure, que la balle ayant traversé le bras avait été tirée à moins de quarante centimètres [1]. Ils ne parvenaient toutefois pas à en déterminer le calibre.

René Hardy devait être traduit deux fois en justice. Acquitté une première fois le 24 janvier 1947 par la cour de justice de la Seine, il était arrêté deux mois plus tard, parce que le contrôleur des wagons-lits, Alphonse Morice, s'était soudain rappelé l'arrestation de Chalon-sur-Saône. C'est l'ancien patron du SDECE [2], Roger Wybot, qui avait alors relancé l'affaire. Deuxième procès. Son avocat, Mᵉ Maurice Garçon, refuse de l'assister. Il l'écrit au président du tribunal mais se ravise. Les juges sont militaires cette fois. Acquitté d'abord au bénéfice du doute, il le sera une seconde fois « à la minorité de faveur [3] ». Ce qui fit dire à Laure Moulin, la sœur de « Max » :

« Ces acquittements n'ont convaincu ni les victimes de la trahison de Caluire ni moi-même. »

Il fallait porter un nom aussi illustre pour ne pas risquer de tomber sous la loi protégeant l'acquittement.

C'est à peine si les prisonniers de Caluire s'étaient rendu compte, sur le moment, que l'un d'eux (celui qui s'était invité) avait réussi son évasion. Sauf peut-être Raymond Aubrac, que cette double anomalie – sa présence à la réunion et sa fuite – a intrigué dès le début. Les mains derrière le dos, les poignets liés par des menottes, ils vont tous être conduits (« Max », Aubrac, Dugoujon et le boulanger alsacien de Caluire, Alfred Fischer – arrêté parce que la curiosité l'avait poussé à assister à la scène, mal caché derrière un platane – partiront dans la même traction) à l'École de santé militaire où la section Barbie a fraîchement installé ses quartiers. Direction : les sous-sols en attendant les interrogatoires. Seuls « Max », Aubrac et Schwarzfeld ont le droit de s'asseoir car on les soupçonne moins que les autres, ceux qui ont été arrêtés au premier. Ceux-là sont debout, face au mur.

A Caluire, les SS ont toutefois laissé un piquet de surveillance... au cas où il y aurait – encore – des retardataires.

S'ils savent effectivement beaucoup de choses, les Allemands

---

1. Rapport du Pʳ Ch. Sannié.
2. SDECE : Service de Documentation Extérieure et de Contre-Espionnage, a remplacé le DGER.
3. Quatre voix pour la condamnation, trois voix contre, dont celle sans doute du capitaine de sapeurs-pompiers, Curie... Il disait à ses amis que même si Hardy était coupable, cinq ans de prison c'était assez.

n'ont pas encore réussi à identifier Jean Moulin. Barbie a plusieurs fois frappé André Lassagne, d'âge et d'allure semblables, croyant qu'il était « Max ». (Revenu de déportation, André Lassagne dépeindra Barbie comme un « brachycéphale aux bras velus » et précisera à propos des interrogatoires : « On voulut me forcer à dire que j'étais " Max ", et je fus à plusieurs reprises torturé et battu (les 21 et 22 juin) pour me contraindre à cet aveu. Ce fait me parut d'autant plus étrange que les Allemands devaient avoir le signalement de " Max " reconnaissable par la cicatrice qu'il portait à la gorge et qu'il dissimulait en portant un foulard [1]. ») Tour à tour, les suspects vont être interrogés par les hommes de la Gestapo, puis, la nuit venue, ils seront enfermés dans les cellules de la prison Montluc (à un peu plus d'un kilomètre) où tous les gardiens sont allemands. Au fur et à mesure de leur arrivée, ils écrivent chacun leur nom sur les pages 50 et 51 du registre d'écrou :

– Dugoujon, Frédéric, célibataire, né le 30 juin 1913 à Champagne-au-Mont-d'Or, catholique, médecin, Français – Caluire, place Castellane. (*Cellule 129.*)

– Lassagne, André-Louis, célibataire, né le 23 avril 1911 à Lyon, catholique, professeur lycée, Français – 302, cours Lafayette. (*Cellule 117.*)

– Ermelin, Claude (NDA : il s'agit d'Aubrac), célibataire, né le 7 février 1912 à Lorient, catholique, employé, Français – 25, rue Montesquieu, Lyon. (*Cellule 77.*)

– Lacaze, Albert, marié, 21 mai 1884 à Latronquière, protestant, artiste peintre, Français – 34, rue du Professeur-Sisley à Lyon. (*Cellule 69*).

– Aubry Henri, marié, né le 3 mars 19... à Longwy (M^e et Mlle), catholique, Français, – Rully (Saône-et-Loire) – A.p. ancien officier de réserve art guerre. (*Cellule 75.*)

Au-dessus de son nom, il sera porté ensuite la mention allemande : *Hosenträger* qui se traduit par « bretelle de pantalon », et qui peut désigner « agent que les Allemands tiennent avec un élastique », autrement dit, un mouton.

– Parisot, Laurent-Pierre (NDA : il s'agit de Bruno Larat), célibataire, 2 avril 1914 à Bordeaux, catholique, répétiteur, Français – 20, rue Thomassin. (*Cellule 136.*)

---

1. Audition du 7 avril 1948. Lassagne précise encore : « A partir du 22 juin 1943 au soir on ne me posa plus cette question. Ce qui me fait présumer que les Allemands, à ce moment, avaient identifié " Max ". »

– Martel Jacques, célibataire, 22 août 1897 à Piquigny (Somme), catholique, décorateur, Français – 17, rue Renan, Lyon. (*Cellule 130.*)

– Schwarzfeld, Exile-Lucas, marié, 5 décembre 1885 à Paris, ingénieur, catholique, Français – 4, cours Vitton, Lyon. (*Cellule 65.*)

Ces pages du registre de Montluc ont disparu, quelqu'un les a déchirées...

L'un des trois survivants, Frédéric Dugoujon, me raconte :

« La cellule tanguait véritablement. Les murs bougeaient : des milliers de punaises... Trois jours plus tard, j'avais doublé de volume. »

Pour Klaus Barbie, la journée avait été fructueuse. Il retourne se reposer dans ses appartements de l'hôtel Bristol et reprendra tout cela le lendemain.

Le 22, la Gestapo arrête encore la secrétaire d'Aubry, Mme Madeleine Raisin. Les Allemands saisiront de grandes quantités d'argent et des documents, Barbie, lui, n'est intéressé que par Jean Moulin. Et il ne sait toujours pas lequel est le bon.

Marchant dans la cour, le deuxième jour de son incarcération, « Jacques Martel » (qui n'est toujours pas blessé, apparemment) franchit deux rangs de prisonniers et s'approche du Dr Dugoujon qui regardait ses pieds. Il lui avait déjà fait signe de relever la tête. Cette fois, il lui dit en murmurant : « Je vous souhaite bon courage... »

« Le jour même après les arrestations, j'avais à me rendre dans le bureau de Barbie pour une signature, affirme Harry Stengritt. Sans que je lui demande quelque chose, spontanément Barbie me dit qu'il n'était pas sûr, mais que vraisemblablement parmi les personnes arrêtées devait se trouver une personnalité très importante, en l'occurrence le représentant de De Gaulle en France. Il ajouta qu'il ne le connaissait pas [1]. »

Et encore, toujours raconté par Stengritt :

« Dès notre arrivée à la rue Berthelot, Barbie a entrepris l'interrogatoire de l'homme qu'il soupçonnait être l'important personnage (...). Interrogatoire primaire auquel j'ai assisté pendant une demi-heure environ. Je me souviens que cet homme, qui était Moulin, n'a pas dévoilé pendant ma présence sa véritable identité. Je me souviens aussi qu'il a fait sur une feuille de papier une caricature de Barbie [1]. »

---

1. Interrogatoire du 7 décembre 1948.
2. Interrogatoire du 2 août 1948, par le commissaire Bibes, 12e feuillet.

Or l'Obersturmführer Barbie se souvient parfaitement de cette caricature. Comme « Jacques Martel » prétendait être décorateur et artiste peintre, Barbie lui avait tendu une feuille de papier et un crayon.

Barbie : « Jean Moulin, alias " Max ", a eu une attitude magnifique de courage, tentant de se suicider à plusieurs reprises en se jetant dans l'escalier de la cave et en se cognant la tête contre les murs entre les interrogatoires. Il a toujours persisté à se déclarer artiste peintre, et il a même fait un dessin de moi et un croquis de la secrétaire [1]. »

Klaus Barbie précise que ces dessins ont disparu pendant le bombardement de l'École de santé militaire, en mai 1944.

Revenant de son premier interrogatoire, Bruno Larat dit au Dr Dugoujon : « Ils savent déjà beaucoup de choses. » Qui a parlé ? Aubry, très certainement. Il le reconnaîtra plus tard, il n'avait pas supporté la torture ni surtout le simulacre d'exécution. Traîné devant le mur des fusillés, à Montluc, les Allemands avaient fait semblant de l'exécuter en tirant deux fois à côté.

Témoignage de Raymond Aubrac :

« J'ai vu Aubry dans la cour de Montluc, torse nu, il était noir de coups. Il m'a dit : " J'ai été battu, j'ai parlé ! " »

Jean Moulin ne dit pas un mot, même lorsqu'il est confronté à Mᵐᵉ Raisin, par exemple. Stengritt le précise :

« L'attitude de Moulin qui n'a rien avoué, qui au contraire a tenté par tous les moyens en son pouvoir de mettre fin à ses jours à tel point que nous avons dû le protéger contre lui-même, a été autrement courageuse [2]. »

Klaus Barbie : « Moulin n'a été interrogé que par moi-même à Lyon. Il a ensuite été transféré sur Paris, avenue Foch, en très mauvais état de santé à la suite de ses tentatives de suicide. Bien qu'il ne m'ait rien avoué, Moulin n'a jamais été maltraité par nos services à Lyon. Après son transfert, j'ai perdu sa trace et n'ai plus entendu parler de lui. »

Il semble donc d'après divers témoignages que « Max » Moulin n'ait pas été identifié avant le 23 vers midi. Simple déduction si on se réfère aussi aux récits de Raymond Aubrac et du Dr Frédéric Dugoujon avec lesquels je me suis très longuement entretenu. L'un et l'autre verront Jean Moulin affreusement mutilé, à demi comateux, porté par des soldats allemands. Ils l'observent à travers le mouchard de leur cellule car, à cette

---

1. Il s'agit très vraisemblablement de Mˡˡᵉ Neumann.
2. Interrogatoire du 2 août 1948, 17ᵉ feuillet.

époque-là, les œilletons sur les portes des cellules de Montluc n'étaient qu'un simple trou dans une plaque de fer peint en noir, sans verre ni cache.

Aubrac : « J'ai vu " Max " le visage en sang repartant pour l'interrogatoire. Il était un pantin désarticulé. »

Henri Aubry se souvient également avoir vu ce soir-là vers 22 heures les gardiens emmener Jean Moulin. En fin d'après-midi, Christian Pineau, alias « Grimaux », chef du mouvement Libé-Nord, enfermé au premier étage de Montluc et à qui les Allemands ont (bien imprudemment) laissé un rasoir à lames, car il fait office de coiffeur de la prison, est sommé de descendre dans la cour nord. Un sous-officier le conduit vers un banc sur lequel est allongé un blessé gardé par un soldat. « Vous raser, monsieur ! » Pineau se penche : il reconnaît « Max ». Suite du récit :

« " Max " a perdu connaissance, ses yeux sont creusés comme si on les avait enfoncés dans sa tête. Il porte à la tempe une vilaine plaie bleuâtre. Un râle léger s'échappe de ses lèvres gonflées. Aucun doute, il a été torturé par la Gestapo. »

Christian Pineau demande de l'eau, du savon. Le sous-officier consent à aller les chercher.

« Je peux donc m'approcher de " Max ", toucher ses vêtements, sa main glacée, sans susciter aucune réaction. Quand j'ai l'eau et le savon, je commence l'opération, en évitant de heurter les parties tuméfiées du visage (...). Pourquoi cette coquetterie macabre à l'égard d'un condamné à mort? (...) Tout à coup " Max " ouvre les yeux, me regarde. Je suis certain qu'il me reconnaît [1], mais comment peut-il comprendre ma présence auprès de lui en ce moment?

« – Boire, murmure-t-il.

« Je me tourne vers le soldat : " *Ein wenig Wasser.* " Il a un instant d'hésitation, prend le quart rempli d'eau savonneuse, va le rincer à la fontaine, puis le ramène plein d'eau fraîche. Pendant ce temps je me penche sur " Max ", murmure quelques paroles de réconfort banales, stupides. Celui-ci prononce cinq ou six mots anglais que je ne comprends pas tant la voix est brisée, le débit hoquetant. »

Le Dr Dugoujon, lui, a remarqué sur la porte de la cellule 130, celle de " Max ", une pancarte *Allein* (en français : « seul ! »), ce qui signifiait qu'il était au secret. Il disait également qu'après

---

1. Pineau et Moulin avaient pris le même avion en revenant de Londres.

avoir torturé Jean Moulin, les Allemands avaient fait venir un médecin dans sa cellule.

« Le jeudi soir (24 juin) à la tombée de la nuit ils l'ont ramené dans un état incroyable, me raconte le Dr Dugoujon. Il était soutenu par deux gardiens. Ils l'ont couché sur la paillasse, laissant la porte ouverte, et l'ont veillé pendant toute la nuit de peur qu'il se suicide. Le lendemain ils l'ont repris. Je ne l'ai plus jamais revu. »

On peut avoir une certaine idée de ce qui s'est passé le 25 juin (ou le 24?) en donnant la parole au « Renard », Gottlieb Fuchs. Mais ce vieux Suisse ne savait plus s'en servir. Était-ce la fatigue, l'émotion, la mémoire perdue (il avait quatre-vingts ans) ou tout bonnement une certaine honte à évoquer son passé peu glorieux? Dans son appartement de Saint-Gall, le vieillard s'empressait d'exhiber sa veste rayée de déporté n° 44110, frappée du triangle rouge pointé vers le bas qui distinguait les prisonniers politiques de tous les autres. Il se souvenait mieux des camps de Bergen-Belsen, de Buchenwald et de Dora que de son séjour à Lyon, où il était « employé comme interprète de Klaus Barbie ». Encore que Barbie n'ait jamais eu besoin de traducteur, mais, en revanche, il fallait bien quelqu'un, à la réception de l'École de santé, pour trier les visiteurs et indiquer à quel bureau ils devaient porter leurs si aimables dénonciations... Quitte à traduire, si les SS ne saisissaient pas aussi bien que l'Obersturmführer Barbie [1].

Comme Gottlieb Fuchs ne parvenait plus à aligner un mot derrière un autre (sa femme récitait à sa place), mieux vallait se rapporter au livre qu'il avait écrit après que Altmann-Barbie eut été démasqué en Bolivie [2].

Auparavant il faut noter que promu *Generaldolmetscher* (« chef traducteur ») Gottlieb Fuchs se faisait appeler Herr Doktor Edouard Rochard [3]. C'est fou, alors, comme il se rappelait les détails. Il se souvenait de Barbie se passant élégamment la main dans les cheveux, sifflotant l'air des *Hitlerjugend,* il se rappelait les photos de l'enfant de Barbie (Ute qui mangeait du chocolat suisse alors qu'elle n'avait pas un an) et l'histoire des

---

1. D'après l'auxiliaire " Milneuf " c'est toujours Barbie qui payait les mouchards.

2. *Le Renard* (traduction littérale du nom allemand : *Fuchs*), Albin Michel, 1973.

3. Inspiré sans doute par le nom de Charles Rochat qui était secrétaire général du ministère des Affaires étrangères sous Pétain. Condamné à mort par contumace le 18 juillet 1946.

livres sterling qu'il aurait planquées quelque part en Bavière... Ses souvenirs s'estompent en revanche quand il effleurait la question des tortures.

« 4 heures de l'après-midi. Je suis seul à la réception. La sentinelle est sur le perron et regarde du côté de la voûte du porche. J'entends dans les étages un bruit de cavalcade. Quelqu'un court dans l'escalier en tirant une charge qui rebondit sur les marches. Je lève le nez vers la rampe qui monte au premier. Je suis assis juste en face. Barbie, en bras de chemise, traîne un homme par les pieds. Parvenu dans le hall, il souffle un instant, le pied sur le corps inanimé. Congestionné, mèche sur le front, il s'élance vers la cave, attelé à ce corps qu'il tire à l'aide d'une courroie fixée aux pieds garrottés. Le prisonnier a le visage tuméfié, sa veste est en loques.

« Quand il remonte de la cave, Barbie fonce tête baissée, les poings serrés, la bouche hystérique. Je l'entends très distinctement marteler : " Celui-là, s'il crève pas cette nuit, je le finirai demain à Paris. " Et il grimpe les marches en tapant des pieds.

« J'attends la relève de la sentinelle. Je suis en excellents termes avec ce soldat. Je peux compter sur lui quand je veux faire un tour à la cave. (...)

« J'ai trouvé le prisonnier couché sur le ventre à même le sol, à moitié nu. Sa veste, qui lui avait été arrachée, gisait dans un coin. Son dos était lacéré, sa poitrine défoncée. Je l'ai tourné sur le côté et j'ai plié ce qui restait de sa veste pour le placer sous sa tête, en guise d'oreiller. Les yeux étaient clos, mais il respirait encore. J'ai essuyé le sang de son arcade sourcilière. J'ai eu l'impression qu'il reprenait conscience. J'étais enfermé dans son silence, ce silence qui valait sans doute plus que sa vie.

« Planté à côté de moi, le soldat était atterré. Je sentais qu'il approuvait ce geste secourable. Il secoua la tête avec accablement, répétant : " Tout ça va mal se terminer. " Je suis sûr qu'il sous-entendait : " ... pour les Allemands ".

« J'appris que l'homme, traîné comme une vile carcasse, était un préfet. Le lendemain, quand je repris mon service, je constatai que le martyrisé avait été enlevé de sa geôle. »

Gottlieb Fuchs en 1983 : « C'est ce que je suis prêt à dire sur l'honneur devant un tribunal. »

Mais qu'allait-il dire quand le tribunal lui demanderait ce qu'il faisait là, à Lyon, lui l'Helvétique?... Rappellerait-il qu'après avoir été libéré des camps avec sa « veste alibi » (pour avoir aidé des résistants?) il avait dû rendre des comptes à la justice française et suisse? On ne le saura jamais : il est mort un an après, le 8 février 1984.

Le vendredi soir (25 juin), André Lassagne, le Dr Dugoujon, les colonels Lacaze et Schwarzfeld, Henri Aubry et sa secrétaire sont entassés, à Perrache, dans le train de Paris. Ils iront rejoindre à la prison de Fresnes le général Delestraint arrêté depuis seize jours. Je n'y reviens que pour tenter de savoir ce que devient Jean Moulin.

Klaus Barbie : « Le BdS Paris (le responsable de la Gestapo) a réclamé le transfert d'urgence de Moulin à ses services. J'ai convoyé moi-même Jean Moulin en voiture [1]. Je l'ai remis au Sturmbannführer Bömelburg. C'est le service IV E dirigé par Kieffer qui en a pris livraison. »

Voici d'ailleurs ce que disait le commandant Flicoteaux, commissaire du gouvernement, devant le tribunal militaire de Paris qui jugeait les chefs de la Gestapo, Oberg et Knochen (réquisitoire du 14 septembre 1954) :

« Ces sévices (de Barbie) furent tels que conduit en voiture de Lyon à Paris, Jean Moulin dut être aidé à en descendre par le nommé Misselwitz. »

Transféré avenue Foch, le moribond sera presque aussitôt conduit dans la villa des « prisonniers de marque », 40, boulevard Victor-Hugo à Neuilly-sur-Seine, où le commandant Karl Bömelburg, ancien monteur en chauffage central à Paris, avant guerre, devenu grand chef de la section IV (Répression) de la Gestapo pour toute la France, traite ses hôtes avec un peu plus de raffinement.

Misselwitz confirme : « Je l'ai aidé à monter au bureau. Jean Moulin était exténué et malade. J'ai entendu Bömelburg faire des reproches à Barbie parce qu'il l'avait maltraité. Il lui a dit que l'on n'envoyait pas un homme dans cet état... »

Ce même Ernst Misselwitz, interprète de la Gestapo, avait à nouveau rencontré l'Obersturmführer, revenu à Paris une semaine plus tard. Il rapporte ce que Barbie lui avait raconté :

« Voyant qu'il ne pouvait obtenir aucun renseignement [de Jean Moulin], il s'était livré à des voies de fait et à des brutalités nombreuses et douloureuses, mettant le préfet dans un état lamentable. Celui-ci a continué à faire preuve du même courage

---

1. Probablement le même vendredi, 25 juin.

et à se refuser à toute révélation, essayant à trois reprises différentes de se donner la mort. »

Le supérieur de Bömelburg, le colonel Helmut Knochen que j'ai donc retrouvé en Allemagne, vieux beau, yeux bleus, grosse chevalière en or, tout bronzé (il revenait de soigner son arthrose en Italie), me raconte :

« Je me rappelle la rage de Bömelburg quand il a appris le traitement infligé à Jean Moulin. Un jour, Klaus Barbie câble à Berlin qu'il a capturé un chef important de la Résistance. Berlin répond : envoyez-le immédiatement, nous l'interrogerons ici. Klaus Barbie, petit homme très arriviste, sentant qu'il a réussi un coup de filet magistral, se vexe de voir que d'autres vont s'attribuer sa victoire à lui. Il décide de commencer l'interrogatoire, histoire de montrer à Berlin de quoi il était capable... et c'est le drame. »

En compulsant les dossiers des SS j'ai découvert que c'est précisément quarante-huit heures après le drame de Caluire que débarquera à Lyon le colonel Werner Knab pour commander l'ensemble de la Sipo-SD. Knab a été nommé le 23 juin. Coïncidence ?

Helmut Knochen qui n'a pas perdu un mot de français (il est vrai qu'il a fait dix-huit ans dans les prisons en France) me précise encore :

« Si mes souvenirs sont exacts, Jean Moulin avait vite déclaré qu'il était le représentant du gouvernement de De Gaulle, mais nous avions déjà arrêté tellement de types qui se disaient les représentants du général... Nous étions échaudés. Quand Jean Moulin a été transporté à Paris, nous avions averti Berlin, qui, ignorant son état, nous avait demandé de le transférer vers l'Allemagne. »

Voilà un récit qui « colle » à celui de Barbie. Il n'en demeure pas moins que j'eusse préféré raconter les derniers jours de Jean Moulin sans faire appel aux témoignages de ces Allemands-là...

L'avis de Knochen sur Barbie qu'il voyait de temps à autre dans les réunions avec Bömelburg : « Un fanatique de la chasse aux résistants, très actif, très vif. Ce qu'il a fait après la guerre prouve qu'il était assez malin pour se débrouiller... »

Fin juin 1943, prison de Fresnes. Tout le groupe, sauf le jeune « Xavier » Larat et Raymond Aubrac, y est incarcéré. Larat, parce que, pour l'instant, la Gestapo lyonnaise l'utilise encore et l'interroge sur la question des parachutages. Aubrac ? On dirait qu'il est oublié. Il n'a pas suivi les autres qui sont sous le coup de la procédure N.N., « *Nacht und Nebel* » (« Nuit et brouillard ») [1] qui impose le secret absolu. Raymond Aubrac ne sera interrogé qu'à partir du 28 juin par Barbie.

En février 1984, M. Jean-Louis Théobald (incarcéré à Fresnes en 1943) me précisait que deux personnes au moins lui avaient parlé des confrontations avec « Max », dans les locaux de la Gestapo. La première était, précisément, Suzette Olivier, arrêtée peu après lui. La seconde, le général Delestraint :

« J'avais rencontré " Vidal " une dizaine de fois à la prison de Fresnes. Comme il avait annoncé aux Allemands, dès son arrestation, qu'il était général, qu'il avait été le patron de Charles de Gaulle (avant 40), il avait eu droit dans sa cellule à un fauteuil et un miroir. Parfois, certains mercredis, on y disait la messe. Ce n'étaient pas les prêtres qui manquaient en prison... Alors je pouvais lui parler, là ou bien à l'anthropométrie, ou encore dans les fourgons qui nous transféraient avenue Foch, pour les interrogatoires. Delestraint m'a parlé de ses confrontations avec Moulin : " ' Max ' m'a dit que... " je ne sais plus quoi. Mais je me souviens que Delestraint et lui avaient les mêmes suspicions. »

Quelques jours plus tard, Aubry et Delestraint verront encore le président du CNR. La scène se passe dans les locaux de la Gestapo. Barbie est là également.

Aubry : « Allongé sur une chaise longue : Jean Moulin (...). Il ne bouge pas. Il ne bronche pas. Il a l'air d'être dans le coma... Arrive Barbie, qui claque des talons de façon démesurée devant Bömelburg qui est resté là, debout, fumant des cigarettes l'une après l'autre. Il dit en allemand à Barbie : " J'espère qu'ils vont s'en tirer [2]. " Ils ont emmené Jean Moulin, emportant avec

---

1. La mémoire de Klaus Barbie est sélective. « Nacht und Nebel »... il ne savait plus ce que c'était, après son retour en France. Et pourtant comment oublier. Le décret « N.N », daté du 7 septembre 1941, obligeait la Sipo-SD à envoyer secrètement vers l'Allemagne toutes les personnes reconnues coupables de crimes contre le Reich ou l'armée d'occupation. C'était les « oubliettes » façon XXe siècle. Les déportés ne pouvaient pas écrire aux familles et les Allemands avaient ordre de ne laisser filtrer aucune information, pas même en cas de décès. Les corps devaient être enterrés sur place. Il ne restait plus de trace...

« Quoi? Nacht und Nebel?... Je n'ai aucun souvenir. Il est impossible de se rappeler quarante-deux ans après. »

2. Aubry parlait bien l'allemand. D'après une autre version il aurait entendu : « J'espère qu'il va s'en tirer, c'est la chance que je vous souhaite! » Ce qui pourrait être interprété comme un reproche lancé à Barbie.

précaution le sofa-civière. Avec Delestraint nous essayons de le réconforter : " Courage... Courage... " »

Et, dans son témoignage, Aubry rapporte encore cette phrase étrange :

« Ils savent que celui qui est là est bien Jean Moulin qui a avalé une ampoule de cyanure. Le SS Misselwitz le dit carrément et déclare : " Nous le sauverons! " »

Comment Aubry a-t-il pu croire à cette histoire de cyanure? Peu importe. L'essentiel est dans cette phrase : « Nous le sauverons. » Elle confirme que Berlin a donné l'ordre de faire hospitaliser le président du CNR en Allemagne, dans un établissement suffisamment éloigné, à l'abri de toute tentative d'enlèvement, probablement à l'hôpital de la police à Berlin.

Dans la villa de Neuilly, le général Delestraint et André Lassagne, cette fois, seront confrontés à l'agonisant. Revenu de déportation, André Lassagne a aussitôt décrit la scène qu'il situait dans les premiers jours de juillet, probablement entre le 10 et le 13 (!).

« Max était allongé sur un divan, le crâne enveloppé de pansements, le visage jaune et paraissant meurtri. Il respirait péniblement. Seuls ses yeux paraissaient vivre en lui. »

Sommés de reconnaître le moribond, Lassagne et le général Delestraint aperçoivent « un signe négatif » dans les yeux de " Max. " Le général Delestraint répond alors sans risque de mentir :

« Il m'est impossible de reconnaître " Max " dans l'homme que vous me présentez [1]! »

Il faudra attendre le 19 octobre pour apprendre officiellement que Jean Moulin est mort. Où? Le décès a été constaté en gare de Metz (zone allemande) le 8 juillet 1943 à 2 heures. L'émissaire de la Gestapo de Montpellier, venu annoncer la mort à Laure Moulin, sa sœur, précise : « Le décès est dû à une faiblesse cardiaque. »

Il est étrange de constater que le seul papier officiel certifiant le décès de Jean Moulin a été établi par les Allemands le ... 3 février de l'année suivante :

« Note Nr 187, Metz le 3 février 1944.

" Der Prefekt " Jean Pierre Moulin, religion inconnue, domi-

---

1. Embellie par la légende, cette phrase est devenue : « Monsieur, l'honneur militaire m'interdit de reconnaître " Max " dans l'homme pitoyable que vous me présentez! »

cilié passagèrement à Metz, est décédé le 8 juillet 1943 à 2 h à Metz, gare principale. Le défunt était né le 20.6.1899 à Béziers (France-Hérault).

Père : Antoine Moulin, dernier domicile inconnu.

Mère : Blanche Moulin, née Begue, demeurant à Montpellier, France, 21 Grand'rue.

Le défunt n'était pas marié...

L'officier de l'état civil : signé Wolff. »

L'interprète de la Gestapo Heinrich Meiners, entendu le 14 décembre 1946 en Allemagne (zone américaine) témoignera : « Le corps était couvert de lésions et les principaux organes portaient, sous forme de lésions internes, la trace de coups reçus antérieurement, coups de matraque ou coups de pied... »

Et Barbie? Qu'avait-il fait après Caluire? Il a prétendu être retourné à Paris vers la fin du mois de juillet pour assister à une réunion secrète organisée par le colonel Pickler, alsacien d'origine, chef de la section VI chargé de la lutte antiterroriste. A l'issue de cette réunion qui était « en rapport avec l'affaire Jean Moulin » Klaus Barbie serait parti en permission en Allemagne jusqu'à la fin du mois d'août 1944 : « Cela faisait en effet deux ans que je ne m'étais pas rendu auprès de ma famille. »

7.

« LE PLUS SALAUD DE LA BANDE »

Dès qu'elle avait appris l'arrestation du groupe, Lucie Aubrac était allée aux nouvelles. Il fallait tenter quelque chose, autant pour sauver « Max » que son propre mari. Ce n'était pas de l'insouciance, c'était de la bravoure. Cette dame m'a raconté cette extraordinaire histoire avec une simplicité déconcertante. Il en est ainsi des très grands courages : ils sont discrets.

Lucie Aubrac était à l'époque professeur d'histoire au lycée Edgar-Quinet (aujourd'hui Édouard-Herriot). S'anoblissant pour la circonstance, Mme Aubrac s'était présentée comme une demoiselle Ghislaine de Barbantanne, fille d'un « cadre noir » de Saumur, rien que cela. Une telle carte de visite, se disait-elle, ne pouvait qu'inspirer le respect des SS.

« A l'origine je devais me présenter comme la fiancée de " Max ", mais comme on ne savait pas sous quel nom il avait été arrêté, j'ai préféré me transformer en petite amie de Claude Ermelin. Je devenais ainsi la fiancée de... mon mari. Et ça a marché! »

Mlle de Barbantanne se trouve devant Barbie, dans une grande pièce, au premier étage, croit-elle se souvenir. L'Obersturmführer est assis derrière un bureau, dans l'angle, près d'une cheminée. Il est en costume clair, chemise vert pâle. Il ouvre son tiroir et lance un portefeuille sur la table, des photos s'en échappent. L'une d'elles représente Lucie et Raymond Aubrac sur une plage, un enfant sur les épaules. Barbie ne demande pas qui est l'enfant. Première erreur du nazi.

« Ce type sort de Saint-Paul, dit Klaus Barbie (NDA : l'une des prisons de Lyon où Raymond Aubrac, sous le nom de " Vallet ", avait été incarcéré au mois de mars). Il avait été laissé en liberté provisoire. »

Voyant la photo, Lucie fait l'innocente et embrouille :
« Saint-Paul ?... Mais oui, nous étions à Saint-Paul-de-Vence il
y a quelque temps. »

Barbie gobe. Mais la jeune « fiancée » vacille et s'effondre.
Elle comprend qu'elle est enceinte. Elle pleure, furieuse d'avoir
fléchi devant Barbie. C'est là que lui vient l'idée :

« Je ne vous demande qu'une faveur : laissez-moi l'épouser,
j'attends un enfant. »

Klaus Barbie semble ravi de se voir implorer. Il aime qu'on
lui parle d'honneur. Mais il ne décide rien. Mlle de Barbantanne repart sans savoir où sont incarcérés « Max » et les
autres.

Apprenant par ses amis que René Hardy a été transféré à
l'hôpital de l'Antiquaille gardé par les Allemands [1], Lucie Aubrac
va tenter de l'empoisonner, persuadée qu'il est seul responsable de
la trahison. Elle lui envoie un colis de nourriture avec, en guise de
douceur, un petit pot de confiture, un « verre à ventouse », bourré
de cyanure. Petit, pour qu'il ne puisse pas être partagé avec
d'autres patients. L'histoire ne dit pas pourquoi René Hardy n'en
mangea point, mais il savait – il l'a dit – que Mme Aubrac avait
bien tenté de l'empoisonner.

Le mardi suivant, 29 juin, jour de son anniversaire, Lucie
repart à la charge, avenue Berthelot. Elle connaît le chemin. Elle
passe sans s'arrêter devant la sentinelle, monte les escaliers,
pousse timidement la porte du chef de la section IV. Barbie,
furieux :

« Ermelin vous a menti. C'est tous des terroristes !... Ce qu'il
leur faut ? Un verre de rhum et douze balles dans la peau ! »

Et il claque la porte. Lucie Aubrac décide alors de recommencer son histoire de mariage devant un autre Allemand
(peut-être un certain Ernst Floreck), qui se laissera amadouer
avec ce qu'il faut d'argent, de cigarettes, de champagne et de
coupons de soie.

« Ils acceptaient tout cela sans jamais avoir l'impression de
trahir l'Allemagne », soupire Mme Aubrac.

Aussi incroyable que cela puisse paraître, le mensonge a pris,
et les Allemands vont accepter l'union. Lucie et son ami Maurice
David vont acheter des silencieux en Suisse. Avec les corps francs
de Ravanel – dont elle fait partie –, « Ghislaine de Barbantanne »

---

1. Arrêté par la police française, Hardy avait été transféré dans cet hôpital dès
le 22 juin.

va préparer l'évasion de son fiancé. A Montluc, c'est impossible. Il faut donc provoquer un transfert.

Elle propose le 21 septembre (c'est la date de leur première rencontre). Les Allemands acceptent. Et c'est ainsi que la jeune « fiancée » revient avec un chapeau à voilette, comme à la mairie. Raymond est éberlué.

« Elle s'est approchée de moi pour m'embrasser et m'a dit à l'oreille : " Saute le premier... " J'ai compris qu'une attaque avait été préparée. Pour repartir vers Montluc avec les autres prisonniers, je me suis arrangé pour me faire enchaîner au plus jeune d'entre eux, un type qui n'allait pas avoir peur en cas de coup dur, qui n'hésiterait pas à sauter du camion, et nous sommes montés les derniers. »

Tout est prêt, les corps francs attendent, boulevard des Hirondelles. Signe de ralliement : un parapluie. Or le ciel est devenu limpide, il faut renoncer. Mais le repérage est fait : les fourgons cellulaires empruntent bien cet itinéraire.

Enfermé à Montluc, Raymond Aubrac redoute d'être ramené à l'École de santé, pour l'interrogatoire.

« Barbie prenait plaisir à cogner, me raconte-t-il. J'avais les menottes dans le dos et lui il frappait. Où est " Bernard " (c'était d'Astier)?... Où est " Charvet " (c'était Henri Frenay)?... Où est l'argent [1]? » Je me suis évanoui une dizaine de fois pendant les interrogatoires. Barbie me réveillait à coups de pied. Parfois, en sortant de ma torpeur, je le voyais avec une femme sur les genoux, du rouge à lèvres sur sa chemise. Il aimait montrer sa puissance. »

Un jour, les Allemands lui lisent sa condamnation à mort, prononcée par on ne sait quel tribunal.

« Dès lors je n'espérais qu'une chose : un peloton d'exécution. Je le désirais. Je ne voulais pas mourir comme certains autres que l'on abattait, dans la cave, d'une balle dans la nuque. Comme des chiens. Non, moi, je voulais être de face. »

Raymond Aubrac avait réussi à faire porter son alliance à sa femme par un codétenu, l'éditeur Paul Lardanchet, remis en liberté au mois d'août. Et il attendait la mort.

Sous prétexte de légaliser le contrat, Lucie Aubrac réussira une nouvelle fois à rencontrer son mari devant un notaire. Le

---

1. Raymond Aubrac (P.-V. du 9.12.1948) : « (...) Barbie utilisait des renseignements très précis et notamment un document de 52 pages, résultat des interrogatoires d'Aubry. »

scénario est identique, seulement il n'y a plus de voilette. Un mois est passé. C'est à nouveau un 21, le 21 octobre. Dans le commando : Mario Blardone, celui qui était chargé de « descendre » Barbie. Il y a deux camions. Dans lequel se trouve Aubrac? Les tireurs choisissent le premier. La fusillade éclate. Le chauffeur est tué. Les prisonniers s'échappent (certains seront rattrapés). Raymond Aubrac a bien sauté le premier. Une balle le blesse à la joue.

« Je me souviendrai toujours de cette scène : c'était l'heure de la sortie d'usine, me dit Raymond Aubrac. Au milieu de la place, un ouvrier courait pour se mettre à l'abri de la fusillade. Il se protégeait derrière... sa bicyclette! »

Aubrac est opéré par le Dr Joie, la balle n'avait fait que traverser la joue. Il est mis au vert à la clinique " Les Presles ", à Pollionnay. A Londres, le 12 février 1944, naît Catherine, deuxième enfant des Aubrac [1].

La chasse aux résistants semble s'être calmée pendant quelques semaines. Il est vrai que le coup de filet de Caluire était déjà, pour la Gestapo, un exploit qui avait pour le moins troublé l'organisation des mouvements. D'ailleurs, après avoir perquisitionné – pour rien – la maison du général Delestraint, à Bourg-en-Bresse, Barbie semble s'être absenté de Lyon de la fin du mois d'août aux premiers jours de décembre 1943.

Barbie (interrogatoire de 1948) : « Mon séjour dans la capitale française a duré jusqu'au 5 décembre 1943, date à laquelle je suis revenu pour reprendre mon poste à Lyon. Pendant cette période, je suis allé en Allemagne, en Italie du Nord pour travailler dans l'affaire de la " Rote Kapelle [2] "... »

Il pouvait pavoiser, Herr Barbie, car malgré la mort de Jean Moulin le Reichsführer-SS Himmler le félicitait personnellement pour « ses exploits particuliers dans la police criminelle et son

---

1. « Quand on connaît Lucie Aubrac, on comprend Jeanne d'Arc! » écrivait (fin 1944!) André Frossard, dont le livre *La Maison des otages* (éd. Fayard, 1960) décrit admirablement la « cabane aux juifs », ce vivier à otages de Montluc où il avait été emprisonné pendant neuf mois. L'histoire de l'évasion d'Aubrac et de ses treize compagnons avait traversé, en sens inverse, les murs de la prison au point que, dès lors, chacun savait que de fortes précautions avaient été prises pour escorter les convois de détenus.
2. « *L'Orchestre Rouge* », réseau européen de contre-espionnage animé en France par le communiste Léopold Trepper.

engagement sans relâche dans la lutte contre une organisation de résistance en France » (lettre du 18 septembre 1943).

Autant que l'on puisse savoir, la première exécution collective a eu lieu le 4 novembre 1943. L'enquête n'a jamais établi ce qui s'était réellement passé car, à cette époque-là, la police lyonnaise n'était pas curieuse. Pour preuve ce chef-d'œuvre d'hypocrisie sous forme de constat :

« N° 3029. Mort violente de huit personnes au siège de la police allemande... Dans une cave située au fond du couloir, M. l'officier allemand (sic) nous présente les corps de huit individus étendus sur le sol, les uns couchés sur le dos, les autres la face contre terre, baignant dans une mare de sang... »

Suivent les noms (fournis par les Allemands) de huit hommes âgés de trente et un à quarante-sept ans, quatre Français et quatre Polonais. Pas un mot sur les circonstances du massacre.

Toujours dans les caves de l'École de santé, deux mois plus tard. Le 10 janvier 1944 [1], jour du meurtre de trois soldats allemands (Lorenz Neumann, Albert Donisch et Adolf Rosenbrock du « Polizeiregiment Todt ») qui passaient à bicyclette peu après midi dans le quartier Saint-Clair, l'inspecteur français Pernot entend son collègue allemand du SD annoncer : « Ce soir même ils seront vengés ! » La nuit même vingt-deux otages – certains extraits de la prison Montluc, d'autres arrêtés au hasard quelques heures plus tôt – seront massacrés à la mitraillette dans la plus profonde cellule des caves de la Gestapo. La plupart des victimes ont été exécutées de plusieurs balles à la tête, tirées à bout portant. Et comme toujours, pour se débarrasser des corps, les Allemands prétendront que les malheureux avaient tenté de

---

1. Le même jour que l'assassinat du président de la Ligue des droits de l'homme, Victor Basch, âgé de quatre-vingts ans. Lui et sa femme, âgée de soixante-dix-neuf ans, avaient été abattus sur ordre du sinistre Joseph Lecussan, directeur régional de la milice, « parce qu'ils étaient le symbole de la mafia judéo-maçonnique ayant asservi la France », écrivait-il dans sa cellule au mois de septembre 1945.

Les corps sont retrouvés à Neyron. Sur la poitrine du Pr Basch les assassins avaient épinglé cet avertissement :
« Terreur contre terreur. Le juif paye toujours.
Ce juif paye de sa vie l'assassinat d'un National.
A bas de Gaulle-Giraud. Vive la France. »
Signé : « Comité National Anti-terroriste, Région Lyonnaise. »
[Constatations effectuées le 11 janvier 1944 par les gendarmes de Sathonay.]

s'enfuir. La police française enlève les cadavres et se contente de prendre note.

Le commissaire Adrien Richard, auquel un officier tente d'expliquer que l'exécution est la conséquence d'une rébellion, témoignera :

« En pleine nuit, nous sommes descendus dans les sous-sols. En pénétrant dans le couloir, nous avons été saisis par l'odeur caractéristique du sang chaud (...). La porte de la cellule a été ouverte par l'un des sous-officiers, et nous avons assisté à une vision effroyable : les cadavres étaient amoncelés dans le coin de la cellule, baignant dans une mare de sang. Il s'agissait de jeunes gens qui avaient été mitraillés face à la porte.

« Pendant que mon chef conversait, j'ai compté sur une petite table, dans le couloir, cent quatre-vingts et quelques douilles de mitraillette. »

L'ancien préfet du Rhône, Alexandre Angeli, allait évoquer ce massacre, au procès des chefs de la Gestapo, Oberg et Knochen :

« Knab n'étant pas là, nous eûmes affaire au lieutenant Barbie. Pour toute réponse, il me déclara que c'était à la suite d'une mutinerie que les gardiens avaient été menacés par ces jeunes gens, que dans ces conditions-là, pour se défendre, ils avaient tiré. »

Sous l'aile ouest du bâtiment grisâtre, trois grandes caves avaient été spécialement aménagées en cellules où les détenus étaient entassés plusieurs jours avant d'être conduits à Montluc.

« Au rez-de-chaussée, précise l'inspecteur Chardon, existait la chambre n° 6 dans laquelle les détenus subissaient leur premier interrogatoire avant d'être montés au quatrième étage. Dans plusieurs pièces de cet étage, des baignoires étaient installées ainsi que des réchauds à gaz qui servaient à faire rougir des tiges de fer pour brûler les détenus. Le supplice de la baignoire était courant, et de nombreux patriotes y sont passés à plusieurs reprises.

« Les tortures étaient variées. En dehors des coups, des brûlures, de la presse, de la baignoire, ils faisaient subir aux hommes la torture des parties ou de la verge dans laquelle ils introduisaient des fils électriques ou donnaient des injections de teinture d'iode. »

Après la guerre, dans la plupart des rapports de police qui

---

1. Témoignage d'Armand Zuchner, ancien interprète attaché à la préfecture régionale de Lyon.

allaient servir au juge d'instruction militaire, on retrouve cette appréciation sur Klaus Barbie : « Le plus salaud de la bande, il assistait à toutes les tortures des prisonniers [1]. »

« Barbie semblait prendre un réel plaisir à frapper lui-même », dit Pol Chavet, arrêté sur dénonciation le 23 août 1943.

Il n'oublie pas que, dans les locaux de la Gestapo, on l'avait obligé à s'agenouiller sur le tranchant d'une pelle.

Une pelle ici, une baignoire là, des chiens... Les récits de torture, on les trouve par dizaines. A compulser tous ces témoignages, il n'est pas difficile de dresser la liste des méthodes employées pour « faire parler ». Cela va des cheveux aux ongles des orteils arrachés, sans compter les fausses exécutions, etc. De quoi inspirer n'importe quel scénariste pour film « série sadique », interdit aux moins de treize ans. Mais ici, ce n'est pas l'imagination du marquis de Sade, c'est la SS.

Mme Lise Lesèvre se souvient parfaitement d'une croix tracée à la craie par l'abbé Larue dans la cave où Barbie enfermait les prêtres avec les femmes. Sous la croix il avait écrit : « Semaine sainte du 2 au 9 avril 1944. Mes frères, prions et souffrons pour le monde. Il deviendra meilleur et plus humain. » Le père Larue sera massacré à Saint-Genis-Laval au mois d'août 1944, avec cent dix autres prisonniers de Montluc.

M. Jaubert-Jaunage a vu Barbie matraquer une fillette et lui briser les jambes. M. Ducros a eu les ongles arrachés, il a été brûlé avec de l'acide et empalé avec un montant de chaise. Il précise que le chef de la Gestapo se faisait appeler Klaus et assistait à tous les interrogatoires et exécutions. Celui-ci, précise-t-il, a brisé sur son crâne une bouteille d'acide dont il devait utiliser le tesson pour éventrer un autre détenu...

Témoignage d'un « fusillé », un vrai, Charles Perrin. Il avait trente-quatre ans. La Gestapo l'interrogeait, nuit et jour :

« Connais-tu Thorez et Duclos [1] ? »

Il ne répondait pas. Voici un extrait de son récit recueilli en 1948 :

« J'ai été emmené dans une chambre de torture au deuxième étage (...). Barbie est resté. Ils m'ont fait déshabiller, ils m'ont mis les menottes. Ils m'ont placé un bâton de bois sous les genoux en le faisant reposer sur l'extrémité des avant-bras. Ils m'ont ainsi trempé dans une baignoire. Barbier (sic) me versait de l'eau dans la bouche et les yeux (...). J'ai été transféré à Montluc, et le

---

1. Dirigeants du Parti communiste français.

16 juin j'étais emmené à Saint-Didier-de-Formans où j'ai été fusillé. »

C'est bien cela : « J'ai été fusillé!... » Cas extraordinaire, ce jour-là, les Allemands n'avaient pas réussi à tuer tout le monde, il restait deux rescapés, deux blessés parmi les morts, Perrin et un dénommé Crespo... Parfois, ils fusillaient mal ces messieurs.

Voilà le genre de témoignage qui, trente ans plus tard, étayera le dossier envoyé à la Bolivie protectrice des nazis, au risque de pousser le lecteur d'outre-Atlantique à sombrer dans la monotonie, à force de lire la souffrance des autres... Il n'était pas encore question des crimes contre l'humanité, mais tout « simplement » de crimes de guerre. Parmi les faits ayant entraîné la première condamnation à mort prononcée contre Barbie par contumace, le 29 avril 1952 (c'est-à-dire à l'issue de son premier procès), se trouve essentiellement l'affaire de Saint-Claude. Cela se passait au mois d'avril 1944. Les FFI (Forces françaises de l'intérieur) avaient infligé des pertes à la Wehrmacht, une compagnie de troupes de montagne. Les Allemands allaient organiser les représailles, comme toujours précédés de ces « chiens policiers » qui étaient les spécialistes du SD. Le patron de la Gestapo de Lyon (responsable régional) était du côté d'Oyonnax. Qui allait guider les soldats allemands? Barbie *selbst,* « lui-même », et son détachement de Lyon.

« En tant que chef de ce kommando et en tant qu'officier du SD (Sicherheitsdienst), Barbie avait le pas sur tous les autres officiers de la Wehrmacht, même d'un grade plus élevé que le sien », précisait l'enquêteur Auguste Lathelier dans son rapport définitif du 20 juillet 1950.

Allons-y pour les meurtres, les tortures, les pillages, les incendies, les déportations... du 7 au 20 avril 1944 (immédiatement après la rafle des enfants juifs d'Izieu), voici Barbie dans sa balade jurassienne.

Le 8, le détachement de soldats allemands aux ordres de Barbie installe son poste de commandement sur les bancs de classe de l'école communale de Larrivoire. Effrayée, l'institutrice, Roseline Blonde, rejoint le maquis. Première victime, un vieillard. Joseph Perrin, soixante-quatorze ans, est tabassé parce qu'il avait ravitaillé des résistants puis fusillé au lieu-dit « La Verrane ».

Le lendemain, Barbie est à Saint-Claude, au milieu de la place. Le traître Lucien Doussot, interrogé en 1948, attestera que l'équipe Barbie était arrivée de très bon matin à Saint-Claude.

« Dans la voiture il y avait aussi le milicien Delatour [1] avec ses lunettes noires. Son usine avait été incendiée par le maquis. Il voulait savoir. Il s'était habillé comme les Allemands, avec la capote et le calot militaires. »

C'est dimanche de Pâques. Avant la grand-messe, le héraut diffuse l'avis suivant « par son de caisse, clairon, etc. » :

« Par ordre des autorités allemandes, tous les hommes de dix-huit à quarante-cinq ans devront se trouver place au Pré, ce jour 9 avril 1944, avant 10 heures. Tout homme trouvé à l'intérieur des maisons après 10 heures sera aussitôt passé par les armes sans jugement (malades compris) [2]. »

Sans très bien comprendre ce qui allait se passer, tous les hommes se rassemblent donc sur la place, cartes d'identité à la main. Barbie dirige alors les opérations de triage « faites à vue de nez », précise l'enquêteur. C'est ainsi que trois cent sept hommes furent entassés dans des cars et des camions puis conduits à l'École supérieure de jeunes filles. Ils y resteront plusieurs jours avant d'être déportés vers l'Allemagne.

Seulement cent cinquante-deux allaient revenir des camps en juin 1945, et dans quel état... L'un des rescapés de Buchenwald, Pierre Vincent, étudiant en pharmacie :

« Le voyage s'est effectué dans des wagons à bestiaux, scellés, où nous nous trouvions entre cent et cent vingt par wagon pour quarante hommes. Ce voyage s'est effectué dans de telles conditions que plusieurs de mes camarades sont morts pendant le trajet. Ils sont morts sans doute par asphyxie, les seules issues étant deux petites lucarnes grillagées. Pendant tout le trajet qui a duré quatre jours et trois nuits, les wagons n'ont pas été ouverts. Nous avions reçu, pour toute alimentation, une boule de pain au départ. Nous n'avons eu rien d'autre à manger et rien à boire pendant tout le trajet. D'autres de mes camarades sont devenus fous pendant le voyage. Ni les fous ni les morts n'ont été descendus du wagon. »

Si Klaus Barbie n'était pas responsable du train, il l'était en

---

1. Delatour, fusillé en avril 1945, était le lieutenant du célèbre Henry Couchoud qui, après l'incendie de l'usine, lui avait donné l'appartement d'un juif à Francheville. Dans l'opération de Saint-Claude, Delatour a aidé la Gestapo au même titre qu'un certain « Agenda » dont les résistants du Jura se souviennent parfaitement...

2. Les inspecteurs du SRPJ de Dijon qui ont procédé à l'enquête et entendu des dizaines de témoins affirmaient que l'ordre manuscrit n'était pas de Barbie, mais qu' « il en était certainement l'instigateur ».

tout cas des arrestations et du tri. En ce sens les témoignages et les aveux de ses « auxiliaires » français sont nombreux. Les enquêteurs recueillent le signalement de Barbie : 1,65 m à 1,67 m, corpulence assez forte, regard dur, parlant parfaitement bien le français, foulard blanc autour du cou... Le policier présente une photo : « C'est lui ! » (Quelle photo ? Celle arrivée d'Allemagne vraisemblablement ; nous y reviendrons.)

En grande tenue SS, le chef des opérations de représailles avait établi son quartier général à l'Hôtel de France, au début de l'avenue de Belfort (déjà la direction du repli...), moins connu par sa qualité que parce que en face, de l'autre côté des marronniers, existait une excellente boulangerie. Le propriétaire de l'Hôtel de France, Georges Pommey, témoigne :

« Dès le 7 avril les officiers allemands avaient réquisitionné (l'hôtel) et fait évacuer la clientèle. Jusqu'au 19 avril j'ai logé 130 hommes environ. Je devais nourir les officiers, la Gestapo et une dizaine de français en civil ou en uniforme allemand. L'ordre de réquisition était signé par le groupement Epn 09346. »

Barbie occupait la chambre n° 50. Preuve écrite de sa présence dans la ville ce jour-là : sa signature au bas d'une autorisation délivrée (le 9 avril) à Mᵐᵉ Claire Authier, soixante-huit ans, seule personne autorisée à circuler dans les rues de Saint-Claude, de 21 heures à 23 heures, en tant que présidente régionale de la Croix-Rouge.

Dans ses virées en dehors de Saint-Claude, Barbie se déplace en automitrailleuse. Toujours accompagné d'un Français, au moins un, un certain D... comme Dénonciateur.

Le 11 avril, par exemple, il est au Martinet à la recherche des résistants. Son « fidèle traître » à ses côtés, il entre dans un hôtel, interroge le patron, M. Joly, qui prétend n'avoir aucun pensionnaire chez lui. Barbie découvre un sac tyrolien, des chaussures de montagne et une carte d'état-major.

« Et ça ?... »

Pas de réponse. Fou de rage Barbie, l'abat dans l'escalier.

Ce qu'il cherche surtout, c'est le commandant « Vallin », en réalité Jean Duhail. Pour arracher des renseignements, il arrête le chef de la gendarmerie des Bouchoux, Jean Vincent. Il est emmené, torturé et assassiné. Les Allemands brûlent son corps (au lieu-dit « Les Fournets », on retrouvera les restes de quatre autres cadavres). Pour demander des nouvelles de son mari, Marie-Augustine Vincent s'est aventurée jusqu'à l'Hôtel de France.

Lyon, capitale de la Résistance. Après avoir envahi la « zone libre » en novembre 1942, la Wehrmacht — l'armée allemande — allait y rester près de deux ans, jusqu'à l'arrivée des troupes alliées. (Ph. A. Gamet - Lyon.)

Klaus Barbie photographié au moment de ses fiançailles, en 1939, de face et de profil, pour certifier la pureté de la « race aryenne ». (Ph. Berlin Doc. Center.)

Cette photo a été prise au lendemain de la guerre de 1914-1918. Le père Barbie, instituteur à Daun, en Rhénanie, pose la main sur l'épaule de Klaus en costume marin. Au milieu des enfants assis au premier rang : le frère Kurt (mort de maladie à l'âge de dix-huit ans). *(Ph. Trierischer Volksfreund.)*

Regina Willms, vingt-quatre ans, future Mme Barbie. Elle est la fille d'un employé des postes sarrois. *(Ph. Berlin Doc. Center.)*

La seule tombe à n'être jamais fleurie au cimetière communal de Trèves (Sarre), celle des Barbie. Le père y fut enterré trois mois après son plus jeune fils. *(Coll. de l'auteur.)*

La première rafle des juifs d'Amsterdam, en février 1941. Ces clichés ont été pris par un Allemand pour son album souvenir. Ils ont été retrouvés chez le photographe hollandais qui, chargé de développer la pellicule, avait secrètement gardé des épreuves. L'homme en imperméable clair, au centre de la photo du bas, pourrait être Barbie. *(Ph. R.I.O.D., Amsterdam.)*

Barbie (n°6) au milieu de ses camarades? Cette photo reproduite dans plusieurs publications avait été découverte dans un dossier au nom de Klaus Barbie. Le personnage n° 6 lui ressemble, certes. Mais cette reconstitution d'un « contretype » en verre ne comporte aucune autre indication, aucune légende. On ne sait ni où, ni quand ni avec qui ce cliché a été pris... Un expert assure que le personnage n° 6 est adjudant-chef de la *Feld-gendarmerie* (Wehrmacht). Il porte sur la poche gauche de sa vareuse (modèle 1935) l'insigne du brevet sportif. L'expert pense, d'après les uniformes, que la photo a été prise vers la fin de 1942. Il n'y trouve aucun signe SD ou SS. *(Doc. Klarsfeld.)*

Joseph Darnand, chef de la Milice (fusillé en octobre 1945), parlant au général Karl Oberg, chef des SS et de la police allemande en France. La scène se passe dans la cour des Invalides. *A droite :* le colonel Helmut Knochen, chef de la Gestapo, auquel Barbie envoyait ses rapports. *(Ph. Roger-Viollet.)*

Jean Multon — *alias* Lunel — « retourné » par la Gestapo de Marseille. C'est lui qui découvrit la « boîte aux lettres » de Sabotage-Fer, identifia René Hardy dans le train et se substitua à lui pour arrêter, à Paris, le général Delestraint (Vidal), chef de l'Armée secrète. *(D. R.)*

Robert Moog, agent de l'Abwehr (service de renseignement de l'armée allemande) à Dijon. Rival de Barbie. Il était dans le train avec Multon. *(D. R.)*

Harry Stengritt, chef de la section VI à Lyon. Il a participé à l'arrestation de Caluire. Selon lui, il aurait volontairement laissé René Hardy s'échapper. *(D. R.)*

Erich Bartelmus, spécialiste de la chasse aux juifs. A participé à la quintuple exécution de la place Bellecour. Condamné à huit ans de travaux forcés. *(D. R.)*

Francis André, dit « Gueule tordue », chef du plus important groupe d'auxiliaires français à la Gestapo de Lyon. Fusillé. *(D.R.)*

La maison de trois étages du Dr Frédéric Dugoujon, sur la place de Castellane à Caluire. Le 21 juin 1943, Barbie et ses hommes arrêtent Jean Moulin (Max), Raymond Aubrac (Ermelin) et le colonel Schwarzfeld dans la salle d'attente au rez-de-chaussée, à gauche de l'entrée. Les cinq autres « conjurés » attendaient Max depuis près d'une heure au premier étage (fenêtres de droite). *(Coll. de l'auteur.)*

Jean Moulin, chargé par le général de Gaulle d'unifier les mouvements de résistants. Il a été arrêté à Caluire trois semaines après avoir présidé le premier Conseil national de la Résistance. Sa mort, officiellement survenue le 8 juillet dans le train qui le transportait à Berlin, demeure une énigme. *(Ph. Moba Presse.)*

Le Dr Frédéric Dugoujon et Raymond Aubrac *(à droite),* devant la maison de Caluire. Avec René Hardy ils sont les derniers survivants du drame. *(Ph. de Hoyos-Sygma.)*

André Lassagne. Pour la réunion du 21 juin il avait choisi la maison de son ami Dugoujon. Devenu sénateur du Rhône après la Libération, il est décédé des suites de la déportation. *(Ph. Keystone.)*

Bruno Larat (*alias* Xavier), le plus jeune du groupe. Secrétaire de Jean Moulin. Chef du C.O.P.A. (Centre d'opérations de parachutage et d'atterrissage). Mort en déportation. *(Ph. Tallandier.)*

Le colonel Albert Lacaze, ancien chef du 99e R.I.A. de Lyon. C'était son premier contact important avec les chefs de la Résistance. *(Ph. Tallandier.)*

Henry Aubry (*alias* Thomas), chef d'état-major de l'Armée secrète. A Caluire, il représentait le chef de Combat, Henri Frenay, en voyage à Londres. Aubry n'a pas résisté aux tortures de la Gestapo : il a parlé. *(D. R.)*

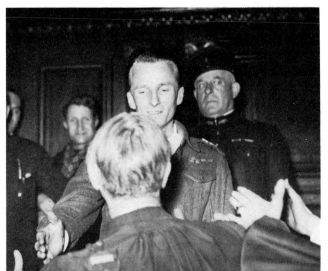

René Hardy, arrêté à la fin de la guerre, au moment de l'acquittement à la fin de son premier procès, en 1947, devant la Cour de justice de Paris. Il s'apprête à embrasser son avocat, le célèbre Me Maurice Garçon. *(Ph. Keystone.)*

L'École de santé militaire, 14, avenue Berthelot à Lyon. Klaus Barbie y avait son centre d'interrogatoire auquel participaient les auxiliaires français de la Gestapo. Lors du bombardement du 26 mai 1944, plusieurs SS ont été tués et de nombreuses archives détruites. *(Ph. Tallandier.)*

Le Suisse Gottlieb Fuchs, l'un des interprètes de la Gestapo. Il traduisait les lettres de dénonciation. Soupçonné par les Allemands d'avoir aidé la Résistance, il fut déporté en 1944. *(Ph. Sipa.)*

Lucie et Raymond Aubrac (*alias* Ermelin) photographiés à la fin de 1941. Mme Lucie Aubrac réussira à faire libérer son mari en persuadant les Allemands que, enceinte, elle devait épouser Raymond « Ermelin » avant son exécution... *(D. R.)*

L'exécution de la place Bellecour. Un amateur a pris ce cliché, un peu tremblé, des cinq patriotes assassinés devant le café du Moulin à Vent — établissement fréquenté par Barbie — en représailles à l'attentat commis la veille. Sur l'ordre de la Gestapo, les corps étaient restés ainsi exposés pendant plusieurs heures. *(Ph. Chevallier.)*

Sur l'aéroport de Bron les équipes de la Croix-Rouge exhument les corps de 109 prisonniers de Montluc, juifs pour la plupart. Ils avaient été précipités dans les cratères creusés par les bombes et massacrés à la mitraillette. *(D.R.)*

Le massacre de Saint-Genis-Laval (20 août 1944). De l'Observatoire, un habitant a pris cette photographie *(en haut)* au moment où les Allemands faisaient exploser la maison du gardien. Le cardinal Gerlier, après s'être recueilli devant les décombres, s'était rendu au siège de la Gestapo : « ... Les responsables sont à jamais déshonorés aux yeux de l'humanité ! » On n'a jamais su le nombre exact des victimes... au moins 110. *(Ph. Gauzit ; D.R.)*

La « baraque aux juifs » dans la cour intérieure de la prison Montluc, telle que l'a connue André Frossard. Aujourd'hui démolie. *(Ph. Sygma.)*

La colonie des enfants juifs d'Izieu (Ain). Le 6 avril 1944, les Allemands arrêtent les quarante et un enfants. Ils sont tous morts en déportation. D'après le témoignage d'un paysan arrêté pendant quelques heures, Klaus Barbie dirigeait l'opération, accoudé à la margelle en pierre au milieu de la cour. *(Ph. Reifmann; coll. Klarsfeld.)*

Les enfants d'Izieu, assis sur la terrasse (été 1943)
par laquelle Leon Reifmann a réussi à s'échapper. *(Ph. Reifmann.)*

Original du télégramme signé Barbie et annonçant à la Gestapo de Paris l'arrestation et le transfert des enfants juifs. Klaus Barbie a porté plainte pour faux, relevant notamment l'anomalie de deux tampons dateurs... en français (*avril* et non pas *April*). *(Ph. A.F.P.).*

Der Befehlshaber der Sicherheitspolizei und des SD
im Bereich des Militärbefehlshabers in Frankreich
Fernschreibstelle

LYON NR. 5269 6.4.44 2010 UHR == F1

AN DEN BDS - ABT. I. ROEM. 4 B - PARIS =

BETR: JUEDISCHES KINDERHEIM IN IZIEU-AIN =

VORG: OHNE ==

IN DEN HEUTIGEN MORGENSTUNDEN WURDE DAS JUEDISCHE
KINDERHEIM '' COLONIE ENFANT '' IN IZIEU-AIN AUSGEHOBEN.
INSGESAMT WURDEN 41 KINDER IM ALTER VON 3 BIS 13 JAHREN
FESTGENOMMEN. FERNER GELANG DIE FESTNAHME DES GESAMTEN
JUEDISCHEN PERSONALS , BESTEHEND AUS 10 KOEPFEN,
DAVON 5 FRAUEN. BARGELD ODER SONSTIGE VERMOEGENSWERTE
KONNTEN NICHT SICHERGESTELLT WERDEN ==

= DER ABTRANSPORT NACH DRANCY ERFOLGT AM 7.4.44 ==

DER KDR. DER SIPO UND DES SD LYON ROEM. 4 B 61/44
1. A. GEZ. BARBIE SS-OSTUF=

Barbie la reçoit alors qu'il allait repartir. Il a « l'air moqueur » :

« Madame, votre mari... Je l'ai perdu en descendant des Bouchoux. »

A ce moment le corps du gendarme finissait de se consumer avec les autres, aux Fournets. Quatre ou cinq mois plus tard, Mme Vincent a retrouvé sa bague, sans grande valeur – fabriquée par un parent, en acier inoxydable, elle avait résisté au feu.

La journée du 12 est tout aussi chargée pour l'Obersturmführer Barbie. Il débarque à Coyrière. Témoignage de Mme Germaine Clément :

« Barbie a interrogé mon mari et lui a demandé s'il était exact qu'il avait hébergé et soigné des maquisards. Mon mari a nié. Aussitôt Barbie a commencé à le torturer, le frappant à coups de gourdin et, celui-ci une fois cassé, à coups de nerf de bœuf. Ne pouvant tirer aucun renseignement, Barbie a fait rassembler tous les hommes sur la place du village et les a interrogés au sujet du passage des maquisards... »

Le SS prend à part six jeunes gens. Un seul, du nom de Monneret, se contente d'acquiescer aux affirmations de Barbie. Il croit bien faire en ne contredisant pas le petit lieutenant. C'est tout ce que voulait Barbie. Un prétexte. Il l'exécute. Monneret et Clément seront parmi les cadavres brûlés aux Fournets.

Le 13, Barbie détient le commandant « Vallin ». Mais il veut être sûr que c'est bien lui. Alors les méthodes changent quelque peu. Il a arrêté un entrepreneur, Baptiste Baroni, et l'a fait conduire près de la scierie *Vers l'eau*. Le groupe s'arrête devant le cadavre d'un habitant de Mollinges, Gaston Patel, abattu depuis quelques minutes.

« Si tu ne dis pas la vérité, tu seras comme lui tout à l'heure ! »

On le ramène. Barbie l'interroge. Connaît-il le commandant « Vallin » ? « Non. » Alors il fait ouvrir la porte arrière d'un camion dont on extirpe brutalement un jeune homme du pays arrêté trois semaines auparavant. Il s'appelle Potard. Il a le visage gonflé, boursouflé, bleu par la torture.

« Tu le connais, celui-là ?

« – Non.

« – Assez de mensonges, cela suffit ! »

A ce moment Potard aurait tenté : « Moi je le connais, mais lui ne me connaît pas... » Les Allemands lui donnent l'ordre de filer.

Potard fait quelques mètres, plein d'espoir. Deux rafales de mitraillette dans le dos...

Peu après, ils confrontaient Baroni à « Vallin ». Sans résultat.

« Ils ont fait remonter le commandant dans un camion et l'ont couché à plat ventre, les mains liées derrière le dos », devait raconter Baptiste Baroni à son retour du camp de déportation de Buchenwald. « Quant à moi, ils m'ont fait regarder du côté de la clairière et, après m'avoir donné un délai de cinq minutes pour parler, ils ont fait le simulacre de me fusiller en lâchant des rafales en l'air. »

Baroni se retrouve à plat ventre, à côté de « Vallin ». Il aperçoit un « auxiliaire » français en tenue allemande, Lucien Doussot.

A Viry, tout le monde descend. Face aux gens du village, Barbie exhibe le commandant sur le capot de l'automitrailleuse. Pour éviter que les maisons soient incendiées, « Vallin » prend publiquement la responsabilité des opérations du maquis. Barbie est ravi. « Vallin » est conduit vers le bois.

« Les deux mêmes Allemands qui avaient abattu le jeune Potard ont alors, sous les ordres de Barbie, exécuté le commandant " Vallin " d'une rafale dans le dos », expliquera Baptiste Baroni le 21 juin 1950.

Vu d'un autre côté, le témoignage de Lucien Doussot, le collaborateur à l'uniforme allemand qui jurait n'avoir pas été l'un des assassins de « Vallin » :

« C'est Barbie qui me l'a appris (l'exécution) en me disant qu'il s'agissait d'un très bon Français qui avait gardé toute sa dignité. »

Quelques minutes avant l'exécution, le jeune René Mermet, sur la place du village, avait eu tort de s'adresser aux Allemands dans leur propre langue. Même scénario. Ces derniers lui disent de partir. Quelques mètres et « ra-ta-ta-ta... ». Il fait des crochets pour éviter les balles, plonge dans un bas-fond et, disent les témoins, tente de remonter sur un chemin. Il a été abattu près de sa maison. A ce moment, l'institutrice Laurette Borsotti était interrogée par Barbie et deux autres hommes. Ils voulaient savoir pourquoi et comment elle détenait trois tonnes de riz. Barbie, toujours son foulard blanc autour du cou [1], avait donné des ordres

---

1. Foulard semblant avoir été fait, d'après certains témoins, à l'aide d'une toile de parachute anglais retrouvée dans les environs.

pour charger le riz sur un camion puis de mettre le feu à la remise. A ce moment-là, René Mermet traversait le village :

« De ma fenêtre ils ont tiré (aussi). Barbie s'est précipité, a pris la mitraillette et s'est mis à tirer. Quand il s'est arrêté je l'ai entendu dire : " Il ne bouge plus, il doit être mort. " »

Quelques jours plus tard, Eugène Delolme, remplaçant le maire de Saint-Claude, et qui avait vu Barbie sur un balcon dirigeant le pillage de la coopérative « La Fraternelle [1] », se rend à Lyon pour rencontrer l'Obersturmführer. Il va donc avenue Berthelot, à l'École de santé militaire, et trouve Klaus Barbie dans son bureau, le n° 81, précise-t-il. Témoignage sans nuances :

« Le but de ma visite était de justifier la qualité d'Aryens des frères Durandot Joseph et Pierre et de recueillir des nouvelles des personnes arrêtées... »

L'histoire ne dit pas si Klaus Barbie lui a donné des nouvelles, mais le « boucher de Lyon » en avait profité pour annoncer, sentencieux :

« J'espère que c'est une bonne leçon pour Saint-Claude! »

Et il expliquait que tout cela était la conséquence de la « carence à l'appel pour le STO » [2]. Il est impossible de déterminer aujourd'hui si cette manière de s'exprimer est celle de Barbie ou si elle est l'interprétation de l'écriture « pointue » des inspecteurs de police à la Libération. En *nota bene,* M. Delolme indiquait encore :

« Barbie m'a déclaré avoir abattu lui-même le maire de Villars-Saint-Sauveur, M. Monneret, parce qu'il avait caché chez lui le capitaine Kemler, directeur du Ravitaillement et chef d'un maquis. »

Kemler... Cette affaire est importante car le personnage est un héros de la Résistance, et parce que les témoignages sont précis, témoignages de soldats allemands décrivant la brutalité de Klaus Barbie. Ces récits ont permis à la RFA de relancer – dans les années 1980 – une nouvelle demande d'extradition à la Bolivie qui continuait de protéger l'ancien nazi.

---

1. 15 500 000 francs (de l'époque) de marchandises volées. « La Fraternelle », l'une des premières coopératives créées en France au début du siècle, ravitaillait le maquis. En représailles, la Gestapo avait également dévalisé ses comptes bancaires à la BNCI et à la Banque Populaire du Jura. 182 070,54 francs au total. Quelle signature trouve-t-on sur la quittance?... Bartelmus, le spécialiste de la chasse aux juifs.

2. *STO :* Service du travail obligatoire (en Allemagne).

Joseph Kemler était un « vieux ». Il avait cinquante-cinq ans. Il était fonctionnaire du Ravitaillement, travaillant officiellement pour Vichy, mais désigné en réalité comme chef de l'Armée secrète à Saint-Claude. Né à Lyon, fils unique d'un coiffeur d'origine alsacienne, il avait fait une carrière militaire exceptionnelle qui lui avait valu une flopée de médailles et trois palmes sur sa croix de guerre. Rayé des cadres de réserve de l'armée, en janvier 1943, il rejoignait la Résistance sous couvert de préposé au Ravitaillement. Ce qui facilitait les contacts, évidemment. Son nom de guerre : « Jomarc. »

En avril 1944, il est dénoncé par le même traître qui a désigné à Barbie le commandant « Vallin ». On l'arrête. Barbie l'interroge à l'Hôtel de France. Sur cet interrogatoire, nous avons un témoignage capital, celui de caporal allemand Alfons Glas, qui appartenait à l'état-major du 99e régiment de chasseurs alpins (1er bataillon), en garnison à Briançon depuis le début du mois d'octobre 1943 et envoyé à Saint-Claude pour boucler le périmètre de la ville. Glas avait vingt-quatre ans à l'époque. Son récit [1] que nous reproduisons textuellement marque aussi la distance qui séparait la Gestapo de la Wehrmacht (l'armée) :

« Klaus Barbie se faisait remarquer par son allure, il avait une attitude présomptueuse et même arrogante. Nous, militaires, avions été désagréablement surpris de constater qu'il n'éprouvait absolument pas la nécessité d'honorer notre commandement de son salut. Son ceinturon était toujours de travers et incliné sur le côté où était fixé son étui de pistolet. Il portait un pistolet américain de 9 mm, et souvent il était armé d'un pistolet-mitrailleur américain. Il était toujours ganté, et c'était un homme qui ne connaissait pas la peur. Il parcourait la ville sans aucune protection, et visiblement il n'avait pas la moindre crainte de pouvoir être abattu par les partisans. »

Alfons Glas se rappelle très bien le jour où les SS avaient transformé la salle à manger de l'hôtel au premier étage en centre d'interrogatoire. Il était là :

« Les prisonniers devaient se tenir debout contre le mur et s'y appuyer les bras levés. (...) Je me suis tenu presque constamment à peu près au centre de la pièce où se trouvaient plusieurs tables. Il y avait également un piano.

« Parmi les prisonniers, il y avait manifestement une personnalité éminente de l'organisation locale de la Résistance française.

Le bruit courait qu'il s'était agi du chef de section, du nom de Kemler, un Alsacien. Kemler était le plus âgé des prisonniers.

« (...) Barbie ne pénétra dans la salle à manger que lorsque les prisonniers y furent rassemblés. Ceux-ci durent se retourner sur l'ordre de l'un des SS; je peux me souvenir qu'ils furent visiblement effrayés lorsqu'ils virent entrer Barbie.

« Barbie se contenta d'interroger brièvement les autres civils pour se tourner rapidement vers Kemler. Il l'interrogeait en français : Kemler se contentait de répondre : " Jamais. " A la suite de cela, Barbie frappa de ses poings gantés Kemler au visage; il répéta ses questions, frappa de nouveau. Après avoir ainsi frappé Kemler à trois ou quatre reprises, celui-ci se mit à saigner du nez et de la bouche.

« Barbie se dirigea ensuite vers le piano, distant de quelques pas, et de ses doigts gantés et ensanglantés il joua les premières mesures de la chanson *Parlez-moi d'amour...*

« La nuit tombée, Joseph Kemler " Jomarc " reste le seul prisonnier gardé à l'hôtel. Un autre soldat allemand, Alexander Bartl, certifiait qu'il avait été conduit aux étages supérieurs où la Gestapo l'avait plongé alternativement dans l'eau froide puis dans l'eau brûlante. Le lendemain, l'interrogatoire reprend, mais dans une autre pièce, séparée de la salle à manger par une paroi vitrée. Alfons Glas est encore là. Il observe. Avant le retour de Barbie il voit deux Français en uniforme de SS frapper Kemler à tour de rôle. Glass voit tout, mais ne perçoit pas les questions que Barbie pose de l'autre côté de la vitre.

« Cet interrogatoire peut avoir duré une heure à une heure et demie, ensuite Kemler ne fut plus en état de se tenir sur les jambes. Les deux Français traînèrent alors Kemler jusqu'à un siège. C'était un siège avec des accoudoirs, de sorte que Kemler ne puisse tomber latéralement. L'interrogatoire ne fut pas poursuivi; quelque temps après, au bout d'environ dix minutes, Barbie et ses deux aides quittèrent la salle à manger (...).

« Kemler pouvait tout observer. Sa tête était encore levée, à peine inclinée vers l'avant; son regard suivait nos mouvements. A peu près au bout d'une demi-heure, après un tressaillement rejeté des paupières, il ferma les yeux, et sa tête s'inclina un peu plus vers l'avant. Environ cinq minutes plus tard, une flaque d'urine se forma sous la chaise de Kemler. C'était pour moi l'indice que le décès s'était produit... »

Après la mort de Kemler et des autres, la « bande à Barbie » n'avait plus rien à faire à Saint-Claude. Il restait à « fêter ça ». C'est Lucien Doussot [1] qui le rappelle :

« La veille du départ, les officiers et le SD ont dansé dans l'hôtel. Il y avait là deux ou trois jeunes filles. J'ignore si elles étaient indicatrices... »

(Pour tous ces faits, Klaus Barbie sera jugé le 29 avril 1952 [2]. Il n'y avait presque personne ce jour-là devant le tribunal militaire. Barbie était déjà en Amérique du Sud et, comme la loi l'exige, sa défense n'avait pas pu être assurée : on ne défend pas un homme jugé par défaut. Barbie était donc reconnu coupable, dans ce premier procès, de onze meurtres [3] ainsi que de complicité de pillage, complicité d'incendies volontaires et de la déportation de trois cents nationaux français. Un seul de ces crimes aurait suffi, d'après la loi, pour le condamner à la peine capitale... ce qu'avait d'ailleurs décidé le tribunal au terme d'un procès ronron sans accusé ni avocat. Quant au patron de Barbie, le colonel Werner Knab, il écopait des travaux forcés à perpétuité pour « séquestrations arbitraires ». Il s'en fichait... il était déjà mort. Le président Vuillermoz ne le savait pas. Et même si le bruit en avait couru, les juges militaires auraient dû obtenir la preuve du décès. Il leur était donc plus simple de condamner un disparu... dans tous les sens du terme. Coût du procès : cinq mille neuf cents francs. Mention spéciale inscrite à l'encre par le greffier :

« Les condamnés n'ayant aucun domicile ni résidence connus en France, le jugement n'a pu être affiché à la mairie de ces domiciles. »)

Après le coup de filet de Saint-Claude, il n'allait pas s'arrêter en si bon chemin, l'Obersturmführer... Jusqu'à ce que l'aviation américaine bombarde l'École de santé (parmi d'autres objectifs), le 26 mai 1944, tuant quelques gradés SS comme Wenzel, Hollert et Welti, Barbie allait tranquillement poursuivre son travail.

Interrogé bien plus tard (en février 1948) et confronté à des témoins, l'un des patrons du SD de Chambéry, Ludwig Heinson, chargera Barbie lui aussi :

---

1. Procès-verbal d'interrogatoire du 22 avril 1948.
2. La prescription interviendra dans ce cas le 29 avril 1972 à minuit.
3. Assassinats de MM. Joly, Monneret Robert, Perrin Joseph, Clément Osias, Monneret René (NDA : il s'agit probablement d'une erreur : Mermet et non pas Monneret déjà cité), Kemler, Alphandari (mentionné comme juif), Vincent, Patel Gaston, Duhail Jean dit « Vallin » et Potard.

« Barbie était venu de Lyon avec une liste... Il était venu avec le personnel nécessaire à l'exécution, huit ou dix hommes... Barbie représentait l'autorité supérieure... » Etc.

Le capitaine Poignet, juge d'instruction militaire, demande à Ludwig Heinson :

« Et les incendies? Quarante-trois maisons (1ᵉʳ mai 1944)?...

« – C'est Barbie avec ses hommes, notamment "Gueule tordue ". Je sais qu'il a fait incendier un grand nombre de maisons (NDA : à École-en-Bauges), alors que l'officier de la Wehrmacht ne voulait détruire que la maison où avaient été trouvées des armes...

« – Les douze fusillés, les autres incendies?

« – Ce ne peut être que Barbie! »

Les policiers et les différents juges d'instruction ont interrogé des dizaines de témoins à propos de bien d'autres crimes. C'est encore Barbie que l'on retrouve sur le dessus du panier. Parfois même on le cite ainsi : lieutenant von Barbier [1].

« Les collabos?

– Je l'ai vu exécuter de sa main, à Evosges, deux personnes : Brun et un autre dont le nom m'échappe... reconnaît l'auxiliaire français du SD, Lucien Guesdon, lui aussi condamné à mort. Interrogé à la prison Montluc où il avait été incarcéré en attendant d'être fusillé, Guesdon avait fait cette révélation [2] :

« – (...) Von Barbier était considéré parmi les membres du SD comme un individu très intelligent certes, mais d'un sadisme sans pareil. Un certain jour, il convoqua tous les membres du SD et, en leur présence, fit une démonstration en pendant lui-même deux membres du SD qu'il avait fait arrêter la veille. »

Avant les grands massacres de 1944, Klaus Barbie paraissait ne s'acharner que sur une sorte de résistants : ceux qui étaient en rapport avec Londres. Sans pour autant cesser de donner la chasse aux grands chefs. Ainsi il se vantait auprès des « auxiliaires » français d'avoir réussi à retourner un opérateur radio répondant au nom (codé, vraisemblablement) de « Claude ». Dès l'automne précédent, Barbie avait chargé son ami Harry Stengritt de contacter un jeune Français qu'il avait arrêté, puis remis en

---

1. Il fallut attendre 1951 pour que le parquet de Lyon constate que **Barbie** et le lieutenant « von Barbier » étaient bien la même personne.
2. Rapport de l'officier de P.J. René Blanc, 30 avril 1946.

liberté après avoir accepté de travailler pour le Reich. Témoignage de Stengritt, le 13 décembre 1948, à Tübingen :

« Il avait été arrêté par Barbie alors qu'il émettait clandestinement pour la Résistance. Je fus présenté à lui par Barbie à Villeurbanne, quartier situé en dehors de Lyon. Il fut chargé de reprendre contact avec ses anciens chefs et de nous tenir au courant des nouvelles. A cet effet, je revis l'intéressé deux fois par semaine à l'endroit précité. Au bout de trois semaines, il me fit savoir qu'il avait repris contact avec ses chefs et qu'il avait été désigné pour se rendre en Angleterre (...). J'en informai Barbie qui m'accompagna au prochain rendez-vous. Il discuta avec Claude et lui conseilla d'accepter l'offre et de se mettre en rapport avec le Funk-Kommando Werth (section radio de Werth) afin d'établir un code secret pour communiquer avec lui une fois en Angleterre. Huit jours plus tard, Claude était convoqué par un inconnu à la gare de Perrache. Barbie aussitôt informé le suivit de loin. Claude et son inconnu partirent avec le train. Huit jours plus tard, il revint en déclarant que le voyage en Angleterre était retardé (...). Je retrouvai Claude vers le début du mois d'octobre (NDA : octobre 1943) au bureau de la section IV, blessé par une balle d'un agent de K 30 (NDA : K 30 – on l'a vu – est Pierre Moog, rival de Barbie, employé par l'Abwehr) avec lequel il était convenu d'un rendez-vous, et qui l'avait pris pour un membre de la Résistance. Je le transférai aussitôt à l'hôpital. Quelques jours plus tard il était déjà à même de marcher. Vers le 10 octobre, il disparut dudit hôpital. Toutes les recherches furent vaines. Son indicatif de reconnaissance donné par ses chefs et connu par nous fut capté plus tard par le poste de notre commando Werth, à savoir : " Les souris blanches ont les yeux rouges ". C'était le signe qu'il était arrivé en Angleterre. »

(D'après Barbie les souris sont des rats... Dans son premier interrogatoire (en mai 1948) il reconnaîtra d'emblée, c'est à la première page : « ... Pendant ma présence à Lyon j'ai traité (...) une affaire de postes émetteurs grâce à l'aide d'un sous-officier aviateur nommé ou prénommé Claude, demeurant près de Bourg-en-Bresse et placé par moi dans un réseau de résistance et ensuite envoyé à Londres. Claude a ensuite correspondu avec Limoges en employant la phrase conventionnelle : " Les rats blancs ont les yeux roses ". Claude n'est jamais revenu de Londres. Environ trente postes émetteurs ont pu être neutralisés dans cette action. »)

A Montluc, on n'enfermait pas que des « terroristes », des juifs, des prêtres. On y trouvait aussi des types dont personne ne savait pourquoi ils étaient là. Pas un mot sur leurs fiches, sinon leur identité. Et eux-mêmes passaient leur temps à s'interroger. Exemple, ce malheureux M. B..., restaurateur à Lyon, rue de la Bourse. Cet homme de trente ans, arrêté par la Gestapo, avait été jeté dans la « baraque aux juifs ». Il disait : « Oh! la la! ils vont me fusiller! Je le sens, je le sais... » Il n'avait pas tellement tort : Pierre B... était déporté le 19 juin 1944 vers Compiègne. Après?... A Montluc, sentant la mort approcher (ce « sixième sens » des prisonniers), il avait confié à un résistant sa chevalière en or, surmontée d'un diamant, enfouie dans un morceau de savon : « Pour ma femme... » Il avait vu juste : ce résistant allait être l'un des sept de la « baraque aux juifs » à être libérés peu avant les grands massacres de Bron et Saint-Genis-Laval, fin juillet. S'étant trouvé là depuis plusieurs mois, ce résistant avait la mémoire surchargée en franchissant le portail de Montluc, dans le sens de la sortie. Il devait retenir non seulement ce qu'il avait vu, entendu ou deviné, les exécutions, les déportations, le désespoir des prisonniers ou leur admirable courage, la brutalité des Allemands..., mais il avait aussi la tête pleine de messages, de commissions. C'était la règle, hypothétique. Celui qui en réchapperait irait voir les familles. Alors, peu après sa sortie, le 17 août 1944, ce bon Samaritain [1] était allé porter la bague au restaurant. Là, il demande l'épouse. On le renvoie sur la caissière qui se trouvait être la sœur de Pierre B.... Il remet la chevalière et demande :

« Et Mme Bas?...

« – Elle est partie avec le chef de la Gestapo! »

Ainsi, il comprit qu'un certain « Barbié » (on prononçait Barbié à l'époque) avait fait emprisonner le mari pour mieux le cocufier. Et pour ne pas avoir d'histoires, il l'avait fait déporter, dans la foulée, avec les « terroristes » et les voleurs. Si ce n'est pas un crime contre l'humanité, ça... c'est au moins la démonstration que ces messieurs de la Gestapo étaient encore plus salauds que ce qu'indiquent les réquisitoires...

Si les juifs ne pouvaient pas savoir ce qui les attendait à l'arrivée des trains de la déportation, les résistants savaient

---

1. Ne voulant pas aboyer avec les loups qui, en accusant Barbie aujourd'hui, lui donneraient matière à semer la zizanie dans la Résistance, il préfère rester anonyme quitte à faire cavalier seul.

parfaitement à quoi s'en tenir s'ils tombaient aux mains de la Gestapo ou des auxiliaires français : tortures, exécutions sommaires. C'est dire que leur engagement n'était pas un jeu d'adolescents, et que malgré les apparences ils mesuraient très précisément les risques.

Les rescapés de Montluc se souviennent presque tous d'un Allemand que tout le monde appelait Komkom. C'était le SS qui avait la responsabilité du transfert des prisonniers. Pour les interrogatoires il servait « d'homme à cogner ». Klaus Barbie n'avait qu'un signe à faire...

Mme de Sainte-Marie était assistante sociale à la prison :

« Barbie assistait le plus souvent aux séances de torture. Il s'acharnait à donner ses ordres en poussant des cris ou des hurlements. Même ses subordonnés en avaient peur, (...) il avait une vraie tête de fauve. »

A Montluc elle avait connu l'abbé Boursier [1] qui, malgré la torture, savait tenir tête aux bourreaux. Il tenait à peine debout. « Ils lui avaient cassé les dents, coupé les oreilles puis crevé les yeux... »

Les « collabos » ont témoigné, eux aussi. Mireille B... avait assisté, deux ou trois jours avant le bombardement de Lyon, à une séance de torture menée par Barbie et un Français, Fleury Cinquin, dit Kiki. Elle parle d'un jeune résistant – il n'avait pas vingt ans – arrêté à Grenoble, sur lequel Barbie avait lâché son chien avant de lui frapper la tête contre le mur. Insupportable, au point qu'elle n'aurait pas hésité à rapporter l'histoire à Hollert, le supérieur de Barbie :

« Aussitôt il fit cesser le scandale, donna à boire au jeune homme et le fit transporter à l'infirmerie. Il " attrapa " Barbier et lui fit de sévères remontrances sur les procédés employés. »

Montluc vu par l'écrivain André Frossard [2], l'un des sept rescapés de la « baraque aux juifs » :

« On portait tout le poids des péchés des autres et, quelquefois aussi, de leurs héroïsmes! Un type faisait un carton sur un boche, au coin d'une rue, pour se faire la main... Une cheminée tombait

---

1. Curé de la paroisse Sainte-Thérèse-de-l'Enfant-Jésus, à Villeurbanne, l'abbé Boursier avait été dénoncé en juin 1944 à la milice. Dans l'orgue de l'église il avait caché un sac de grenades anglaises, des revolvers et des pistolets-mitrailleurs. Dans la cave étaient stockés plusieurs émetteurs radio. Au moment précis de l'arrivée des membres du PPF, un Résistant finissait de transmettre un message à Londres.

2. *Op. cit.*, p. 127.

sur la tête d'un colonel de la Wehrmacht... Une bagarre dans un bistrot... Ça ne faisait pas de pli! Hop! la Gestapo montait en voiture! Elle rappliquait à Montluc! Elle piquait des petits cartons jaunes dans le fichier! Allez! Fusillez-moi ça! Et vite! Pas de sursis, pas d'appel, pas de pardon, pas de testament! Pas d'adieux... On était là, à la disposition! Tout préparés, comptés, numérotés pour le massacre! »

Mais il n'y a pas que des exécutions en cachette. Autre type de massacre : celui perpétré « pour l'exemple ». Il est certain qu'il marquait les esprits [1] plus profondément sans doute que la rumeur des disparitions en masse. En ce sens, l'exécution de la place Bellecour ordonnancée par Klaus Barbie est un exemple inoubliable pour les Lyonnais.

Voici les faits. Barbie et d'autres SS de la Gestapo (on l'a vu avec le témoignage de Blardone) allaient souvent prendre un verre au restaurant du *Moulin à vent*, place Bellecour, à l'angle de la rue Gasparin, c'est-à-dire à deux pas des nouveaux bureaux de la Gestapo. Une nuit, après la fermeture, une explosion fait éclater les vitres et des cloisons sans faire de victime : des résistants (probablement deux Jurassiens) avaient déposé une bombe à retardement sous les annuaires du téléphone. Réaction au bureau de la section IV de la Gestapo : intolérable! Il y aura des représailles!

Ainsi, parce que leur bistrot favori avait partiellement sauté, les Allemands allaient exécuter cinq otages. Le lendemain, 27 juillet 1944, à une heure bien choisie – midi –, alors que la foule est particulièrement dense, un gradé allemand descendu tranquillement de sa traction vient dire au gardien de la paix Lucien Laurent qui « plantonnait » par là : « Évacuez le trottoir! » D'autres militaires prennent place autour du *Moulin à vent*, comme s'il y avait un danger d'explosion. La foule attend. Quoi? Personne ne sait. Ceux qui craignent une rafle se sont esquivés dans les rues voisines. Arrivant du pont de la Guillotière, une traction grise freine brusquement devant les lieux de l'attentat. Le chauffeur est en civil. Complet bleu marine croisé. Il sort de la voiture avec un Allemand en tenue et casquette plate à visière de cuir. Le « civil » tire par les cheveux l'un des gars qui étaient à l'arrière. L'Allemand à la casquette fait feu aussitôt. Devant tout le monde. Pareil pour les trois autres. Les corps tombent sur le

---

1. Les massacres de Tulle et d'Oradour ont été commis respectivement les 7 et 10 juin 1944.

trottoir. Le cinquième se débat à l'intérieur de la traction. Il porte des lunettes, se souviennent les témoins. Il est mitraillé comme les autres. Son corps reste étendu dans la rue, la tête dans le caniveau. Tous ne sont pas morts. Celui qui est le plus vers la droite remue. Une infirmière de la Croix-Rouge veut porter secours, les SS la repoussent.

Finalement les Allemands s'en vont, mais ils ont laissé des consignes : on ne touche à rien et on maintient le public à distance, mais pas trop loin pour qu'il puisse bien voir [1]... Le cardinal Gerlier, primat des Gaules, se précipite chez le Kommandeur Knab. Réponse laconique dans le style : il y a aussi des Allemands qu'on assassine! Le prélat repart en avertissant le chef de la Gestapo :

« Si vous ne faites pas immédiatement enlever les cadavres de ces malheureux, je les charge moi-même dans le coffre de ma voiture! »

Ordre est donné de retirer les corps après trois heures d'« exposition ». Le lendemain, tout naturellement, la foule achète les journaux. Or que trouve-t-on dans la presse régionale? Un entrefilet de quatorze lignes visé par la censure. Titre : « Châtiment rapide d'un attentat. »

« Lyon, 27 juillet. Une bombe explosait dans un restaurant de Lyon, place Bellecour, dans la nuit du 26 au 27 juillet 1944. Cet établissement était principalement fréquenté par une clientèle allemande. Une opération rapide permettait peu après l'arrestation de cinq personnes faisant partie du groupe terroriste responsable de l'attentat. Elles ont été exécutées sur les lieux de leur forfait, le lendemain même de l'explosion (OFI Havas). »

C'était entièrement faux! Les cinq otages n'étaient pour rien dans l'attentat. Voyons :

– René Bernard, vingt-neuf ans, chauffeur, avait été arrêté cinq jours auparavant à Mâcon;

– Albert Chambonnet, quarante ans, alias « Didier [2] », capitaine d'aviation, originaire de Lyon, était détenu depuis le 10 juin;

– Léon Pfeffer, vingt et un ans, un graveur originaire de Nancy. Il avait été arrêté plusieurs jours avant, alors qu'il

---

1. Voir la photographie dans le premier cahier d'illustrations.
2. Le fameux « Didier », patron de Blardone, et que Mme Lesèvre n'a jamais dénoncé (voir page 58).

dissimulait des chargeurs de mitraillette. Témoignage d'un de ses compagnons de cellule, Jacques Silberman [1] :

« Pfeffer avait été torturé au moyen d'un nerf de bœuf entouré de fil de fer, son dos était ensanglanté et gonflé sous l'effet des coups; sa tête portait aussi des plaies nombreuses. (...) Le 26 juillet, troisième interrogatoire, au cours duquel il fut attaché par le cou au moyen d'un ceinturon de cuir, puis frappé; à chaque mouvement imprimé par les coups, un commencement de strangulation était réalisé. A son retour à la baraque (NDA : le local adossé au mur de la prison Montluc réservé aux juifs), comme nous demandions que des soins lui soient donnés par le médecin-pharmacien, le Feldwelbel nous a répondu : " Ce n'est pas la peine, il n'aura plus besoin de rien. " Et le lendemain il a été appelé à 11 h 30. Nous ne l'avons plus revu. »

– Gilbert Dru, vingt-quatre ans, étudiant en lettres (il voulait devenir journaliste), résistant, avait été arrêté en même temps que son ami Chirat, le 17 juillet, par la Gestapo;

– Pierre Antoine Francis Chirat, vingt-sept ans, employé, appartenant au Mouvement ouvrier catholique.

Les Allemands ont remis à la police française la liste des noms. Mais on ne sait pas qui est qui... Les corps sont envoyés à la morgue pour l'examen habituel. L'autopsie démontrera que les victimes avaient subi des violences graves en détention. Sur le cadavre répertorié n° 362, le médecin légiste va trouver un papier dissimulé dans un repli de vêtement. Deux petites feuilles de papier jaunâtre :

« A la personne qui trouvera ce billet. A faire porter à Mme Chirat, 62, rue des Maisons-Neuves, Villeurbanne, Rhône.

« Fort Montluc, le 22.7.44.

« Chère Maman, chère sœur, cher frère,

« J'ai été arrêté le lundi 17.7 avec filleul Dru. Nous étions chez Delille, rue Molière. Nous avons été emmenés place Bellecour dans les services de la police allemande où nous avons été interrogés par des Français parmi lesquels se trouvait Roger (illisible).

« J'ai subi plusieurs interrogatoires. Je suis actuellement accusé : 1° d'avoir été en contact avec un représentant de la Résistance; 2° d'avoir assisté, chez Delille, à la réunion où il était question de politique de la presse.

---

1. Cité par le Pr P. Mazel, *Mémorial de l'oppression*, Lyon, 1945.

« Ça n'est donc pas bien grave. Mais je crois qu'on envoie presque tout le monde dans des camps d'Allemagne. (...)

« Il fait très chaud et il y a des punaises.

« Ce matin, des convois sont partis pour l'Allemagne (déportés).

« J'ai vu l'abbé Boursier. Bon moral. " Heureusement qu'il y a des curés en prison ", m'a-t-il dit. (...)

« C'est long de rester presque vingt-quatre heures sur vingt-quatre en cellule (à part dix minutes pour la " toilette " et quelquefois une petite sortie dans la cour). On offre tout (illisible). On prie pour la Paix, pour les Amis, pour les Parents. Quand même il me semble parfois que j'aurais droit à un petit peu de bonheur, de liberté, de paix. Je n'ai vraiment pas eu de chance jusqu'à présent. Rien ne m'a bien réussi. Priez un peu pour moi, pour que j'obtienne tout de même un peu de joie ici-bas. Et en tout cas pour que j'aie toujours la force d'accepter mes souffrances (...).

« Sans doute irai-je en Allemagne ? Ne vous inquiétez pas. Mais préparez mon retour. Restez très jeunes – avec très bon moral. Je veux vous retrouver très joyeux, très affectueux. (...)

« Restez bien en contact avec tous les copains. Donnez-leur de mes nouvelles. Allez les voir. Demandez-leur de venir souvent à la maison me remplacer. Essayez aussi de voir la petite qui était venue à la maison dîner le 9 juillet. Elle est si gentille.

« Même si je ne peux pas vous écrire, soyez assurés que je suis très près de vous, que je ne vous quitte pas. Je sais que vous ne m'oubliez pas. Faites prier pour moi. Le beau temps reviendra.

« Nous gardons toujours le même espoir.

« Je vous embrasse tous. Surtout toi, chère maman. A très bientôt. Bonne santé. »

« Francis. »

J'ai découvert cette lettre épinglée dans les archives de la justice militaire. Je ne suis pas sûr que la famille Chirat en ait eu un jour connaissance...

Le rôle de Klaus Barbie dans cette affaire ? De l'aveu même de ses camarades, c'est bien lui qui a commandé l'exécution en faisant faire le travail (une fois n'est pas coutume) par ses tueurs : Bartelmus, Rudi Mischker, Georg Frantz... et la milice.

Le massacre de Bron vise directement les juifs. Son horreur est telle qu'il aurait pu être perpétré à Auschwitz ou à Treblinka.

Vers la fin de l'occupation lyonnaise, le 15 août 1944, un nouveau bombardement détruit une partie de l'aéroport de Bron. Les Allemands décident de réparer et de désamorcer les obus non éclatés. Pour cela, ils vont désigner quelques hommes requis d'office, mais surtout les juifs feront l'affaire. On ira donc les chercher par camions entiers, là où ils attendent d'être déportés comme les autres : dans les « baraques » de la prison de Montluc. Comment procédaient les Allemands? Le soir, vers 18 h 30, ils laissaient repartir de l'aéroport les requis. Restaient les juifs. Le lendemain les requis revenaient et ne trouvaient plus les juifs, mais les outils qu'ils avaient laissés au bord des chantiers. Ainsi, plusieurs fois des groupes de juifs avaient disparu. Plusieurs témoins avaient « vaguement » compris ce qui s'était passé, mais n'avaient rien dit. Il a fallu attendre la libération de Lyon pour se rendre bien compte : quelqu'un avait aperçu la tête d'un cadavre à demi recouverte de terre. Plus loin, là où un autre trou de bombe avait été rebouché devant le hangar n° 68, les déblais laissaient apparaître des jambes. Ce n'est qu'à ce moment-là, dix jours après la tuerie, que l'aéroport de Bron se remplit de secouristes, de policiers et de tout ce que Lyon comptait d'experts. On creuse. Dans une première fosse on découvre dix-huit cadavres. Avec leurs pelles les enquêteurs déblaient ailleurs, vers d'autres cratères de bombes fraîchement comblés. Un autre charnier révèle dix-huit autres corps, dont ceux de quatre femmes. Plus loin, vingt-cinq corps, puis vingt et un entre les hangars n°s 75 et 80, et encore vingt-six.... Cent neuf morts! L'enquête commençait. Les Allemands s'étaient déjà repliés vers Strasbourg.

La préparation du massacre n'est pas très difficile à reconstituer. Juste libéré de la prison de Montluc, le chef de la « baraque aux juifs », un catholique polonais, Wladimir Korwin-Piotrowsky, ancien détenu lui aussi, explique que, le 17 août, cinquante prisonniers avaient été sélectionnés et emmenés par des camions. Sans bagages, ce qui signifiait, dans ces jours d'août 1944, qu'ils avaient peu de chances de revoir le soleil du lendemain. Le 18 août, les Allemands en réclament vingt de plus. Pressés de combler les trous avec les corps et juste ce qu'il fallait de terre pour masquer. Un ancien légionnaire devenu français, Huber Otto (requis par les Allemands qui, en apprenant son nom, l'avaient engagé comme interprète), s'étonne que ceux de la veille ne soient pas présents. L'adjudant allemand répond : « Ça ne te regarde pas! » puis sur le ton rassurant : « On a fait du bon travail, cette affaire est classée. » Arrive un nouveau convoi de juifs (les enquêteurs de l'époque disent pudiquement : israélites). Il se trouve parmi eux un homme blessé. L'interprète fait remarquer qu'il est en mauvaise condition. Le chef du camp lui dit tout haut :

« Ce soir, il n'aura plus mal... Tu as compris maintenant où sont passés ceux d'hier? »

L'inspecteur de police Jean Sarret note scrupuleusement ce qu'il entend, même ce qui n'a plus d'importance : « (...) le blessé dut néanmoins travailler comme les autres jusqu'à 18 heures 15, se reposant quelques minutes à midi, juste le temps de manger une soupe claire. »

Le soir venu, les détenus sont transportés vers d'autres trous. Les gardiens demandent au chef :

« Il y aura de la " musique "?

« – Oui, venez avec moi. »

Et les Allemands se mettent à frapper, à coups de gourdin, à coups de crosse de fusil. Les juifs crient. Les Allemands rient. Le lendemain matin, l'interprète rappelle à l'adjudant qu'il est l'heure d'aller chercher le café pour les travailleurs. L'autre réplique qu'il est plus urgent d'aller chercher un camion de terre. Cette terre sera versée dans la fosse à demi comblée. Fin du témoignage. L'interprète signe en précisant que l'Allemand responsable sur place est un certain Brau, de l'infanterie, pâtissier-boulanger dans le civil.

Le 21 août, on recommence. D'après d'autres témoins qui ont assisté à la scène couchés derrière un talus, les prisonniers sont immédiatement jetés dans la fosse dès leur descente des camions. Les Allemands tirent à la mitraillette. Mais il n'y a pas que les Allemands, il y avait aussi les Français.

« Les miliciens, ils étaient huit, habillés en bleu, prenaient les hommes par les cheveux, la cravate ou la veste pour les précipiter dans le trou... La fusillade dura une demi-heure », raconte Joseph Bouellat, trente-cinq ans, qui surveillait de loin les abords du hangar n° 69.

« A un moment donné, une sentinelle allemande postée sur le terrain s'approcha de moi et vint discuter quelques minutes. Comme je lui disais : " C'est malheureux ce qu'ils font là-bas, tuer des hommes ainsi... ", l'Allemand me répondit : " Ce n'est rien, c'est des juifs, c'est bon à faire des saucissons pour les chiens. " »

De ce massacre (comme celui de Saint-Genis-Laval, la veille) un homme, un seul, a réussi à s'échapper. Jacques Silber avait trente-trois ans. Tricoteur de métier. Arrêté par les doriotistes du

PPF [1] et livré aux Allemands qui, puisqu'il était juif, l'avaient enfermé à Montluc en attendant les convois pour Drancy. Silber était dans le premier camion de Bron. Le 17 août, au moment de l'appel devant la « baraque aux juifs », les Allemands s'étaient aperçus que, parmi les cinquante premiers, il y avait deux catholiques. A la dernière minute ils les ont remplacés par des juifs.

« A midi et demi, au moment du repas, je me suis glissé derrière les gardiens et me suis mêlé aux civils qui avaient été requis. J'ai sauté sur un camion, espérant qu'il partirait bientôt... (puis) j'ai marché à travers champs, j'ai atteint Décines après une course de sept kilomètres [2]. »

Les Allemands refont les comptes : il manque un juif! Ils le cherchent partout, sans résultat. Mais voilà qui donnait à l'adjudant un prétexte pour l'exécution, au cas où un de ses subordonnés aurait trouvé que cet assassinat collectif était vraiment gratuit... Le lendemain, il n'y avait pas d'évadé. Mais la tuerie continuait.

Les cent neuf corps ont été retrouvés et identifiés. Parmi les juifs, quelques catholiques polonais, on les reconnaîtra aux médailles de Lourdes.

Pourquoi s'appesantir sur l'affaire de Bron ?... Il y a eu tellement d'autres charniers dans la région lyonnaise. En 1986, tous n'étaient pas encore découverts.

Klaus Barbie vu par « l'auxiliaire » français de la Gestapo, Francis André, dit « Gueule tordue », qui dirigeait la plus importante équipe française de tueurs (interrogé à la prison Montluc où il avait été incarcéré après sa fuite en Allemagne) :

« Barbie était le véritable chef du SD de Lyon, personnage très dur et sanguinaire. Il a dirigé la plupart des expéditions du maquis (Ain, Jura, etc.). Il a fait dans ces régions un véritable massacre de paysans et réfractaires [3]. Il a soutenu à fond la section juive (Bartelmus) dans sa répression contre les israélites. Il a commandé certainement la fusillade du *Moulin à vent* à Lyon (...). Il a couvert les exécutants de nombreux meurtres commis sur les israélites, Haron, etc. Il a commandé certainement, si ce n'est

---

1. Le Parti populaire français.
2. Déclaration recueillie par l'équipe du professeur Pierre Mazel. Ancien prisonnier de Montluc, libéré le 23 août 1944, il avait échappé de peu au massacre de Saint-Genis-Laval. Il est décédé en 1965.
3. Réfractaires au Service du travail obligatoire (STO) en Allemagne qui s'engageaient, pour la plupart, dans les maquis.

dirigé, les fusillades de Saint-Genis-Laval et beaucoup d'autres dans la région lyonnaise. »

Saint-Genis-Laval est à Lyon ce qu'Oradour-sur-Glane est à la France : le symbole de l'horreur nazie. C'était un dimanche, le 20 août 1944, avant l'heure des premiers carillons. Les troupes américaines n'étaient plus très loin, quelques dizaines de kilomètres.

Venant de Lyon, un convoi de six voitures légères encadrées par deux autocars – un Citroën jaune et un autre portant l'inscription Gendarmerie nationale – traversent Saint-Genis-Laval, s'arrêtent pour demander la route du fort désaffecté de Côte-Lorette et disparaissent en remontant vers la droite. Dans les voitures : des civils, dont certains portaient un brassard jaune avec des inscriptions en lettres noires que les témoins ne parviennent pas à relever[1]. Un troisième car se joint au convoi. Il transporte une quinzaine de miliciens en tenue et armés de mitraillettes. Arrivés au fort, les Allemands dispersent les rares personnes qui se trouvaient dans les parages, des agriculteurs pour la plupart. Un voisin, M. Roure, grimpe sur un arbre de son jardin.

« J'ai vu, dit-il au Pr Pierre Mazel qui enquêtera sur l'ensemble des crimes commis par les Allemands, j'ai vu certains enlever leurs vestes. L'un d'eux était en short. Ils sifflotaient et chantaient. Ils ont fait entrer les cars par le portail de fer. »

Le maréchal des logis-chef, Elie Clavel, est témoin :

« A travers les fenêtres du premier car on apercevait les têtes de nombreuses personnes debout, serrées les unes contre les autres. Le deuxième transportait des hommes de tous âges parmi lesquels on remarquait une femme. (...) Ces personnes étaient assises sur des banquettes transversales, les mains attachées dans chaque rang à une chaîne allant d'un côté à l'autre du car. Avec beaucoup de peine les cars surchargés ont atteint le fort. »

Les soldats allemands forment un cordon de barrage autour du fort. Soudain, vers 10 heures, c'est-à-dire longtemps après l'arrivée, éclatent les premiers coups de feu, par salves intermittentes. La fusillade se prolonge pendant près de trois quarts d'heure! Elie Clavel et le maire de Saint-Genis marchent vers le fort :

« *Raus!...* »

« Propos reproduits dans le plus pur style des procès-verbaux :

---

1. Probablement l'indication SD (Sicherheitsdienst) que portaient les auxiliaires français de la Gestapo.

« (...) Les autorités allemandes nous ont fait connaître que nous avions à nous retirer. »

Le gendarme et le maire remarquent toutefois que les soldats allemands plaçaient des explosifs aux quatre coins de l'ancienne maison du gardien du fort qui brûle déjà. Ils reculent d'une centaine de mètres, et c'est l'explosion. Toujours sur son arbre, M. Roure voit trois hommes sauter par la fenêtre du rez-de-chaussée. Les Allemands et les civils tirent. Un grand blond s'échappe à travers champs, mais les deux autres sont abattus, pris par la tête et les pieds et rejetés dans la maison qui commence à brûler.

A 10 heures 45, les cars repartent avec quelques soldats et les voitures de tourisme bondées de civils aux mines réjouies.

Pendant la fusillade, une autre colonne allemande s'était arrêtée tout à coup à Saint-Genis-Laval en entendant une alerte aérienne. Tirées du fort, des balles perdues sifflent à leurs oreilles. Se croyant attaqués, ils jettent des grenades et perquisitionnent dans quelques maisons. Ils arrêtent trois habitants. L'alerte ayant cessé, les prisonniers sont relâchés et les Allemands repartent vers Lyon sans rien savoir du massacre qui se déroule tout près.

Après les explosions le gendarme et le maire voient un Allemand descendre rapidement derrière eux. Clavel le questionne :

« Combien de victimes?

« — Mauvais travail, pas bon...

« — Combien sont-ils? Cinquante?

« — Plus.

« — Cent?

« — Plus, plus... »

Et il ajoute : « Moi autrichien, pas allemand! »

Les explosions continuent jusqu'à 14 heures. Le service de garde ne quitte les lieux que vers 16 heures. Alors seulement peuvent intervenir les équipes d'urgence de la Croix-Rouge. Mais il n'y a plus de survivant. La maison du garde, rapporte le Pr Mazel, n'est plus qu'un amas de poutres noircies, de pierres, de blocs de maçonnerie parmi lesquels on aperçoit quelques cadavres à demi calcinés et d'informes débris humains. Une âcre odeur de chair grillée se dégage (...). Les secouristes tentent de dégager un cadavre qui leur paraît accessible, mais doivent y renoncer, tant le corps est brûlant. (...) A proximité de ce que fut la maison, on ramasse trois bouteilles de champagne encore gluantes. Sur les quelques cadavres retrouvés entiers on remarque que les mains étaient attachées derrière le dos.

Le frère Marie-Benoît qui s'occupa de l'identification et de l'ensevelissement des victimes : « Certains corps étaient si réduits qu'il nous arrivait d'en mettre deux ou trois sur le même brancard. Ils étaient à ce point calcinés qu'ils étaient réduits à l'état de cendres incandescentes. Nous les avons mis dans des récipients ronds où ils ont continué à brûler jusqu'au lendemain matin. »

Sur d'autres corps, on trouve des preuves de torture : des clous enfoncés dans la gorge, dans le menton ou dans les pieds [1].

Le 22 août, le cardinal Gerlier se rend à Saint-Genis-Laval et découvre à son tour l'horreur du massacre. Il songe aux familles qui, devant ces restes impossibles à identifier, ne sauront jamais si leurs enfants ou leurs parents sont morts assassinés dans cet Oradour *bis*. Rentré à l'archevêché, il rédige d'un trait la lettre au chef de la Gestapo qu'il remettra personnellement :

« (...) J'ai soixante-quatre ans, Monsieur le Commandeur, j'ai fait la guerre de 1914 et vu (...) bien des spectacles horribles; je n'en ai vu aucun qui m'ait révolté autant que celui que je contemplais il y a un instant. Même si l'on pouvait affirmer que tous les malheureux exécutés avant-hier étaient des malfaiteurs – et personne n'oserait le soutenir – j'affirmerais encore qu'il était indigne d'une civilisation chrétienne, ou simplement humaine, de les mettre à mort de cette manière (...). Je n'hésite pas à déclarer que ceux qui en portent la responsabilité sont à jamais déshonorés aux yeux de l'humanité. Dieu daigne leur pardonner! »

Devant les protestations du cardinal Gerlier, le Dr Knab répond par ce leitmotiv : « On tue aussi les Allemands. »

Comment savoir, comment trouver des éclaircissements sur les circonstances du drame? Après le départ des Allemands, en septembre, on cherchait encore le survivant que deux témoins avaient vu s'enfuir. La presse de la Libération diffusait des avis. Quelle raison avait-il de se cacher? Le 6 septembre enfin, un certain René Werlhen se présente. On lui montre quelques corps exhumés au cimetière de Saint-Genis-Laval et, enfin, il raconte :

« On était venu m'appeler dans ma cellule n° 156 avec quatre

---

1. A moins que ces pointes ne proviennent de la charpente effondrée... Pourtant ce genre de torture était pratiquée puisque le commissaire de police Guépratte, arrêté le 31 mai 1944, avait raconté que torturé pendant douze heures consécutives, empalé, plongé dans la baignoire, il avait eu les ongles arrachés et « les pieds transpercés par des clous ».

autres camarades. Je suis descendu dans la première cour où il y avait déjà une cinquantaine ou soixantaine de prisonniers rassemblés. D'autres étaient déjà dans la deuxième cour, ficelés. »

Les Allemands les attachent deux par deux puis les font entrer dans les autobus. Arrivés au fort, ils attendent un quart d'heure. Puis Werlhen entend l'une des sentinelles dire : « Il faut faire vite. » Les Allemands appellent : « Les six premiers, descendez! » Les six premiers entrent dans la maison du gardien. Des coups de feu. Tout le monde a compris.

C'est le tour de Werlhen, qui était lié par les ficelles à un certain Pellet. René Werlhen assure que celui-ci avait reçu la parole d'un officier allemand : il resterait en vie. Il passe devant un gradé : « Alors, moi aussi, on va me fusiller? » L'officier coupe les liens et retient Pellet. L'autre continue.

« C'était mon tour. Je suis entré. En arrivant dans la maison, il y avait d'abord une première pièce, puis une seconde. Un petit escalier montait au premier étage, puis un petit cagibi. La porte s'ouvrait. Un homme était devant moi. Il était seul, ayant réussi à se détacher de l'autre. Il se faufile dans cette pièce, je le suis. Deux femmes ayant entendu qu'il y avait quelqu'un sont entrées également. C'étaient deux petites juives de dix-huit et vingt-deux ans. L'une d'elles m'a dit : " Avez-vous les mains liées? " J'ai répondu : " Oui. " Elle m'a défait la ficelle. J'avais les mains libres (...). J'étais collé contre le mur. Le sang coule du plafond. »

Werhlen raconte que, la tuerie terminée, il voit un Allemand avec un bidon d'essence. Puis un jeune en civil entre avec une mitraillette à la main. Il ne tire pas : son chargeur devait être vide. C'est le moment. L'une des petites juives sort avec lui, se met à genoux et crie : « Ne tirez pas! Ne tirez pas! » Werhlen saute par la fenêtre. Deux autres le suivent, venant d'on ne sait où.

« J'ai dévalé la petite pente. Ils ont tiré... Je suis entré dans une cour, passé par une porte, sorti par une autre. Je suis monté sur un toit et suis resté là allongé jusqu'à la nuit. »

Le soir, il descend chez un habitant de Saint-Genis, M. Neolier, qui lui donne à manger, lui offre une cigarette et le fait coucher dans une grange. Le lendemain, il se rase, reçoit vingt francs, regagne Lyon et rejoint le maquis.

Comme tout cela ne paraît pourtant pas très clair (bien que M. Neolier confirme), la justice militaire ouvre une enquête. Il apparaît que ce Werlhen, ancien garçon de café à Paris, était un souteneur. Déserteur en 1944, à Lyon, il avait pris contact avec des résistants, mais, arrêté par la Gestapo et menacé d'être fusillé, il avait dénoncé.

Après son récit, on reconduit le rescapé en taule...

C'est en interrogeant les auxiliaires de la Gestapo que l'on connaîtra finalement toute l'affaire. Ce dimanche-là, cent vingt prisonniers environ avaient été rassemblés dans la cour de la prison Montluc puis entassés dans les cars. Max Payot, un gaillard de vingt-trois ans, spécialiste des « baignades » à l'Ecole de santé :

« Au fort les prisonniers étaient exécutés au premier étage. En principe, deux balles de mitraillette dans la nuque. J'étais dans la cuisine. Les prisonniers étaient obligés de monter sur le tas des cadavres de leurs compagnons. Le sang coulait à flots à travers le plafond. Passant devant un chef allemand, une femme d'environ soixante ans lui dit : " Je meurs pour la France, mais toi, salaud, tu crèveras... " Parfois, les Allemands étaient obligés de monter sur le corps de leurs victimes pour achever ceux qui râlaient encore. Les cadavres furent arrosés d'essence et incendiés. Alors des soldats de la Wehrmacht apportèrent des plaques de phosphore pour activer la combustion ainsi que des explosifs. »

Et encore des détails... Mais pas ceux qu'il eût fallu, hélas! pour savoir exactement qui avait été massacré. Seuls seize corps avaient pu être identifiés avec certitude. Quant au nombre des morts, on ne le connaîtra jamais. Au moins cent dix...

Klaus Barbie dans tout cela? Plusieurs traîtres français l'ont dénoncé, l'ont accusé d'avoir organisé la tuerie.

Interrogé le lendemain de Noël 1947, le traître Lucien Guesdon, condamné à mort, mais dont on retardait l'exécution pour « nécessité d'instruction judiciaire », reconnaissait avoir vu partir de Montluc le convoi des prisonniers qui devaient être massacrés, et avec eux se trouvaient Barbie ainsi que l'adjudant-chef Holler et Boby Volker [1]. « C'est le SD qui a procédé aux exécutions », révèle Guesdon.

En date du 18 juin 1945, le chef de la police judiciaire de Lyon reçoit le rapport d'enquête :

« 1° Cette exécution a été préméditée et ordonnée à titre de représailles par le Kommandeur Knab (...) et son adjoint Barbie assisté du lieutenant SS Schmidt. 2° Elle a été organisée et dirigée par le lieutenant Fritz Holler, assisté du lieutenant SS Schmidt. »

---

1. Boby Volker se serait brûlé aux mains et aux bras en voulant, à Saint-Genis, mettre le feu à un tonneau d'essence.

Suivent les noms de huit Français, de sept Allemands officiers ou sous-officiers SS, tous convaincus d'avoir participé au massacre, et il y est fait mention des militaires allemands du 19e régiment de police.

Les enquêteurs de l'époque ont aussi retenu le nom d'un Italien de vingt-huit ans, un certain Clarino Pozzi, tueur à la section IV, qui avait reconnu sa participation à l'expédition de Saint-Genis-Laval. Il n'en disait pas beaucoup plus sinon que l'opération avait été dirigée par le « sous-Kommandeur Barbier » (sic).

Enfin, le témoignage du frère Marie-Benoît qui avait accompagné le cardinal Gerlier chez Knab. Il se souvient d'avoir vu Barbie dans le bureau : « Il n'a rien perdu de sa violence, mais manifeste son inquiétude en allant fréquemment à la fenêtre qui donne sur la place Bellecour. » Il est vrai que les troupes alliées étaient à quelques kilomètres...

Echappé du massacre, un détenu de Montluc sortit de la « charrette » des suppliciés parce qu'il avait encore des comptes à rendre à la justice allemande. Jean-Baptiste Seta (exécuté par la suite) raconte que les détenus avaient été une première fois rassemblés dans la cour la veille de l'exécution. Au premier appel figurait déjà un prêtre, l'abbé Boursier. Qui organise l'opération? Barbie. Avec lui l'éternel Bartelmus, ainsi que Heinrich Schmidt et Krull. L'Autrichien Ferdinand Palk, qui connaissait Barbie au point de le tutoyer, raconte que son ami était le « moteur » de l'organisation et se rappelait l'avoir vu donner, seul, des ordres pour faire fusiller des prisonniers de Montluc dans une maison isolée, vétuste (Saint-Genis-Laval très probablement). Palk prétend s'être éloigné en entendant le bruit des grenades et voyant les premières fumées. Retrouvé en RFA il témoigne tranquillement en 1964 :

« Pendant tout le temps qu'avait duré cette fusillade, j'avais entendu d'effroyables cris. »

La dernière prestation de Barbie avant la débâcle consistera à organiser le tout dernier convoi de déportés, parti de Lyon le 11 août 1944.

« Pour nous, à l'époque, ces départs en convoi étaient une sorte de délivrance... on sortait des griffes de la Gestapo. Personne n'imaginait le drame de l'extermination dans les camps », disait l'une des rescapées de ce dernier convoi, Georgette Rosenfard, déportée à Ravensbrück.

A 5 heures du matin, ce jour-là, les Allemands vident la « baraque aux juifs » et appellent, cellule par cellule, des dizaines de personnes à se rassembler dans la cour de Montluc. Appel « avec bagages », ce qui signifiait non pas qu'ils allaient être fusillés mais qu'ils partaient pour un long voyage... Dans la bousculade les femmes se sont mises à chanter *la Marseillaise* en descendant vers la cour. Elles seront triées – les juives formeront un groupe à part – et enchaînées deux par deux. Dans la cour des hommes, même mise en scène. Restée brusquement seule après le départ des dix autres femmes – juives – qui étaient incarcérées dans sa cellule, Mme Alice Vansteenberghe-Joly grimpe sur la tablette scellée au mur de la cellule et regarde par le vasistas : c'est Barbie qui organise la cérémonie.

[Comment pouvait-elle reconnaître Klaus Barbie? A son oreille gauche. Elle comportait certains plis reconnaissables, dit-elle, et indéformables malgré les années :

« Vous savez, explique Mme Vansteenberghe, j'avais eu le temps de bien repérer Barbie pendant les séances de torture à la Gestapo, place Bellecour. J'étais à bout de force, mais j'ai bien regardé, bien observé les détails en me disant : " Toi, un jour... " »

Pour étayer son dossier, le juge Christian Riss a déployé, en mai 1983, les grands moyens. Klaus Barbie avait été extrait de sa cellule refaite à neuf de la prison Saint-Joseph et ramené à Montluc sous une escorte impressionnante. Le magistrat voulait se rendre compte à quel point l'ancien nazi était reconnaissable. Comme Barbie niait (« Le 11 août 1944 je n'étais plus à Lyon... »), Mme Alice Vansteenberghe, médecin en retraite, lui a rappelé l'histoire de cet enfant qu'un jour, dans les caves de la Gestapo, il avait arraché à sa mère [1]. Une scène sur laquelle Mme Vansteenberghe ne veut pas s'étendre, mais qui est si dramatique « que Barbie ne pouvait pas ne pas s'en souvenir ». L'ancien SS fait « non » de la tête.

« Mais vous êtes complètement gâteux! » lui lance Mme Vansteenberghe.

Cela, peut-être, aurait suffi pour le vexer. Pensez donc...]

Revenons à cette journée du 11 août. A Montluc, les cars et les camions bâchés de l'armée allemande, trop gros pour entrer à

---

1. Barbie séparait les enfants de leurs parents et les faisait garder à l'hôpital de l'Antiquaille, sous contrôle allemand. Il ne voulait pas d'enfants à Montluc. Ce n'était pas par charité puisque les familles étaient reconstituées lors des départs pour la déportation.

l'intérieur de la prison, attendent dehors (ou entre les deux murs d'enceinte). Le même scénario se déroule, un peu plus tard dans la matinée, dans les deux autres prisons de Lyon, Saint-Joseph, sur les quais du Rhône et juste derrière, Saint-Paul. Tous les prisonniers se retrouveront sur le même quai de gare. Quelle gare ? Sur ce point les témoignages seront très différents, mais il s'agit très vraisemblablement de la gare de Perrache. Peu importe : le train 14166 est bien parti de Lyon cet après-midi du 11 août avec plus de six cents déportés, il suffit de se reporter aux « listes d'accueil » des camps de concentration... Entassés dans neuf wagons de 3e classe – les juifs en tête, les résistants non juifs vers l'arrière –, les prisonniers sont prévenus qu'à la moindre tentative de fuite les soldats tireront dans le tas. Les surveillants sont postés dans les soufflets. C'est tout un wagon qui sera anéanti, si d'aventure...

Le voyage dure plus d'une semaine, le conducteur était obligé de changer plusieurs fois d'itinéraire en raison des sabotages et des combats qui se poursuivaient vers l'est. Dijon, Chaumont, retour sur Langres, Vittel où le convoi restera deux jours. C'est ainsi que les prisonniers apprennent par des cheminots le débarquement allié en Provence. La présidente de la Croix-Rouge de Vittel parviendra à persuader un lieutenant allemand de laisser descendre les détenus par groupes de vingt, pour qu'ils puissent enfin (après quatre jours de jeûne) manger une soupe. Arrivent même les pompiers. Pourquoi ? Pour brancher un jet d'eau : la toilette.

Ainsi bien du monde, à l'extérieur, sait ce qui se passe dans ce train. La Résistance va-t-elle arrêter le convoi de déportés ? Rien ne sera tenté... Metz, Nancy, Belfort, Colmar et la suite... Des vieux sont morts. A Rothau, les résistants masculins descendent : pour eux c'est le terminus, le camp du Struthof. La séparation entre les juifs et les autres se fera en territoire allemand, à Kehl ou à Karlsruhe. Puis c'est le « dispatching » entre Ravensbrück pour les résistantes et Auschwitz-Birkenau pour tous les autres. Le 22 août le préposé aux comptes d'Auschwitz inscrit sur le grand registre l'arrivée de 308 juifs. La sélection, l'extermination... on connaît la suite.

Le même jour, ce qui restait de la Gestapo de Lyon et leurs collaborateurs se regroupait autour de Barbie quelque part en Côte-d'Or. René Mazot a reconnu qu'il attendait depuis le 20 août 1944, à Dijon, le retour de Francis André – alias « Gueule tordue » – pour redescendre à Lyon et capturer le général Giraud qui pouvait se trouver dans les parages :

« C'est Barbie du SD de Lyon qui commandait cette expédition. Arrivé dans la grande banlieue de Lyon, aux environs de Limonest, notre convoi a été attaqué par le maquis. Il y eut deux ou trois Allemands tués et cinq ou six blessés dont le lieutenant Barbie assez grièvement. Grâce à l'arrivée d'un char Panzer nous avons pu nous dégager. Je me suis moi-même porté au secours de Barbie et l'ai ramené à l'abri. »

Les Alliés arrivaient aux portes de Lyon. La chasse à l'homme allait commencer. Elle allait durer trente-neuf ans, et bien souvent il s'en était fallu d'un rien pour que le « boucher de Lyon » soit arrêté. Comment s'en était-il tiré? Tout simplement en recommençant ses magouilles, en parvenant à berner les services secrets américains (on va le voir) qui prétendent aujourd'hui n'avoir pas tout de suite compris qui était réellement Klaus Barbie. Et pourtant l'addition que laissait le Sipo-SD de Lyon aurait pu leur mettre la puce à l'oreille.

– Des vols innombrables (plusieurs témoins diront – même en 1984 – leur étonnement quand ils voyaient Barbie, « l'officier du Reich », les dépouiller de leur argent et partager le butin avec ses camarades dans la voiture qui les conduisait au siège de la Gestapo);

– 14 311 incarcérations (dont 9 378 à Montluc);

– 290 viols;

– 7 000 déportations (chiffre approximatif);

– 4 342 meurtres [1].

---

1. D'après le frère Benoît qui s'était consacré, avec ses équipes de la Croix-Rouge, à l'identification et au recensement des disparus, il n'a plus jamais été trouvé de trace de quelque 1 200 personnes passées par Montluc...

8.

LES SERVICES SECRETS JOUENT À CACHE-CACHE

Dès la libération de Lyon, une course de vitesse s'engage pour rattraper les « Gestapo ». C'est-à-dire le grand patron, Werner Knab, Barbie et les autres. Les renseignements sur leurs véritables identités sont souvent confus, on les connaît parfois mieux par leurs « petits noms » (Willy, Boby, etc.). Les signalements complètent les fiches de recherche. Dans un dossier anonyme et non daté (seules références : 52/1239 ES), mais qui semble être l'un des premiers établis après l'épuration de la police lyonnaise, Klaus Barbie est signalé comme étant originaire de Cologne (NDA : en fait il est né tout près de là, à Bad Godesberg), et ayant travaillé avant la guerre dans une usine de charbonnages qui livrait du combustible allemand à la France.

« Il ne fait donc nul doute qu'il a appartenu dès cette époque au SR allemand, et il est à admettre qu'il n'a pas rejoint son pays pour reprendre ses anciennes fonctions. »

L'humour des fonctionnaires était-il volontaire, ou se doutaient-ils déjà qu'on allait retrouver un jour Barbie dans son éternelle peau d'espion ?

Le dossier secret fait état de soixante et un noms, du Kommandeur à la dactylo, en passant par les indicateurs et les prostituées préférées des Allemands au cabaret de *L'Escargot d'or*. Klaus Barbie est mentionné comme ayant été chargé de surveiller le départ des Allemands de Lyon alors qu'il avait son QG au fort Saint-Irénée ou celui de Sainte-Foy où était installée l'Abwehr. Suit un signalement dans lequel se sont glissées quelques erreurs ou méprises (« yeux marron »), et cette appréciation que l'on retrouvera dans la plupart des rapports sous une forme à peine différente : « (...) donne à première vue une impression assez confiante ».

Il est précisé à l'attention des différents services de police que Barbie « n'a quitté Lyon que le vendredi 1ᵉʳ septembre [1], n'a vraisemblablement pas pu atteindre la frontière allemande, et (que) il est possible de pouvoir le retrouver entre Lyon et Belfort ».

Mais ils étaient des centaines comme celui-là en civil, « en demi-saison beige et costume gris »... Volatilisés. Sans compter que certains d'entre eux avaient fait courir le bruit de leur propre mort. L'Allemand Kurt Abendroth se souvient, par exemple, qu'au lendemain de l'évacuation de Lyon des enquêteurs français l'avaient interrogé à la prison Montluc et lui avaient présenté la photographie d'une tombe ornée d'une croix, sur laquelle étaient inscrits le nom et le grade de Klaus Barbie : mise en scène très probablement montée par l'Obersturmführer lui-même...

D'après les témoignages des collègues de Barbie, qu'il s'agisse des Allemands du SD ou des collaborateurs français, on peut reconstituer ainsi le départ du « boucher de Lyon ». Harry Stengritt indiquait que le SD avait quitté Lyon à la fin du mois d'août (1944) pour s'installer provisoirement à Épinal, après une étape de quatre jours à Dijon. Interrogatoire de Stengritt le 13 décembre 1948 :

« Alors que nous étions à Dijon, le bruit courait qu'un général français venait de s'installer à Lyon [2]. Barbie décida de s'y rendre avec un commando. Mais, en cours de route, ils furent attaqués par le maquis. La moitié de l'effectif fut blessé, entre autres Barbie (...). En février 1947, je revis Barbie à Memmingen. Autant que je me souvienne, il travaillait alors pour les autorités américaines. »

Thèse Barbie : il aurait été chargé, après le débarquement en Normandie (6 juin 1944), d'incorporer son commando SS aux troupes de la Wehrmacht et d'aller combattre sur le front de l'Atlantique.

« Le combat le plus dur fut à Caen. Nous avions dû reculer jusqu'à Falaise... »

Évidemment, cette histoire normande lui permettait, quand il était à La Paz (le film *Le Jour le plus long* était resté des semaines à l'affiche), de sauter les épisodes moins plaisants à

---

1. Barbie prétendra avoir été blessé « le 28 août 1943 près de Bourgoin en combattant contre les troupes américaines qui m'ont fait prisonnier ».
2. C'était le général Henri Giraud, coprésident – avec de Gaulle – du Comité de libération nationale.

raconter, les massacres de Bron, de Saint-Genis-Laval, etc. Car cela aurait pu finalement émouvoir les Sud-Américains, qui sait...

Il a toutefois été établi que l'ensemble du SD avait quitté Lyon en convoi dans l'après-midi et la nuit du 23 au 24 août.

Les éléments féminins étaient partis dès le mois de juin.

Dans son récit, Barbie reprend l'histoire du général Giraud :

« Pour nous, prendre Giraud était important, non seulement du point de vue militaire, mais aussi politique (...). Il avait la confiance des Américains et se trouvait en opposition avec de Gaulle. »

Vous voyez, diront ses amis, il travaillait déjà pour les Américains...

Sur sa blessure :

« Le 28 août vers midi, peu avant d'arriver à Lyon, nous avons été pris dans une embuscade de " guérilleros " (NDA : dans un autre récit il dira que c'étaient des soldats US). »

Klaus Barbie reconnaît avoir été blessé au visage et, plus gravement, à la jambe et au pied gauches.

« C'était le Vendredi Saint... » dira Barbie. Comment s'en souvient-il? « Il y a deux Vendredis Saints importants dans ma vie : le premier en 1939 quand je me suis fiancé, le second... » Il raconte comment il s'est fait un garrot avec sa ceinture, et comment, ne pouvant plus parler, il donnait des ordres par écrit pour reprendre la route en direction de Lyon. Il laissait les morts sur place.

Toujours est-il que le Sicherheitsdienst avait éclaté. Épinal, Saint-Dié, Sélestat puis l'Allemagne pour les uns (Werner Knab notamment), et l'Italie pour d'autres (Stengritt). Barbie, lui, prétend avoir été soigné pendant une dizaine de jours à Lyon (!) où on a failli lui couper la jambe. Il affirme avoir ensuite été placé dans l'un des derniers trains de la Croix-Rouge et avoir été hospitalisé à Bad Petersthal, en Forêt-Noire, puis transféré – au fur et à mesure que le front se déplaçait vers l'est – d'abord à Baden-Baden et finalement à Halberstadt, près de Berlin, en janvier 1945. Ce récit est partiellement confirmé par le témoignage de « Gueule tordue » (Francis André) :

« Barbie était revenu sur Lyon le 26 ou le 27 août 1944 (...) blessé au pied et évacué sur Baden-Baden puis sur Prague[1]. »

---

1. Francis André connaissait la question : il avait accompagné la Sipo-SD lors du repli vers l'Allemagne. C'est là-bas qu'il avait été arrêté. Ce témoignage date du 17 octobre 1945.

Georges Steffan, trente-trois ans, était chef de gare en Alsace au mois de novembre 1944. En échange d'un service rendu à un lieutenant de gendarmerie, l'expédition de deux valises vers l'Allemagne, il avait obtenu un cadeau royal : un petit pistolet 6,35 mm avec son étui presque neuf. Pour se protéger, le cas échéant, pendant ses rondes de nuit autour de la gare. Un jour, il est dénoncé et conduit devant un tribunal allemand de Wissembourg (Bas-Rhin). Pour lui, il n'y a pas l'ombre d'un doute : le procureur du moment était Klaus Barbie, ce type dont on savait parfaitement – dit-il – qu'il arrivait tout droit de la Gestapo de Lyon.

« Je l'ai reconnu à la télé, me dit Georges Steffan. En 1944 je comparaissais derrière un nommé Zimmerman (condamné à mort et exécuté). C'était bien lui, Barbie. Il m'avait dit : " Nous allons vérifier cette histoire de pistolet. Si tu as menti, si ce n'est pas un gendarme qui te l'a donné, tu seras fusillé deux fois. La première pour le pistolet, la seconde pour le mensonge! " »

Il a écrit au juge d'instruction Christian Riss en 1983. Pas de réponse.

Une fois la police lyonnaise épurée de ce qu'elle avait de plus pétainiste, le véritable rôle de Barbie sera dévoilé par le Pr Mazel. On ne parlait pas à l'époque de crimes contre l'humanité... Alors que la Seconde Guerre mondiale n'est pas tout à fait finie (la bombe atomique n'a pas encore explosé sur Hiroshima...), le Pr Mazel écrit au service central de Paris :

« L'individu Barbie Klaus est personnellement responsable d'un grand nombre d'arrestations, de tortures et de crimes commis par les services placés sous ses ordres. (...) Particulièrement cruel et brutal, sous un extérieur jovial. »

Or, la lettre indique, ici aussi, que Barbie s'appellerait en réalité von Barbier. C'est dire combien ses « succès », dans la chasse aux maquisards du Jura notamment, lui avaient gonflé la tête. Devenu capitaine (9 novembre 1943, après l'affaire de Caluire), il lui manquait la noblesse d'empire...

La justice militaire poursuit les enquêtes dans toute la région lyonnaise. Ici et là, les crimes de Barbie vont faire passer au second plan les heures peu glorieuses des règlements de comptes hâtifs au lendemain de la Libération.

Voici comment l'historien Henri Amoretti [1] dépeignait les premiers jours de la Libération à Lyon :

---

1. *Lyon Capitale 1940-1944*, Éd. France-Empire, 1964.

« A l'hôtel de ville, de petits ou grands coupables, il en arriva cinquante et plus par heure (...) ce fut un défilé de femmes tondues, d'hommes aux vêtements lacérés. On les dirigeait par camions complets sur la prison de Montluc et la prévôté FFI se chargeait de l'instruction. Des innocents timides subirent une plus ou moins longue incarcération, des meurtriers réussirent à s'échapper. Les jeunes femmes se délièrent le plus facilement. (...) S'il y eut parfois dans les groupes détenus à l'hôtel de ville des gens suspectés à tort et à travers, sans autres motifs que des griefs personnels, on y vit aussi la maîtresse du tortionnaire Barbie, suivie de sa sœur, toutes deux le crâne rasé... »

Elle s'appelait Yvonne...

Les journaux appelaient à la vigilance : « Il faut procéder à des rafles dans les rues, quartiers, hôtels, cinémas (...) il faut vérifier les identités. On a connu ces procédés sous l'occupation nazie et milicienne, il faut les pratiquer à notre compte (...) il faut désinfecter et toujours désinfecter. » Et ce journal prévenait encore : « L'ennemi est d'ailleurs de votre sang, il parle votre langue et il sent le besoin d'applaudir à vos paroles... » Vaste programme.

Le temps passe. René Hardy a été jugé par le tribunal de la Seine et acquitté en 1947[1]. Barbie ne s'était évidemment pas présenté pour témoigner.

Laure Moulin, que cet acquittement ne satisfait pas, écrit de Montpellier au juge d'instruction militaire (lettre du 20 avril 1947) pour lui demander de faire toute la lumière sur l'arrestation et la mort de son frère. Elle suggère une multitude de recherches, propose d'entendre Untel ou Untel, s'étonne que Guillain de Bénouville ait soutenu son collaborateur René Hardy après avoir tout révélé à mots couverts dans *Le Sacrifice du matin* et cite ce passage comme étant une phrase clé : « Judas était parmi nous, mais avant de trahir il était pareil à nous. » Mlle Laure Moulin demande qu'il soit sursis à l'exécution du nommé Dunker[2] et finit sa lettre sur Barbie :

« A Lyon, on croyait qu'il avait été liquidé à la Libération (...). S'il est vrai qu'il vive encore, il faudrait de toute urgence

---

1. Le journal *L'Humanité* n'hésitait pas à titrer : « Le traître Hardy a été acquitté ! »
2. Cf. le rapport Flora dans le chapitre Caluire, page 96.

l'interroger, si l'on tient vraiment à faire la lumière : cet homme sait tout. »

Mais où fallait-il aller chercher Barbie, sinon en Allemagne même?... J'ai trouvé la première trace – officielle – de son existence d'après-guerre dans un monceau de papiers jaunis à en-tête du Service de recherche des crimes de guerre ennemis, dépendant du ministère de la Justice. C'est un rapport daté du 3 mai 1948 (référence : CB/52/784 n° 4599) adressé au juge d'instruction de Lyon et rendant compte des recherches de douze participants ou commanditaires de la tuerie de Saint-Genis-Laval :

« Barbie Klaus : l'adresse de cet individu a été découverte et des recherches sont actuellement en cours [1]. »

Pas d'autre précision sur le « boucher de Lyon ».

Un policier français va le découvrir enfin dans sa tanière. C'est le commissaire Louis G. Bibes qui, loin des champs de bataille, avait su entretenir de très bonnes relations avec ce monde étrange du contre-espionnage.

Avant d'être commissaire, Bibes était inspecteur-chef au Maroc. Originaire de Mont-de-Marsan, il n'avait pratiquement pas connu la France puisqu'il avait d'abord servi en Syrie. En février 1944, alors que d'autres combattaient les nazis, lui arrêtait Balafrej, dirigeant de l'Istiqlal, mouvement d'indépendance marocain. Les hasards de l'Histoire font qu'il est jeté en prison pendant quarante-huit heures par les Américains qui venaient de débarquer, puis placé sous les ordres du général Giraud, avant de devenir gaulliste.

La police parisienne étant tellement suspecte à la Libération, on faisait « monter » des spécialistes du Maroc et de la Tunisie pour travailler avec les militaires. Eux au moins pouvaient aller fouiller dans les papiers de la Gestapo et relever les graffiti dans les caves de l'avenue Foch sans être soupçonnés d'arrondir les angles. C'est ainsi que, après Paris, Louis G. Bibes se met à dépister les collaborateurs et les criminels de guerre allemands, à Karlsruhe d'abord, puis à Wildbade et enfin à Gernsbach. Les fiches des criminels de guerre circulent entre les Alliés. Le fameux CROWCASS [2] révélait dès juillet

---

1. Ce même document précise que : « Knab Werner (patron de Barbie) serait détenu par les autorités norvégiennes... »
2. CROWCASS : Central Registry of War Criminals and Security Suspects (liste des criminels de guerre et des suspects).

1945 une liste de... soixante-dix mille noms. Et sur la nomenclature des criminels établis par Londres, Barbie figurait à la 239e place.

L'inspecteur Bibes, devenu commissaire pour la circonstance, parle peu l'allemand. Il est aidé par des interprètes. Il interroge notamment les chefs de la Gestapo de Paris, Oberg et Hagen, qui avaient été faits prisonniers par les Britanniques. De Barbie, il ne sait rien, mais il a lu le livre de Bénouville *Le Sacrifice du matin* et il connaît vaguement l'affaire de Caluire. Certains de ses prisonniers restent à sa disposition pendant un an, c'est le cas d'un chef des services secrets de l'armée allemande qui avait consenti à collaborer.

Un beau jour, voici M. John Dollar, une vieille connaissance de Rabat. D'origine balte, professeur de tennis, parlant six ou sept langues, espion pour le compte des Français quand il évoluait dans la haute société marocaine, Dollar (ça ne s'invente pas...) était revenu travailler pour les Allemands pendant la guerre, peut-être poussé par ses affinités ethniques, qui sait? Bibes avait découvert son nom dans les listes confidentielles : Dollar habitait à Munich chez une maîtresse.

« J'avais suffisamment d'arguments pour le convaincre de travailler avec nous », me raconte Louis Bibes que j'ai retrouvé, à l'été 1983, dans la région de Stuttgart.

« A l'automne 1947, Dollar vient me dire : " J'ai trouvé un type qui connaît parfaitement Lyon. Il est entre les mains des Américains et vend ses tuyaux au ' marché aux espions ' de Munich [1]. " Et il me raconte point par point l'arrestation de Caluire. Entre autres détails, le bonhomme lui avait parlé de Jean Moulin en disant qu'il lui " rendait hommage ". J'ai acheté une bouteille de cognac pour le remercier, et j'ai pris l'affaire en main en avertissant mes chefs car j'étais sur une piste extraordinaire.

« Ce salaud de Dollar, salaud mais pas malhonnête, quitte donc l'affaire en me précisant que le gars se fait appeler Altmann. »

Cela se situe très précisément à l'époque où René Hardy venait d'être arrêté une seconde fois pour n'avoir pas révélé qu'il avait été interrogé par Barbie en juin 1943, juste avant Caluire. Le « B. Doc. » (bureau de documentation) de Paris envoie une

---

1. Tous les services secrets le savaient : il y avait à Munich une **véritable** « bourse aux renseignements » du côté de la Möhlstrasse et de la **Mauerkirchnerstrasse**.

note à son antenne de la DGER [1] en Allemagne, signalant que l'affaire Hardy va être reprise sur des bases nouvelles.

« J'étais persuadé que ce type c'était Barbie, poursuit Bibes. Comme il travaillait pour les Américains, je demande à notre officier de liaison John Whiteway (nous l'appelions Jack, il vendait des réfrigérateurs à Paris avant la guerre) d'organiser le contact. Whiteway était français, ancien légionnaire (engagé en 1939) d'origine anglaise. Un type capable d'arranger n'importe quoi, il avait la diplomatie dans le sang. »

C'est ainsi que, le 14 mai 1948, à 9 heures du matin, Bibes se retrouve en face de Klaus Barbie. Cela se passe à Francfort, dans le building de l'IG Farben où se trouvent les locaux de la mission française de liaison. Bibes et son adjoint Charles Lehrmann (lui aussi venu du Maroc) laissent les armes au vestiaire. C'est la première condition. Deuxième exigence des Américains : on évoquera l'affaire de Caluire et rien de plus.

« Barbie, entouré de deux fonctionnaires américains, était très heureux. L'un parlait parfaitement le français. Barbie aussi, mais pour que tout le monde soit bien d'accord, les questions étaient traduites en anglais, répondues en allemand et retranscrites en français. »

Cinq pages de procès-verbal et terminé! C'est qu'au bout d'une heure d'interrogatoire les Américains ont brusquement décidé de couper. Barbie signe d'une main tremblante. John Whiteway insiste pour que l'entretien soit repris une prochaine fois : « On verra! » Que retenir d'essentiel? Que Jean Moulin « magnifique de courage » avait tenté de se suicider...

Grâce au lieutenant Whiteway, une deuxième entrevue a lieu quatre jours plus tard. Toujours aussi méfiants, les Américains font venir Bibes à Munich, le conduisent à Augsbourg, à cinquante kilomètres, pour aller rechercher Klaus Barbie dans les locaux du CIC (Counter Intelligence Corps : services secrets américains avant la création de la CIA) et retournent à Munich.

« Là, dans une villa réquisitionnée dans le quartier de Bogenhausen (à l'angle de la Maria-Theresiastrasse et de la Prinzregentenstrasse), nous interrogeons Barbie à nouveau, me raconte le commissaire Bibes en compulsant les notes qu'il avait préparées pour le procès Hardy. Cette fois, Klaus Barbie allait se montrer un peu plus coopératif. »

---

1. DGER : Direction générale des études et recherches (contre-espionnage).

Comme on se rencontre!... L'un des agents américains est un certain Dick Lavoy, que Bibes avait connu au Maroc. Lavoy travaillait déjà pour le CIC de Casablanca et parlait parfaitement le français. Or cet agent des services secrets US paraît chapeauter Klaus Barbie et pour cause : c'est sans doute lui qui, devenu R.J. Lavoie, avait dirigé un commando pour arrêter Barbie plus d'un an auparavant, à Marburg. L'opération avait échoué. Nous y reviendrons. Donc Bibes se retrouvait en terrain de connaissance, moins hostile qu'on ne l'a prétendu au procès. D'ailleurs, s'il ne se souvient pas parfaitement des détails des interrogatoires, au moins se rappelle-t-il encore sa virée après coup dans un restaurant de Munich.

« Lavoy nous avait régalés! »

L'entretien dure deux heures. Il transmet le rapport au SDECE.

Bien entendu, cela ne suffit pas. Personne n'est content. Bibes n'a pas recueilli toutes les confidences de Barbie; à Paris le juge d'instruction militaire qui connaît le dossier par cœur voudrait poser des questions précises (trop précises, dira-t-on par la suite, car elles suggéraient des réponses...); et les Américains en ont assez de ces parties de cache-cache, car, à force, il leur faudra peut-être expliquer à leurs homologues français – ils les croient noyautés par les staliniens – que Barbie leur sert précisément dans la lutte anticommuniste. Tout cela n'est pas simple, et sans l'acharnement de John Whiteway, sans la complicité des agents spéciaux qui savent si bien parler le même langage, jamais il n'y aurait eu d'autre interrogatoire.

Troisième rencontre dans la même villa de Munich. Troisième procès-verbal. Écriture fine et minuscule de Bibes :

« L'an mille neuf cent quarante-huit et le seize du mois de juillet, nous, Louis Bibes... » etc.

Cette fois, Barbie répond carrément en français. La commission rogatoire préparée par le commandant Gonnot, juge d'instruction au tribunal militaire de Paris, ne comporte pas moins de quarante-neuf questions. Toutes sur le même thème : l'affaire de Caluire devenue l'affaire Hardy. L'entretien commence à 10 heures du matin. Il se terminera dans la nuit, vers 3 heures (se rapporter au document publié en annexe page 331).

« Les Américains protégeaient toujours Klaus Barbie. Pas question de savoir où il habitait, ce qu'il faisait. Pas question de le suivre.

« Vous avez pu le photographier?

« – Pas question.

« – Même " en douce "?

« – Oh! j'avais bien un Minox que Dollar m'avait donné, mais je n'avais pas de pellicule... »

En consultant les archives du SDECE, j'ai pu remarquer que Bibes avait sans doute été doublé par d'autres services secrets. La preuve : le 13 juillet 1948, soit trois jours avant le dernier interrogatoire de Munich, le SDECE envoie la photographie, face et profil, de Barbie au commandant Gonnot (références : 23.07/ JK/EB 0/ 01808/S.D. 168 004... toujours aussi simple). Les mentions au bas des portraits ont été surchargées à l'encre noire. A son tour, le juge d'instruction les envoie à Lyon, avec la mention 47450.

Fin de parenthèse, revenons à Bibes. Comment explique-t-il que Barbie ait été aussi étroitement protégé?

« Trois raisons, me dit-il. D'abord cela vient du fait que les Américains étaient d'un naturel méfiant en matière d'espionnage. Ensuite ils se rendaient compte que Barbie était dangereux à manipuler puisqu'un service étranger avait réussi à le localiser. Enfin ils craignaient que leur entreprise tombe à l'eau : ils m'avaient laissé entendre que Barbie leur était très utile dans leurs recherches concernant les pays de l'Est.

« Et pourtant il ne nous donnait pas l'impression d'être toujours à leur service.

« – Qui a proposé à Barbie de venir témoigner au procès Hardy?

« – Ce n'est pas moi. J'avais passé l'affaire à la DST. »

Il est exact qu'en vue du second procès intenté à René Hardy, les Américains avaient répondu à une demande française : « Nous vous prêtons Barbie, mais vous assurez sa protection et vous nous le renvoyez! » Proposition évidemment inacceptable pour les autorités judiciaires (j'y reviendrai). Barbie ne comparaît donc pas, mais Bibes vient, fidèle au poste. On le roule dans la farine. Comment ce soi-disant officier [1] n'a pas réussi à arrêter l'un des plus grands criminels de guerre? A-t-il pactisé avec l'ennemi? Pourquoi, au moins, n'a-t-on pas éliminé Barbie?...

Humilié, Bibes qu'un journaliste avait traité de « policier le plus bête de France » claque la porte et l'Administration le 1er juillet 1950. Il démissionne et décide de ne plus jamais revenir

---

1. Bibes se faisait appeler capitaine « Bernard Lagarde » pour les prisonniers de guerre qu'il interrogeait.

en France. Il a été l'un des premiers Français à obtenir un permis de travail en Allemagne. Il y est toujours. Il a l'âge de Barbie.

Quant au lieutenant John Whiteway, légionnaire au cœur tendre qui avait rendu de grands services à Alger, il avait été employé comme « contact man » avec les Américains et les Anglais grâce à l'insistance du colonel Paul Paillole, ancien chef des services spéciaux français que j'ai rencontré récemment dans sa retraite des Yvelines. Il me raconte que de Gaulle, opposé à la création d'un service centralisateur, avait à la Libération fragmenté le contre-espionnage et le SR en trois parties : les Recherches extérieures [que le général tenait à diriger personnellement] ; la Sécurité militaire et la Surveillance du territoire dépendant de l'Intérieur. Pour la recherche des criminels de guerre Paillole, lui, préconisait la création d'un seul office : le BICE, bureau interallié de contre-espionnage, ce qui aurait certainement facilité la capture de Klaus Barbie puisque, dans cette hypothèse, il n'y aurait eu qu'un « tronc commun » pour la recherche des criminels allemands. Mais c'était oublier l'aversion de De Gaulle pour les espions yankees [1]...

« Cette division aurait été un excellent projet en temps de paix, mais nous étions en guerre, me dit le colonel Paillole. Alors nous avons travaillé avec nos seuls moyens. L'Allemagne, coupée en quatre, était surveillée par quatre services secrets séparés. En zone française, j'avais nommé Gérar-Dubot [2] car il connaissait mieux que quiconque les affaires allemandes. Et s'il n'y avait eu les contacts personnels de Gérar-Dubot, jamais Barbie n'aurait pu être interrogé. C'est bien grâce à lui que les Américains ont fait venir Klaus Barbie d'Italie où il était employé dans le renseignement anticommuniste. Vous savez : quelques bonnes réceptions renouaient parfois le contact que la politique ou la diplomatie avaient presque rompu. »

D'après le colonel Paillole, la première réaction de Gérar-Dubot avait été de dire aux Américains : « Prêtez-le-nous, on vous le rendra. » Ils avaient refusé. Pourquoi ?

---

1. Cf. les Mémoires de Paul Paillole, *Services spéciaux*, Ed. Robert Laffont, 1975.
2. Le colonel Gérar-Dubot avait été « honorable correspondant » du SDECE et rédacteur en chef du *Journal*. Homme précis et méticuleux, il avait clandestinement organisé le bureau de la Sécurité militaire à Paris pendant l'Occupation. Il faut croire que les services secrets font la peau dure : à quatre-vingt-seize ans, l'hiver dernier, il se souvenait encore de toute cette période.

« Parce qu'ils l'utilisaient, ils en avaient besoin. »

En fait, les Américains n'avaient plus tellement confiance. Ne croyaient-ils pas que la police française était infiltrée par les communistes ? Réponse du colonel :

« Oui, mais ils avaient tort. »

Il régnait une pagaille extraordinaire dans les services spéciaux après l'éclatement de la DGSS[1]. A cette époque, d'après Paul Paillole, il y avait des luttes sanglantes. On se piquait les affaires, on se cachait les renseignements...

C'est toutefois grâce à Paillole que les Alliés avaient reçu des services spéciaux siégeant à Alger un fantastique annuaire secret, celui des criminels de guerre, allemands et français : trois mille huit cents noms inscrits sur des feuilles polycopiées [sans compter les listes des simples suspects] qui furent reliées en un seul volume, imprimé en 1944, dès la libération de Paris. Page treize, d'après l'ordre alphabétique, entre un certain Banzhaf et un nommé Barck... Herr Barbie! Ce document prouve en tout cas que les services compétents savaient déjà beaucoup sur les activités criminelles des nazis et des collaborateurs. Il démontre que les Alliés n'avaient pas à chercher ailleurs ce qu'ils avaient sous le nez. Ces quelques lignes comportent des erreurs, mais elles ont été écrites alors que Barbie n'avait pas encore quitté Lyon!

« Barbie. En réalité Mayer, SS O'Stuf [NDA : Obersturmführer]. Originaire de Brandebourg [NDA : erreur de cinq cents kilomètres].

1,67 m, corpulence forte, visage rose, lèvres minces, yeux gris, lunettes, très brutal.

En 1939, chef d'un district de police en Rhénanie.

En 1943-1944, chef de la section IV et adjoint du Kommandeur du poste Sipo-SD de Lyon. A quitté Lyon temporairement fin 1943 pour une mission dans les Pays-Bas. Était à ce moment remplacé par l'O'Stuf Floreck.

Était de retour à son poste en été 1944. »

Quant à connaître l'importance de l'Amt IV qui avait servi de modèle à la section dirigée par Barbie, il ne subsistait plus de mystère. Ce livre-document qui pourrait – aujourd'hui encore – faire des ravages dans certaines familles françaises si des noms venaient à être dévoilés, ce « livre rouge » avait été établi grâce aux renseignements recueillis depuis bien des années. La section IV y est décrite dans ses moindres détails. On y révèle, par

---

1. DGSS : Direction générale des services spéciaux.

exemple, que la sous-section IV B était elle-même coupée en quatre : catholicisme politique [IV B 1]; protestantisme politique, sectes [IV B 2]; autres confessions, franc-maçonnerie [IV B 3]; questions juives, évacuations, confiscations des biens des ennemis du peuple, etc. [IV B 4].

« Évacuations », que le mot est sensible! Alger feignait-il de savoir ce qui se passait dans les camps?

Toute cette documentation en feuilles polycopiées avait été remise aux Alliés juste avant le débarquement en Normandie. Y figure aussi Werner Knab [comme Oberregierungsrat : haut conseiller du gouvernement] et d'autres SS de la sorte. Pour Lyon, les services du colonel Paillole avaient réussi à infiltrer la Gestapo. Mais ils avaient eu de « gros pépins », une dizaine de leurs agents avaient été arrêtés en mars-avril 1943, comme le commandant Lombard ou le capitaine Missoffe. C'est-à-dire qu'à Alger on en savait beaucoup sur les Allemands de l'hôtel *Terminus*.

« Pourquoi alors n'avoir pas fait " descendre " Barbie?

« – Oh! Il y avait bien d'autres priorités. A commencer par les traîtres français... »

Il est un domaine où le colonel Paillole reste discret, c'est l'affaire de Caluire. Il sait qu'il y a eu trahison, mais d'après ce qu'il a connu des dossiers allemands, il n'y aurait pas eu qu'un seul « donneur ». Paul Paillole rejoint en cela – et en cela uniquement – les suppositions de Mᵉ Vergès qui avait écrit : « Jean Moulin [...] a été livré aux Allemands par d'autres résistants agissant pour des raisons personnelles et des raisons politiques de pouvoir et d'intérêt, protégés eux-mêmes, pour les mêmes raisons, par leurs camarades de combat [1]. »

Paul Paillole me laisse entendre qu'il en sait suffisamment pour se permettre de glisser cette petite phrase à la fin de l'entretien :

« Je suis convaincu que Jean Moulin a tenté de se suicider. »

Pour terminer avec le colonel Paillole, il nous faut rappeler ce qu'il avait dit, lui qui avait été forcé de démissionner, aux subordonnés voulant partir avec lui :

« Gardez-vous-en, leur avait-il dit dans ce langage de Saint-Cyr. Les services spéciaux ennemis vivent encore. Il reste à achever leur destruction. Vingt mille Français indignes ont suivi la

---

1. Jacques Vergès, *Pour en finir avec Ponce Pilate*, Ed. Le Pré aux Clercs, 1983.

Wehrmacht. Ils sont prêts à tout pour sauver une cause désespérée... »

C'était fin novembre 1944. Berlin n'avait pas encore brûlé.

Les Américains avaient-ils trouvé une monnaie d'échange? Toujours est-il qu'ils ne feront aucune difficulté, en revanche, pour livrer Harry Stengritt. Interrogé deux semaines plus tard par le même commissaire Bibes, à Stuttgart cette fois, Stengritt raconte volontiers qu'il a dirigé la section VI (Renseignements) à Lyon et donne une foule de précisions sur Barbie qu'il considérait comme son patron (voir les extraits de son récit en annexe). Il minimise son rôle, n'évoque aucun massacre auquel il aurait participé, mais ne se sent nullement gêné par le récit de Caluire. Il y était et il avait préparé l'opération. Stengritt parle d'autant plus facilement qu'il sait que Barbie n'a pas été inquiété par les enquêteurs français. Or que fait-on de Stengritt? On le ramène à Paris en lui promettant que c'est uniquement son témoignage qui intéresse et qu'on lui fichera la paix. Résultat : il est condamné à mort, puis gracié. Il fera tout de même quinze ans de prison. Un adjoint de Bibes, Amédée Chapuis, qui avait ramené Stengritt en voiture à Paris m'a dit l'été dernier : « Vous voulez l'interviewer? Il ne parlera pas. Il a compris. » Stengritt payait le double de l'addition, la sienne et celle de Barbie.

Et, pendant ce temps, le patron était bien à l'abri. Il pouvait recevoir les flics, il ne risquait rien, parole d'Américain... C'est ainsi qu'après avoir été interrogé trois fois par Louis Bibes, il allait encore répondre à des inspecteurs de la Sûreté nationale. L'un deux, Aimé Ferrier, va l'interroger sur tout autre chose que les massacres ou Caluire : il enquête sur les collaborateurs français et veut simplement savoir quel a été le rôle exact d'un certain Doussot, ami de l'Hauptsturmführer Barbie. Quoi de plus simple que d'interroger directement l'Allemand. Où? Tout bonnement chez lui semble-t-il :

« 8 décembre 1948. Avons fait comparaître devant nous Barbie Klaus, trente-six ans, commerçant à Augsbourg (Bavière), demeurant à Kempten, 38, Schillerstrasse (...), lequel après avoir prêté serment de dire toute la vérité, rien que la vérité... »

Le policier l'interroge sur son ami Doussot, collaborateur de la Gestapo. Quatre pages sur son activité dans le Jura en avril 1944. Barbie le couvre.

« Merci, au revoir Monsieur... »

Dans un rapport (du 17 décembre) joint à cet entretien, Aimé Ferrier ajoute : « La présence – bien que passive – d'un officier américain, lors de l'interrogatoire, donnait à Barbie plus d'assurance. »

Le temps passe. Les autorités continuent à réclamer son extradition, et les Américains répondent invariablement :

« On ne sait pas où il habite... » Était-il si difficile d'aller le ramasser à la barbe des services spéciaux américains comme cela s'était produit avec d'autres criminels? Pas tellement, puisque Barbie continuait à répandre ses confidences. Il parlait beaucoup. Il suffisait de payer... La preuve : cette interview publiée le 4 décembre 1948 par le journal *Samedi Soir* :

« L'Obersturmführer SS Barbier [1] livre à tout amateur pour deux marks cinquante (le prix d'un verre d'alcool de pomme de terre dans un bar de Munich ou d'Augsbourg) le secret le plus jalousement gardé par le deuxième tribunal militaire de Paris : les révélations qui, en octobre, ont fait inculper René Hardy d'intelligence avec l'ennemi... " Hardy est bien un traître. Il est entré spontanément en contact avec nous (...). Je l'ai fait arrêter (dans le train pour Paris) pour qu'il livre ses amis. La promesse de la vie sauve a suffi. Je jure sur la tête de mes deux enfants qu'on ne lui a pas touché un ongle! " »

L'auteur de l'article (non signé, malheureusement) décrit Barbie ainsi :

« Le ventre creux, le visage osseux, la joue cave et l'œil fiévreux. Il a lui aussi connu la prison depuis la guerre. A Cassel d'abord, pour participation à un mouvement de résistance nazi qui rançonnait les vieilles femmes seules. Les services secrets britanniques l'enfermèrent ensuite dans un bunker de Hambourg. Il s'échappa, vint à Marburg, en zone américaine, ouvrir une officine de faux papiers. Une nuit, les MP viennent le cueillir. Au passage d'un pont il saute de la jeep dans la rivière sous les rafales de mitraillette. " Mort! " disent les MP.

« Six mois plus tard, le mort gère un cabaret à Memmingen. On l'envoie deux cents jours au camp de criminels de guerre d'Oberürsel, au secret. Il est voisin de Skorzeny.

« Après avoir au cours de ces aventures porté les noms de Becker, Spiers, Klaus, etc., Barbier a repris son patronyme pour monter un bureau de placement pour artistes de cabaret, maison mère à Munich, succursale à Augsbourg. La première cliente a

---

1. L'orthographe Barbier (avec un « r ») correspond parfois à la prononciation allemande du « e » de Barbie.

été Frau Barbier, danseuse acrobatique de son état[1]. Les bénéfices ne suffisent pas à étancher la soif du patron. Les ardoises qu'il a dans tous les bars lui ont coupé tout crédit. Il compte pour se remettre à flot sur la vente d'un article sur le cas Hardy. Il a demandé deux mille francs suisses à l'agence Associated Press qui a répondu : « Allégations invérifiables (NDA : concernant Hardy), cinq des témoins sont morts et le sixième a disparu en Russie. »

Voilà donc en 1948 l'ancien chef de la section IV qui sombre dans l'alcool, fait danser les femmes et vend – déjà – ses Mémoires. Cela prouve au moins qu'il n'avait pas peur de la justice française...

Les magistrats font citer le directeur du journal qui a publié ce papier. Ils espéraient retrouver l'auteur de l'article et en savoir un peu plus. Le directeur de *Samedi Soir* se retranche derrière le secret professionnel et ne répond pas aux convocations du juge. C'était comme ça à l'époque.

Ça devait naturellement chauffer du côté des résistants. Au printemps 1949, le journal *L'Agent de liaison*[2] publie le texte d'une lettre adressée par les résistants lyonnais simultanément au garde des Sceaux, au ministre des Affaires étrangères et à l'ambassadeur des USA à Paris :

« (...) Informés que le dénommé Barbié Klaus [...] est actuellement libre en zone américaine où il exploite même un commerce à Munich, malgré tous les crimes qu'il a commis dans la région lyonnaise pendant l'Occupation, s'indignent profondément d'une telle impunité. »

Suit la liste des crimes imputés à Barbie : les rafles de juifs, les opérations du Jura et de Nantua... sans omettre les massacres de Saint-Genis-Laval, Bron, La Doua, etc.

Le plus curieux est que les services officiels en Allemagne n'ont pas encore levé le petit doigt. Ils ne sont pas « au parfum ». Il faut attendre, semble-t-il, le 7 juin pour voir démarrer la première demande d'investigations... et sur une formule on ne peut plus timide :

« 1° Il serait extrêmement apprécié si des recherches pouvaient être entreprises pour localiser à Munich un certain Barbie Klaus, réclamé par les autorités françaises comme criminel de guerre.

« 2° Au cas où l'individu peut être situé, veuillez nous faire

---

1. Sa femme, Regina, très probablement.
2. N° 82 du 5 avril 1949.

connaître les conditions sous lesquelles Barbie Klaus pourrait être rendu aux autorités françaises... »

C'est signé Pierre Giacobbi, chargé de mission au Consulat général de France à Munich[1].

Réponse : on va chercher...

La suite sera un imbroglio de demandes d'extradition et de réponses vaseuses. Et comme la voie diplomatique précipite les démarches à la vitesse d'un escargot, la justice militaire va employer ses contacts privés. On a toujours un petit espion de côté... Exemple ce télégramme officiellement versé au dossier Barbie, adressé de Munich dans l'après-midi du 13 juin à « Herrn Zaguin », en réalité M. Zaquin, chef des services de la justice à Baden-Baden :

« *Durand nicht gefunden* » [« Durand n'a pas été retrouvé »]. Signé : « Leb. »

« Durand », c'est le nom de code pour Barbie. Leb est l'ami [probablement un certain Hirsch] chargé de la petite enquête parallèle dans les milieux munichois du quartier de Bogenhausen. Ah ! s'il avait tout bonnement posé la question au commissaire Bibes, à John Whiteway ou bien à tous ceux qui avaient croisé le policier lyonnais Aimé Ferrier...

Pour bien jauger la distance qui séparait les services officiels, il suffit de rappeler que la photo de Barbie, face et profil – modèle 1946 –, était sur le bureau du juge d'instruction depuis près d'un an ! Disons, en langage de greffier, que Klaus Barbie « faisait déjà l'objet de six ordres d'informer », autrement dit qu'il était déjà recherché pour six enquêtes différentes[2]. Plus on s'approchait du loup, en Allemagne, moins on s'en préoccupait. C'est ce qu'il ressort de la lecture du dossier judiciaire et diplomatique. Et pourtant, ce ne sont pas les notes de mise en garde qui faisaient défaut. Encore un exemple. Le général de Hesdin, gouverneur militaire de Lyon, écrit au ministre de la Défense nationale :

« (...) Les crimes commis par l'ex-Gestapo de Lyon revêtent une ampleur et une gravité telles qu'ils constituent vraisemblablement la plus importante affaire criminelle de guerre appelée à être jugée en France.

« Or, l'un des principaux inculpés, le nommé Barbie Klaus, se

---

1. Référence : 1017/MFLB/Div.
2. Six enquêtes dans lesquelles on retrouve les accusations suivantes : homicides et incendies volontaires, arrestations illégales, tortures corporelles, vols, associations de malfaiteurs...

trouve aux mains des autorités américaines d'occupation qui, jusqu'à maintenant, ont refusé de le livrer [...].

« Si le jugement a lieu dans ces conditions [NDA : sans la présence de Barbie], les avocats des détenus complices de Barbie ne manqueront pas de mettre en lumière le refus opposé par nos alliés. La presse s'emparera de l'affaire et l'opinion publique sera fortement et justement émue. »

A la fin de sa lettre, le général insistait :

« (...) je vous demanderai de bien vouloir intervenir auprès des autorités américaines en attirant leur attention sur l'effet malheureux produit sur l'opinion publique par la non-livraison de Barbie. »

Enfin, le 28 juillet 1949, Robert Schmelck [qui allait présider plus tard la sacro-sainte Cour de cassation] révélait par écrit :

« Je viens d'apprendre de source officieuse que Barbie résiderait actuellement à Kempten [Bavière, zone américaine], 38, Schillerstrasse, 7. »

Mais il signalait en même temps que des difficultés ne manqueraient pas de survenir si on voulait constituer un dossier réglementaire d'extradition car il fallait obligatoirement y joindre un certificat de résidence. Or qui pouvait délivrer un tel certificat sinon le Public Safety Officer US. Un mois plus tard, la réponse américaine à l'attaché Giacobbi : « Le domicile de l'intéressé n'a pu être découvert. »

« Et pourtant, me dit le président Robert Schmelck, cela circulait plutôt bien entre nous et les zones américaine et britannique. »

Avec les Russes cela se passait moins bien. Eux aussi avaient été mis sur une piste : un « tuyau » indiquait que Barby [sic] pouvait bien se trouver à Brunby, en zone soviétique. Le Barby de Brunby était, en fait, un homonyme...

Aujourd'hui, avec l'ordinateur... Question : voulait-on vraiment obtenir Barbie à l'approche du second procès intenté à René Hardy ? Les « chasseurs » n'ont-ils pas vociféré trop fort au point de couvrir les chuchotements qui auraient suggéré « Gardez-le ! Il va encore salir la Résistance !... ».

La réponse est peut-être du côté des services secrets américains.

9.

L'AGENT X-3054

1945. L'Allemagne s'écroule à mesure que les Alliés libèrent les camps de concentration. Hitler se suicide alors que Berlin, cerné par l'Armée rouge, est en flammes. On prépare déjà le procès des nazis. Le prétoire de Nuremberg va montrer au monde qui étaient ces fous et quels étaient leurs buts réels.

L'Allemagne est partagée en quatre zones : américaine, britannique, française et soviétique. La capitale subit le même sort, on a coupé la poire en quatre, mais la périphérie de Berlin est entièrement sous contrôle soviétique. Dans la zone qui s'étend de Kassel à Munich les militaires américains vont déployer leurs services spéciaux en douze secteurs sous le contrôle du 970e CIC (Counter Intelligence Corps), contre-espionnage des troupes d'occupation qui compte dans ses rangs plus de novices que de vieux spécialistes de l'OSS. Ceux-là étaient rentrés chez eux, fatigués de la guerre. A la tête du CIC on trouve bien sûr quelques agents chevronnés, mais la qualité manque à l'étage inférieur et, surtout, les informateurs de base font défaut.

La « dénazification » va bon train. Des milliers d'Allemands et leurs collaborateurs étrangers sont à leur tour dans des camps. Les Alliés veulent connaître l'importance de chaque nazi, ou ex-nazi. Des listes comme celle du colonel Paillole circulent entre les Occidentaux. On les confronte. Il y a la liste des « Wanted » et celle des suspects, celle des Allemands et celle des étrangers. Au fur et à mesure des enquêtes on raye des noms ou alors on surcharge entre les lignes pour en ajouter d'autres.

Mais pour les Américains l'ennemi ne va pas tarder à changer de nom. Il ne s'appellera plus nazi, mais communiste. C'est une aubaine pour un SS comme Klaus Barbie qui a appris à haïr les communistes plus encore que les juifs. Pour les juifs, disons qu'il « s'en accommodera » s'il veut rassurer les Américains, se montrer fraternel. Mais les communistes, ça non, ça ne passe pas! Il ira donc dans le sens du courant. Alors, comme les Américains ne vont pas toujours regarder à la loupe le passé de certains nazis – surtout après s'être assurés qu'ils ne sont pas inféodés à l'Est – Klaus Barbie va pouvoir proposer ses services d'informateur hors classe.

Le contre-espionnage US l'emploiera pendant trois ans au moins... et Washington ne le reconnaîtra officiellement, publiquement, que trente-cinq ans plus tard! Chapeau tout de même pour cette « opération vérité ». Plusieurs raisons ont été avancées pour expliquer ce silence de plus d'un quart de siècle. Mais l'une d'elles suffirait à motiver le grand embarras des Américains : au lendemain de la Deuxième Guerre mondiale ils avaient utilisé Klaus Barbie pour espionner les services secrets... français! Oui, Herr Barbie avait remis ça avec les « Franzosen »... Nous y reviendrons, mais il faut d'abord retrouver le cheminement du Hauptsturmführer depuis sa blessure de la fin août 1944.

Il est donc certain aujourd'hui qu'à la suite de son hospitalisation à Baden-Baden, Klaus Barbie a été effectivement soigné dans un hôtel transformé en hôpital, à Halberstadt jusqu'en février 1945. Sa propre mère, qui ne disait pas toujours la vérité, a reconnu avoir vu son fils pour la dernière fois en mars 1945 à Halberstadt. Interrogée en 1950 à Trèves par l'inspecteur français Lucien Ollier, qui tentait de retrouver le fils [1], Anna Barbie avait indiqué :

« Il était en traitement pour une blessure à la jambe. Je n'ai plus jamais reçu de nouvelles, je pense qu'il est décédé. (...) Je n'ai plus de famille. »

La dame Barbie n'en disait pas beaucoup plus. Elle avait d'ailleurs refusé de signer sa déclaration. Voilà pourquoi l'inspecteur Ollier écrivait à son chef, deux jours plus tard :

« Pour égarer les recherches elle a déformé l'orthographe de son nom en l'écrivant Barbi. Il y a lieu de signaler la mauvaise foi et le cynisme dont elle a fait preuve au cours de son interrogatoire.

---

1. Le procès-verbal du 13.12.1950 mentionne : hôpital « Alberstadt » à Berlin. Il s'agit certainement d'une confusion avec la ville de Halberstadt, au sud-ouest de Magdeburg, aujourd'hui en RDA.

(...) Barbie Klaus qui a été vainement recherché à Trèves se trouverait, d'après des rumeurs, à Berlin où il travaillerait pour un Service américain. »

Il y avait du vrai dans tout cela...

Peu après sa convalescence, Klaus Barbie avait battu la campagne, du côté de Kassel. Il affirmera plus tard qu'abattu par la défaite, ayant perdu sa patrie, sa liberté et sa profession, étant perpétuellement en fuite depuis que le tribunal de Nuremberg avait qualifié tous les SS de criminels qu'il fallait arrêter et juger, ne pouvant ni travailler, ni étudier, il avait un moment songé à se donner la mort comme certains autres. Mais finalement ses responsabilités familiales l'avaient poussé à faire face... Sous le nom de Becker, puis de Holzer, il chercha à reconstituer une sorte « d'Amicale » clandestine des anciens SS. Son but étant, très probablement, de reprendre une place de choix dans la nouvelle société allemande. Il lui fallait pour cela reconstituer un groupe d'amis, si possible des types du même bord qui allaient se refaire une santé avec de faux papiers, de faux documents d'état civil, de fausses cartes d'alimentation, etc. Il échappait aux recherches sans perdre l'espoir de voir surgir un jour un IVᵉ Reich...

Barbie : « Les Russes avaient accusé les Américains de tolérer en Allemagne une organisation nazie revancharde. Ce n'était pas la vérité, nous voulions simplement survivre... »

Début 1946 le Counter Intelligence Corps apprend qu'un groupe d'officiers SS s'est effectivement reformé dans la clandestinité sur le modèle des « Freikorps » de l'après-guerre 1914-1918 [1]. D'après un rapport secret américain, révélé par la « Commission Ryan » en 1983 [2], l'objectif de ces gens-là était notamment de reprendre en main l'administration allemande. C'était déjà « l'Allemagne aux Allemands », sentiment tout à fait légitime mais combien prématuré aux yeux des vainqueurs – la guerre étant terminée depuis moins d'un an. Des milliers d'Allemands étaient inscrits sur les listes des suspects. Redistribuer les cartes, oui... mais pas aux nazis.

Un espion américain qui avait fait des études en Suisse et parlait le « Schwizer » comme un Zurichois réussissait à pénétrer

---

1. *Cf.* deuxième chapitre, page 28, où Barbie dépeint le rôle de son père dans les groupes de Schlageter.
2. À la demande de l'Attorney General (ministre de la Justice) des États-Unis, l'avocat Allan A. Ryan Jr. a enquêté avec une équipe de spécialistes sur les liens entre les Américains et Barbie de 1945 à 1983. Il a remis son rapport au mois d'août 1983 après sept mois de recherches.

l'organisation. Il y était resté pendant six mois, admis comme un fidèle nazi, nostalgique du Reich perdu. Il avait pris son temps pour établir un rapport bien documenté. Parmi d'autres « tuyaux » il signalait que l'un des leaders de cette organisation n'était autre que Herr Barbie qui avait retrouvé sa virginité sous le nom de Becker.

Mais à ces moments perdus, entre deux réunions clandestines, que faisait Barbie-Becker? Il volait...

Cette affaire a été dévoilée par Beate Klarsfeld qui avait réussi à consulter le dossier de la justice allemande. En résumé, Barbie avait recruté un lointain cousin, Kurt Barkhausen, et un certain Wolfgang Gustmann, anciens SS. Le 19 avril 1946, déguisés en policiers, les trois hommes sonnent chez un notable de Kassel, le baron Forstner, au 43 Parkstrasse. C'est Mme von Forstner qui ouvre. Barbie : « Kriminalpolizei! Vous protégez le dénommé Kolbenheyer recherché par la police! » La baronne proteste. Mais Barbie et ses « adjoints », qui lui donnent respectueusement du *Herr Kommissar*, entrent et fouillent partout. Ils « confisquent » une petite valise de bijoux et proposent d'aller au *Polizeipräsidium* afin de dresser le procès-verbal. La baronne a oublié sa carte d'identité, elle retourne sur ses pas. Dehors Barbie et les « inspecteurs » ne l'attendent pas. L'un se sauve vers la gare, l'autre porte la valise chez des amis. Barkhausen et Gustmann, arrêtés plus tard, chargeront leur chef : c'est Barbie qui a gardé tous les bijoux!

Curieusement il faudra attendre le printemps 1949 pour que la police allemande diffuse son signalement :

« Klaus Barbie, 1 m 70, cheveux blonds foncés, type israélite prononcé, parle l'allemand littéraire (Hochdeutsch), manières courtoises. »

Serge Klarsfeld précise que le procès avait eu lieu le 3 avril 1950 en l'absence de Barbie. Or le mandat d'arrêt n'avait été lancé que deux mois plus tard alors que les bijoux venaient d'être restitués à la police de Stuttgart. Sur le rapport d'enquête [1] :

« ... Une autorité américaine a dicté les indications pour retrouver ces bijoux. On peut admettre, sans risque de se tromper, que les bijoux ont été restitués par le CIC. Déjà au cours de l'enquête à Kassel, on soupçonnait que Barbie travaillait pour les services secrets américains. Ce soupçon s'est maintenant encore

---

1. Rapport daté du 16 avril 1951. Barbie (devenu Altmann) venait de débarquer en Argentine...

renforcé. Une demande par écrit a été envoyée au CIC; elle est restée sans réponse. D'autres démarches dans cette direction resteront vraisemblablement sans succès. »

Il est vrai qu'à cette époque cette partie de l'Allemagne venait de retrouver sa souveraineté (devenue la République Fédérale d'Allemagne, séparée de la République Démocratique fidèle à l'URSS) et sa police criminelle n'avait pas fini de se libérer totalement de la tutelle américaine ou alliée.

Ces deux années demeurent cependant assez confuses. Si l'on se réfère à l'un de ses premiers récits, Barbie aurait quitté l'hôpital dès le mois de février 1945 et serait allé combattre les Russes au pont de Branoff, malgré sa blessure à la jambe à peine cicatrisée. Y parvenant trop tard, il rebroussait chemin et se retrouvait dans le bunker de Berlin (tout près de Hitler...). Puis il était incorporé dans la 12ᵉ armée du Reich, ou ce qu'il en restait, et se battait quelque part du côté de Wuppertal, contre les Américains cette fois. C'est là, prétend-il, que le 18 avril il avait enterré ses armes dans un bois en bordure de la route.

Le capitaine SS trouvait ensuite des vêtements civils et allait tenter de se faire passer – comme des centaines d'autres gradés – pour un simple soldat désemparé. Car il savait bien qu'on n'allait pas condamner un « 2ᵉ classe », du nom de Becker par exemple...

Toujours d'après ses récits il lui serait venu à ce moment une idée astucieuse, celle de se jeter dans les bras des Américains en se faisant passer pour... français! Victime du STO. Comme le « yankee » auquel il s'était adressé n'avait strictement rien compris, il l'aurait laissé rejoindre la route de Kassel, à bicyclette malgré son pied douloureux.

De quoi vivait-il donc? Explication en 1972 : il avait été engagé comme garçon de ferme quelque part dans les environs de Kassel. Là il allait rencontrer un certain Schneider. S'étant alors attribué un nouveau patronyme, celui de Mertens, Barbie avait entrepris avec ce jeune Schneider[1] de falsifier des documents dans les locaux de l'université de Marburg-Lahn où il avait été admis à la section « Droit ».

– Nous avons dû falsifier quelque trois cents documents, se vantait-il en Bolivie.

---

1. Ce Schneider s'appellerait également Merk – ou Merck. On retrouvera le nom de Schneider-Merck dans l'épisode péruvien de 1971 (*cf.* chapitre 10).

(Ce récit varie peu comparé à celui que Barbie fournit un jour aux Américains. Seulement il est précisé dans les rapports secrets US que Barbie – alias Becker, Behrends, Mertens, Spier, Holzer – avait été transféré, le 11 mars 1945, de Berlin à Düsseldorf pour rejoindre son poste d'origine, la section VI (renseignement) du SD. Mais, dans la mouvance de la débâcle, ce bureau avait subitement déménagé pour s'intaller quelques jours à Essen. Les Américains avaient, à l'époque, pris pour argent comptant le récit des pérégrinations de l'ancien Hauptsturmführer.)

Pour Barbie la chance va toutefois marquer une pause. Il est dénoncé et fait prisonnier en novembre 1946 par les Britanniques, dans leur secteur évidemment. Selon lui les Anglais du Field Secret Service devaient l'enfermer dans un « camp de concentration » à Neumünster, réservé aux SS et aux hauts fonctionnaires du parti nazi. Mais il avait réussi à s'échapper, entre-temps, de sa cellule à l'étape de Hambourg :

« Nous nous sommes enfuis un jour de fête. Il ne restait qu'un seul planton à la porte. Il jouait de la flûte. Mes deux compagnons avaient trouvé un crochet en fer sur l'une des poutres du plafond et avaient réussi à forcer les portes. Ils m'ont libéré à mon tour. Nous nous apprêtions à attaquer l'unique garde quand nous nous rendîmes compte qu'il était entièrement absorbé par son concert. »

Toujours d'après Barbie il rencontre plus tard un homme qui lui lance : « Mains en l'air!... Êtes-vous un bon ou un mauvais Allemand?... » C'était un ancien fonctionnaire du NSDAP qui allait le recueillir chez lui pendant trois semaines et envoyer sa femme à Marburg pour déménager le matériel de faussaire.

Survient l'époque où Regina Barbie (son épouse dont il ne parle pas beaucoup) doit accoucher pour la seconde fois. Klaus Barbie cherche une clinique discrète à Kassel. Son ami Schneider prend les contacts, témoigne que le pauvre mari de la dame a disparu pendant la guerre, tandis que Klaus Barbie, lui, se présente comme le beau-frère, tout attristé. Mais comme il sent que sa présence constitue néanmoins un danger pour tous, il partira vivre chez sa maman, sans se montrer (quoi de plus facile que de chercher les criminels dans leur propre famille...) Klaus-Georg naît en décembre 1946.

Est-ce le bref contact de Barbie avec les Britanniques qui, paradoxalement, lui a donné l'idée de renouer avec le vainqueur (suivant l'adage : on est toujours mieux du côté du plus fort...), ou bien son anticommunisme forcené qui le pousse à travailler pour les Alliés ? Toujours est-il qu'un de ses amis allemands, le Dr Emil Hoffmann, espion au service de Sa Majesté, veut l'engager comme informateur. Il hésite.

(Ce même Emil Hoffmann témoignait, en juillet 1964, que Barbie avait réussi à introduire dans les services secrets US de Memmingen un Danois, le Dr Zarp, ancien expert économique auprès des SS. L'affaire remonterait à 1946, ce qui, ajouté à la première déclaration du Kamerad Stengritt entre autres, avance-rait d'un an l'entrée de Barbie – officiellement admise par Washington – dans les services secrets américains.)

Barbie prétend avoir été arrêté une nouvelle fois, pendant quelques minutes seulement. Il avait réussi à sauter d'une Jeep américaine qui le conduisait au QG avec la femme qui l'avait trahi. Dans l'affolement le soldat US [1] avait tiré, raconte Barbie, la Jeep avait percuté un arbre, la dénonciatrice s'était cassé une jambe et lui avait réussi à s'échapper, un doigt éraflé simplement par une balle... Comme dans Tintin.

Pour l'ensemble de la période « germano-américaine » de Barbie, il subsiste une énigme : pourquoi donc les fameuses listes de suspects n'ont-elles pas révélé à ses employeurs le véritable passé du capitaine SS ? Dans ce domaine les Américains ne s'étaient pas montrés spécialement curieux où alors avaient-ils été aveuglés par le profit que pouvait apporter un nazi comme Barbie ? Ils ont prétendu, les uns après les autres, qu'ils ne s'étaient intéressés en examinant son passé qu'aux seules années d'après-guerre : 1945-1946. Et pourtant il suffisait d'ouvrir à la bonne page le grand livre du CROWCASS [2]. Celui édité en 1945 indiquait que Barbie était demandé par la France pour « meurtres de civils et torture de personnels militaires » ; celui publié au mois d'août 1946 signalait qu'un certain Barbi était réclamé par la justice hollandaise pour « meurtres et déportation » ; sur la liste de mars 1947, à la même page que Heinz Barth – l'assassin que j'ai vu juger à Berlin-Est, en 1983, pour sa participation au massacre d'Oradour-sur-Glane – on trouvait quatre Barbie :

– Barbi (...) recherché par les Hollandais (NDA : ils n'avaient pas oublié la consonance italienne de ce nom) ;
– Barbie... voir Barbier ;

---

1. Vraisemblablement le fameux Dick Lavoie.
2. Cf. chapitre précédant.

– Barbier Klaus (ou Barbie, ou Barby, ou Mayer, ou Klein, ou Kreitz)... Hauptsturmführer, chef de la section IV à Lyon en 43-44 (...) recherché pour meurtre par la France [1];
– Barby... voir Barbier.

Il fallait avoir égaré ses lunettes et oublier que Barbie avait déjà été arrêté deux fois. Ou alors, comme l'a soutenu un officier US récemment, ne fallait-il pas se méfier de cette liste car parfois elle servait à rapatrier des ennemis politiques sous l'appellation de « War Criminals », criminels de guerre...

Michel Thomas qui avait échappé à la rafle de l'UGIF, à Lyon en février 1943 [2], s'est vivement indigné à la lecture du rapport Ryan. Il trouve inadmissible d'avoir employé Barbie comme informateur du CIC, et il sait de quoi il parle :

« J'étais l'un des responsables du contre-espionnage dans la ville d'Ulm, me dit-il. J'avais moi-même rédigé un rapport complet sur la Gestapo et Barbie y était naturellement mentionné. »

A la libération de Lyon, Michel Thomas s'était joint aux troupes US. Engagé dans la 7e armée, il avait poursuivi les Allemands jusqu'au camp de Dachau où il avait été parmi les premiers à découvrir l'horreur des camps de concentration nazis. Puis il avait accepté un poste de responsable régional au CIC. Il y était resté jusqu'en avril 1947.

« A cette date, poursuit Michel Thomas, Barbie n'avait pas encore été employé par nos services (NDA : je n'en suis pas aussi certain). Quand nous sommes rentrés nous avions été remplacés par des gars qui n'avaient aucune idée de ce qu'il fallait faire. Ils ne parlaient même pas l'allemand !

« En employant Barbie je considère qu'ils ont trahi les 200 000 morts américains qui s'étaient battus pour anéantir le nazisme. Au CIC nos remplaçants ne pouvaient pas ignorer qui était réellement Barbie. Ils avaient le devoir (il martèle du poing) d'arrêter ce type... Parce qu'il avait une triple carte de visite : Gestapo, SD et SS. A Nuremberg les Alliés ont condamné ces trois organisations criminelles. C'était une obligation (il martèle à nouveau) de les poursuivre. C'est une honte pour l'Amérique d'avoir sauvé ce type... Barbie a été condamné deux fois à mort par la France. Il n'est pas mort... c'est bien grâce aux Américains ! »

---

1. Il n'a jamais été question dans ces listes de Jean Moulin ou des massacres de juifs, mais cela est compréhensible : le CROWCASS ne donnait aucune place aux « particularités ».
2. Cf. page 66.

Michel Thomas n'allait pas se satisfaire, on le voit, des « profonds regrets » formulés par les États-Unis à la France, trente-cinq ans après, même si ces regrets étaient appuyés par une déclaration du Président Reagan.

Aussi curieux que cela puisse paraître les services secrets US avaient pourtant commencé à donner la chasse à Barbie après cette affaire de « l'Amicale SS ». Dans un « swoop », comme disent les Américains, une descente de police, ne nécessitant pas moins de sept équipes, les agents du CIC allaient intervenir simultanément à deux heures du matin, le 23 février 1947, dans la région de Marburg couverte de neige. On avait mis des chaînes aux Jeep. Il s'agissait pour les Américains d'arrêter huit personnes, sélectionnées sur une liste de cinquante-sept noms, qui allaient permettre de démanteler l'organisation et, qui sait, d'arrêter Barbie. Dans certaines équipes on retrouve curieusement des noms français : Xavier Vasseur, Joseph Birneaux, auxiliaires du CIC. Leur mission à tous consistait également à saisir des documents, codes, lettres, littérature, pamphlets, cartes d'identité, organigrammes, photos, agendas, armes, munitions, outils, radio-émetteurs, équipements vestimentaires, argent, etc. L'ordre était signé « R. J. Lavoie » (celui qui allait l'année suivante assister aux entretiens avec le commissaire Bibes).

Chou blanc pour Klaus Barbie... Il venait de quitter Marburg.

Les Américains allaient toutefois remettre ça au mois d'avril [1]. Ce soir-là, à l'heure du dîner, les agents du CIC déboulaient au troisième étage du 35 Barfusserstrasse, toujours à Marburg. Ils y trouvaient Dora, Else et Margarete Schmidt, Marthe Ludwig et Heinz Schmuelling. Ils étaient interrogés séparément. Résultat : ils apprenaient seulement que « Claus (sic) Becker, alias Barbie, alias Behrens » avait été leur locataire jusqu'au mois d'août 1946 avant d'aller s'installer à Düsseldorf dans une petite chambre de la Reitallee, où habitait déjà sa maman. Comme il n'était pas dédaigneux, ce monsieur revenait de temps à autre rendre une petite visite. Il passait la nuit et repartait en faisant un crochet par Himmelsberg où un fermier lui procurait quelques provisions. Et

---

1. D'après un rapport signé Lavoie et V. J. Kolombatovic, autre « special agent CIC ».

les témoins précisaient que ce fermier était d'ailleurs un « compagnon de guerre de M. Becker ».

Il est un autre secret que l'on n'a toujours pas réussi à percer, c'est celui des archives britanniques. Selon des experts qui ont longuement étudié les documents de la CIA, John Loftus notamment, les Anglais auraient eux aussi fait travailler Klaus Barbie pour leur réseau d'espionnage. Et donc ils auraient su, eux aussi, qui était exactement l'Obersturmführer, ce qu'il avait fait, ce qu'il savait sur l'affaire de Caluire et j'en passe. Ainsi, dès sa création en juin 1948, Barbie aurait été utilisé par l'Office de Coordination de la Police, le fameux OPC de Frank Wisner. Sur ce point, je le reconnais, je ne suis jamais parvenu à mettre au jour les informations manquantes... D'après le rapport de la « Commission Ryan », Klaus Barbie ne serait en fait entré dans le Counter Intelligence Corps qu'en 1947. Patronné par son ami Kurt Merk, ancien agent de l'Abwehr de Dijon, employé depuis quelque temps déjà par les Américains. Ce qui est pour le moins surprenant c'est qu'à la même époque, tandis que les sections 1 (Stuttgart) et 3 (Francfort) du CIC recherchaient Barbie, celui-ci était déjà employé par la section 4 (Munich) qui lui avait attribué le secteur de Memmingen. Que faisait-il là-bas, aux confins de la Bavière? Il enquêtait sur les activités des Allemands – notamment ceux du PC –, sur les mouvements des agents soviétiques (« et antisoviétiques », dit un rapporteur) en zone américaine, ainsi que sur les opérations menées par les services secrets... français!

Le rapport de M. Allan Ryan ne révèle pas le contenu exact des « tuyaux » vendus par Barbie. Il ne divulgue pas précisément quelle mission d'espionnage il a pu effectuer, qui il a trahi, quels contacts particuliers il a pu nouer en zone française... Sur tout cela les Américains sont restés mystérieux. Il est vrai que l'Attorney General ne lui en avait pas demandé autant : l'enquête était destinée à découvrir les liens entre Barbie et les Américains, et non pas à révéler le résultat concret de sa collaboration. D'ailleurs dans les 600 pages de documents annexés au rapport, le moindre nom de personnalité ou de ville compromettant le rôle des services spéciaux US a été caviardé par la censure. Cela demeure « Top Secret ».

Extrait du rapport de John H. Dermer, agent spécial (APO 154, 20 mars 1947], à propos de l'opération « Flowerbox » :

« ... Au total, considérant son passé et son expérience avec les GIS[1] il est tout à fait possible que Barbie soit utilisé dans la pénétration du supposé noyau russe de (NDA : 3 ou 4 mots supprimés par la censure US)... Il a indiqué à X-3-I Sp Sqd que Barbie n'allait pas refuser de collaborer avec X-3-I dans une telle entreprise. »

Barbie avait, à ce moment, retrouvé un certain Wenzel (comme son ami Wenzel de la sous-section juive du SD Lyon, mort (?) dans le bombardement de mai 1944) qui travaillait déjà pour le CIC de Stuttgart, spécialisé dans l'espionnage des Soviétiques. Voilà pourquoi J. Dermer notait à la fin de son rapport :

« Il a été recommandé de ne pas arrêter Barbie pour l'instant mais de l'employer dans l'espoir d'infiltrer le soi-disant groupe pro-russe de (NDA : le nom de la ville est caché). »

Il mentionnait que Barbie devait toutefois rester sous surveillance, près d'être arrêté si d'aventure...

Cela devait durer ainsi pendant deux mois jusqu'à ce qu'un officier du service qui recherchait Barbie s'aperçoive – le 22 mai 1947 – qu'il figurait sur les tablettes du CIC superbement placé au rang des précieux informateurs. On s'apercevait là que Barbie travaillait avec le dénommé Merk (l'espion de Dijon) dans une organisation joliment appelée « Büro Petersen », pendant qu'on voulait mettre le grappin sur lui. C'était en quelque sorte le résultat d'une guéguerre entre les services. Mais dès lors que Herr Barbie avait été localisé, l'état-major du CIC allait bien réussir à l'arrêter. Il suffisait de balayer devant sa porte... Mais non... On le laissait tranquille. Motif : il était plus utile dans les rangs du CIC que dans un camp de prisonniers nazis. La section 4 va donc continuer à cacher Barbie à ses collègues, et il faudra attendre, finalement, l'opportunité d'un changement de poste, une promotion, pour que l'un des patrons, Earl Browning, lance un mandat d'arrêt.

Barbie sera appréhendé le 10 (ou le 11 ?) décembre et conduit au centre d'interrogatoire spécialisé d'Oberursel. Dès le premier jour l'enquêteur note sur la fiche descriptive : porte une cicatrice à la joue droite.

En quelque sorte c'était la troisième arrestation de Klaus Barbie, mais ce n'était toujours pas la bonne puisqu'il allait

---

1. GIS : German Intelligence Services, nom utilisé avec quelque humour par les GI'S...

ressortir « blanchi », au mois de mai 1948, et à nouveau prêt
à l'emploi. C'est qu'on ne lui avait pratiquement pas posé
de questions, paraît-il, sur les périodes autres que celle de 1945-46.
Et Barbie, lui, s'empressait de clamer que pendant toute cette
époque il avait patiemment attendu l'opportunité de travailler pour l'Amérique, contre les Russes... D'ailleurs comment
l'idée lui était-elle venue? Par son copain Merk qui, l'ayant
retrouvé, s'était empressé de le recommander au grand patron
américain, Robert Taylor. Une fois relâché et réengagé Barbie
(qui n'avait jamais pu ni voulu cacher sa véritable identité aux services secrets) allait dès lors prendre tout naturellement un numéro
d'ordre dans le registre des gentils informateurs : pour l'administration US il devenait l'agent X-3054.

[Une fois revenu à Lyon, quarante ans plus tard sous bonne
escorte, Klaus Barbie racontera qu'il avait accepté de travailler
pour les américains à trois conditions : 1) que son fils Klaus-
Georg (bébé d'un an) « pris en otage » avec sa mère par le CIC, à
Kassel, soit libéré – « c'était un crime contre l'humanité! » dira-t-il
très sérieusement; 2) que son job devait concerner essentiellement la chasse anticommuniste et qu'il n'était pas question de
trahir les camarades vivant dans la clandestinité; 3) que les
Américains le laissent en liberté et surviennent à ses besoins.]

C'est donc à X-3054 que l'Amérique allait offrir sa protection,
ses cigarettes blondes, ces tickets d'épicerie... avec ce soupçon de
déférence que l'on accorde parfois à ceux qui travaillent aussi bien
qu'ils cachent leur passé.

Quand, en 1983, on découvrira tout cela c'est le général
R. Taylor qui portera le chapeau. Mais on ne pourra plus lui
demander de comptes : il est mort. Pour les autres il n'y aura pas
de poursuites : ils sont tous à la retraite et bénéficient de la
prescription.

Interrogés les uns après les autres les anciens agents américains ont récemment levé le voile sur quelques secrets gardés
depuis la fin de la guerre. L'un de ces officiers, Ehrard Dabringhaus, devenu professeur d'histoire allemande à l'université de
Detroit, raconte des choses fort intéressantes, mais il faut piocher
dans diverses interviews. Il a gardé le réflexe de ne pas dire tout,
tout de suite. Il intéresse au compte-gouttes. Une bribe par-ci, une
révélation par-là...

« Barbie? Il vivait à Kempten. Quatre personnes l'entou-
raient : Kurt Merck et sa maîtresse, une Française de vingt-cinq

ans, un autre jeune Français et un homme que Barbie m'avait présenté comme étant professeur d'anthropologie ayant appartenu à " l'Ost Institut " », dit-il au *Figaro Magazine.*

Ehrard Dabringhaus avait été chargé d'aller chercher Barbie, de l'installer confortablement dans une villa, de lui fournir une secrétaire. Il assure que pour ses renseignements il recevait tous les mois une enveloppe : 1 700 dollars, des « vrais billets verts », pas de la monnaie locale [1].

« A votre avis pourquoi faisait-il tout cela?

« Pour de l'argent! Il était prêt à tout. Un jour je l'ai surpris en train de recopier un article paru dans un journal tchécoslovaque. Il voulait nous vendre ça comme renseignements!... »

Il n'est pas le seul d'ailleurs à avoir remarqué que Barbie essayait de refiler plusieurs fois les mêmes tuyaux à différents services. D'après le colonel Earl Browning, certains « indics » comme Barbie se déplaçaient de ville en ville pour se faire payer plusieurs fois les mêmes renseignements. D'où l'utilité des multiples identités.

Encore Dabringhaus, au *Monde* cette fois :

« Barbie bluffait, il ne nous a pratiquement rien donné de valable. Il prétendait avoir cent agents travaillant pour lui un peu partout en Allemagne. Il lui fallait de l'argent pour les rétribuer... En fait, il encaissait les dollars et c'est tout. »

A cela s'ajoutaient les gratifications en nature. Voici, par exemple, retrouvé dans les archives des services secrets US, un relevé des frais établi par E. Dabringhaus, le 1er octobre 1948, pour l'associé de Barbie (Merk) :

« 1-15 septembre : 10 paquets de cigarettes (NDA : en gratification pour des renseignements sur...) " Bureau des Syndicats Bavarois ";

2-18 septembre : 20 DM + 1 carte d'alimentation...;

3-22 septembre : 100 DM...;

4-22 septembre : 10 paquets de cigarettes (NDA : situés à la même date ces deux colis concernent des affaires différentes)...;

9-30 septembre : 1 carte d'alimentation... pour renseignements sur les " mouvements de troupes dans la zone soviétique ". »

Au total : 500 DM, 40 paquets (peut-être s'agit-il de cartouches de vingt) et 5 bons d'épicerie.

---

1. D'après Allan Ryan il faudrait diminuer cette somme de moitié pour approcher la réalité.

Sur la rencontre Barbie-Bibes et consort, voici ce que révélait Dabringhaus à Michel Faure, de *Libération* :

« Ils (les agents français) ont été trop gentils, trop polis. Ils sont venus dans le bureau et m'ont demandé si je connaissais Barbie, si je savais où il se trouvait. J'ai dit non et cinq minutes après ils sont repartis, c'était fini. Ils ne m'ont pas poussé dans mes retranchements. Ils m'auraient dit voilà ce qu'a fait Barbie, on a trouvé des charniers, nous voudrions l'avoir, je suis convaincu que je n'aurais pas écouté mes supérieurs, je leur aurais dit oui, je sais où il se trouve, allons le chercher. Mais ils n'ont pas fait ça. Ils m'ont rendu la tâche très facile. »

Mon ami Maurice Olivari, patron du bureau de TF1 à New York, a questionné E. Dabringhaus :

« Alors vous ne saviez pas qui était Barbie? »

« Pas tout à fait. Je savais qu'il avait été membre du SD... C'était pire que les SS. On aurait dû le mettre en prison tout de suite, malheureusement on (le CIC) voulait l'utiliser... Il n'avait pas l'air d'un criminel. Il était comme un " businessman ". Mais il avait toujours ses yeux qui roulaient à droite, à gauche... Merk m'avait dit qu'il avait tué, qu'il avait torturé les prisonniers... »

C'est évidemment un autre point de vue.

Klaus Barbie, lui, voyait tout cela autrement. Ce qu'il en disait au printemps 1972 :

« J'ai été interrogé séparément par les Américains, les Français, les Anglais, les Russes, etc. Un officiel américain était toujours présent et, au début de chaque interrogatoire, il rappelait ma condition de prisonnier des US, avec le droit de récuser les questions... »

Un autre rapport secret du CIC, mémorandum pour le colonel Erskine écrit le 3 mai 1950, c'est-à-dire en plein procès Hardy, signalait cette particularité : le 21 janvier 1949 le lieutenant Whiteway et « Monsieur... » (ici un blanc surchargé à la main : Lagarde) ont interrogé Klaus Barbie en détail, « suffisamment pour leurs besoins » sans pour autant aborder la question du réseau établi en zone française et les activités de Barbie avec le CIC en général [1]... Ce « M. Lagarde » peut aussi bien être le commissaire Bibes (il reconnaît avoir employé ce nom, mais ne se

---

1. Le rapport précise également que le nécessaire avait été fait – présence d'un officier parlant parfaitement le français – pour être certain que Barbie n'aurait pas à répondre sur le réseau mis en place dans la zone française, pas plus que sur ses propres relations avec le CIC.

souvient plus de ce quatrième rendez-vous) ou un autre... J'ai trouvé en effet la trace d'un policier français – encore un – qui avait été autorisé par les Américains à questionner le « boucher de Lyon ». Il était officier de police judiciaire et partageait le même bureau que son collègue, devenu historien par la suite, Jacques Delarue. Cet homme qui avait terminé sa carrière comme commissaire divisionnaire des Renseignements généraux, à Versailles, s'appelait Jean Pouzol. A l'époque il avait vingt-neuf ans. Malheureusement je n'ai trouvé aucune trace écrite de son contact avec Barbie, outre cette « autorisation ». Sur quoi pouvait porter ce nouvel interrogatoire? Sur Hardy? Sur le mystère de la mort de Jean Moulin? Jean Pouzol est décédé en 1976. Et comme beaucoup d'autres il ne gardait pas chez lui de telles archives.

Dans le document adressé au colonel Erskine on découvre aussi que durant l'année 1949 la Sûreté française avait fait plusieurs tentatives parallèles en vue d'obtenir des renseignements. Les Américains avaient interprété cela comme étant la préparation d'un rapt, et ils ajoutaient qu'il était probablement fomenté par « des éléments communistes ». Le mémorandum signalait dans son 18e point que le 13 mai 1949 seulement le CIC avait appris, pour la première fois, que Barbie était un criminel de guerre. Comment l'avait-il appris? A la lecture d'un journal signalant que Barbie brûlait les suspects avec une lampe à acétylène pour obtenir un résultat lors de ses interrogatoires pendant l'Occupation. C'est retranscrit en toutes lettres.

Eugène Kolb, « operation officer » de la région XII, affirmait alors que ces allégations sur la torture n'avaient pas entraîné l'arrêt de l'utilisation de Barbie. Celui-ci, interrogé discrètement sur l'article, laissait entendre qu'il avait eu recours autrefois aux « interrogatoires renforcés », sans jamais avoir utilisé de véritables tortures. Bref, pour les Américains, Klaus Barbie n'était tout au plus qu'un très petit et très ordinaire bourreau.

Dès le retour de Barbie à Montluc (février 1983), un autre officier américain du contre-espionnage, John Willms, racontait en Californie qu'il avait dû protéger Klaus Barbie, arrogant et méprisant, des Français qui voulaient le tuer. Willms faisait partie du groupe chargé d'escorter le « boucher de Lyon » aux interrogatoires des Alliés. Il affirmait être resté debout, armé, pour empêcher les Français de « le mettre en morceaux » et se rappelait que le lieutenant John Whiteway – qu'évoque longuement Louis Bibes dans le précédent chapitre – lui avait à plusieurs reprises suggéré de fermer les yeux et de leur laisser la garde de Barbie en invoquant un « malentendu ». Et il disait, ce M. Willms, que les agents français ne lui avaient jamais pardonné, par la suite, d'avoir protégé la vie de Barbie. De son côté, un énième agent US du nom de Gene Bramel, ancien officier du CIC section d'Augsburg, révélait [1] que les agents américains et français se détestaient tellement (« Nous avions autant confiance dans les Français que dans les Russes... ») qu'il avait été fortement question de « descendre » Barbie pour éviter d'avoir à le livrer :

« Dans le pire des cas celui (d'entre nous) qui tirait la courte paille devait le conduire la nuit sur l'autoroute, s'arrêter sur un parking, l'abattre d'un coup de feu, le pousser dehors et revenir. »

Autre son de cloche qui pourrait expliquer bien des hésitations, à la fois des Américains et des Français, celui de John Mac Loy, l'un des derniers à être resté au CIC. Il révélait à Margaret Jay, de la BBC :

« Je crois que nous avons été très adroits dans notre façon de multiplier les difficultés pour obtenir les renseignements demandés par le gouvernement, si bien que l'on pouvait gagner des mois et des mois, jusqu'à ce que les procès soient achevés. »

Les procès? De toute évidence il ne pouvait s'agir que du second procès intenté à René Hardy et de ceux que la justice française s'apprêtait à ouvrir contre Klaus Barbie, son supérieur le colonel Werner Knab (bien que déjà mort, on l'a vu), ses subalternes de la Gestapo ainsi que les fameux « auxiliaires ». Mais dans cette émission TV produite par Tom Bower, John Mac Loy ajoutait toutefois que la raison essentielle de la protection de Klaus Barbie était la crainte de laisser les services secrets français interroger le SS sur les opérations américaines. D'autant plus qu'il croyait la police française infiltrée par les communistes. C'était en quelque sorte livrer à Moscou le fruit de l'espionnage américain... Voilà son point de vue. Disons qu'il était partagé par beaucoup d'officiers de l'armée US.

Or tout cela découlait du jeu de cache-cache auquel se livraient les services secrets et la haute diplomatie pour ne pas céder aux nombreuses demandes d'extradition présentées par la France. Quelques explications sur ce jeu qui a motivé, pendant trois ans au moins, un échange de lettres d'une ampleur inhabituelle. Il serait fastidieux d'étudier ici chaque pièce de la

---

1. Dans une interview exclusive publiée le 27 mars 1983 par le journal *Daily News* de Dayton (Ohio).

procédure, judiciaire et diplomatique, qui devait aboutir à la demande d'extradition. Une date importe, celle du 4 mai 1950 :

« Barbie ne devra pas être remis aux Français », décidait la CIC.

Décision irrévocable qui intervenait quatre jours exactement avant le second acquittement de René Hardy. Et pourtant il s'en était fallu de peu... Quelques semaines avant l'ouverture du procès, répondant à une proposition de John Whiteway, les Américains avaient fait savoir qu'ils étaient disposés à « prêter » Barbie. Mais la comparution du SS était assortie de conditions qu'ils pouvaient imaginer inacceptables : ils avaient exigé que sa protection soit officiellement garantie, que la durée du séjour soit limitée, que Klaus Barbie soit – dès la fin de sa déposition devant le Tribunal militaire de Paris – renvoyé à ses employeurs. Rien de moins. Je te prête l'assassin, tu me renvoies l'espion X-3054...

Réponse de la Défense nationale au procureur militaire (on disait « Commissaire du Gouvernement »), le 14 mars 1950 :

« ... J'ai l'honneur de vous faire connaître qu'étant donné la qualité de criminel de guerre du témoin (...), j'estime qu'il est impossible et en tout cas inopportun de prendre, en ce qui le concerne, les engagements demandés par la Présidence du Conseil. »

Cette lettre visait bien sûr les « engagements » du SDECE, dépendant du président du Conseil. Le signataire, M. Turpault, terminait ainsi son message :

« ... Dans l'hypothèse où Barbie ne déférerait pas, purement et simplement, à la citation délivrée par vos soins et que je lui ai fait signifier le 11 février dernier par la voie diplomatique, il y aura donc lieu de se passer de son témoignage pour le procès Hardy. »

Voilà bien des phrases qui laissent rêveur : « ... je lui ai fait signifier... il y aura lieu de se passer de son témoignage... »

(Espérant que Barbie allait enfin arriver en France, le chroniqueur Jean Nocher écrivait cette phrase qui n'allait évidemment pas rassurer les Américains :

« Nous serons au procès, ne fût-ce que pour apporter, le cas échéant, au " témoin " Barbie la sanction à laquelle certains magistrats ont prétendu le faire échapper... »)

En outre, cette décision américaine de ne pas livrer Barbie – celle du 4 mai – intervenait au moment où le commissaire Bibes allait, quant à lui, subir le calvaire, coupable de n'avoir pas réussi à déposer devant l'estrade du Tribunal militaire un colis nommé Barbie. D'ailleurs cela ne tournait pas à son avantage, lui qui avait – deux ans plus tôt – soulevé le lièvre. Évoquant l'impasse Barbie le président Meiss avait donné le ton des débats :

« ... Nous savons les conditions inacceptables que les Américains ont mises à la venue de Barbie en France, affirmant qu'il est "utile à la défense nationale des USA". Je regrette d'avoir à faire état d'un tel témoignage (NDA : le 3e interrogatoire Bibes que nous reproduisons en annexe). Enfin, le Tribunal appréciera... »

Le greffier avait-il tout lu?... Rien n'est moins sûr. Suivait la volée de bois vert. Ce questionnaire, prétendait la défense, c'est le « cheval blanc d'Henri IV ». Comme si d'une audition à l'autre le témoin avait complété ses souvenirs initiaux du fruit de ses lectures... Il est exact que le *Sacrifice du matin* de Guillain de Bénouville aurait pu l'inspirer, il avait été publié dès 1946... Mais si Louis Bibes l'avait lu – il me l'a dit récemment – cela signifiait-il qu'il avait passé le livre à Barbie, confraternellement?...

Pour finir de démolir son propre personnage, bien involontairement, Louis G. Bibes était arrivé à la barre « à l'américaine », ricanant et mâchant du chewing-gum. Et surtout il avait joliment gaffé devant un auditoire qui n'allait pas lui faire de cadeaux : il s'était plaint en quelque sorte d'avoir « manqué de moyens de pression » en interrogeant Barbie. Quelle pression? « Heu... morale », avait-il dit, celle dont il disposait habituellement pour ses interrogatoires. Il n'en fallait pas plus pour que la défense et le très brillant Me Maurice Garçon fassent donner les syndicats : le « commissaire » Bibes n'est qu'inspecteur!

Il n'y eut jamais de suite. Hardy était acquitté.

Les Américains continuaient à « faire le mort ». Le lendemain même du verdict, M. Lebègue, chef de la division de Justice à Baden-Baden, écrivait en substance aux Américains : Quoi? Vous prétendez ne pas savoir où est Barbie? Vous nous demandez des précisions, à nous, alors que c'est chez vous, sous votre protection, qu'il a été interrogé... Réponse de Jonathan B. Rintels, le 31 mai, trois semaines après la bataille judiciaire de Paris :

« Nous continuons nos efforts pour localiser Barbie. »

De la chute de Berlin jusqu'à novembre 1947 les Américains avaient livré à la France 1 292 criminels. Mais à partir de cette date ils allaient stopper « l'exode ». C'était le début de la Guerre Froide. Première mesure : les Américains n'allaient plus accepter la moindre extradition réclamée par les Soviétiques ou leurs alliés du bloc communiste, Bulgarie, Tchécoslovaquie, Hongrie... Les Russes avaient demandé pourtant qu'on leur livre cinq généraux nazis : Guderian, von Leuttwitz, Rheinefarth, Rode et von Vorman. No! Ils n'avaient même pas été jugés par le tribunal international de Nuremberg... trop utiles pour la « défense nationale des États-Unis d'Amérique ». Réplique récente de Simon Wiesenthal : les Allemands de l'Est eux aussi continuent, aujourd'hui encore, à employer des nazis.

L'insistance même de l'ambassade de France à Washington n'allait servir à rien. Pourtant les Américains sentaient que l'impunité accordée à Barbie risquait de détériorer la bonne entente. Un petit exemple : au beau milieu d'un gala donné au cinéma Eden de Villefranche-sur-Saône, le 6 juin 1950, en commémoration du débarquement allié, le consul américain avait été directement pris à partie à cause de l'affaire Barbie. Les journaux locaux n'en avaient pas fait mention, mais le consul, lui, avait fait son rapport dès la fête terminée.

Souvent sur l'insistance des élus locaux, ceux de Saint-Claude notamment, les autorités françaises avaient expédié une multitude de témoignages, de preuves des crimes commis par Barbie, des dossiers volumineux. Rien n'y faisait... X-3054 demeurait intouchable. Ce qui arrêtait les Américains, du moins ceux qui paraissaient favorables à un règlement de l'affaire : toujours cette crainte de voir Barbie révéler ses méthodes de travail, ses magouilles. N'allait-il pas livrer le nom d'autres honorables correspondants des services secrets US où on ne comptait pas que du menu fretin?

Après avoir rédigé son rapport au gouvernement des États-Unis, Allan A. Ryan Jr. a fourni une ultime explication du refus de livrer Barbie. Selon lui les Américains ne pouvaient pas non plus décevoir les autres (agents). Il leur fallait donc montrer que, dans sa lutte pour la démocratie, l'Amérique n'abandonne jamais ceux qui lui sont restés fidèles. Le capitaine Walter Unrath recommandait, fin 1950, de se séparer au plus vite de ce « haut responsable de la Gestapo à Lyon, France, [qui] a torturé et tué de nombreux patriotes français... » Unrath proposait deux solutions. L'administration US commençait par rémunérer Barbie, soit elle le plaçait dans un camp de réfugiés gratifié d'une nouvelle identité, soit elle le remettait carrément en liberté, le tout nouveau gouvernement allemand devant se montrer très probablement opposé (lui aussi) à l'extradition vers la France. Les deux premières suggestions n'ayant pas été retenues un autre scénario allait être appliqué : l'exil au-delà des mers. Dans une république bananière, loin des champs de bataille, le risque était pratiquement nul pour que Barbie révèle son pacte avec les Américains, son passé d'informateur protégé et tout ce qu'il savait sur les agents et leurs méthodes dans la lutte anticommuniste.

Voilà pourquoi Barbie ne sera ni livré, ni assassiné. On lui prépare une belle croisière à bord du *Corrientes* mais avant tout il doit changer de nom. Il s'appellera Altmann. Une idée yankee prétendra Herr Klaus avant d'affirmer que ce patronyme avait été emprunté à un copain du service militaire... mais ce nom ne lui était-il pas revenu spontanément en pensant au grand rabbin de Trèves, réfugié à Amsterdam en 1938 et déporté trois ans plus tard quand précisément Barbie faisait ses premières sélections pour les voyages en trains plombés? Il devait bien se souvenir du rabbin Altmann, le chef du consistoire israélite, d'autant mieux qu'il portait un prénom à la mode, celui d'Adolf...

Il manque treize pièces au dossier Barbie. Treize documents portant sur la période décembre 1950-mars 1951, dont on connaît seulement l'existence à la lecture du répertoire établi lors de l'archivage sur microfilms. Ils ont disparu. Dommage. Ils auraient pu nous permettre de comprendre un peu mieux comment avait été décidé le départ du SS par la fameuse « Ratline » (la filière du rat) qui permettait à ces nuisibles de traverser l'Autriche et le nord de l'Italie jusqu'à grimper sur la passerelle d'un bateau en partance pour l'Égypte ou l'Amérique du Sud.

Toujours est-il que la décision de placer la famille Altmann (Barbie) en congé sans solde est intervenue le 19 janvier 1951. Paternalistes, les Américains organisaient une dernière rencontre avec la maman du Hauptsturmführer, Mme Anna Barbie. Elle vint secrètement embrasser son fils. La rencontre eut lieu quelque part du côté d'Augsburg. Puis la petite famille, Klaus Barbie, sa femme et ses deux enfants, partit en Jeep pour Salzbourg où les agents du CIC secteur autrichien connaissaient la musique. On avait bien recommandé aux « Altmann » de ne pas se présenter eux-mêmes aux guichets des consulats. Les faux papiers avaient été fournis par les services secrets. Les visas, eux, étaient authentiques. Il suffisait de prendre le train, sans trop parler du passé. Linz, Bolzano, Vérone, Milan, Gênes. Six ans après la guerre les vacances allaient commencer.

De retour à Augsburg, après avoir reçu le rapport du convoyeur, le major Riggin note sur la liste des informateurs du CIC :

« Barbie Klaus (...) renvoyé... sous toutes réserves. »

10.

HERR ALTMANN
MÈNE EN BATEAU

Au matin du vendredi 16 mars 1951, Klaus Barbie quitte sa chambre du 6, via Lomellini, à Gênes, pour aller remplir les dernières formalités qui le mettront à l'abri, sous les palmiers d'Amérique. Il a définitivement renoncé à se noyer dans la masse des Allemands reconstruisant leur pays occupé, coupé en quatre, mais un pays qui demeure pour certains criminels nazis le meilleur refuge. Ne craignait-il pas de se trouver au coin d'une rue nez à nez avec un survivant? D'autres SS sont tombés comme ça. René Hardy pouvait aisément faire le voyage de Munich. Un journal des résistants dijonnais avait publié l'adresse de Klaus Barbie, 38, Schillerstrasse, à Kempten, près de la frontière suisse. En cherchant bien, n'importe qui pouvait le retrouver, ne seraient-ce que les flics français qui l'avaient déjà interrogé trois fois.

A Gênes, Klaus Barbie est encore commandité par les services secrets américains, le CIC qui, après avoir pressé le citron, va peut-être l'employer du côté des Andes.

Comme Adolf Eichmann, qui se faisait appeler Eckmann ou Hartmann, le capitaine Barbie a déchiré ses photos en uniforme SS et se fait joliment tirer le portrait du réfugié-échappant-aux-occupants-soviétiques. Or, même en veste claire et cravate à pois, Klaus Altmann garde toujours ce même sourire un tantinet narquois. Les photos sont obligatoires pour le passeport, et Altmann-Barbie veut suivre le chemin de l'illustre fournisseur des chambres à gaz qui pendant quinze ans allait passer à travers tous les filets : il va traverser l'Atlantique. Une route que les Américains et le Vatican connaissent bien pour y avoir fait passer pas mal de monde, beaucoup de simples réfugiés et quelques criminels de guerre. Mais pour y parvenir, la famille Barbie doit continuer à jouer les braves Allemands qui préfèrent émigrer et reconstruire leur vie dans les pampas plutôt qu'au milieu des ruines. Klaus Barbie va donc courir de bureau en bureau. Avec le bon père Draganovic...

Sa première démarche avait été essentielle : très exactement un mois auparavant, il avait obtenu un passeport provisoire délivré par le CTB (Combined Travel Board) de la Haute Commission alliée de Munich. Document n° 121454 qui allait lui ouvrir toutes les portes, à commencer par celle du Comité international de la Croix-Rouge, à Gênes, où il entre ce matin du 16 mars 1951 en exhibant le laissez-passer ainsi que le visa provisoire n° 1507 obtenu au consulat d'Italie à Munich le 21 février.

Devant le préposé chargé d'établir les titres de voyage outre-Atlantique, Klaus Barbie remplit en lettres bâtons le questionnaire habituel, exemplaire n° 18573 [1].

Le Hauptsturmführer connaît par cœur son faux état civil : Klaus Altmann, né le 25 octobre à Kronstadt, Allemand, mécanicien, catholique. Il n'y fait aucune mention de sa femme Regina, mais inscrit ses deux enfants : Uta Maria, neuf ans et Klaus Georg, quatre ans, soi-disant nés à Kassel.

Où désire-t-il se rendre? « Sued Amerika (Bolivia) », écrit-il texto. Sans doute n'a-t-il pas quitté ses lunettes de soleil car l'employé n'a pas remarqué ce regard « qu'on n'oublie pas », comme disaient ses victimes de Lyon : bleu acier. Sur le formulaire il a marqué : « *Occhi : bruni* »...

Il ne lui reste plus qu'à signer Klaus B... Là il a manqué d'écrire Barbie – c'est une habitude dont on ne se défait pas si facilement –, il a commencé la lettre B, s'est arrêté à temps, il surcharge avec le A et poursuit maladroitement « Altmann ». Il s'en était fallu d'un rien.

De son côté, Regina avait rempli le même formulaire, la veille, tranquillement installée dans sa chambre d'hôtel au nom tout à

---

1. En 1972, on exhumera le dossier Altmann des archives centrales de la Croix-Rouge à Genève. Ce dossier est divulgué « à titre exceptionnel » non seulement pour prouver à l'opinion publique la bonne foi du CICR, mais aussi pour « permettre à ce M. Altmann de se défendre » au cas où il serait victime d'une homonymie.

La sous-directrice chargée des archives, Mlle Paulette Tombet : « Nous n'avions aucune possibilité d'enquêter sur toute les demandes, de vérifier toutes les identités. Nous étions obligés de faire confiance. Il faut bien dire que si quelques criminels de guerre se sont glissés dans le nombre, les titres de voyage ont sauvé des milliers de vies humaines (...). Après la guerre, nous avions délivré plus de cent cinquante mille titres de voyage. »

fait convenable : l'hôtel *Nazionale*... Sur le papier on relève deux indications supplémentaires : Mme Altmann se considère comme réfugiée (elle a souligné la mention « profugo ») et déforme, elle aussi, les noms des parents : Matthias Wilhelms (au lieu de Mathias Willms) et Margaretha Mertens (à la place de Mergens). C'est si près de la vérité qu'elle ne risque pas de se couper.

Sur ce document comme sur celui de son époux on trouve la signature de l'habituel témoin de moralité : Prof. K. Stef. Draganovic. Or le révérend Krunoslav Stefano Draganovic, c'est le bon Dieu en personne pour les fugitifs nazis. Émule de l'évêque autrichien Alois Hudal, cet abbé croate est en relation directe avec le CIC américain. D'ordinaire, il dirige un séminaire romain réservé aux jeunes dévots de l'ancienne Croatie, mais il fait volontiers le voyage de Gênes pour accueillir les « réfugiés » que lui envoient les services secrets américains. Et pour cause : chaque adulte qu'il réussira à faire traverser l'Atlantique lui rapporte une prime de mille à mille quatre cents dollars payés par les convoyeurs (le prix est proportionnel à la qualité de la « marchandise »).

Dans un rapport très complet sur la partie italienne de la « Rat Line » (la filière du rat), l'agent américain Paul E. Lyon avait décrit, au mois d'avril 1950, l'abbé Draganovic comme étant un « fasciste, criminel de guerre, etc. », et dont les contacts avec les diplomates sud-américains de la même trempe « ne sont généralement pas approuvés par les autorités du State Department ». Il n'empêche que Draganovic allait bien débarrasser les Américains du dossier Barbie, et il s'en préoccupa si bien qu'il lui arriva même de remplacer les « réfugiés anticommunistes » dans les coulisses des consulats génois.

Le sauf-conduit de la Croix-Rouge, c'est le Sésame pour l'Amérique du Sud. Le même jour, il retourne au consulat de Bolivie où – la semaine précédente – l'employé lui avait réclamé un extrait du casier judiciaire italien [1]. Le questionnaire cette fois est plus précis. Sur le formulaire n° 704, il répète sa fausse identité et répond aux questions du consul général Jorge Arce Pacheco, quelques lignes qui vont permettre (trente ans plus tard) de remonter la filière...

« Nom et adresse de l'ami le plus proche : " Padre Stefano Draganovic, Roma, Italia. " »

---

1. Extrait en date du 14 mars portant la mention « Nulla » (aucune condamnation).

« Entreprise qui l'a employé les cinq dernières années : " Firme Peter Hail, Dortmund, Allemagne. "

« Qui connaît-il en Bolivie? " Padre Roque Romao, gardien de la communauté franciscaine de Sacaba. "

« Quelle sera son occupation? " Travailler dans ma profession. "

« Possède un capital : " Huit cent cinquante dollars. "

« Combien de temps pense-t-il résider en Bolivie? " Indéfiniment. " »

Mais la route bolivienne doit passer par Buenos Aires. Aidé par l'organisation du révérend Draganovic, il obtient un autre visa au consulat d'Argentine trois jours plus tard, le 19 mars (visa nº 14218, signé par le consul Rogelio R. Tristany). Klaus Altmann s'engage par écrit à ne pas séjourner en Argentine plus de temps qu'il ne faut pour transiter vers la Bolivie (bien que Juan Peron accueille favorablement les émigrés allemands).

Il ne reste plus qu'à acheter le billet, sur un autre budget que les huit cent cinquante dollars. Précisément le *Corrientes* [1], paquebot de 12 850 tonneaux appartenant à la Compagnie Dodero SA, doit appareiller le 22 mars. Destination l'Argentine, via Naples, Las Palmas, Rio de Janeiro et Santos. Les Barbie prennent un billet de troisième classe (tout au moins le père et sa fille de neuf ans qui paye demi-tarif). Au sixième printemps d'après-guerre, les voilà sur le *Corrientes* filant allègrement dix-sept nœuds au passage de l'équateur.

Dix jours de vacances à Buenos Aires, à l'hôtel *El Dora*, et en route pour les Andes avec trois réfugiés croates et des nationalistes catalans. Le lundi 23 avril 1951, ils découvrent La Paz.

Malgré l'altitude qu'il supporte mal au début (3 700 mètres), l'un des meilleurs souvenirs que Klaus Altmann-Barbie garde de cette époque, c'est ce qu'il a vu en sortant un matin de sa chambre de l'hôtel *Italia :* en pantalon noir et chemise blanche, les partisans de la phalange socialiste bolivienne défilaient dans les rues en pente en lançant le salut fasciste. Ils chantaient, comme en Allemagne avant-guerre. Cette scène « réconfortante », Barbie l'a évoquée devant le journaliste argentin Alfredo Serra (mars 1973), juste après avoir été interrogé par le procureur Gaston Ledezma

---

1. *Corrientes :* un nom qui reste étrangement attaché aux criminels nazis. C'est le nom de la région, aux confins de l'Argentine et du Paraguay, où le sinistre Dr Joseph Mengele, « médecin » d'Auschwitz, avait trouvé refuge. C'est aussi dans l'avenue Corrientes, à Buenos Aires, qu'Adolf Eichmann avait été ceinturé par les services secrets israéliens, en 1960.

Rojas auquel l'ancien SS venait de confirmer que Barbie et Altmann ne faisaient qu'un.

Barbie : « J'admire la discipline nazie, je suis fier d'avoir été commandant du meilleur corps du IIIe Reich, et si je devais renaître mille fois, je serais mille fois ce que j'ai été. Pour l'Allemagne, comme pour la Bolivie! »

De ce côté-ci de l'Atlantique on se doute bien que le nazi n'a pas fait son acte de contrition. On pense bien qu'il a quitté l'Allemagne, mais sans rien savoir de précis. Quatre ans exactement après le second procès Hardy, le chef du service de Sûreté en Allemagne fait un rapport à l'ambassadeur François-Poncet. Deux pages entières sur Barbie qui se terminent ainsi :

« Des derniers renseignements recueillis il résulte que l'intéressé se trouve actuellement en Norvège, mais là encore, il n'a pas été possible de connaître son adresse exacte. »

Oh! il ne se trompait que de... 14 000 kilomètres.

Pendant vingt et un ans au moins, Klaus Barbie échappera aux « chasseurs de nazis ». Profitant de la bienveillance des dictatures militaires, il mène une vie de rêve pour un tortionnaire, seulement entrecoupée de quelques alertes.

L'appui des Américains est pour le moins discret. S'ils veulent utiliser Barbie en Bolivie, il faut d'abord le blanchir. Barbie devra se « purifier » comme son voisin Friedrich Schwend, qui fut l'un des meilleurs contacts de la CIA de l'autre côté de la frontière, au Pérou. Fritz Schwend que les Péruviens appelaient gracieusement « Don Federico » avait de sérieuses références : il avait participé pendant la guerre à la fameuse opération Bernhardt en inondant le marché de douze millions de faux billets, soit cent cinquante millions de fausses livres sterling fabriquées par les contrefacteurs d'un camp de déportés. Schwend, alias " Kemp ", alias " Wenceslav Turi ", avait traversé l'Atlantique, quatre ans avant Barbie, en 1947, pour échapper à la justice italienne. Le tribunal de Bolzano l'avait condamné par contumace à vingt et un ans de prison pour le meurtre d'un soldat yougoslave.

Klaus Barbie – quant à lui – avait d'autres crimes à son actif. Sa période de « nettoyage » allait donc être plus longue. Ainsi, pendant quinze ans, il vivra tranquillement dans la peau d'un autre, celle du mécanicien de Kronstadt.

Ce rôle, Barbie ne pourra pas le tenir éternellement. Pour deux raisons. Comme le criminel qui ne peut pas s'empêcher de revenir sur les lieux de son crime, Barbie – lui – est rongé par la vantardise. Il ne peut pas s'abstenir de raconter à ses meilleurs amis ses « exploits », sa guerre, la Gestapo. C'est déjà – on l'a vu – le récit de Caluire qui avait failli le perdre quand il déambulait à Munich dans les années 47... Il recommence en Bolivie, pensant qu'il est suffisamment loin du champ de bataille ou des sous-sols de l'École de santé militaire de Lyon. Alors que sa femme, Regina, est d'une discrétion absolue, il met certaines relations dans la confidence, parfois même en insistant. Exemple, cet horloger allemand de La Paz, Schneider. Il rencontrait presque chaque jour Klaus Altmann, au café ou dans sa boutique du 216, calle Colon.

« Un après-midi, on se baladait côte à côte, raconte Schneider, quand il m'a dit : " Tu ne sais pas qui je suis... " Je me suis écarté, je l'ai regardé bien en face et j'ai répondu : " Je-ne-veux-pas-le-savoir. " »

Il l'a su quand même, par les journaux, en 1972.

Klaus Barbie avait forcément besoin de mettre certaines personnes dans la confidence, ne serait-ce que pour impressionner, pour se faire « accréditer » par les Boliviens dans ses affaires, les magouilles qu'il prépare. Mais il ne racontait que ce qui lui semblait glorieux. S'il n'avait eu une telle vantardise, un aussi grand besoin de prouver sa qualité de capitaine des SS, s'il s'était abstenu de « pavoiser », sans doute serait-il aujourd'hui encore quelque part en Bolivie ou au Paraguay. Seulement voilà, Barbie n'a pas réussi à se faire oublier.

Ses débuts sud-américains sont pourtant timides. Pendant deux mois il cherche du travail. C'est qu'il ne connaît ni l'espagnol, ni le métier du bois. Comme Eichmann qui, au nord de l'Allemagne, avant sa fuite vers l'Argentine, s'était converti en bûcheron, Klaus Altmann-Barbie commence par trouver un emploi dans une scierie près de La Paz, à Chulumani, dans les « yungas », de l'autre côté de la cordillère de la Cumbre [1]. Fin juin 1951, il passe les bois tropicaux sous la scie, une semaine après, il est contremaître. Il habite à Llojetas. Paul Riesz, propriétaire de la scierie Santa Rosa, est juif. Barbie se vantera bien plus tard d'avoir « collaboré avec les juifs » notamment avec le directeur, Ludwig Capawner, originaire de Cologne, exilé en Bolivie depuis 1939. Capawner (aujourd'hui décédé) n'aurait jamais rien su du

---

1. Sans doute grâce à un certain Hans Ertl, un ancien champion de ski dont la fille Monika, meurtrière du consul de Bolivie en R.F.A., sera à son tour abattue par la police, dans les rues de La Paz, en 1973 (cf. pages 227 et 228).

passé de Klaus Altmann. Soit parce qu'il plaçait Altmann parmi ces jeunes Allemands que l'hitlérisme avait immanquablement conduits à la guerre et au désastre, soit qu'il ne posât pas de question pour la seule raison que cet homme lui avait été chaudement recommandé. En tout cas Barbie, lui, n'allait pas raconter sa vie à un juif.

« Un grand pays, la Bolivie... Beaucoup d'analphabètes, ce qui est une chance pour les Européens : à la campagne, si vous savez lire et compter, vous êtes le chef! »

Dix mille kilomètres le séparent du tribunal militaire de Lyon où on juge son ombre. Par deux fois, le 29 avril 1952, puis le 25 novembre 1954, Barbie est condamné à mort par contumace pour assassinats et complicité d'assassinats, arrestations illégales, séquestrations arbitraires, incendies volontaires et pillages. Il n'est pas certain qu'il l'ait su immédiatement. Pour cela, il fallait d'abord que sa famille, en Sarre, en fût avertie (à la lecture des journaux français) et lui écrive poste restante à La Paz, bien entendu au nom de l'Excelentisimo Señor Klaus Altmann. Qu'il l'ait appris rapidement ou non, peu importe : cette double condamnation ne changeait strictement rien à son mode de vie, seulement pouvait-il dès lors se mettre à compter le temps qui le séparait de la prescription : huit mille six cent trente-sept jours [1] à vivre sous le soleil andin avant de pouvoir devenir intouchable, puisque de Gaulle n'avait pas encore décrété la loi sur l'imprescriptibilité des crimes contre l'humanité.

Barbie avait-il une idée précise du nombre de cadavres qu'il laissait derrière lui? Pas sûr. Entre ces deux procès la police de Lyon avait dressé un bilan des « activités » de la Gestapo de Lyon. Pour la seule prison de Montluc, de l'arrivée des Allemands en zone libre (novembre 1942) à l'ouverture des portes, une fois la ville libérée (24 août 1944), on avait calculé que 7 731 Français ou étrangers y avaient été internés. Les registres révélaient que 622 prisonniers avaient officiellement été fusillés, et 2 565 déportés (1 726 n'en sont jamais revenus). Et comme la police avait noté la libération d'un peu plus de deux mille personnes il restait à savoir ce qu'étaient devenus les deux mille cinq cents manquants... fin 1952 on n'en savait toujours rien. Volatilisés.

Les enfants, Ute et Klaus Georg, grandissent et Señor Altmann compte bien leur donner une éducation « à l'allemande ».

---

1. Compte tenu des délais d'appel, l'ultime prescription devait intervenir le 21 décembre 1974.

Même si c'est pour rester toute leur vie en Bolivie. Et c'est bien ce qui semble se dessiner puisque, sans attendre la prescription de ses deux condamnations à mort, il requiert la nationalité bolivienne. Pour lui, pour sa femme et plus tard pour ses enfants. Le 3 octobre 1957 les époux Klaus Altmann et Regina Wilhelms de Altmann deviennent citoyens boliviens avec tout ce que cela comporte de droits civiques et politiques. L'acte de naturalisation découle de la *Resolución Suprema n° 75075*. Or qui a signé ce décret : le président Hernan Siles Zuazo, celui-là même qui, revenu au pouvoir pour la troisième fois, décidera d'expulser Barbie vingt-six ans plus tard... Leur fille Ute sera naturalisée d'office (en 1961) sous le nom d'Uta Maria Altmann Wilhelmes. Dès lors, ils auront droit à la carte d'identité bolivienne. Elle leur sera délivrée à Cochabamba (n° 131090 pour Señor Klaus).

La deuxième étape sera, pour Altmann-Barbie, la plus difficile à réaliser, mais aussi celle qui lui rapportera le plus : il veut avoir dans la poche de son veston un passeport « officiel », qui non seulement lui évitera les tracasseries administratives à la douane ou dans les bureaux de l'immigration, mais lui donnera aussi la faculté de voyager dans le monde entier comme un haut fonctionnaire. Y compris en France, bientôt.

La scierie de Llojetas est vendue après la réforme agraire d'août 1953 et Klaus Barbie repart pour La Paz. Il possède alors 1 000 dollars et un moteur « Lister » avec lesquels il peut s'installer à son compte : il crée une petite scierie, la Maestranza Maderera Alemana. Il inscrit les enfants au collège Maréchal-Braun, origine oblige. D'ailleurs, à La Paz les teutons sont « comme chez eux », avec leurs coopératives, leurs écoles, leur dispensaire et même leur cimetière.

Barbie a de quoi être satisfait. Ses affaires se portent bien. Il est déjà loin le temps où, tout fraîchement arrivé d'Italie, il faisait la tournée des phalanstères allemands pour trouver un emploi. Maintenant, c'est lui qui invite. L'Excelentisimo Don Klaus s'est fabriqué une respectabilité d'autant plus grande qu'il a réussi, trois ans après son retour dans la capitale, à racheter à Ludwig Capawner l'entreprise Santa Rosa où il travaillait à ses débuts. Il la dirigera pendant neuf ans. Le bois rapporte, mais l'écorce encore mieux. Barbie a trouvé le filon de la quinquina. L'Europe en a bien besoin car on y trouve peu d'antibiotiques. De très grandes quantités de quinine seront également expédiées au Vietnam pour enrayer le paludisme dont souffrent les soldats américains. L'Hauptsturmführer va donc nous soigner en fournissant des tonnes d'écorce de quinquina sauvage. Il en exporte pour trois millions de dollars principalement vers l'Allemagne (firme Bœhringer de Mannheim). Ainsi va le commerce pendant quatre ans jusqu'au jour où, ayant évalué leur avantage, les Boliviens construisent une fabrique et exportent eux-mêmes le quinquina sous forme de poudre. La quinine n'a duré qu'un temps, mais les Boliviens lui sont reconnaissants d'avoir amélioré les plantations, d'avoir réservé tout spécialement un beau carré de jeunes plants pour la Caisse des pensionnés militaires de La Paz. On le voit, Klaus Barbie est en train de remettre le pied à l'étrier. Avec ses écorces pour handicapés, il s'introduit doucement dans le monde sacro-saint de l'armée bolivienne. Et il y fait bonne impression, les vieux colonels, formés par les SA de Roehm, n'ont-ils pas rêvé de faire la guerre avec les nazis? Tous issus du même moule : uniformes verts, défilés au pas de l'oie, un grand-père ou une grand-mère allemande, comme Stroessner ou Banzer [1]... S'il n'y avait les éternelles Ray-Ban et les moustaches noires sur les visages burinés on serait revenu vingt ans en arrière. Le phénomène se remarque surtout à Santa Cruz de la Sierra, dans le sud, où la communauté allemande – installée bien avant guerre – règne sur toute la région.

Reconnaissance suprême : le 14 janvier 1959 le ministère de la Défense atteste que Klaus Altmann (né en « Italie »...) fait désormais partie de la Guarda Territorial « à charge pour lui de satisfaire aux lois militaires quand la Patrie requérera ses services », etc. Il n'en fallait pas beaucoup plus pour lui donner l'apparence d'un colonel – et ça impressionne beaucoup là-bas. La preuve, Klaus Barbie obtient facilement la représentation de firmes étrangères en Bolivie.

Il se propose même comme intermédiaire dans une affaire d'uranium où collaborent la Commission bolivienne de l'énergie atomique et une société allemande de Francfort.

En 1960, l'armée américaine envisage un moment de le réembaucher. Cela ne s'est pas fait – dit-on à Washington – parce que cette idée avait été rejetée par les services secrets. Sans doute Barbie n'en a-t-il jamais rien su.

Tout va au mieux pour lui depuis qu'il a passé sans encombre ce moment de panique qui, de 1960 à 1962, s'était emparé des

---

1. Le général Alfredo Stroessner, né en 1912, est président du Paraguay depuis... 1954. Le général Hugo Banzer a été président de la Bolivie de 1971 à 1978, l'un des plus longs mandats de cette République qui a connu cent quatre-vingts révolutions depuis l'indépendance.

nazis dans toute l'Amérique du Sud après la capture d'Eichmann.

De ce côté-ci de l'Atlantique, la justice française n'a pourtant pas baissé les bras. Évidemment, les demandes d'extradition présentées à Washington restent sans réponse, mais la justice militaire voudrait réparer la « gaffe » de 1948. Alors les gendarmes vont enquêter discrètement dans le milieu familial de Trèves, en zone occupée par les Français. Ils poussent même leurs recherches jusqu'à Kassel (Hesse), puisque c'est bien là que son fils Klaus Georg est né en 1946. Les enquêteurs interrogent sa cousine de lait, Carole Buness, dont le mari est professeur. Elle reconnaît ceci :

« Pendant l'été 1957, j'ai rencontré Mme Barbie et ses deux enfants qui ont passé deux mois à Trèves. Elle a déclaré qu'elle repartait pour la Bolivie. J'ai joué le rôle de boîte aux lettres. Après lecture, je brûlais les lettres de Barbie car je savais qu'il avait été chef SS. Dans l'autre sens, je devais écrire à Regina Willms, ou Müller, ou Altmann, à des boîtes postales dont le nouveau numéro était indiqué dans chaque réponse de Barbie. »

Interrogatoire du 12 avril 1961.

Ainsi, dix ans après son arrivée à La Paz, Barbie était « localisé ». Sans que la représentation française en Bolivie n'en ait été – apparemment – informée. L'Hauptsturmführer continuait à recevoir des nouvelles fraîches puisque Mme Buness avait cédé la plume à une certaine Clara habitant en Rhénanie.

Les années passent, et Barbie conforte son honorabilité envers les Boliviens. Indirectement, il passe à travers les pièges. Exemple : le voyage de ses enfants à Trèves quelques semaines avant que le président Siles Zuazo lui accorde la nationalité bolivienne. Revenons donc un instant à 1957.

Anna Barbie, mère du tortionnaire, habite depuis deux ans au 19, Dietrichstrasse, en plein centre de Trèves, à deux pas de la maison natale de Karl Marx. Double avantage : d'une part, elle vit à l'abri des curieux dans deux pièces au-dessus d'une cour intérieure fort tranquille (quarante marks de loyer mensuel), d'autre part, cette fervente catholique n'a que la rue à traverser pour aller chaque matin se recueillir dans l'église des Pères blancs. La vieille dame ne se confie pas. Elle n'aime pas évoquer les années de guerre. De son fils Klaus, elle dit seulement : il a « disparu ». Je ne l'ai jamais revu, il est peut-être mort pendant la guerre.

Or, en 1957, la petite Ute vient voir sa grand-mère. Elle a seize ans et par politesse parle un peu aux voisins :

« Elle nous a dévoilé qu'elle avait un petit frère de dix ans, me raconte la fille de la logeuse, Mme Christa Schmeling. Alors je lui ai dit : " Il est donc né après la guerre? " Et la petite a rougi. »

Deux ans après avoir découvert la boîte aux lettres de Barbie, les policiers français entrent dans l'appartement de Mme Anna Barbie. Ils cherchent d'autres lettres, des traces de la fuite ou du refuge. Ils ne trouvent rien, pas même une photo valable : la seule que possède la mère est une photographie de Klaus Barbie bébé. Elle préférait entretenir le souvenir de cette époque-là, on la comprend. Pourquoi les policiers sont-ils venus? Parce que précisément le 7 novembre 1963 le chef de la sûreté aux armées du Palatinat avait écrit un rapport au commissaire principal de police, chef de la SA aux forces françaises à Baden Oos. Un rapport tamponné du cachet : « secret/confidentiel » et numéroté AB/GS SP 69 290/B. Le rapport ne concerne pas uniquement Klaus Barbie, mais tous les chefs du « KdS » de Lyon en 1944. C'est-à-dire : le lieutenant-colonel Werner Knab, le capitaine Heinz Fritz Hollert, Klaus Barbie ainsi que le chef du Sonderkommando et de la section IV B, Karl Heller. Cela découle de l'information judiciaire ouverte par Ludwisburg où se tient l'Office fédéral de recherches des criminels nazis.

Le rapport précise que Knab et Hollert sont morts. Le premier au cours d'une attaque aérienne alliée, le 14 février 1945, sur une autoroute de Bavière mais cela demeure toujours mystérieux; le second pendant le bombardement, du 26 mai 1944 à Lyon. Quant à Barbie, l'enquête de l'office régional de Wiesbaden a permis de révéler ceci :

« Après la capitulation allemande de 1945, Barbie a été immédiatement utilisé par les services secrets américains qui l'ont installé et protégé à Munich sous la couverture de " commerçant ".

« Depuis 1961 ou 1962 [1], Barbie réside en Bolivie, à La Paz, où sa femme, prénommée Regine, née Willms, l'a rejoint ultérieurement.

« Barbie aurait en Bolivie une « occupation couverture » pour le compte des services de renseignements américains et allemands : CIA et BND.

« Il est en relations épistolaires suivies avec quatre membres de sa famille qui demeurent à Trèves :

« a) Paulinstrasse, 8 : sa fille, Ute Barbie, née le 30.6.1941 à Trèves;

---

1. En réalité depuis 1951.

b) Dietrichstrasse, 19 : sa mère, Anna Barbie, née Hees;

c) Dampfschiffstrasse, 1 a : sa tante... »

Le reste a moins d'importance. Il est toutefois indiqué que la belle-mère, Mme Willms, a « pris contact dernièrement avec un avocat de Trèves (non encore identifié) pour le charger de se renseigner discrètement sur le stade actuel des recherches dont son gendre pourrait faire l'objet en France et en République fédérale. »

Le rapport rappelle que deux mandats d'arrêt contre Klaus Barbie sont inscrits au fichier central : l'un du 31 août 1945, délivré par le juge militaire de Lyon pour arrestations illégales et assassinats (fiche J/45/28 690); l'autre signé du capitaine Vandœuvre, également juge militaire à Lyon, enregistré le 6 décembre 1950, avec les inculpations suivantes : assassinats, incendies volontaires et pillages (J/50/17 602). Puis le chef du détachement, A. Battault, termine son rapport en recommandant à ses destinataires d'aviser la DST [1] et le SDECE de la présence à La Paz de Barbie, ainsi que sa « manipulation certaine » par la CIA et le BND. Pour accéder à la requête du directeur du Bundeskriminalamt de Wiesbaden (qui, précise le rapporteur, veut éviter tout contact avec Interpol ou la voie diplomatique pour... éviter les risques de fuite), Battault demande enfin que soit établie une « surveillance postale et éventuellement téléphonique des quatre membres de la famille Barbie-Willms aux trois adresses citées, ainsi qu'à la poste restante ou à des boîtes postales ».

Donc la France savait, en 1963... La France des services secrets.

Ce n'est qu'après l'expulsion de Klaus Barbie que Me Serge Klarsfeld a exhumé cette preuve. Qui avait mis le dossier sous le coude, qui avait intérêt à le camoufler? On ne sait pas. Pierre Messmer, à l'époque ministre des Armées, devait déclarer vingt ans plus tard : « Il s'agit d'un document interne de la sécurité militaire dont le ministre n'était pas le destinataire. »

Or, en 1963, allait-on oublier Barbie? Coup sur coup, l'année suivante (1964), non seulement les cendres de Jean Moulin étaient solennellement transférées au Panthéon, mais encore le général de Gaulle se rendait en voyage officiel en Bolivie. Une chance pour Barbie que le Général ait préféré se rendre à Cochabamba plutôt qu'à La Paz en raison de... l'altitude. Les services secrets français qui savaient si bien préparer les voyages du Président auraient-ils

---

1. *DST :* Direction de la surveillance du territoire.

manqué de réveiller l'affaire Barbie ? Et qui sait si Señor Altmann ne s'était pas glissé dans la foule des paysans aymaras et des milices révolutionnaires en armes quand, le 19 septembre 1964, sous les arcades de la préfecture de Cochabamba, le général de Gaulle, en uniforme, avait lancé cette phrase en espagnol (là aussi) :

« Mes amis boliviens, aujourd'hui la France vient vous voir... »

Barbie étant là il aurait eu le droit de sourire [1].

Le départ de Bolivie des policiers en civil qui accompagnaient de Gaulle redonne à l'Hauptsturmführer Barbie un bol d'oxygène. S'il n'était pas encore entré dans les coulisses de la vie économique et politique bolivienne, il va le faire à grandes enjambées avec la fameuse affaire de la Transmaritima Boliviana.

Voilà presque un siècle que la Bolivie a perdu son accès au Pacifique. C'est le vieux rêve des Boliviens de retrouver leur « couloir » à travers le Chili. Un rêve qui dure aujourd'hui encore, il suffit de lire les mots imprimés sur la tranche des annuaires téléphoniques de La Paz : la Bolivie réclame son droit à la mer !

Barbie a flairé l'affaire. S'il ne peut leur offrir le port et la plage, ils auront leur bateau !

Le général Barrientos est au pouvoir. Barbie ne dit pas comment il a réussi à se glisser dans les couloirs du Palais Quemado (sans doute grâce à ses amis allemands), toujours est-il que le général va ardemment soutenir l'idée du navire aux couleurs de la Bolivie. Mais il faut de l'argent. Qu'à cela ne tienne, il suffit de le prendre là où il est : dans la poche des Boliviens. Début mars 1966, on lance une souscription populaire pour acheter le premier cargo. La souscription doit être close précisément le 23 mars parce que depuis 1879, chaque année à cette même date, les Boliviens défilent dans la rue en réclamant l'accès à l'Océan. Cette « croisade pour la mer » devait rapporter quatre millions de dollars d'après ses organisateurs. Elle n'en rapporte que cinquante mille. Mais pour un esprit retors, c'est suffisant pour créer une société.

Barbie s'est présenté comme ingénieur maritime, et il vante si

---

1. Il est intéressant de remarquer qu'Altmann-Barbie n'avait pas « été mis au vert » pendant le voyage du général de Gaulle en 1964, mais l'année précédente les autorités boliviennes l'avaient éloigné pendant une semaine, le temps pour le maréchal Tito de séjourner à Cochabamba [fin septembre 1963].

bien son projet, raconte l'ancien maire de La Paz, Gastón Velasco, qu'il réussit à devenir le premier gérant de la compagnie Transmaritima Boliviana SA, au capital d'un million deux cent mille pesos. L'État bolivien ayant investi également et restant majoritaire à 51 pour 100, la société aurait dû être contrôlée par le ministère de tutelle. Il n'en est rien. Barbie agit à sa guise en distribuant mille dollars par mois de « royalties » aux associés que l'État lui imposait. En Bolivie tout s'achète, même le silence des colonels.

Il a droit à un beau bureau avec une adresse facile à retenir : 1616, av. 16 de Julio [1]. Il n'a bien sûr pas assez d'argent pour s'offrir le bateau, alors on va le louer. Un coup de peinture rouge, jaune et verte sur la cheminée et le sigle TMB donneront l'illusion de la propriété, car il ne faut pas décevoir les donateurs.

Avec le titre ronflant de *gerente*, Barbie se sent des ailes. Il retrouve toute son assurance, sa morgue des années 40. Comme s'il n'avait plus peur de personne. Exemple, cet incident au club allemand de La Paz, printemps 1966. Le Dr Motz, ambassadeur de RFA, porte un toast à la prospérité de l'Allemagne. Barbie surgit du fond de la salle, tend le bras droit, claque les talons et crie : « *Heil, Hitler !* » On l'expulse. Jeté dehors par trois serveurs, il part en menaçant : « Sale ambassadeur ! J'ai été officier de la Gestapo. Quand les nazis reprendront le pouvoir, je m'occuperai de vous... » Il retournera au club allemand quelques années plus tard, une fois l'orage passé. Car il sait qu'il ne laisse pas derrière lui que de la désapprobation... le nazisme, l'antisémitisme sont toujours bien ancrés chez certains...

Les juifs ont quitté le pays, pas tellement par crainte des nostalgiques du Reich, mais parce qu'ils avaient trouvé mieux du côté de l'Argentine ou du Brésil. En 1940, onze mille juifs – pour la plupart originaires d'outre-Rhin – avaient été recensés en Bolivie. Ils possédaient même leur propre club allemand. Le club a disparu faute d'adhérents et il ne reste plus aujourd'hui en Bolivie qu'un milliers de juifs.

« Ah ! les juifs, vous savez : ils saluaient M. Altmann ! », raconte un de ses amis français (il en avait aussi), installé depuis une trentaine d'années à La Paz et que nous nommerons M. Albert pour préserver sa tranquillité. « Les militaires aussi le

---

1. Si toutes les rues portaient la date d'un coup d'État, le plan de La Paz serait un vaste calendrier...

Radieux! Don « Klaus Altmann » (Barbie) a de quoi être content : il a échappé à la justice française qui l'avait condamné à mort alors qu'il avait déjà trouvé refuge en Bolivie.

L'homme qui l'avait découvert, le voici *(en bas)* : le commissaire Louis G. Bibes. Il avait interrogé Barbie à trois reprises en 1948 mais n'avait pas réussi à l'arrêter, car le nazi était protégé par les Américains. Ils l'utilisaient comme agent secret.
Ridiculisé par la défense lors du second procès Hardy, le commissaire Bibes a démissionné en 1950. *(Ph. O.R.T.F.; D.R.)*

Les Français et les Américains face à face autour d'un repas de fête. A droite, le commissaire Louis Bibes (la main sous le menton) à côté du colonel Gérar-Dubot, chef des services secrets en Allemagne. De l'autre côté, les bras sur la table : le fameux Dick Lavoy qui protégeait Barbie. *(Coll. de l'auteur.)*

John Whiteway, ancien de la Légion, agent de liaison entre les Français et les Américains, devant l'une des B.M.W. réquisitionnées pour le service. *(Coll. de l'auteur.)*

L'un des officiers du contre-espionnage américain, Erhard Dabringhaus. Il affirme avoir remis chaque mois 1 700 dollars à son agent Barbie. *(Ph. U.P.I.)*

Réf. a rappeler: 23.07./JK/EB.

o/ 01808/S.D.
168.004

Paris, le   13 JUL 1948

Monsieur le Juge d'instruction
pres le Tribunal Militaire de Paris
(Cabinet de Monsieur le Cdt GONNOT)
20, Rue de Reuilly, Paris

Réf.: Votre lettre du 15 Juin 1948

En réponse a votre lettre citée en référence, j'ai l'nonneur de vous communiquer, ci-joint, la pnotograpnie, de face et de profil, du nommé BARBIE Klaus, né le 25 Octobre 1913 à Godesberg près Bonn (Rnénanie), ex-SS Hauptsturmführer à la SIPO-SD Lyon.

Le Directeur Général.

Ce document du S.D.E.C.E. prouve que plusieurs agents secrets étaient en même temps sur les traces de Klaus Barbie : trois jours avant le plus important interrogatoire de Barbie, le juge d'instruction recevait ces photos (prises par les Américains en 1947) sur lesquelles les références avaient été noircies à l'encre de Chine. (Coll. de l'auteur.)

Klaus Altmann (Barbie) et sa femme Regina devant leur première voiture, à La Paz, dans les années 60. (D.R.)

Général Hugo Banzer, président de la Bolivie, porté au pouvoir avec l'aide de la communauté allemande de Santa Cruz. *(Ph. Keystone.)*

L'un des chars Kürassier de 17 tonnes, construit en Autriche et équipé du canon français de 105 mm, vendu aux Boliviens par l'intermédiaire de Klaus Altmann. Photo prise lors d'un coup d'État, place San Francisco, à La Paz. *(D.R.)*

Klaus Altmann (Barbie), lorsqu'il dirigeait la compagnie
Transmaritima Boliviana S.A., entouré de ses amis. *(D.R.)*

Don Altmann *(deuxième à partir de la gauche)*
dans son exploitation de quinquina, en juin 1967. *(D.R.)*

« Double jaune » Fritz Schwend *(à droite)*, trafiquant notoire, réfugié près de Lima, au Pérou, depuis 1947. On le voit ici avec son associé Klaus Altmann *(à l'extrême gauche)*. *(Ph. Leoncio Mariscal.)*

4 février 1972. L'auteur a pris ce cliché de Klaus Altmann dans la prison centrale de La Paz. C'était le lendemain de l'interview télévisée. *(Ph. de Hoyos - Sygma.)*

La maison et la voiture de *señor* Altmann à Cochabamba (Bolivie). *(Ph. Peter Mc Farren.)*

Serge et Beate Klarsfeld
dans leur bureau à Paris,
le jour du retour de
Klaus Barbie.
(Ph. Uncuoglu - Sipa.)

Klaus Altmann parlant à Ladislas de Hoyos au pénitencier San Pedro.
(Ph. Gamma.)

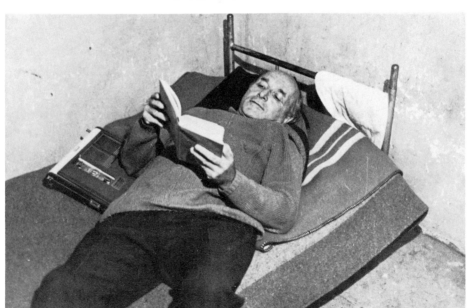

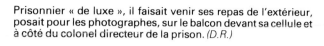
Prisonnier « de luxe », il faisait venir ses repas de l'extérieur, posait pour les photographes, sur le balcon devant sa cellule et à côté du colonel directeur de la prison. (D.R.)

Le commando qui devait enlever Klaus Barbie en 1973 à Arica (Chili); *de gauche à droite :* un opposant bolivien dont on ne connaît que le prénom (Carlos), Gustavo Sanchez Salazar, Régis Debray et Serge Klarsfeld qui n'était pas encore avocat. *(Coll. Klarsfeld.)*

On retrouve Gustavo Sanchez sur l'aéroport El Alto de La Paz lors de l'expulsion de Klaus Barbie dix ans plus tard, revêtu d'une parka. Sanchez *(à droite)* est devenu secrétaire d'État à l'Intérieur. *(Ph. Tebo.)*

Face à face : Klaus Barbie et René Hardy à La Paz (juillet 1972). Après la publication des « souvenirs » du SS, René Hardy avait voulu être confronté à son accusateur. L'entrevue avait duré trois minutes. Un second rendez-vous ayant été manqué, René Hardy était rentré à Paris. *(Ph. Gamma.)*

Le 5 février 1983, « l'assassin retourne sur les lieux du crime »... Klaus Barbie, ramené de Cayenne, entre dans la prison Montluc protégé par des dizaines de gendarmes.
(Ph. Keystone.)

Françoise Croizier, la belle-fille — française — de Klaus Barbie. Elle vit avec ses trois enfants dans le sud de la Bolivie, à Santa Cruz de la Sierra où elle donne des cours de français.
(Ph. de Hoyos - Sygma.)

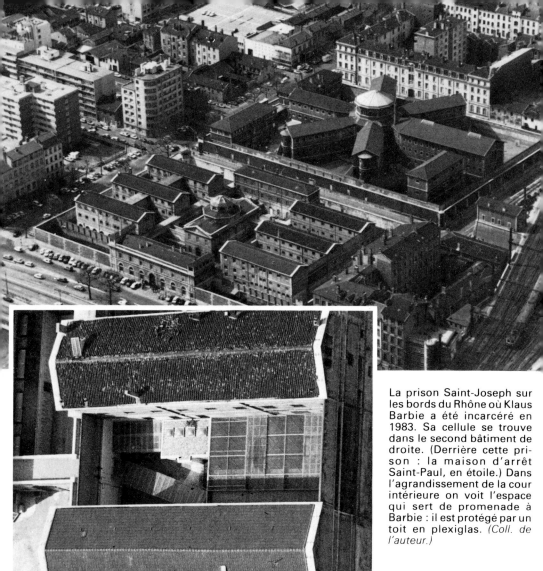

La prison Saint-Joseph sur les bords du Rhône où Klaus Barbie a été incarcéré en 1983. Sa cellule se trouve dans le second bâtiment de droite. (Derrière cette prison : la maison d'arrêt Saint-Paul, en étoile.) Dans l'agrandissement de la cour intérieure on voit l'espace qui sert de promenade à Barbie : il est protégé par un toit en plexiglas. (Coll. de l'auteur.)

Le laissez-passer du lieutenant-colonel honoraire Klaus Altmann Hansen — en uniforme — au quartier général de l'armée de terre, à La Paz. Ce carton était valable jusqu'au 31 décembre 1985... (D. R.)

saluaient, d'ailleurs cela ne surprenait personne qu'il ait des relations au quartier général. »

A son ami l'horloger Schneider, le vénérable Herr Altmann disait également :

« Quand les Français ne pourront plus rien contre moi à propos de la guerre [1], alors les juifs vont inventer quelque chose. Ils sont très forts pour cela. Ils l'ont déjà fait avec cette propagande sur les chambres à gaz... »

Aucun risque que le bijoutier contredise. D'autant plus que Schneider, ayant fait la guerre en France, jugeait Barbie comme étant « *Ein Mensch, der absolut Korrekt ist, ein Kavalier!* » (« Un homme parfaitement correct, un gentleman! ») Enfin, sa belle-fille française – oui française! –, Mme Françoise Croizier de Altmann que j'ai retrouvée dans le Sud bolivien, à Santa Cruz de la Sierra, où, devenue veuve, elle élève ses trois enfants, nous y reviendrons :

« Mon beau-père m'a toujours dit qu'il n'avait rien à voir avec les juifs. Ici, il avait des amis juifs, il les aimait bien. La chasse aux juifs, ce n'était pas son rôle pendant la guerre. Lui, il recherchait les résistants. »

Que disait-il encore, le vieux Barbie? Ceux auxquels il se confiait se souviennent d'un homme fasciné par l'hitlérisme certes, mais qui n'aimait pas tellement parler de la Seconde Guerre mondiale, de son histoire. A plusieurs personnes il avait pourtant précisé ceci : il admirait Jean Moulin et René Hardy était le traître.

« Altmann m'avait raconté que pour l'arrestation des membres de l'Armée secrète, il avait imaginé un dispositif avec six civils – trois couples – qui devaient notamment marquer d'une croix jaune la maison et la pièce où se trouverait Jean Moulin », poursuit M. Albert.

Pour le bijoutier Schneider, le plus proche confident d'Altmann :

« De Gaulle a manipulé Hardy. Il a fait le voyage de Londres, et de Gaulle lui a dit qu'il fallait se débarrasser des communistes. »

Françoise Croizier :

« Hardy? Bon c'est une chose connue. Mon beau-père l'a toujours dit. Mais moi je ne veux pas parler sur ce sujet. C'est très difficile. (...) Vous savez, je comprends que quelqu'un finisse par

---

1. La prescription des crimes de guerre intervenait le 21 décembre 1974.

trahir quand on menace sa famille ou ses amis. Qui donc tiendrait le coup ? »

Pour Barbie, Caluire c'est de l'histoire ancienne. Bien dans sa peau, le citoyen bolivien Klaus Altmann entreprend de voyager et pas seulement en Amérique du Sud. Il a la nostalgie de l'Europe. Voilà quinze ans qu'il n'y est pas retourné. La prescription des crimes de guerre n'est bien sûr pas intervenue, pas encore, mais plus personne ne paraît s'intéresser à lui. Son fils qui porte la même identité, à peu de chose près – Klaus Georg Altmann – a traversé les frontières sans embarras. Il est de la génération suivante, bien sûr, mais puisque le nom n'intrigue pas les policiers...

Les affaires de la Transmaritima [1] le portent à Hambourg. Cependant, il y a surtout un événement qui va décider Klaus Barbie à retraverser l'Atlantique : sa mère est décédée. Née quatorze ans avant le siècle, Anna Barbie est morte d'un cancer, sans personne autour d'elle, le 26 septembre 1965 à l'hôpital de Trèves. Elle avait déjà été hospitalisée une première fois, puis elle était revenue dans son deux-pièces à quarante marks par mois, du 19, Dietrichstrasse. Juste le temps de confier à son amie, la vieille Mme Schmeling, que son fils Klaus n'avait pas disparu pendant la guerre, mais qu'il était bien vivant (sans toutefois reconnaître qu'il habitait en Bolivie) et elle est retournée à l'hôpital. Pour mourir.

« Elle descendait souvent dans notre salon pour regarder la télévision, se souvient Mme Christa Schmeling. C'était une brave vieille dame à cheveux blancs, d'une très grande discrétion. Quand la TV présentait des films ou des documentaires sur la guerre, Anna Barbie se levait et remontait aussitôt dans sa chambre. Elle ne supportait pas. »

Si l'on en croit les confidences de sa belle-mère, Margarethe Willms, qui, elle aussi, était restée à Trèves, Klaus Barbie avait beaucoup pleuré en retrouvant la sépulture dans la deuxième allée du cimetière communal. La tombe – presque la seule qui aujourd'hui ne soit plus recouverte de fleurs – comporte trois noms gravés sur une croix en marbre noir :

– Nikolaus Barbie (son père) 21.1.1888-5.10.1933 ;
– Kurt Barbie (son frère cadet) 15.2.1915-29.6.1933 ;
– Anna Barbie, née Hees (sa mère) 26.11.1886-26.9.1965.

Le père était mort alcoolique, à quarante-cinq ans. Le frère,

---

1. La Compagnie transmaritima (TMB SA) adhérait à la Conférence Magellan que les armateurs connaissent bien.

épileptique, était mort juste avant ses dix-huit ans. La mère avait fini sa vie avec sa pension d'ancienne institutrice veuve, retirée au fond de la cour, dans la crainte de trahir son nazi de fils.

Klaus Barbie avait entrepris essentiellement le voyage en Europe pour voir son fils à Barcelone où il étudiait le droit. A l'été 1966, il va donc passer quelques jours sur la Costa Brava, peut-être même avec dans son portefeuille, à côté du passeport bolivien, un permis de pêcher en Méditerranée délivré par les autorités françaises. Voici, à ce propos, ce que m'a rapporté Mme Thérèse de Lioncourt, ancien consul de France à La Paz, au temps de l'ambassadeur Dominique Ponchardier, dit « le Gorille » :

« Cette année-là, au printemps, un type faisait du scandale dans les bureaux du consulat. Il ne voulait pas attendre, il voulait que je le reçoive. Je suis sortie dans le couloir. Le bonhomme gueulait : " Cela fait des semaines que j'ai demandé un permis de pêche. J'ai une résidence au Lavandou, je vais y passer mes vacances avec mes enfants qui étudient là-bas. J'ai demandé un permis pour mon bateau qui est dans le port de Toulon... " »

Thérèse de Lioncourt cherche dans ses dossiers et trouve en effet la demande, mais toujours pas de réponse de la préfecture maritime.

« C'est pas la peine d'être français, proteste-t-il très énervé. Je suis sarrois, donc français. J'aime beaucoup ce pays, mais avec les Français c'est toujours pareil! »

Alors, Mme le Consul, excédée, lui dit sans plus très bien savoir pourquoi : « Et puis, qu'est-ce qui me prouve que vous vous appelez Altmann?... Et d'abord vous n'êtes plus français, mais sarrois, donc allemand depuis le rattachement. »

Et Mme de Lioncourt se souvient très bien : « Il était devenu vert! D'ailleurs je lui avais dit que la France pardonne les injures, mais qu'il ne fallait pas nous prendre pour des cons. »

Altmann réplique qu'il n'est pas allemand mais bolivien (exact) et s'en va furieux. Thérèse de Lioncourt s'empresse d'aller farfouiller dans un paquet d'une quarantaine de vieux passeports français dont on n'avait pas défait la ficelle qui les attachait depuis leur récupération en 1959 (retour de la Sarre sous administration allemande).

« Il y avait bien le passeport de ce M. Altmann. Je l'ai porté tout de suite à M. l'ambassadeur Ponchardier qui a dû en avertir le Quai d'Orsay et transmettre la photo d'identité. »

Cela aurait pu faire démarrer l'enquête, mais il n'en a rien été apparemment. L'ambassadeur Ponchardier qui a pris sa retraite à

Nice m'a confirmé cette anecdote en précisant toutefois ceci :

« Barbie? On disait qu'il était quelque part dans le coin. Je le croyais au Paraguay. Quant à ce M. Altmann, personne n'avait encore fait le rapprochement avec Klaus Barbie, pas même le Quai d'Orsay. Pensez donc, je ne serais certainement pas resté les bras croisés! »

Le « tuyau » de Mme de Lioncourt avait subi le même sort que le fameux rapport de 1963 : étouffé.

Voyons ce que l'ambassadeur Ponchardier écrivait sous sa propre signature dans *La mort du condor* [1]. La scène se passe à l'ambassade allemande de La Paz, le 1er novembre 1964 :

« Je salue dans l'assistance quelques diplomates de l'Est. Nous nous regardons bizarrement comme si nous étions porteurs d'un coupable secret, car nous savons tous qu'il y a ici de très gros poissons nazis. Mais on ne peut empêcher la vie de tourner en Bolivie. »

Et beaucoup plus loin ce dialogue avec un ami français auquel il parle des « gros poissons allemands se trouvant à La Paz » :

« – Si vous m'en croyez, monsieur l'ambassadeur, laissez tomber... Barrientos ne veut pas d'histoires. Il ne peut prendre parti. D'ailleurs Paris le veut-il?

« – A l'échelon diplomatique, Paris veut l'ignorer. »

Enfin Dominique Ponchardier évoque le dilemme dans lequel il est plongé un soir. C'est avant l'affaire Debray.

« Ce soir-là je rentre tard de la Chancellerie. Je viens d'apprendre que se trouve dans les murs de La Paz, à portée de ma main, parmi les " gros poissons ", un " spécialiste " de l'Occupation allemande à Montluc (Lyon).

« – Tu vois, Tounet, c'est celui qui a " interrogé " un de nos déportés...

« Je n'ai pas beaucoup dormi cette nuit-là. Et je fus à deux doigts d'envoyer ma démission pour faire ce qu'on doit. Moyennant quoi aurait suivi un pénible imbroglio diplomatique...

« L'ami : " (...) Barrientos a été reçu à Paris. Alors je vous en supplie... vous la fermez... avec tout le profond respect que je vous dois." »

C'est ce qu'il fit.

Mme le Consul – quant à elle – reverra Altmann quelques mois après chez un certain Hermann, agent consulaire du Guatemala,

---

1. Ed. Gallimard, 1976, pages 60, 103, 185-186.

bien connu de l'ambassade de France à La Paz[1]. Ce soir-là, dans une villa entre Obrajes et Calacoto gardée par des chiens bergers, Altmann était tout sourire. Il avait demandé à Hermann d'arranger ce rendez-vous uniquement pour faire un test, pour se rendre compte si Mme de Lioncourt n'en avait pas trop découvert...

Revenons à Barcelone. Le fils de Klaus Barbie lui présente un jeune ami catalan, Jorge Mota, qui se trouve être l'ancien trésorier du Cedade (Cercle espagnol des amis de l'Europe), mouvement d'extrême droite où Hitler fait figure de héros. Jorge Mota, interrogé en 1983, se souvient parfaitement :

« Barbie est venu plusieurs fois en Europe. Il me disait qu'il n'avait pas été à la Gestapo, mais qu'il était Hauptsturmfürer SS. La dernière fois que je l'ai vu, Klaus Barbie m'a affirmé qu'il avait traversé la France pour se rendre en Allemagne et en revenir. Au passage, à Paris, il avait déposé des fleurs sur la tombe de Jean Moulin, au Panthéon. Il m'a même montré une photographie où on le voit devant la sépulture. »

Que diraient les résistants si la photo leur était présentée?...

Cette histoire de fleurs déposées sur les cendres du chef du Conseil national de la Résistance[2] est confirmée aussi par la belle-fille de Klaus Barbie, Françoise Croizier de Altmann, que nous avons retrouvée à Santa Cruz de la Sierra dans le sud de la Bolivie.

« Il parlait de Jean Moulin avec estime, dit Mme Croizier. Il disait que Jean Moulin était de ces gens dont on sent qu'ils sont de la même race que vous, de la même trempe. Ils avaient un caractère similaire. »

Bref, Barbie avait poussé le culot jusqu'à aller fleurir la tombe de son meilleur ennemi.

A six cents kilomètres de La Paz, Santa Cruz est une ville coloniale en forme d'amibe, dans une sorte de Texas bolivien où le dollar est roi. Pétrole, cocaïne et des soldats qui défilent comme au Chili : au pas de l'oie. On y parle l'espagnol ou le guarani et beaucoup plus souvent l'allemand que l'anglais. Françoise

---

1. Étrange ambassade qui, lorsqu'elle était située sur l'avenida Arce, à moins de cent mètres du ministère de l'Intérieur et de l'ambassade de RFA, employait deux Allemandes dont l'une avait fait un mariage blanc avec un Uruguayen et travaillait comme... archiviste.

2. A un journaliste de l'hebdomadaire allemand *Stern* auquel il avait répété cette histoire, ajoutant toutefois : « Je sais que cela peut paraître bizarre... », Barbie avait précisé qu'il s'était ensuite rendu en RFA « au club Ubersee (Outre-mer) où j'ai traité des affaires avec la Hapag et avec la Banque germano-sud-américaine ».

Croizier y enseigne le français. Pour presque rien : un dollar par leçon. Cela lui suffit à peine pour nourrir ses enfants : Corina, seize ans, Nadine, treize ans et Nikolaus, onze ans. Le petit dernier, portrait craché du vieux Barbie, perpétue la tradition puisque depuis cinq générations, on l'a vu, tous les garçons Barbie s'appellent Nikolaus (c'est-à-dire Klaus).

Sous les *tajibos* de Santa Cruz, Barbie n'est plus le tortionnaire de Jean Moulin, il n'est plus l'homme qui a massacré des centaines d'otages et envoyé les petits enfants juifs dans les wagons à bestiaux vers les camps de la mort. Pour Françoise (il fallait s'y attendre), Barbie n'est pas tout à fait le même personnage. Il a peut-être commis des atrocités, mais... c'était il y a quarante ans, c'était à dix mille kilomètres de là, c'était la guerre, « la guerre, ce phénomène qui transforme les hommes en tueurs », dit-elle.

Françoise parle lentement, pèse chaque mot.

« Il nous manque beaucoup, surtout aux enfants, ils le réclament, ils l'appellent " Opa[1] ". Klaus Barbie était le parfait grand-père, gentil, attentionné. S'il n'avait pas été emmené, il serait venu vivre avec nous, ici à Santa Cruz. Maintenant il a besoin de notre aide. Il nous écrit de sa prison, en allemand, en lettres bâtons. Il dit qu'il est bien traité, mais il se sent très seul. »

Françoise Croizier était donc entrée dans la famille en 1966. Elle avait rencontré le fils de Barbie Klaus Georg à Paris. Il faisait des études de droit. Elle suivait des cours à la Sorbonne. Cet été-là, Françoise l'avait accompagné en Angleterre puis à Barcelone (où le vieux Barbie viendra leur rendre visite).

Le mariage avait eu lieu à Cochabamba, en Bolivie, le 6 avril 1968. Sans les parents. Pourquoi ?

« Parce que mon futur beau-père n'était pas très favorable au mariage. Il trouvait que nous étions trop jeunes, nous avions vingt ans. Mais surtout j'étais un danger pour lui : une Française dans la famille !... Cela risquait de déclencher le désastre. »

En 1968, donc, Klaus Barbie est mis devant le fait accompli. Son fils unique s'est marié à son insu, et il ne se doute pas que les mentions portées (un an plus tard, le 24 juillet 1969) sur le cent treizième feuillet du registre de mariage au consulat de France à La Paz vont lentement provoquer sa découverte. Car le registre comporte de curieuses similitudes avec la fiche de recherche

---

1. Diminutif de grand-père, en allemand.

lancée depuis des années par la justice française contre l'un des plus grands criminels de guerre : Klaus Barbie, deux fois condamné à mort. Des noms ont été modifiés, mais les prénoms et les dates de naissance sont identiques.

Le consul de France, Paul Colombani, prend son temps pour réfléchir sur les coïncidences qu'il vient de découvrir. C'est d'autant son rôle que la représentation française à La Paz ne dispose pas d'un agent « spécial permanent » du SDECE.

Colombani, dont le hobby est d'affronter la police et l'armée boliviennes avec son équipe de rugby (à 4 000 mètres!), venait de recevoir de Paris une fiche de recherche au nom de Barbie Klaus. Il reprend le cent treizième feuillet où est portée la transcription du mariage Altmann-Croizier.

Alors qu'il terminait sa carrière diplomatique quelque part en Bretagne, Paul Colombani me précisait en 1984 :

« J'avais remarqué que les noms et les prénoms comportaient une certaine similitude. J'étais donc allé voir les Allemands (il n'était même pas nécessaire de changer de trottoir pour arriver chez l'ambassadeur, le Dr Hampe). Là, on m'avait répondu : " Altmann?... On se sait rien... " » (NDA : l'année suivante, éblouissement! ils savaient tout; il est vrai que l'ambassadeur avait changé.)

Paul Colombani alerte évidemment son patron, l'ambassadeur Joseph Lambroschini.

« Bien sûr, j'ai appris que Barbie était par là, me dit Lambroschini. Mais que voulez-vous : nous étions sur l'affaire Régis Debray. Il risquait de se faire tuer. C'était plus urgent que Barbie. Et puis nous ne pouvions pas dire aux Boliviens : " Il nous faut Debray. Et Barbie! " »

Joseph Lambroschini envoie un message à son directeur du Quai d'Orsay, M. Jurgensen. Pas de réaction officielle, mais il était clair que les diplomates français de La Paz ne pouvaient pas courir deux lièvres à la fois. Bien qu'il fût en cage, le « lièvre Debray » risquait sa peau.

Ainsi à l'automne 1969 on savait parfaitement que Barbie était dans les environs. A un de mes confrères en poste à New York, venu enquêter sur la mort de Che Guevara, l'ambassadeur Joseph Lambroschini, s'asseyant à une terrasse de café, du côté de l'avenida 16 de Julio, avait dit en confidence :

« Tenez, c'est ici que Barbie vient prendre son *cafesito*... »

Donc on fait le mort. Condamné à trente ans de prison par le tribunal militaire de Camiri, Debray est libéré au dixième de sa peine, en 1970. Logiquement on va pouvoir s'occuper d'Altmann-Barbie. La « mission Debray » accomplie, Lambroschini (d'ailleurs souffrant) est remplacé par Jean-Louis Mandereau. Va-t-il s'occuper du « boucher de Lyon »? Non, pas tout de suite en tout cas, car personne ne l'a informé.

« Je ne vois pas pourquoi j'en aurais parlé à M. Mandereau dès son arrivée... Du moment que, en haut lieu, il avait été décidé de laisser courir, cette affaire me dépassait », affirme Paul Colombani.

Quelques semaines – ou quelques mois – après son installation, Jean-Louis Mandereau reçoit les « confidences » du consul, alors que Barbie est reparti pour Lima.

« Je m'empresse d'envoyer un papier à Paris, me dit l'ambassadeur. Aucune réponse de la chancellerie... »

Et il ajoute :

« J'avais fait une enquête auprès de nos collègues de la RFA. Or, grâce à un jeune conseiller allemand, très antinazi, qui avait épousé une Française, j'avais acquis la certitude qu'Altmann et Barbie étaient le même personnage. Et il y avait belle lurette que l'ambassade allemande le savait! »

C'était à l'été 1971. A part ce confrère new-yorkais qui était lié par le secret et avait d'autres chats à fouetter, ni Beate Klarsfeld ni les journalistes les mieux informés ne se doutaient encore que Klaus Barbie se promenait entre La Paz et Lima.

« A l'époque, je ne savais pas qui était réellement mon beau-père, mais j'avais une idée, poursuit Françoise Croizier. Je me doutais bien qu'un Allemand venu s'installer en Amérique du Sud après la guerre... Mon mari savait, mais il ne m'avait encore rien dit, sauf ceci : " Peut-être, un jour, recevra-t-on une bombe! " Moi, j'avais accepté le risque, je ne suis pas la première Française qui épouse un fils de nazi, non? Et puis j'épousais le fils, pas le père! »

La Transmaritima a loué jusqu'à dix-neuf cargos battant pavillon grec ou allemand. Pas pour rien puisque l'*Argolis* ou l'*Argonautis* vont débarquer dans le port d'Arica du blé pour la Bolivie et des armes pour le Chili.

Sans pouvoir produire une seule preuve écrite, bon nombre de diplomates connaissent cette histoire de la livraison d'armes à Israël à la suite de l'embargo décrété par le général de Gaulle en 1967 (après la guerre des Six Jours). A la tête de la Transmaritima Boliviana SA, Klaus Barbie aurait réussi à persuader une fabrique d'armements que le Chili allait acheter des armes destinées précédemment à Israël. Le Chili aurait été livré, la Bolivie se serait servie au passage, et Tel-Aviv aurait reçu ce qui restait. Tout le monde était content.

D'après certains, il falllait trouver dans cette opération l'explication du désintéressement des services secrets israéliens pour le cas Barbie. Pourquoi cette histoire ne peut-elle être étayée par aucun document écrit en Amérique du Sud? Pour la raison que les Boliviens ne gardent pas ce genre d'archives. Ce serait trop compromettant. Il est des cas où mieux vaut perdre la mémoire. Des archives en Bolivie peuvent réapparaître comme casier judiciaire.

Klaus Barbie poursuit ses voyages. On le voit de moins en moins à La Paz ou Cochabamba, mais de plus en plus au Brésil, au Pérou (début 1967), au Mexique, aux États-Unis, surtout du côté de Miami, d'Atlanta, de San Francisco, de Galveston et de La Nouvelle-Orléans, où il a placé son fils comme représentant de la Transmaritima.

D'ailleurs, Barbie semble défier le destin : il n'a pas hésité à se rendre au Brésil qui venait d'accorder à la RFA l'extradition de Franz Stangl, commandant du camp de concentration de Treblinka (sept cent mille morts). Arrêté en février 1967 sur les indications du « chasseur de nazis » Simon Wiesenthal, Stangl avait été livré aux Allemands cinq mois plus tard sous condition qu'il ne soit pas exécuté [1].

C'est sans doute au Brésil qu'il rencontrera un certain Sassen, représentant pour l'Amérique du Sud de la firme autrichienne Steyr Daimler Puch, et qui lui fera gagner beaucoup d'argent.

Avec la Transmaritima Barbie a voyagé, mais le commerce n'est pas son fort. Il n'est pas négociant sédentaire, il est un homme de coups, comme on dit dans le monde des affaires. Une ou deux affaires dans l'année, quelques spéculations sur le dollar, et ça lui suffit largement pour vivre et retourner jouer tranquillement du Beethoven sur son piano de l'appartement de La Paz. Et tout cela pendant que Regina – plus nazie que nature – écrit des (jolis?) contes pour enfants et exaspère les commerçants à force de discuter chaque prix. Elle ne l'accompagne jamais au café. C'est son côté « bolivienne ». Les maris vont seuls au bistrot. A *La Caravelle* comme à la *Confiteria La Paz* où il s'assied toujours à la même table, le dos au mur et la vue sur la porte

---

1. Franz Stangl, aujourd'hui décédé, avait été condamné à la réclusion perpétuelle à la veille de Noël 1970.

d'entrée, Señor Altmann ne boit ni whisky ni *pisco sauer*, le tord-boyaux local. Ce petit homme en veste de tweed et chapeau coupé à la tyrolienne est salué, respecté, envié. Il est l'ami des puissants, tout particulièrement des militaires.

C'est qu'il a réussi à se faire une belle place à l'ombre des colonels dont il est le conseiller. Toutes les familles allemandes de Santa Cruz le savent : Klaus Altmann-Barbie est de ceux qui ont préparé l'arrivée au pouvoir du général Hugo Banzer, le 21 août 1971. Il a procuré les armes, il a aidé à la formation des milices privées qui, tout naturellement, se sont transformées en groupes politico-militaires le moment venu. Banzer lui revaudra ça. Il ne livrera pas Barbie aux Français lorsque, trois ans plus tard, le président Georges Pompidou réclamera (sans trop d'insistance d'ailleurs) son extradition.

On savait que les Américains avaient une emprise politique sur les pays tels que la Bolivie. En y regardant de plus près on y trouve surtout l'influence allemande. Dans ces années-là, il suffisait que tel ou tel général ait des idées de gauche pour que l'oligarchie allemande de Santa Cruz décide son limogeage. Elle en avait la force puisque plus de la moitié de l'économie du pays était contrôlée par des familles allemandes. C'est ainsi que Hugo Banzer avait été porté au pouvoir, avec ce qu'il fallait de pressions, de chantage et d'armement.

« Nous avons payé assez cher pour avoir ce régime, reconnaissait Erwin Gasser, industriel à Santa Cruz. On ne fait pas la révolution avec des *Bratwürstchen* (des petites saucisses)... »

A l'approche des années 70, l'ancien SS est en perte de vitesse. La Transmaritima commence à prendre l'eau. Réalisant qu'Altmann n'a plus autant de poids, un Bolivien va l'attaquer en justice pour tenter de recouvrer une dette. Cela se passe au mois de septembre 1971. Le juge Carlos Terrazas Torres délivre un mandat d'arrêt contre Altmann, mais il ne sera pas suivi d'effet grâce à l'intervention du contre-amiral Orlando Roca Castedo qui se porte garant. L'acte précise : « Le plaignant avait osé demander l'arrestation de don Klaus Altmann comme s'il avait été un vulgaire délinquant et sans mesurer les conséquences que tout cela pouvait entraîner. »

Le plaignant, un industriel bolivien marchand de quinine et dont le nom n'avait pas été divulgué à l'époque, se serait alors dirigé tout droit vers l'ambassade de France, avenida Arce, pour révéler que don Altmann n'était autre que le sinistre Klaus Barbie. Sans aucun doute le savait-on déjà à l'ambassade. Le Bolivien leur avait d'ailleurs laissé une belle photographie d'Altmann...

Est-ce parce qu'il sentait venir le danger qu'il voulait rapprocher sa famille du pays natal? Il retire à son fils la représentation de la Transmaritima à La Nouvelle-Orléans et installe le jeune couple à Hambourg. Pour le bonheur aussi de Françoise qui s'y plaît davantage. Klaus Georg retrouve là-bas un ami de son père, Roberto Quintanilla Pereira. A quarante-trois ans, Quintanilla vient d'être récompensé pour ses services spéciaux : ancien chef de la police antiguérilla, il avait été l'un des artisans de l'exécution de Che Guevara et en savait long – disait-on – sur la mort du général Barrientos. Il avait donc été nommé consul général en Allemagne, à Hambourg. Les Altmann junior avaient table ouverte chez les Quintanilla.

« C'était un homme formidable, ses enfants l'adoraient, ils l'appelaient " Toto ", raconte Françoise Croizier. Il recevait des menaces par téléphone en pleine nuit : " On va te descendre ! " »

Le 1ᵉʳ avril 1971, Roberto Quintanilla est assassiné dans son appartement de Hambourg. Plusieurs balles de 9 mm. L'épouse du consul intervient. Elle se bat avec la jeune femme qui venait de tirer sur son mari. Celle-ci perd sa perruque et abandonne un colt Cobra avant de s'enfuir. Roberto Quintanilla dit encore à sa femme : « Tu t'occuperas des enfants », et il succombe.

Or quelques minutes après l'assassinat arrive Klaus Georg Altmann. Il s'occupe de la veuve. Il assiste à la crémation du corps et, neuf jours plus tard, accompagne les cendres dans l'avion de la Lufthansa qui ramenait Mᵐᵉ Quintanilla et les enfants à La Paz.

La description de la meurtrière et les pièces à conviction, la perruque et surtout le colt sur lequel on retrouve le numéro de fabrication 212 067, conduisent les enquêteurs à désigner un suspect : Monika Ertl, trente-cinq ans. Elle aurait été armée par l'éditeur italien, gauchiste et millionnaire, Giangiacomo Feltrinelli. C'est lui qui aurait financé l'opération et acheté le colt « Cobra ». Scénario avancé par le ministère de l'Intérieur bolivien : deux guérilleros connus sous les noms d'emprunt de Chato Peredo et El Gordo ont préparé l'attentat à Santiago du Chili tandis qu'Imilla (Monika Ertl) était désignée pour faire le coup.

La police autrichienne repère (trop tard) Monika et Feltrinelli, après l'assassinat, dans un relais de chasse en Styrie. Monika Ertl est la fille d'un Bavarois, champion de ski et de canoë-kayak, alpiniste et cameraman qui avait conduit une expédition dans les montagnes et la jungle boliviennes en 1946. Monika était allée en classe à La Paz et y avait épousé un certain Harjes, d'origine allemande.

Un an après l'assassinat de Quintanilla, l'extrémiste Feltrinelli sautait à Milan (16 février 1972) avec la bombe qu'il s'apprêtait – d'après l'enquête officielle italienne – à fixer contre un pylône électrique. L'année suivante, c'était le tour de Monika Ertl. Elle était abattue par la police dans une rue de La Paz où elle était retournée avec un passeport argentin au nom de Nancy Molina. Elle est enterrée au cimetière allemand, derrière le quartier Miraflores.

Si le mobile de l'assassinat est la vengeance de Quintanilla, que devrait-on penser des autres morts étranges dont la liste n'était pas inconnue de Barbie : le général Barrientos (« accident » d'hélicoptère le 27 avril 1969, constatations de police faites par le colonel... Quintanilla), son ami le syndicaliste paysan Jorge Soliz (retrouvé assassiné le 26 novembre 1969 [1] au bord de la route de Santa Cruz à Cochabamba), le directeur du journal *Hoy,* Alfredo Alexander (déchiqueté avec sa femme par un colis piégé, déposé – dit-on – par un tapissier qui travaillait pour Altmann), un journaliste qui en savait beaucoup, Jaime Otero Calderon (retrouvé étranglé à son bureau le 16 février 1970). Suspectant son prédécesseur Ovando, le général Torres – qui présida peu après un gouvernement démocratique – avait voulu faire la lumière sur toutes ces affaires. Il n'y était pas parvenu. Il est mort assassiné, lui aussi, en 1976.

C'est encore un autre assassinat, celui d'un milliardaire péruvien, qui – indirectement – va porter le plus mauvais coup à Barbie. La mort de Luis Banchero Rossi, le 1er janvier 1972, fera mieux connaître en Amérique du Sud l'existence de Klaus Barbie.

Les affaires de la Transmaritima ayant périclité, Señor Altmann s'était réfugié au Pérou. Il avait trouvé asile à quelques kilomètres de Lima chez son ami « Don » Federico Schwend, l'homme des fausses livres sterling, son associé dans une étrange société, La Estrella.

---

1. Simple coïncidence : le 26 novembre était l'anniversaire de la maman de Klaus Barbie.

Schwend, arrêté par la Gestapo en 1941, accusé d'avoir voulu livrer au consul du Mexique (qui travaillait pour les Anglais) les faux plans d'un sous-marin, allait être jugé quand le Dʳ Gröbl, chef des services de renseignements allemands, était venu à son secours. Gröbl avait compris le parti qu'il allait pouvoir tirer d'un bandit tel que Schwend. Il le fit libérer et l'employa comme « financier » : avec un bénéfice de 30 pour 100 Fritz Schwend – alias « Wendig » pour la circonstance – devait écouler les petits paquets de fausses livres sterling de l'opération Bernhardt (du nom du Sturmbannführer Bernhardt Kruger qui avait mis au point l'opération pour déstabiliser l'économie britannique).

« Le plus dur n'était pas de contrefaire les billets, c'était de fabriquer le papier, me raconte le Dʳ Höttl, l'un des patrons de l'Amt VI (espionnage), aujourd'hui retraité à Alt-Aussee, en Autriche, tout près du fameux lac Toplitz où furent retrouvées des caisses pleines de fausses livres sterling.

« Nous avions fini par découvrir un mélange de papier et de vieux chiffons tout à fait semblable au papier anglais. Il ne restait plus qu'à imprimer, ce que faisaient les spécialistes, pour une grande part des juifs extraits des camps de concentration. »

Ces fausses coupures ont été écoulées partout où il y avait des échanges avec Londres. Cela allait d'Istanbul à Santiago du Chili.

Schwend – on l'a vu – s'était donc réfugié au Pérou, quatre ans avant l'arrivée de Klaus Barbie. Se faisant passer pour un réfugié yougoslave dont le village avait été rasé par les nazis, Fritz Schwend est expulsé au bout de trois ans. Il s'installe en Équateur, auprès d'un autre nazi : Sassen. Trois ans plus tard, il revient – sous son vrai patronyme cette fois – se fixe à Santa Clara, au nord-est de Lima, et entreprend un élevage de... poulets (en 1970 la *granja* de don Federico produisait deux cent mille poussins par mois). Pour éviter d'être importuné, l'ancien nazi devenu agent de la CIA prend des précautions. Tout d'abord, il contribue financièrement à la construction du commissariat de Vitarte (à mi-chemin sur la route de Lima) et entoure sa maison de quelques systèmes de protection, ·sans toutefois la transformer en blockhaus. Une vigogne se balade dans le jardin... Il l'appelle « Gretschen »... Tout cela répond au principe en vigueur parmi les réfugiés du IIIᵉ Reich en Amérique du Sud : achetez la police et méfiez-vous des curieux. De plus, il organise officieusement la première censure postale du Pérou.

Arrêté tout de même après quelques années, inculpé de divers trafics dont le change au noir de milliers de dollars (trois cent cinquante mille, disait-on à Lima), Schwend raconte aux policiers qui lui demandent pourquoi il avait chez lui une photographie encadrée de Martin Bormann, le dauphin de Hitler :

« Bormann existe, je l'ai rencontré! »

En réalité, Bormann avait été tué lors de sa fuite de la chancellerie de Berlin (mai 1945). Ses ossements n'ont été retrouvés qu'en 1972, lors des fouilles de la Friedrichstrasse, mais les analyses anthropométriques de la mâchoire et, surtout, de la dentition comparées à son dossier médical ont apporté la preuve formelle de son identité. Pourquoi donc Schwend faisait-il croire au diable? Tout bonnement pour s'attribuer de l'importance, non seulement vis-à-vis des anciens nazis, qui venaient chez lui chercher les bienfaits de l'organisation Odessa, mais aussi des Allemands de tout bord et des Sud-Américains qu'il voulait impressionner. Bormann n'était qu'un épouvantail que l'on habillait tantôt en touriste, tantôt en père franciscain sous le nom vénérable de Padre Augustin. Cela sonnait si joliment pour un fantôme...

Don Federico Schwend a marqué son séjour en prison : les gardiens et les détenus de Lurigancho se rappelleront longtemps des caisses d'œufs qu'il leur faisait apporter. Des œufs qui, après vérification, s'avéraient contenir deux jaunes et ne pouvaient être couvés. D'où le surnom que les flics péruviens avaient attribué à ce vieux nazi diabétique, complètement chauve, au profil d'aigle : *Doble Jema,* c'est-à-dire « Double Jaune ».

Déjà en juin 1966, pour le premier voyage de Klaus Barbie en Europe, don Federico lui avait confié un message pour son ami Otto Skorzeny [1] qui vivait encore à Madrid.

« Klaus Altmann, porteur de la présente, est digne de confiance. Il a été Hauptsturmführer (capitaine) en France et condamné à mort après la guerre. »

Nul doute que Skorzeny lui avait ouvert les portes de son salon madrilène où il recevait volontiers les nostalgiques du Reich.

Grâce à « Double Jaune [2] », Klaus Barbie avait trouvé refuge en

---

1. Skorzeny avait réussi à libérer Mussolini au cours de la fameuse opération Ciceron.

2. Expulsé vers l'Allemagne fédérale en juillet 1976, Friedrich Schwend avait été arrêté en RFA parce qu'il ne pouvait plus payer une note d'hôtel d'une cinquantaine de marks, alors que, trente ans plus tôt, il ne savait que faire de millions de (faux) billets. Libéré, Schwend était retourné à Lima. Il y mourut en 1981, à la clinique Ricardo Palma, avenida Javier Prado. « Pas étonnant : il n'y avait que des juifs dans cette clinique... ils l'ont fait souffrir », m'a dit la mère de son gendre.

1971 au Pérou lorsque les caisses de la Transmaritima étaient tellement à sec que le fils, son représentant à Hambourg, n'ayant jamais reçu son dernier salaire, s'était laissé pousser la barbe : « Je me raserai quand je serai payé! » Pour Klaus Barbie, il avait été préférable de s'éloigner de La Paz, juste le temps de faire oublier les beaux bateaux qu'il n'avait jamais achetés. Schwend, qui prétendait avoir connu son ami Altmann en 1942 à Amsterdam (ce qui est tout à fait probable), lui trouve donc une maison, pas trop loin de ses poulets, à Chacalcayo, 200, calle Malicon [1]. Une maison de style bavarois, entourée de hauts murs, des bougainvillées dans le jardin, piscine, terrasse et un minuscule potager. Parler l'allemand dans ce quartier baptisé « California » est tout à fait naturel. Ce ne sont pas les anciens nazis qui manquent. Sa femme Regina s'y trouvera à son aise, mais pas autant qu'à Cochabamba.

Sur la colline d'en face, de l'autre côté du Rio Rimac (la « rivière qui murmure »), se trouve une superbe villa, celle du magnat de la pêche industrielle – et éditeur comme Feltrinelli – Luis Banchero Rossi. On le découvre assassiné à la Saint-Sylvestre 1972. Or Banchero voulait, dit-on, que soit publiée la vérité sur les nazis et la fameuse organisation Odessa en Amérique du Sud. La police arrête le fils du jardinier, Juan Vilca. Il avoue. Il a tué son patron à coups de pierre. Or, parmi une foule d'invraisemblances, on constate ceci : Vilca est débile; c'est un tout petit bonhomme (cinquante kilos) qui ne pouvait pas frapper seul un géant karatéka comme Luis Banchero; Vilca était aussi le jardinier de la maison que louait Barbie, et on les avait vus ensemble quelques jours auparavant au bar *Viena*. Reconnu coupable de l'assassinat, Vilca a été gracié après cinq ans de prison.

Sans que l'on puisse établir précisément comment les choses avaient commencé, il semble bien que le milliardaire avait voulu se venger de Klaus Altmann en le menaçant à son tour. C'est l'avis de l'ambassadeur de France à Lima, Albert Chambon, qui m'en a parlé plus librement après son départ des « affaires » :

« Luis Banchero avait voulu faire un contre-chantage. C'était la conviction du juge d'instruction Jose Santos Chichizola qui avait été dessaisi du dossier alors qu'il détenait certaines preuves

---

1. Une erreur des « services secrets » péruviens avait fait croire un moment que Altmann habitait au n° 210 qui correspond à la villa « El Carmen ». Ainsi pendant des années la photo de cette villa a été publiée dans la presse. Or cette ravissante maison est depuis fort longtemps occupée par des... Japonais.

de la culpabilité des Allemands. D'ailleurs, lors d'une perquisition chez Schwend, il avait trouvé des armes, de la drogue, etc [1]. Il estimait aussi que la manière dont Banchero avait été torturé et assassiné s'inspirait des méthodes SS. »

Les journaux péruviens n'hésitaient pas, à l'époque, à écrire : « D'après les premières versions, Banchero aurait été victime d'un chantage des criminels de guerre. » N'acceptant pas de se laisser manipuler, le magnat de la pêche les aurait « menacé de divulguer leur véritable identité, ce qui provoqua la décision de l'éliminer ».

Que répondait alors don Federico Schwend au juge d'instruction ?

« Le 1er janvier, Altmann n'était pas chez Banchero, il était chez moi à Santa Clara. Quant aux dollars que vous avez trouvés à la maison, c'est Altmann qui les a oubliés... »

« Double Jaune » n'a pas hésité un certain soir à appeler directement au téléphone la résidence de l'ambassadeur de France. Albert Chambon avait pris l'appareil :

« Ici le colonel Schwend ! Vous me considérez comme un criminel de guerre... Alors faites bien attention ! »

Quelques nuits plus tard, une charge explosive faisait sauter la grille d'entrée de l'ambassade à San Isidro.

Pour en finir avec les morts étranges, il faut s'arrêter un instant sur celle d'un ami de Barbie, un Français, le comte Jacques Dugé de Bernonville. Assassiné à Rio, peut-être parce qu'il en savait trop sur les nazis.

Ancien intendant du maintien de l'ordre, nommé par Vichy, condamné à mort par contumace [2], Bernonville avait fui vers le Canada avec le faux nom de Benoît. La France ayant demandé son extradition, en 1951, il trouvait refuge à Rio de Janeiro grâce à l'appui de la famille de Bragance qui avait régné au Brésil jusqu'en 1889. Comme Touvier, comme tant d'autres, il entrait directement au couvent... pour quelques semaines. Quatre ans plus tard le Brésil refusait de le livrer à la France parce que la peine de mort, si elle avait été abolie là-bas, était encore en vigueur en France. Or, le 27 avril 1972, c'est-à-dire quelques semaines après l'identification « publique » de Klaus Barbie, le

----

1. Le 12 avril 1972, le juge d'instruction avait dû lui-même enfoncer la porte du bureau où don Federico achevait de brûler ses dossiers. Il avait en outre trouvé deux fusils à lunette et un chèque de cinq mille dollars.
2. Jugement du 8 octobre 1947, par la cour de justice de Toulouse.

vieillard était retrouvé assassiné dans son appartement du quartier de Lapa, rue Taylor. Étranglé sous le portrait du maréchal Pétain! Bernonville avait été bâillonné avec un torchon et avait les mains et les pieds liés avec ses propres cravates.

Après une enquête expresse, la police de Rio paraissait ne s'intéresser qu'à un seul suspect, un coupable « sur mesure » : un jeune homme appelé « Wilson », fils de la domestique du comte, trop débile pour être vraiment l'instigateur du crime. Il avait tout avoué, puis il avait expliqué au juge que les brutes de la police l'avaient convaincu : c'était un crime rituel, il avait agi sans le savoir, il était possédé. Et pour lier la sauce on ajoutait la Macumba, le dieu Exu, *i tutti quanti*. Cette affaire ne rappelle-t-elle pas l'assassinat du milliardaire péruvien Luis Banchero Rossi, quatre mois plus tôt?...

Quel rapport avec Klaus Barbie? A Rio, le comte de Bernonville – qui s'était parfois rendu en Bolivie malgré sa pauvreté – se disait prêt à écrire une biographie du « boucher de Lyon » parmi d'autres nazis réfugiés en Amérique du Sud.

A Paris, savait-on vraiment où se terrait Klaus Barbie, et dès lors n'était-il pas préférable de l'oublier, pensant qu'après tout sa vie ne devait pas être toujours rose puisqu'il vivait loin de chez lui, au purgatoire? Cette question reviendra souvent, même après le procès. On trouve en tout cas un élément de réponse avec cette note confidentielle du ministère des Affaires étrangères de Bonn. Elle est datée du 20 septembre 1969 :

« Lui (Barbie) et sa famille sont arrivés en Bolivie en mai 1951 via l'Argentine (...). Notre enquête n'a pu aller très avant car Altmann est en bonnes relations avec les autorités boliviennes. Selon des bruits non confirmés, ils seraient entrés avec des passeports étrangers (Vatican). (...) Sa fille Ute nous a demandé un permis de séjour en RFA[1] pour y être correspondante de la firme Boehringer, à Mannheim, dont le père est représentant. Elle a indiqué comme nationalité antérieure de son père : " Polonaise ".

« Nous recommandons de mener une enquête prudente, car Klaus Altmann a de bonnes relations dans les milieux gouvernementaux boliviens et avec d'autres anciens nazis vivant en Amérique du Sud tels que Fritz Schwend, à Lima. »

---

1. Ute Altmann (Barbie) était naturalisée bolivienne depuis le 31 janvier 1961.

Et que découvre-t-on avec cette note rédigée d'après les indications de l'ambassade ouest-allemande à La Paz? Une belle photo d'Altmann au milieu d'un groupe d'hommes d'affaires... Ainsi, à l'automne 1969 on savait tout. Qui plus est, on possédait une photo. Or rien ne fut entrepris qui pouvait, à la longue, déboucher sur l'extradition de Barbie. Il est vrai que le général de Gaulle s'était déjà retiré à Colombey-les-deux-Églises (et qu'eût décidé le Général?), tandis que son successeur s'apprêtait à grâcier le meilleur ami français de Barbie, le chef de la milice lyonnaise, Paul Touvier, lui aussi condamné deux fois à mort [1].

Or tout se conjugue. Cette note allemande, la plainte de l'industriel bolivien et le « rébus » du registre de mariage interviennent précisément au moment où l'Allemagne allait définitivement classer le dossier Barbie.

Et c'est là qu'intervient un fait étrange sur lequel on n'a pas beaucoup d'éclaircissements, mais dont j'ai trouvé la trace dans les archives de la prison centrale de La Paz : Klaus Altmann a été emprisonné le 23 novembre 1971 pour une dette de 54 207,60 pesos réclamée par la COBOFO (Corporation bolivienne pour le développement). Le mandat d'incarcération existe, mais les mêmes archives concernant sa libération sont introuvables. Toujours est-il que quelques jours plus tard, il était au Pérou. Cela est certain.

Rideau! Entre en scène la fameuse « chasseresse de nazis », Beate Klarsfeld. De cette jeune Allemande, fille de militaire, épouse d'un juif français, qui a passé des années à dénicher les criminels de guerre nazis – et elle continue –, disons qu'elle ne fait pas tout cela pour l'argent, pour le simple profit, mais pour que la justice passe. Beate Klarsfeld s'est engagée à lutter contre l'oubli, moins par esprit de vengeance que pour dénoncer le laxisme de la justice, la mollesse des autorités et les compromissions à tous les niveaux. Elle n'est pas contre le pardon, mais elle n'admet pas la roublardise, la forfanterie des anciens SS qui ont échappé aux tribunaux militaires. Elle n'est pas israélite, mais elle a compris l'horreur de la persécution. Née en 1939, elle n'a pas « vécu » la Seconde Guerre mondiale, mais elle refuse d'admettre que sa génération passe l'éponge sans rien savoir [2].

---

1. Cours de justice de Lyon (1945) et de Chambéry (1947). En 1983, le juge d'instruction Christian Riss a lancé contre Touvier un nouveau mandat d'arrêt international pour « crimes contre l'humanité ».
2. « Elle est à elle seule la conscience d'un pays inconscient », avait dit le philosophe Vladimir Jankélévitch.

Bien sûr, Beate Klarsfeld n'agit pas seule. Elle est aidée, poussée, par son mari, Serge [1], dont le père est mort à Auschwitz, aidée aussi par des organisations juives, par Israël, mais il n'y a que Barbie ou ses proches défenseurs pour voir dans l'action de cette pasionaria une simple entreprise commerciale. Ah! évidemment elle dérange, elle ne mâche pas ses mots, elle veut « bouffer du nazi », elle ne craint pas de divulguer les noms des collaborateurs, elle gifle le chancelier allemand Kiesinger, elle s'enchaîne à des arbres ou à des grilles, en RFA, en Pologne ou en Bolivie pour mieux « accrocher » la presse peu captivée. Elle fait du spectaculaire, quitte à devenir agaçante. Mais sans les Klarsfeld, jamais ce brave Señor Altmann *tanto correcto y emocionante,* assassin, tortionnaire et maintenant vendeur d'armes, n'aurait terminé ses vacances boliviennes à l'abri des dictatures andines. Il faut rappeler l'initiative de « celle par qui le mal revient ».

En juin 1971, alors qu'en France les crimes de Barbie allaient tranquillement passer sous le coup de la prescription, le parquet de Munich décide de classer l'instruction ouverte en 1960. Faute de preuves. On s'apprête donc à réhabiliter Klaus Barbie, peut-être pour bien montrer aux procureurs allemands la conduite à prendre avec les trois cents autres cas identiques. Alors intervient Beate. Elle cherche des témoins, elle rassemble des résistants et persuade enfin le procureur allemand Ludolph de rouvrir le dossier que son collègue Rabl venait de classer.

Beate Klarsfeld ne manque ni d'idée ni de courage, et certainement pas de dynamisme. Une fois le parquet de Munich persuadé que Barbie a pris une part active dans l'extermination des juifs, il lui faut maintenant rassembler les preuves et – surtout – démontrer qu'Altmann et Barbie sont bien le même homme. Cela paraît évident, mais ce n'est pas si simple. Les autorités judiciaires ne disposent, sur le plan matériel, que de quelques photos de Señor Altmann et deux seulement de Klaus Barbie (photos de face et profil prises en Allemagne après la guerre). Hélas! aucune empreinte de comparaison. Sur les clichés agrandis et contrastés, le Pr Ziegelmayer, de l'Institut de génétique humaine de l'université de Munich, va extraire une formidable étude de seize pages où sont comparés (au millimètre) chaque trait, chaque angle, chaque incidence sur les deux visages, celui de

---

1. Avocat, historien, président de l'Association fils et filles des déportés juifs de France.

Barbie modèle 1948 et celui d'Altmann vingt et un ans plus tard.

« Visage plus haut que large... Œil gauche légèrement plus haut que le droit, etc. »

Reste à trouver le vieux nazi. Pour Beate Klarsfeld, le bon « tuyau » arrive par la poste. Précisément l'un des employés du milliardaire Luis Banchero, un agent allemand nommé Herbert John qui travaillait dans la maison d'édition Editoriales Unidas, avertit les Klarsfeld. Via son contact à Munich (le journaliste Peter Nischk), il avait envoyé le descriptif de l'organisation nazie au Pérou et en Bolivie avec, en prime, le véritable nom de don Altmann.

« Klaus Barbie, alias "Altmann", se trouve chez Fritz Schwend à Santa Clara, près de Lima. Casilla nº 1, Carretera central km 14. »

La lettre arrivait au domicile des Klarsfeld le 29 décembre 1971. Trois jours plus tard, Luis Banchero Rossi était assassiné. Coïncidence.

Dès lors, la chasse à l'Hauptsturmführer Barbie allait pouvoir s'organiser. Pas seulement pour les Klarsfeld... Nos valises aussi étaient prêtes.

11.

LA CAISSE NOIRE

Dans le Boeing Paris-Lima j'ai lu et relu les conclusions de la nouvelle enquête allemande. En plus de la ressemblance entre les photos (Barbie 1939-Altmann 1970), les similitudes sont pour le moins troublantes :

– l'épouse du vénérable Señor Altmann se prénomme Regina. Elle est née le 7 décembre 1915 à Osburg, près de Trier (Trèves). Nom de jeune fille : Wilhelms. Or la femme de Klaus Barbie s'appelle Regina, née Willms ;

– sa fille Ute est née le 30 juin 1941 à Kassel. Or la fille de Klaus Barbie s'appelle également Ute et est venue au monde le même jour, mais en Rhénanie, à Trèves précisément ;

– enfin, son fils Klaus Georg est déclaré comme étant né à Kasel bei Leipzig (Kasel avec un seul « s »), le 11 décembre 1946. La ville de Kasel n'existe pas. En revanche à Kassel (à deux cents kilomètres à l'ouest de Leipzig) est né, à cette même date, Klaus Jeörg Barbie à la maternité du Dr Kuhn.

Beate Klarsfeld a fait la course contre la montre pour faire arrêter l'Hauptsturmführer alors qu'il se trouvait encore aux environs de Santa Clara. N'ayant pas les moyens de l'ORTF, elle avait dû faire le tour des amis pour acheter le billet d'avion pour le Pérou. Avec ses dossiers, elle débarque chez l'ambassadeur de France, Henri Chambon, ancien déporté.

En envoyant d'urgence la demande d'extradition au Pérou, le Quai d'Orsay savait que son ambassadeur allait se démener. Pour cause : Albert Chambon, ancien résistant des NAP [1], déporté à Buchenwald, n'était pas du genre à laisser faire le cours de la

1. Noyautage des administrations publiques, l'un des réseaux de la Résistance.

diplomatie. Le jour même, il entrait dans le bureau du ministre de l'Intérieur, Richter, qui – de son côté – laissait gentiment l'Excelentisimo Señor Altmann prendre ses dispositions. Il n'avait pas, lui, le ministre, de griefs particuliers, du moins pas encore.

« Comment voulez-vous qu'il soit informé? me raconte l'ambassadeur Chambon. Ces gens-là n'étaient pas conscients du drame. »

Voici une anecdote qui explique bien le laxisme des Sud-Américains dans cette affaire. Le mot *deportación* en espagnol ne signifie pas qu'on vous a jeté dans un camp de concentration. Non, pour les Péruviens, comme pour les Boliviens ou leurs voisins, *deportación* c'est l'exil temporaire, ce qu'on appellerait ici le « placard ». Exil doré dans un pays limitrophe, pays ami, où tout en continuant de recevoir un salaire on ne gêne plus le gouvernement en place. Il n'est jamais question, ici, des fours crématoires...

« D'ailleurs, poursuit Albert Chambon, c'est bien de notre faute si les Sud-Américains ont continué à protéger les nazis. Vel-d'Hiv? connaît pas... Comment voulez-vous qu'ils aient eu conscience des atrocités. Ils ne savaient pas. Nous aurions dû leur expliquer. Il ne suffisait pas de signer des manifestes, il fallait organiser des tournées d'information, avec des films, des photos, des témoignages. Cela n'aurait pas coûté plus cher que des gueuletons d'anciens combattants. »

Ainsi, des types comme Barbie, pensait l'ambassadeur, n'auraient plus réussi à convaincre les autres que Jean Moulin était un guérillero, que ses compagnons de la Résistance n'étaient que des voyous et, en tout cas, tous de dangereux gauchistes qui tiraient dans le dos des valeureuses troupes allemandes. Bref, que la déportation était un moindre mal. La puissance des colonies allemandes en Amérique du Sud, si promptes à défendre le premier SS venu, aurait eu certainement moins de poids vis-à-vis des gouvernants. Voilà ce que pense aujourd'hui encore M. Chambon.

« J'avais dit à Maurice Schumann, alors ministre des Affaires étrangères, qu'on n'avait aucune chance de voir la Bolivie livrer Barbie. »

Dans le combat Klarsfeld-Barbie, c'est Beate qui va perdre la première manche. Ce n'est pas B.K. mais K.B. qui l'emporte en franchissant la frontière avant que les autorités se soient décidées à déclencher les poursuites. Cela s'explique par la « force de persuasion » de Señor Altmann ou de ses plus proches amis, comme Fritz Schwend tranquillement resté avec ses poules et sa vigogne, sûrs de leurs appuis : Barbie a été accompagné jusqu'au poste frontière de Rio Seco par deux agents de la PIP (police secrète péruvienne). Ils étaient avec lui dans la Volkswagen blanche aux plaques maquillées. Bravade, humour ou hasard : le numéro minéralogique, HH- CD 860, correspondait à la voiture de l'ambassadeur de Hongrie.

Depuis la frontière, Altmann-Barbie s'est volatilisé.

Qu'il aurait été facile de demander à Klaus Barbie de retirer une chaussette... L'aurait-il accepté? J'en doute. Dans le bureau de l'officier bolivien où je terminais l'interview [1] de Señor Altmann, il me manquait une simple indication qui aurait bouleversé le cours des événements, une seule petite ligne du registre des malades de l'hôpital de Baden-Baden où Klaus Barbie avait été soigné pendant la débâcle de 1944 : *« Amputé le 28 août à Lyon des 4e et 5e orteils du pied gauche. »* Seulement, ce dossier médical qui aurait permis de le confondre à coup sûr était encore secret. Avec le recul je pense que cette révélation aurait toutefois enlevé une bonne part du suspense... Car si je n'avais pu voir moi-même le pied gauche dénudé de l'Obersturmführer SS il aurait été facile pour n'importe quel gardien du « panoptico » San Pedro de vérifier.

Toujours est-il qu'il fallait faire vite car Klaus Barbie n'allait pas rester longtemps en prison. Sur ordre du contrôleur Rolando Kempff, il ressort avec son transistor à la main, le 11 février, persuadé que ses amis allemands de Santa Cruz ont bien joué, et que désormais les officiels boliviens le protégeront quoi qu'il arrive. C'en est tellement flagrant que le président Georges Pompidou décide d'écrire le même jour un message personnel au général Hugo Banzer :

« Vous êtes certainement informé du retentissement profond qu'a eu, en France, la révélation de l'identité sous laquelle se cache Klaus Barbie.

« (...) Le temps efface beaucoup de choses, mais pas tout. Aussi les Français ne pourraient accepter, sans que l'idée de justice ne soit ternie, que crimes et sacrifices soient, pêle-mêle, oubliés dans l'indifférence. »

Réponse du président de la Bolivie, deux semaines plus tard :

---

1. Voir le premier chapitre.

« (...) Je peux vous assurer que ce sont les magistrats boliviens appelés par la loi à connaître cette affaire qui diront leur dernier et juste mot. »

D'ailleurs, la presse locale appuyait – en termes moins diplomatiques – la réponse de Banzer en dénonçant, à la une, la « nouvelle insolence française à la dignité nationale bolivienne ». Et de rappeler que déjà le général de Gaulle avait invoqué les « sentiments nobles et chrétiens » pour épargner Régis Debray. C'était en 1967. Qu'allait répondre le général président de l'époque, Barrientos?

« Si, pour Votre Excellence, l'essentiel est la France et les Français, mon devoir primordial est de m'intéresser à la Bolivie et aux Boliviens. » Et toc!

Autrement dit, il n'y aura pas de décision politique, et comme il n'existe pas d'accord d'extradition... on devine la suite.

Las d'être confronté aux documents qui l'accusent, ses dénégations devenant de plus en plus vaines et comprenant qu'il peut encore se faire pas mal d'argent avec cette histoire, Altmann va finir par admettre qu'il a bien fait partie du Sipo-SD de Lyon, mais que « Barbie » n'était pour lui qu'un nom de guerre. Il en convient au cours de l'interview accordée au Brésilien Ewaldo Dantas Ferreira que *France-Soir* publiera quitte à soulever l'indignation de certains grands résistants.

« La publication de ces pseudo-Mémoires de Barbie n'était ni historiquement utile, ni moralement souhaitable », écrivait Henri Noguères [1]. Mais qu'auraient pensé les lecteurs s'ils avaient lu l'intégralité de la « confession »? Tout n'a pas été publié, et pas seulement parce que le récit se perdait dans les détails. Pour ne pas jeter de l'huile sur le feu. Ainsi les responsables de la rédaction de *France-Soir* avaient supprimé certains passages comme :

« Aujourd'hui, la guérilla attaque sur les côtés, sans uniforme, sans s'identifier comme ennemi, sans être assujettie aux lois de la guerre régulière [...]. Vous voyez que les moyens à prendre contre les guérilleros ne répondent à aucune loi [...]. Dans notre armée [NDA : Barbie ne précise pas s'il s'agit de la Wehrmacht ou de l'*Ejercito* bolivien], Che Guevara ne serait même pas parvenu au grade de sergent. Il était un incapable, il ne commettait que des erreurs. »

---

1. *Op. cit.*, tome II, p. 414.

Et, pour toucher la France de plus près, pour la défier, il racontait – dans le vide – comment ceux qui voulaient sa peau avaient déjà l'expérience de l'affaire Régis Debray : pour obtenir la libération du jeune théoricien de la révolution, ils avaient « payé au général Juan Jose Torrès [1] et à son entourage la somme de trois cent mille dollars ». Ayant lu ces lignes en Argentine où il était réfugié, le général Torrès avait immédiatement prostesté auprès de l'ambassadeur de France et, comme cela ne suffisait peut-être pas, directement auprès du président de l'Assemblée nationale. Mais ces phrases n'ayant pas été publiées de ce côté-ci de l'Atlantique, le démenti se révélait inopportun...

Plus près encore du cœur des résistants, des mots ignobles traitant le général de Gaulle de « lâche » pour n'avoir pas été sur le territoire français tandis que d'autres se battaient sur le terrain. Mélange de haine et d'explications absolutoires qu'il n'était pas nécessaire de répercuter – en 1972 – pour provoquer l'indignation. Notamment de celui qui avait été – pendant cinq jours... – l'adjoint de Jean Moulin, Claude Bouchinet-Serreulles :

« Trente ans plus tard, alors qu'il se voit découvert et se sent, pour la première fois, traqué, ne sachant plus très bien dans quelle mesure le protégeront les services américains aux ordres de qui il s'était rué dès la libération de Lyon, Barbie sait encore tirer les vieilles ficelles et s'efforce, pour semer la discorde chez l'ennemi, d'opposer des Français à d'autres Français. »

Barbie insistait sur la " trahison " de René Hardy. Réponse de Hardy : « Il raconte n'importe quoi. Il fait ça pour l'argent. » Et comme on trouvait qu'il ne s'en indignait pas tellement, René Hardy ajoutait : « Vous savez, l'indignation, c'est comme l'amour. En trente ans ça s'émousse [2]. » Les articles signés Barbie allaient provoquer une interpellation à la Chambre. La France, annonçait le secrétaire d'État Jean de Lipkowski, a reçu l'assurance que « la surveillance de Klaus Barbie sera naturellement renforcée », le temps pour les magistrats d'examiner : 1° si Altmann est effectivement Barbie; 2° si l'extradition est concevable.

Les communistes français allaient tout faire pour intégrer au dossier le cas de Max Barel, ancien élève de Polytechnique, ingénieur à Villeurbanne, arrêté le 6 juillet 1944 et torturé à mort au siège de la Gestapo. Ils disposaient d'un document essentiel : le

---

1. Assassiné à son tour en juin 1976, près de Buenos Aires.
2. *Le Nouvel Observateur*, 29 mai 1972.

récit d'un collaborateur de « la bande à Payot », Marcel Moine code « Albert », arrêté par deux ingénieurs lors de la libération de Lyon :

« Barel alias Rouchon, alias Gautier, fut arrêté lors d'une vérification d'identité en gare de Perrache par la Gestapo. Cette opération terminée il fut emmené dans les locaux de la Gestapo, place Bellecour, et fut torturé de toutes les façons *possibles,* il fut tour à tour flagellé jusqu'au sang, ce traitement n'ayant pas donné de résultats il fut baigné dans l'eau glacée, pendant ce temps il tenta de se suicider de différentes façons; ceci [encore] n'ayant pas donné de résultats il fut mis dans une baignoire et arrosé d'eau bouillante, ce qui occasionna des brûlures du 2ᵉ et 3ᵉ degré. Ceci a été fait par l'Aubersturmfürher (sic) Barbi S. Commandeur du S.D. »

Moine fut condamné et gracié. Quant à Payot, il avait dit avant d'être fusillé : « Barel est un des hommes qui ont le plus souffert de la Gestapo. »

Virgil Barel, le père de Max, député communiste [1], demandait en vain que les Nations unies soient saisies du dossier.

« Il faut absolument que l'organisation internationale prenne position dans cette affaire qui est internationale, et je me permets de le dire non pas en tant que père de massacré, de héros martyr, mais en tant que Français démocrate. Il faut absolument aller jusqu'au bout... » (séance du 26 mai 1972).

M. de Lipkowski répond que c'est une question bilatérale et non pas internationale [2] et ajoute ceci :

« L'extradition, cela signifie, M. Barel – je le dis solennellement du haut de cette tribune – que nous ne nous contenterons pas d'une expulsion. »

La Cour suprême de Bolivie tardait à rendre son arrêt sur l'éventuelle – mais fort improbable – demande d'extradition, tandis que don Altmann continuait à s'asseoir confortablement à sa table de la *Confiteria La Paz* (que certains Boliviens appellent le *Baile de los caidos*) où il se faisait adresser les hebdomadaires

---

1. Les communistes auraient bien voulu que cette affaire vienne au procès Barbie. Mais la Cour de cassation ne voulant pas entendre parler de tortures, de crainte d'ouvrir certains dossiers comme l'affaire de Caluire, le cas de Max Barel ne sera retenu que par l'Histoire.

2. Toutefois le gouvernement français s'appuie sur une résolution votée à l'unanimité par les Nations unies, le 13 février 1946, recommandant à tous les États membres de coopérer dans la recherche des criminels de guerre et de favoriser leur extradition vers les pays où ils ont commis leurs crimes.

auxquels il était abonné. Une petite tasse de café, un salut au colonel qui passe (il y en a tellement), sourire complice et tutoiement de rigueur. L'ambassadeur de France, Jean-Louis Mandereau, doit changer de trottoir quand, d'aventure, le « bourreau de Lyon » déambule dans les parages.

Est-ce l'impatience de Paris ou l'importance du nazi qui va provoquer son retour en prison ? Les deux sans doute. Autant les efforts diplomatiques que la désinvolture avec laquelle Señor Altmann a raconté sa vie au journaliste brésilien. Toujours est-il qu'on l'arrête le 2 mars 1973 à la suite de la « Sollicitud » d'extradition française. Et, cette fois, l'idée de l'expulsion commence à se forger [1]. Le nazi retrouve sa cellule aux murs pisseux, sa couverture immonde, les graffiti, les araignées d'altitude et les incroyables boutiques à l'intérieur de cette sorte de médina qu'est le Panoptico San Pedro. Vue directe du premier étage sur la plaza Sucre d'où n'importe quel tireur pourrait l'abattre quand il se penche à la fenêtre. Mais qui voudrait le descendre, sinon les Boliviens que cette histoire embarrasse de plus en plus ?... Il va rester près de six mois dans cette cellule. Il bénéficie de certaines commodités par rapport au prisonnier bolivien moyen : il n'a pas besoin de faire la queue pour voir sa famille dans le corridor où les prisonniers discutent en traînant tout doucement vers la sortie des visiteurs. Pour lui, l'ordre de détention préventive mentionne *libro correspondiente*, c'est-à-dire qu'il peut recevoir qui bon lui semble (encore un journaliste, par exemple) et faire apporter ses repas de l'extérieur, ce dont il ne se privera pas.

Premier interrogatoire une semaine après son retour au Panoptico. Juste le temps pour le procureur Gaston Ledezma Rojas de lire la série d'articles publiée par Ewaldo Dantas Ferreira, en réalité la confession qu'Altmann-Barbie avait accepté d'enregistrer moyennant quelques milliers de dollars. Le procureur Ledezma a préparé ses questions. Il interroge le prisonnier pendant deux heures, sans la présence d'un juge d'instruction. Au terme de l'interrogatoire, le procureur de La Paz peut enfin dire à la presse locale que, pour la première fois, les cinq feuillets d'audition « contiennent suffisamment de preuves pour affirmer

---

1. Curieusement, l'agence soviétique Tass annonce l'arrestation signalant au passage : 1° il a envoyé dans les chambres à gaz des camps de concentration cent mille juifs français ; 2° il a reconnu s'être occupé après la guerre de fourniture d'armes à Israël.

qu'Altmann est bien Barbie ». C'était déjà dans les journaux... dix mois auparavant [1].

Barbie demande aussitôt à comparaître devant le tribunal pour faire valoir l'habeas corpus. Son avocat, le très vieux Constantin Carrion, plaide du mieux qu'il peut, passe la pommade à l'« Excellentissime » Cour suprême de justice, mais rien n'y fait. Barbie reste en prison.

Carrion estime que cela est tout à fait illégal. Il aurait mieux fait de ne pas insister : quinze jours plus tard, il ira partager la cellule de son client pour avoir « utilisé un document considéré comme faux par les autorités judiciaires » (sans rapport d'ailleurs avec l'affaire Barbie). Mais, comme les autres, l'avocat a droit à une petite déclaration à la presse en entrant au Panoptico. Il affirme que son arrestation découle des déclarations qu'il avait faites... à la presse deux semaines auparavant, et dans lesquelles il se plaignait de l'administration de la justice en Bolivie. Barbie prend donc un autre défenseur, Me Adolfo Ustarez, avocat de Santa Cruz, qui à son tour proteste, mais apparemment dans le vide : « J'en appelle au Président car il représente l'ultime espoir de la justice [2]! » Et comme argument, il avance que « les missions diplomatiques ne peuvent être ni plaignant, ni cité », et que l'ambassade de France a violé cette règle en intervenant dans la procédure contre son client. La preuve? « L'ambassade a nommé un fondé de pouvoirs et deux aides pour la traduction de documents, réglant à l'un d'eux une somme de cinquante mille pesos! »

On finit par oublier Klaus Barbie, en Bolivie tout au moins. Sans fanfare ni trompette, on va le libérer le... 18 juin. Paris l'apprend. A l'Élysée, le gouvernement, réuni en conseil, réclame des mesures pour que Barbie reste en tout état de cause à la disposition de la justice.

L'ambassadeur à La Paz, Jean-Louis Mandereau, qui écartait le scénario d'un enlèvement [« Cela aurait été facile de le rouler dans une couverture et de l'expédier, mais quel scandale! » explique-t-il], fait porter au Quai d'Orsay, à la Direction de l'Amérique latine, un papier manuscrit sous pli scellé qu'il a confié à un messager partant pour Paris. Mandereau révèle ceci :

---

1. L'été 1980, le procureur Ledezma dira publiquement que son gouvernement a toujours « couvert » Barbie au point qu'il est inutile de déposer une nouvelle demande d'extradition.
2. Me Adolfo Ustarez était à son tour en prison quand Barbie fut expulsé en février 1983!

« Un magistrat de la Cour suprême de Sucre est venu en catimini dans mon bureau pour proposer un petit arrangement :

« Je vous obtiens l'accord d'extradition... Ce sera cinq mille dollars. »

C'était « donné », surtout avec le dollar à quatre francs trente...

La proposition est portée à l'Élysée. Mandereau apprend que Georges Pompidou a simplement écrit en marge : « Non. » En revanche, il reçoit comme instruction du Quai de ne plus accorder de crédit sous aucun prétexte. Il obtempère. Le magistrat ira se sucrer ailleurs. Mais les Boliviens lui rappellent que les investissements français du côté de Santa Cruz ont été un « flop », et qu'ils attendent toujours les récompenses promises après la libération de Régis Debray [1970]...

Ainsi, comme ils s'attendent au refus de la Cour suprême, les juristes français cherchent des moyens parallèles. Il en est un qui passe par Lima puisque – là – une convention d'extradition existe bien entre le Pérou et la France. Les deux capitales s'entendent plutôt mal sur la question des essais nucléaires du Pacifique, mais sur l'affaire Barbie le désaccord est terminé. Certes, les Péruviens n'avaient rien fait pour arrêter Barbie en janvier 1972, ils lui avaient même donné une escorte pour regagner la Bolivie alors que Beate Klarsfeld arrivait à Lima pour réclamer son arrestation. Mais une année est passée, et maintenant les Péruviens ont, eux aussi, besoin de Barbie : ils l'ont inculpé avec son fameux complice Friedrich Schwend – « Double Jaune » – dans le trafic des devises. Le Pérou demande donc très officiellement à sa voisine la Bolivie de lui livrer don Klaus, et à partir de là la route est toute tracée... Considérant la proposition péruvienne, le président de la Cour suprême, le Dr Hernan Ayala Mercado, accepte de prolonger la détention de Barbie précisément le jour où l'ambassade de France est en fête, le 14 juillet [1], 18 juin, 14 juillet... Décidément ils aiment les symboles.

En demandant l'extradition de Klaus Altmann à la Bolivie, le Pérou offrait donc indirectement à la France une chance d'obtenir le « boucher de Lyon ».

Ainsi, au mois de juillet 1973, les magistrats de Lima tentaient de réparer la « gaffe » de l'année précédente. Ils étaient aidés en cela par les aveux d'un certain Volkmar Johannes Schnei-

---

1. Un mois plus tard, le 18 août 1973, par décret suprême n° F – 73/221337, le président de la Haute Cour, Modesto Burgoa Vera, signe sa mise en liberté.

der Merk [1], ex-directeur de la Chambre de commerce germano-péruvienne, qui avait préféré se rendre à la police plutôt que de retomber dans les pattes des anciens SS. En somme, Merk dévoilait la combine du couple Schwend-Altmann : ils proposaient aux Péruviens d'acquérir des dollars US sans passer par le contrôle des changes, ils encaissaient l'équivalent en monnaie locale, et voilà que tout à coup ils prétendaient que l'argent avait disparu dans les poches d'un intermédiaire. Ils se posaient en victimes. Qui portait le chapeau? Merk, celui précisément qui avait déniché le client. Et comme tout cela était parfaitement illégal, personne n'osait porter plainte...

Autre magouille de don Frederico : il dénonçait carrément certains de ses complices (des Allemands vivant en Bolivie, notamment) puis « réussissait » à les faire libérer grâce à ses relations dans la police péruvienne... et quelques liasses de dollars.

Méthode qui avait fait ses preuves à Lyon puisque le plus fidèle collaborateur français de Barbie, Francis André – dit « Gueule tordue » –, employait déjà ce système avec les familles des jeunes Français jetés dans les caves de la Gestapo, avenue Berthelot. L'histoire est rapportée par mon confrère François Caviglioli. « M. Francis » reçoit un jour, à l'École de santé militaire, la mère d'un étudiant en droit. C'est un secrétaire d'État au Commerce du gouvernement de Vichy qui lui avait conseillé de prendre rendez-vous avec ce M. Francis. « Gueule tordue » la reçoit, sourit de toutes ses dents en or et lui fait comprendre que pour sauver son fils il aurait besoin de graisser la patte de certains Allemands : trois millions. La maman fait la tournée des amis et revient quelques jours plus tard avec les liasses. M. Francis la rassure : « Madame, votre fils sera chez vous ce soir. » Imaginez la joie... Or, ce jour-là, le jeune homme qui souffrait déjà de plusieurs fractures dues à la torture était achevé d'une balle dans la tête.

Dans le courrier de Schwend, les enquêteurs avaient saisi une lettre de Klaus Altmann où il était question du gouvernement bolivien de Banzer (lettre rapportée par ma consœur Nicole Bonnet, alors correspondante au *Figaro*) :

« Le nouveau gouvernement est anticommuniste. Ces messieurs de Bonn et de Berlin devraient suivre l'exemple de la Bolivie pour savoir comment traiter les rouges. L'unique façon de

---

1. Étrange similitude de noms... cf. page 185.

leur parler est le MG (en anglais : *machine gun,* c'est-à-dire " fusil-mitrailleur "). C'est un langage auquel les communistes ne résistent pas. »

Le général Banzer sait combien il est redevable à la communauté allemande, mais cette affaire-là commence à l'ennuyer. D'après certains diplomates, il aurait préféré donner une meilleure image de marque à l'extérieur en cessant de protéger le criminel de guerre. Mais on le sait, on s'y attend, la Cour suprême rejettera la demande d'extradition française puisqu'elle vient de repousser celle présentée par les Péruviens (25 octobre 1973).

« Sachant bien que ses juges étaient loin d'avoir les compétences et l'honnêteté indispensables, nous raconte Jean-Louis Mandereau, Banzer en révoque les trois quarts, y compris tous ceux de la Cour suprême. »

Mais voilà que, juste avant de céder leur place, pendant les derniers jours de leur mandat, les magistrats s'empressent de rendre leur arrêt définitif, le 11 décembre 1974 : Klaus Altmann ne sera pas extradé! Étonnement de l'ambassadeur Mandereau qui aurait bien voulu réussir le coup. On lui répond :

« Que voulez-vous, il fallait bien que ces magistrats rendent quelque chose : l'argent ou l'arrêt... Ils ont rendu l'arrêt, c'était tellement plus facile! »

Or, sans attendre la décision des magistrats, voilà que Klaus Barbie va se promener du côté du Paraguay (n'a-t-il pas un passeport officiel?). Il séjourne pendant une semaine dans deux hôtels d'Asuncion où l'on sait combien le président Alfredo Stroessner a de la sympathie pour tout ce qui est et demeure nazi. Barbie revient le 15 février en territoire bolivien, à Santa Cruz de la Sierra. On comprend l'émotion du Quai d'Orsay.

Barbie a remporté une nouvelle manche, il a retrouvé son deuxième souffle. Le vieil SS que le passé n'empêche pas de dormir et que l'avenir n'inquiète pas sait qu'il peut encore compter sur ses amis, et le pays est plein d'avenir. Car la colonisation n'est pas terminée pour tout le monde. Exemple : le projet (resté dans les cartons grâce à l'intervention de l'Église) d'inviter des milliers de Sud-Africains, Rhodésiens et Namibiens à venir s'installer dans des villes modernes du côté de Santa Cruz à condition qu'ils soient... blancs et anticommunistes! L'initiative en revenait au sous-secrétaire d'État à l'Immigration au nom évocateur : Dr Strauss (l'un des leaders de la fameuse Phalange socialiste bolivienne). D'après le projet du Dr Guido Strauss, ses cousins de la RFA auraient ouvert un crédit de cent cinquante millions de dollars pour accueillir – en Bolivie – cent cinquante mille Blancs en six ans. Calcul aisé : mille dollars par tête. C'était le plan d'immigration *para mejorar la raza* (« pour améliorer la race »)... Or qui devait s'occuper des contacts entre le gouvernement bolivien et les Blancs d'Afrique : Herr Klaus Altmann.

La Transmaritima ayant coulé, Klaus Georg (le fils) avait quitté Hambourg avec sa barbe naissante et avait repris une affaire de cartes postales à Barcelone. Il attendait qu'on lui trouve du travail en Autriche où s'étaient finalement installés Françoise Croizier et ses trois enfants. Françoise habitait à Niedendorf, dans le Tyrol, à moins de dix kilomètres de la maison d'Ute, sa belle-sœur bibliothécaire à Kufstein (Ute dont le père ne voulait pas qu'elle épouse un Bolivien – fût-il de souche allemande – et qui avait demandé à son ami Hans Rudel, le célèbre aviateur nazi, de lui trouver un mari). Pour gagner sa vie, Françoise était guide touristique pendant la belle saison. Or, faute de trouver un travail fixe en Autriche, son mari et elle iront s'installer en Bolivie, certains que la décision de la Cour suprême est irrévocable. Klaus Georg Altmann représentera à Santa Cruz de la Sierra la firme autrichienne Steyr, officiellement pour importer des machines agricoles. Mais l'usine ne vend pas que des tracteurs ou des vélomoteurs. Steyr-Daimler-Puch fabrique également des chars légers de dix-sept tonnes, les fameux *Kürassier* qui sont armés par les Français du canon rayé de 105 mm, le CN 105-57, monté sur une version modifiée de la tourelle des chars AMX 13 de deuxième génération. De quoi faire rêver un général bolivien. Blindé extrêmement maniable, tout à fait adapté aux rues à pic de La Paz. Canons puissants dont les obus sont capables de perforer trente-six centimètres de blindage... C'est plus qu'il n'en faut pour satisfaire un stratège bolivien dans sa lutte contre les guérilleros, ou les simples manifestants !

Les Boliviens vont en acheter trente-quatre. Avec l'accord de la France qui doit être obligatoirement consultée chaque fois que se profile une vente de *Kürassier* puisque l'armement est français. De même Paris était sur les rangs avec les AMX 30 (au prix de six millions pièce...).

« On a failli les vendre, me raconte le colonel Jean " Avocraz ", ancien pilote de chasse négociant l'armement français. Les Boliviens voulaient faire face aux blindés soviétiques que les Péruviens avaient concentrés à Puño, sur la frontière de l'Altiplano. A l'hôtel *Sheraton* de La Paz on se bousculait pour arracher le marché aux Italiens, aux Anglais, aux Allemands aussi.

Mais les AMX 30 étaient trop lourds pour les ponts, surtout entre Santa Cruz et La Paz. Le *Kürassier* autrichien arriva en outsider. Dès lors tout n'était pas perdu puisque notre représen-tant allait pouvoir vendre les munitions, les fameux " obus flèche ". »

Ainsi, sous la table, Klaus Barbie père aurait touché 1 à 2 pour 100 de la commission qui revient ordinairement au représentant régional. Chaque blindé et son armement se vendant environ cinq millions de francs, Klaus Barbie aurait donc encaissé au bas mot une prime de deux cents millions de centimes pour avoir su user de son influence dans les cercles militaires boliviens. En amoin-drissant toutefois son rôle dans la vente des chars légers à l'armée bolivienne, Klaus Barbie se vantera auprès du juge d'instruction qui l'interrogera à Lyon, cinq ans plus tard :

« J'ai servi d'interprète (...) pour l'achat d'une cinquantaine de SK 105. D'ailleurs, comme les tourelles et les canons étaient français, j'ai incidemment travaillé pour la France! »

Il prétendra n'avoir fait aucun autre profit dans les ventes d'armes. En tout cas, il s'achètera une confortable maison à Santa Cruz entourée de jardins (sept cents mètres carrés), aux murs surmontés de tessons de bouteilles, dans le quartier Equipe-trol C-6 *oeste final*. Une maison qui ne vaut pas plus de quatre-vingt mille dollars, affirme Françoise Croizier.

Dans les coulisses de ce monde secret des marchands d'armes, on avait fini par s'inquiéter d'avoir négocié avec un certain Klaus « Altmann ». D'autant plus que les militaires boliviens s'étaient fait une joie de désigner au colonel Jean son « collègue » Barbie, assis dans l'antichambre du grand patron à l'état-major de Miraflores. Trop c'était trop... Le colonel avertit Paris. Ainsi en février 1979 des lettres de protestation circulaient dans les hautes sphères de l'armement. Un négociateur mi-viennois, mi-parisien écrivait par exemple à « D 6 » : il s'étonnait d'apprendre que Klaus Barbie était l'intermédiaire dans la vente des trente-quatre premiers chars livrés à la Bolivie [1]. Mais rien n'arrêtait le marché signé, côté autrichien, par le fondé de pouvoirs de la firme Steyr, Richard Brodnik.

Dix-neuf mois se sont écoulés quand l'affaire arrive aux oreilles du « chasseur de nazis » Simon Wiesenthal qui dirige à Vienne le Centre de documentation juive. Information développée également par une enquête du quotidien américain *Miami Herald*

---

1. Chars acheminés par la Société Danzas jusqu'au port de Rijeka, en Yougoslavie, et de là transportés par bateau vers le Chili.

précisant (en mars 1983) que la vente des chars avait été pour Altmann une de ses plus grosses affaires. Wiesenthal écrit au Generaldirektor de Steyr, Michael Malzacher, pour protester. Que répond le P-DG? « Barbie, connais pas! »

En avril 1979 Michel Goldberg-Cojot, dont le père avait été déporté à Auschwitz sur l'ordre du Sipo-SD de Lyon [1], faisait le voyage de La Paz. Cet homme, qui, soit dit en passant, s'était retrouvé avec son fils otage du commando propalestinien dans l'avion d'Air France détourné à Entebbe (1976), voulait « descendre » Klaus Barbie. Rien que cela! Il avait mesuré les conséquences. Tout au plus, pensait-il, il risquait cinq ans de prison.

Avait-il réellement envie de le tuer ou voulait-il simplement écrire un « papier »? Toujours est-il que, se faisant passer pour journaliste (encore un), il rencontra Barbie dans ce pays qu'il décrit comme étant « le dépotoir de l'histoire européenne ».

Conversation étrange. On parle de tout et de rien. Des Américains, des Russes.

Barbie : « Nous avons été les précurseurs dans la lutte contre le bolchevisme. Regardez où ils en sont maintenant! Si les Américains ne nous avaient pas fait perdre la guerre, ça ne serait jamais arrivé. D'ailleurs, je préfère les Russes aux Américains : ils sont plus cultivés, plus intelligents et plus courageux. J'ai bien dit les Russes... pas les communistes. »

Et il recommence avec l'affaire de Caluire : « J'avais plus de pouvoir qu'un général. J'ai changé le cours de l'Histoire en arrêtant Jean Moulin (...). S'il avait vécu, c'est lui et non de Gaulle qui aurait présidé aux destinées de la France après notre départ. Elle serait sans doute devenue communiste. »

Voilà pour les propos rapportés par Michel Goldberg-Cojot. Quant à tüer Barbie... il ne s'en était plus senti capable.

C'est dans les montagnes tyroliennes que Klaus Georg avait découvert la passion du deltaplane. Et tout naturellement il avait emporté son aile qu'il bichonnait dans la maison de Santa Cruz, en attendant le week-end pour s'élancer dans le vide andin au-dessus de Cochabamba. Le 1er mai 1980, fête du travail, Klaus Georg allait se tuer sous les yeux de ses parents. Françoise Croizier raconte :

---

1. Joseph Goldberg avait été pris dans la rafle de la rue Sainte-Catherine en février 1943.

« Pour la première fois, Klaus Barbie et sa femme voyaient mon mari s'envoler du mont Tunari. Il avait attendu que le vent se lève. A midi il s'est élancé de la falaise. Il a viré à droite. Il a fait une grande boucle et est allé s'écraser contre les rochers. L'hélicoptère de l'armée bolivienne est arrivé une heure après. Il était déjà mort, mais son père continuait à lui faire du bouche à bouche pour que la mère le croie toujours en vie... »

Ce jour-là, Françoise Croizier n'était pas présente, elle fêtait le mariage d'un ami. « Quand je suis allée voir le rocher, les Indiens avaient déjà lavé tout le sang. Par superstition. »

On a enterré Klaus Georg à Cochabamba. Ce jour-là, Barbie avait fait passer une petite annonce de décès. C'est comme ça qu'en Europe, pendant quarante-huit heures, tout le monde avait cru que le tortionnaire de Lyon venait de succomber. On avait confondu le père et le fils. Mais le quiproquo n'avait pas duré.

Un autre bruit avait couru aussi en Bolivie. Klaus Barbie père ne voulant pas toucher directement à la drogue, Klaus Barbie fils n'aurait pas eu autant de scrupules. Le jeune homme aurait accepté de travailler avec les « narcos » (*narcotraficantes :* les trafiquants de narcotiques) jusqu'à vouloir organiser pour son compte, ou pour celui des « fiancés de la mort », son propre trafic vers le Brésil. Ce marché aurait échappé au contrôle des patrons de la drogue qui n'auraient rien trouvé de plus simple pour éliminer l'intrus que de provoquer un accident de deltaplane. Dans le pur style de la Mafia : sous les yeux des parents... C'est peut-être une *leyenda,* une légende. Il est en tout cas étrange que l'autopsie de Barbie Junior n'ait pas été pratiquée (aurait-il été « canardé » en plein vol?), et que les débris de l'aile volante n'aient pas été réellement expertisés. Mais était-ce bien nécessaire?...

« J'avais essayé d'obtenir la nationalité française pour mon mari, poursuit Mᵐᵉ Croizier. Mais habiter en France, même sous le faux nom d'Altmann, c'était un risque : on pouvait nous enlever un enfant pour provoquer mon beau-père, pour le mettre au défi, pour l'obliger à se découvrir, à se livrer aux Français. »

Le « bourreau de Lyon », lui, continuait à vivre tranquillement. Il n'osait plus se rendre en Europe, mais il avait de quoi s'occuper de ce côté-là de l'Atlantique. A commencer par ses activités de conseiller spécial des militaires. Barbie avait aidé le dictateur Luis Garcia Meza, grand pourvoyeur de drogue, à prendre le pouvoir en chassant sa propre cousine, Mᵐᵉ Lidia Gueiler (juillet 1980), qui tentait une nouvelle expérience démocratique en Bolivie. Or Garcia Meza avait nommé comme ministre de l'Intérieur le redoutable Luis Arce Gomez, chef de la 2e section de l'état-major. Celui-ci, pour s'assurer l'excellente collaboration de don Klaus et de ses connaissances en matière d' « interrogatoires perfectionnés », lui avait donné un laissez-passer permanent au quartier général de Miraflores et dans les bureaux de l'avenida Arce.

Avant d'être répertorié parmi les pièces à conviction scellées par le juge d'instruction lyonnais, le carton établi au nom de Klaus Altmann s'était longtemps trouvé enfermé dans le coffre-fort personnel du secrétaire d'État Gustavo Sanchez. Il craignait de le voir revenir entre les mains des militaires nostalgiques de Klaus Barbie. Le « bourreau de Lyon » figure sur la photo avec des cheveux grisonnants. Il est en... uniforme! Il a revêtu la veste à boutons dorés des colonels de l'armée bolivienne. D'ailleurs son grade est mentionné, il est colonel honoraire. Son matricule : 33300252. Le carton, comprenant également l'empreinte du pouce droit et son groupe sanguin « O », était valable jusqu'au 31 décembre 1985...

« Cette carte me donnait l'accès aux bureaux de l'armée, expliquera Barbie, mais ne correspondait pas à un emploi déterminé. »

La présence de Klaus Barbie à l'état-major de Miraflores est d'ailleurs confirmée par l'attaché militaire français, le colonel Clavier, basé à Lima. Il a vu Barbie deux fois, alors qu'en uniforme de colonel de l'armée française il venait s'entretenir avec les militaires boliviens du QG de La Paz.

« Il était là, insignifiant, avec ses cheveux blancs, assis à un bureau minable, comme un petit fonctionnaire... »

Gardait-il des contacts avec la CIA ou, pour le moins, avec ses antennes à l'ambassade des États-Unis? Il est un fait que personne ne se souvient d'avoir aperçu don Altmann prendre l'ascenseur du troisième étage de l'immeuble américain, place Murillo. Mais il ne lui était pas nécessaire de se rendre à l'ambassade pour vendre ses tuyaux. D'après son fidèle ami Alvaro de Castro, il n'entretenait aucun contact avec les yankees. D'après « certains observateurs », comme on dit, les Américains auraient toutefois apprécié les analyses de Klaus Barbie qui leur étaient répercutées par les amis du ministère de l'Intérieur. Bref, il renseignait ici et c'était exploité un peu plus loin, ou un peu plus haut, pourvu que l'intermédiaire fasse bien la commission...

Pour aider Garcia Meza à s'emparer du pouvoir – et toujours

avec son obsession anticommuniste –, Barbie aurait fait venir du Paraguay des instructeurs nazis pour encadrer les groupes paramilitaires allemands. Or ces Allemands avaient été engagés par la police bolivienne (notamment Manfred Kuhlmann et le fameux Joachim Fiebelkorn, arrêté en RFA, et dont la Bolivie a demandé l'extradition... on les appelait les « fiancés de la mort »). On trouve d'ailleurs un Français dans le groupe : Jacques Leclère, qui a été expulsé après Barbie, faute de preuves. L'avènement de Garcia Meza n'était rien de plus que « le fruit de la collaboration entre les bandes fascistes et les parrains de la cocaïne », comme l'écrivait un de nos confrères. « Les premiers ont fait le coup de poing et les seconds ont allongé les dollars. »

Exemple de la « puissance » de don Altmann, cette mésaventure survenue à notre confrère bolivien Peter Mac Farren, correspondant de *Newsweek* à La Paz. Lui aussi veut faire un papier sur Barbie qui se trouve à Cochabamba, au mois d'août 1981. Il localise sa maison, calle Atahuailpa, sonne à la porte. Pas de réponse. Il attend un peu avec sa consœur Marisabel Schumacher et prend quelques clichés de la villa. Surviennent une jeep et une autre voiture. Des paramilitaires et des soldats boliviens. Ils se présentent :

« Nous sommes des SES (prononcez : S[é]S, Servicio especial de seguridad. »

Ils les emmènent au QG de la 7ᵉ armée, dirigé par Guido Vildoso Calderon, les séparent et menacent de les torturer s'ils ne révèlent pas comment ils ont obtenu l'adresse des Barbie. Au bout de quatre heures, les SES les relâchent en disant :

« Si vous étiez venus directement nous voir, on vous aurait arrangé un entretien avec M. Altmann... »

Ils l'ont su après : Barbie se rendait deux fois par semaine au QG de Cochabamba où, sous le sigle SES, avaient été regroupés les mercenaires qui avaient préparé le putsch de Garcia Meza. Les plantons le saluaient comme s'il avait été un général.

« J'ai une très bonne réputation ici, devait dire Klaus Barbie par la suite. Chaque fois que les militaires ont besoin d'aide ils m'appellent[1]. »

Chassé à son tour du palais Quemado, l'hyperdealer Garcia Meza laissait la place à Torrelio. Pour peu de temps. Conformément à la tradition « révolutionnaire », il cédait à son tour le

---

1. Interview au magazine allemand *Stern.*

fauteuil présidentiel à Guido Vildoso Calderon, son ami de Cochabamba. Or le général président Vildoso n'était pas installé depuis vingt-quatre heures que l'Obersturmführer SS, mangeant à tous les râteliers, venait lui présenter ses compliments et ses devoirs. A la sortie, plaza Murillo, le 22 juillet 1982, un journaliste peu déférent de Radio Panamericana :

« Vous devez dix mille dollars...

« – Cela concerne l'ex-Transmaritima, ce n'est pas une affaire personnelle.

« – Venez-vous proposer de travailler avec le gouvernement?

« – Non, jamais!

« – Que faites-vous donc?

« – J'ai une activité particulière. Vous savez que j'ai perdu mon fils...

« – On dit que vous êtes en relation avec un groupe terroriste [1] actuellement incarcéré au Brésil...

« – Je ne connais pas ces gens-là. J'ai quitté Cochabamba depuis un an, et je me suis retiré absolument de tout. Ma femme est malade, et je suis affligé par la mort de mon fils. Laissez-moi. »

Il est vrai que Barbie ne quittait pratiquement plus La Paz, car les médecins déconseillaient à Mme Barbie de retourner vivre dans le climat tropical de Santa Cruz. On le voyait tous les jours descendant l'avenida 16 de Julio pour rentrer chez lui, dans son appartement de l'immeuble « Jasmin », ou pour se rendre au chevet de Regina, hospitalisée depuis quelques semaines. Elle va s'éteindre lentement, rongée par le cancer. Regina Barbie meurt le 6 décembre 1982, la veille même de son soixante-septième anniversaire.

Ses ennemis diront : en survivant il a, au moins, éprouvé la tristesse de voir partir ceux qu'il aimait.

Avec la mort de sa femme s'était posée la question de la tombe au cimetière allemand. Allait-on aussi enterrer un jour Klaus Barbie, le tortionnaire, parmi les bons Allemands? Le diplomate qui me rapporte cette histoire précise que la question avait été soulevée au club allemand. Tout compte fait, ils en étaient arrivés à se dire :

« Barbie vivant, on n'en veut pas, mais son cadavre, c'est différent, il ne gênera personne. On pourra l'enterrer avec les autres, seulement un peu à l'écart. »

---

1. Les « fiancés de la mort ».

Sous la pluie du matin, une trentaine de personnes – pour la plupart des Allemands – assistent à l'enterrement. Une messe courte à la chapelle du cimetière allemand, puis le cercueil est descendu dans une fosse creusée dans la dernière allée. Tous vont jeter un peu de terre. Klaus Barbie, le seul qui par ce temps porte des lunettes noires, laisse tomber quelques roses et dit seulement « *liebling* ». Sa fille Ute, venue d'Autriche, sa cuisinière, son meilleur ami, Alvaro de Castro et un certain Carboni le ramènent à la maison.

La croix porte le nom de Regina Wilhelms de Altmann (seul le prénom est exact) et tourne le dos à la tombe de Monika Ertl, la meurtrière de Quintanilla, enterrée avec sa mère à vingt mètres de là.

Une jeune Bolivienne, Mary Flores Saavedra, assistait à la cérémonie. Fascinée par les nazis, elle était éblouie par le vieux Barbie qu'elle connaissait depuis peu, mais qui acceptait de lui raconter quelques histoires.

« Sa femme? Il l'adorait, il disait qu'elle avait été championne de tennis, nous dit-elle. M. Altmann était un homme *muy emocional*. Persécuté. Il était pieds et mains liés avec la CIA, et cela durait depuis la guerre.

« De Jean Moulin il racontait : " Moulin était l'homme fort en France, à côté de lui de Gaulle était *una simpla figura sin poder*. Je n'ai pas tué Jean Moulin. Il a tenté de se suicider. Je l'ai transporté, blessé, de Lyon à Paris, où m'a reçu le colonel Boemelburg qui attendait dans une chambre avec deux médecins. " Il me disait aussi qu'il avait déposé des fleurs sur sa tombe, après la guerre. Le 9 novembre, il était venu me voir en annonçant : " Aujourd'hui c'est un grand jour! C'est un 9 novembre que j'ai reçu les insignes du Führer[1]. " »

Alors nous avons assisté à une étonnante démonstration de Mme Saavedra. La scène se passe à l'hôtel *Copacabana*. Elle demande l'annuaire du téléphone. On le lui apporte. Sur la couverture : le pape Jean-Paul II en couleurs. Mme Saavedra sort de son sac à main une petite photo carrée, bien protégée par une feuille de cellophane. C'est don Altmann. Au dos il est écrit : « Fidélité jusqu'à la mort. » Elle pose la photo à côté de celle du pape...

« Vous ne trouvez pas qu'ils se ressemblent? »

---

1. Effectivement, le 9 novembre 1944, Klaus Barbie avait été promu capitaine SS.

Depuis la mort de Regina, le vieux nazi ne rêvait que de s'installer à Santa Cruz avec ses petits-enfants dans la maison du *barrio* Equipetrol où – pourtant – son jeune chien berger Axel avait été retrouvé empoisonné. Il songeait à décrocher les photos de Hitler de l'appartement de La Paz pour les raccrocher trois mille mètres plus bas et finir sa vie en bon grand-père.

Respecté, admiré, envié, allant jusqu'à vouloir se parer d'une certaine noblesse – si séduisante pour les Boliviens – en parrainant des enfants par exemple. Ainsi tonton Barbie avait plusieurs filleuls, bien catholiques ceux-là, qu'il allait aider, plus grâce à ses combines qu'avec ses sous. C'était le cas d'un jeune homme dont le père venait de lui acheter un taxi et qui n'avait pu obtenir son inscription au syndicat des chauffeurs. Don Altmann allait arranger ça. Paternaliste et magouillard.

Pourquoi « Opa », comme l'appelaient ses petits-enfants, n'avait-il pas immédiatement quitté La Paz? Parce qu'il n'en avait pas eu le temps. Et pourtant il avait senti le danger puisque, peu de temps auparavant, il avait dit en souriant à sa belle-fille (Françoise Croizier) qu'il surnommait « Fanny » :

« Tu verras, Fanny, ton président va m'acheter!... »

Oui, Klaus Barbie se doutait qu'avec l'arrivée au pouvoir de François Mitterrand en France et de Siles Zuazo en Bolivie la question de l'extradition allait se poser une nouvelle fois. Et s'il ne s'était pas réfugié dans le paradis nazi du Paraguay, c'est qu'il espérait encore que la politique n'allait pas l'emporter sur la justice.

Il se trompait lourdement.

Pour les stratèges de la gauche française, Barbie était depuis longtemps un objectif important mais pas prioritaire. Petit retour en arrière, en 1973 : quand après un an d'attente la France (de Pompidou) n'avait toujours pas obtenu de réponse claire à sa demande d'extradition, certains hommes allaient tenter de réussir là où la diplomatie avait échoué par mollesse... ou par respect des règles.

Un plan secret avait été élaboré pour s'emparer de Barbie. On allait ramener l'ancien SS comme on avait importé le colonel Argoud de l'OAS. A l'insu des plus hautes autorités françaises, bien entendu. Le scénario devait être celui-là : on s'empare de Klaus Altmann-Barbie dans les rues de La Paz quand il va prendre le courrier dans sa *casilla,* sa boîte postale, comme chaque dimanche matin. On le transporte en voiture jusqu'à un aérodrome où l'attend un bimoteur dit de « plaisance ». Destination Arica, au Chili, où le gouvernement Allende n'aurait évidemment fait aucune difficulté pour faciliter le transfert vers Paris. Mieux que pour Eichmann. Menotté, encordé, roulé dans une toile à sac et abandonné au fond d'une camionnette, quelque part dans Paris, place Vendôme par exemple.

Côté finances, Serge Klarsfeld fournissait le nécessaire. X lui écrivait dès le mois d'août 1972 : « (...) Pouvez-vous assurer l'achat d'une voiture-taxi (...). Cela revient à deux mille cinq cents ou trois mille dollars. » *Como no!*

Trois jours avant Noël, muni d'un passeport emprunté dont il avait lui-même changé la photo, Mᵉ Klarsfeld part en inspection avec X. Ils survolent les Andes, puis se posent à Arica. Ils rencontrent deux opposants au régime de Banzer exilés au Chili [1]. Et comme si c'était un peu les vacances, on pose pour la photo (floue) sur fond de montagnes arides. Sourires. Voilà les quatre hommes du commando en noir et blanc [2] : Serge Klarsfeld, les deux révolutionnaires boliviens et X... : Régis Debray!

Ainsi, trois ans après avoir été libéré (le tribunal militaire de Camiri l'avait condamné, avec l'Argentin Ciro Bustos, à trente ans de prison en 1967), Régis Debray réapparaissait plus déterminé que jamais, n'hésitant pas à faire le coup de poing avec les Boliviens, le cas échéant, quitte – si cela échouait – à provoquer un formidable incident diplomatique dont personne ne sait comment, cette fois, il en aurait réchappé.

A l'Élysée, le conseiller Régis Debray m'a confirmé cette histoire à la fin de 1983.

« C'était un coup de cœur, me dit-il. Moi je n'ai rien personnellement contre Barbie, mais c'était bon de montrer la similitude des luttes : Résistance bolivienne – Résistance française. Ce n'était pas un projet socialiste. D'ailleurs l'idée venait de mes amis de la Résistance bolivienne. »

Alors pourquoi avoir abandonné l'opération? D'abord parce que les opposants boliviens n'étaient pas prêts. Leur infrastructure (planques, armes, véhicules) avait été démantelée à La Paz. Il fallait attendre des jours meilleurs, ceux du carnaval. Les déguisements, la liesse populaire, etc., comme dans les vieux films policiers.

« L'avion devait atterrir sur une route, m'a raconté Sanchez.

---

1. L'un d'eux, Gustavo Sanchez Salazar, "Arturo", revenu dans les hautes sphères fin 1982, sera l'un des artisans de l'expulsion de Barbie en février 1983.
2. Se reporter aux photographies publiées dans le second cahier hors texte.

On avait même essayé de chronométrer le temps qu'il fallait au taxi pour rejoindre le village de Rosaguadero (le « déversoir »)... Raté! il y eut un accident...

« – Un accident?

« – Un mort... Mais c'était bien un accident! »

Carnaval passe. On se reporte au mois de mars. Pas de pot : Barbie est remis en taule au début du mois à la suite de la *solicitud* d'extradition présentée par la France. Un coup des services spéciaux qui ne tenaient pas à ce que l'affaire Barbie surgisse le jour où s'ouvrait le premier tour des élections législatives en France? Peut-être. Toujours est-il que lorsqu'il sortira du Panoptico Saint-Pierre, de l'autre côté des Andes, le Chili est paralysé par la grève des camionneurs de l'ITT, et Pinochet lorgne sur la Moneda. Il ne peut donc plus être question de l'aide chilienne. Alors chacun repart chez soi... et Barbie retrouve Mᵐᵉ Barbie à Cochabamba [1].

Le plan avait donc été ajourné, mais le retour de Barbie restait dans les cartons du Quai d'Orsay. Il fallait attendre une autre opportunité.

Publiquement, de ce côté-ci de l'Atlantique, l'affaire Barbie s'enlisait dans l'oubli, ou dans l'indifférence. Cependant, sans qu'on s'y attende, Hernan Siles Zuazo – qui avait été président de la Bolivie et allait le redevenir en 1982 – déclarait tout net :

« Un gouvernement démocratique ne peut pas protéger un criminel comme Barbie. Nous luttons contre le fascisme local et contre tout fascisme d'où qu'il vienne [2]. »

Il fallut attendre un an pour que la procédure redémarre : puisque la Bolivie avait dit non à l'extradition du criminel de guerre, elle allait peut-être dire oui à celle du criminel contre l'humanité. En 1980, nouvelle poussée de fièvre : élue à la présidence de la République bolivienne, Mᵐᵉ Lidia Gueiler aurait fait savoir à la France que son pays « ne s'opposerait pas au départ » de l'ancien nazi. C'est du moins ce que révélait *Le Progrès de Lyon*.

Sur l'impulsion du juge militaire Gabriel Denis, la section de Recherches de la gendarmerie de Lyon allait enquêter (à partir

---

1. « Par miracle le retour de la démocratie à La Paz (octobre 1982) coïncidera avec la présence de Régis Debray à l'Élysée », a écrit Serge Klarsfeld.
2. Interview accordée à Jean-Claude Buhler pour *Le Monde* du 21 février 1979.

d'avril 1980) sur une série de crimes répondant aux « normes » fixées par l'article 6 C du statut de Nuremberg et redéfinis, en France, par la loi du 26 décembre 1964, qui déterminait l'imprescriptibilité. Voici la liste :

– la liquidation du Comité lyonnais de l'UGIF où une rafle effectuée le 9 février 1943 avait été suivie de la déportation de quatre-vingt-quatre juifs;

– l'opération de commando effectuée par la Gestapo le 9 août 1944 aux ateliers SNCF d'Oullins (deux morts, plusieurs blessés et des arrestations);

– l'assassinat du commissaire de quartier Jules Cros, suivi du massacre de vingt-deux otages dont des femmes et des enfants, par représailles à l'attentat commis contre deux gendarmes allemands durant l'été 1943;

– la première fusillade de Bron (17 juillet 1944) de soixante-dix juifs incarcérés à Montluc, et le massacre d'autres juifs ainsi que des abbés Boursier et Delarue dans le carnage de Saint-Genis-Laval (20 août) [1];

– la déportation de six cent cinquante personnes vers les camps de concentration d'Auschwitz et de Ravensbrück, par le dernier convoi ferroviaire ayant quitté Lyon le 11 août 1944;

– l'arrestation, les tortures et les fusillades de près de soixante personnes, en majorité des juifs, à Lyon et aux alentours, pendant les années 1943 et 1944 [2].

Alors que le juge d'instruction Christian Riss n'avait pas encore pris l'affaire en main (il n'a été saisi du dossier que le 12 février 1982 après la dissolution – sur proposition du garde des Sceaux, Robert Badinter – des tribunaux militaires), un officier de la gendarmerie allait consacrer des mois et des mois à la recherche des témoins, trente-huit ans après les crimes : le

---

1. Le drame de Saint-Genis-Laval posera toutefois un problème juridique car Barbie a déjà été jugé pour cette affaire. Il a été reconnu coupable d'assassinats prémédités (réponses aux questions 247, 250 et 251) dans le jugement rendu par le tribunal militaire de Lyon lors de son deuxième procès par contumace, le 25 novembre 1954. Mais il est vrai que ce tribunal, qui avait notamment condamné Stengritt et Floreck à la peine de mort, et Bartelmus à huit ans de travaux forcés, n'avait pas fait la distinction entre les résistants et les juifs, pas plus qu'entre les droits communs et les ecclésiastiques tels que les abbés Boursier et Delarue. Reste à savoir si – juridiquement – un criminel de guerre, une fois requalifié de criminel contre l'humanité, peut être rejugé pour les mêmes faits.

2. La déportation des quarante-trois enfants de la colonie juive d'Izieu, considérée comme étant la pièce maîtresse du dossier contre Barbie, ne sera jointe à l'instruction que le 24 février 1983!

lieutenant-colonel François Lafforgue [1]. Ce n'était pas une mince affaire que de rechercher des personnes entre soixante et quatre-vingt-dix ans. De la « nécrophobie »... Combien de fois Lafforgue est arrivé trop tard! Il y avait belle lurette que les tombes avaient été refermées. Si même les résistants n'avaient pas trop souffert de la torture, si la déportation n'avait pas définitivement handicapé les rescapés des camps de concentration – qu'ils aient été juifs ou non –, il n'en demeure pas moins que le temps avait fait son œuvre, et que la mémoire des octogénaires ne pouvait plus refléter exactement les événements de 1943-1944. A moins d'avoir pris des notes... Ce qui était rarissime à l'époque, étant donné le danger que de telles archives représentaient sous l'Occupation.

Le juge Riss, lui, n'est donc intervenu qu'au début de l'année 1982. Il allait attendre le 3 novembre pour décerner un mandat d'arrêt contre Klaus Barbie. C'est que d'une part le dossier des crimes contre l'humanité n'était pas facile à constituer, on l'a vu, et que par ailleurs la politique n'avait pas encore donné le « coup de pouce ». Le 3 novembre, donc, toutes les polices de France étaient chargées d'arrêter l'ancien SS, en France seulement! Ce serait ridicule si le retour de Barbie sur le sol national n'avait été plus ou moins prévu... Pourquoi n'avoir pas lancé un mandat international? Une partie de la réponse se trouve dans ce télégramme d'Interpol parvenu chez le juge fin décembre :

« NR 7756/DRA 64/2/D/AG

VOTRE FORMULE 1 NR PN/DCPJ/60 BCN 141918 DU 9 DÉCEMBRE 1982 CONCERNANT DEMANDE D'ÉDITION D'UNE NOTICE INTERNATIONALE (À INDICE ROUGE) SUR RESSORTISSANT ALLEMAND BARBIE PRÉNOM KLAUS NÉ LE 25 OCTOBRE 1913 À BAD GODESBERG/RFA STOP CETTE AFFAIRE PRÉSENTE UN CARACTÈRE POLITIQUE STOP LA DIFFUSION DE CETTE RECHERCHE SERAIT CONTRAIRE AUX DISPOSITIONS DE L'ARTICLE 3 DU STATUT DE L'ORGANISATION. J'ESTIME NE PAS POUVOIR DONNER SUITE À VOTRE DEMANDE STOP IL SEMBLE DANS CES CONDITIONS PRÉFÉRABLE QUE VOUS FASSIEZ APPEL À D'AUTRES VOIES QUE CELLES DE L'OIPC-INTERPOL POUR ACHEMINER VOTRE REQUÊTE AUX PAYS CONCERNÉS FIN INTERPOL PARIS SG. »

---

1. En 1983, le lieutenant-colonel Lafforgue cherchait en vain depuis plusieurs mois quel ancien policier lyonnais lui avait révélé un jour : « A la Libération nous avions des consignes précises de ne pas toucher à Barbie : c'est pour cela qu'on évitait de le mentionner dans les rapports. On parlait des autres... » D'où venaient ces consignes? D'un officier US qui faisait partie de la Commission d'enquête sur les crimes de guerre, paraît-il.

Ainsi, malgré les protestations du magistrat instructeur, le mandat d'arrêt allait être distribué à Carpentras ou à Hénin-Beaumont, mais surtout pas en Bolivie... Il est vrai que si le mandat était parvenu à La Paz, le nouveau gouvernement aurait certainement eu beaucoup plus de difficulté à procéder à l'expulsion de Barbie puisque la justice bolivienne allait être à nouveau saisie de l'affaire, ce qu'il valait mieux éviter.

L'occasion de récupérer Barbie se présenta – quelques mois avant les élections municipales en France – avec le retour au pouvoir du président Hernan Siles Zuazo.

Chassé par les militaires, le démocrate Siles avait trouvé refuge pendant trois semaines dans la résidence de l'ambassadeur de France, Raymond Césaire. Celui-ci avait ensuite réussi à lui faire traverser clandestinement le lac Titicaca et à lui faire franchir la frontière péruvienne. Or, un mois avant son retour – inévitable tant les militaires cherchaient une porte de secours après avoir vidé les caisses de l'État –, Hernan Siles Zuazo avait eu plusieurs conversations avec Raymond Césaire. Cela se passait à Lima en présence d'un diplomate péruvien, Luis Barrios, dans le quartier de San Isidro.

Au centre des conversations : l'affaire Barbie. C'est là que fut préparé le fameux plan de l'expulsion. Il allait être déclenché dès le retour de Siles au palais Quemado, début octobre 1982 :

1° D'entrée de jeu, dans une déclaration à la presse, Siles devait déclarer Barbie « indésirable » pour la Bolivie démocratique.

2° Le Président demandait au Congrès de changer la composition de la Cour suprême de justice qui examinerait à la fois la demande d'extradition présentée par l'Allemagne fédérale en janvier 1982 (elle n'avait pourtant aucune chance d'aboutir) ainsi qu'une éventuelle demande française portant cette fois sur des crimes contre l'humanité, les crimes de guerre étant prescrits.

3° Les Boliviens arrêtaient Barbie, les motifs ne manquaient pas.

4° Ils l'expulsaient.

Ça c'était sur le papier. La réalité allait être beaucoup moins simple et plus cocasse.

Dans la rue, au milieu des Boliviens de l'Altiplano, Altmann-Barbie ne se sentait pas traqué, ne se méfiait pas, il n'était pas armé – et pourtant c'est si simple de se procurer un pistolet en

Bolivie. Non, il n'était vraiment plus inquiet [1]. René Hardy était venu – brièvement – le dénicher à La Paz (juillet 1972) [2], le professeur Michel Goldberg était reparti rédiger son « Comment je n'ai pas tué Barbie », on ne prenait plus les journalistes de la télévision française pour des commandos déguisés et Beate Klarsfeld – la « chasseresse » – ne comptait plus revenir. Apparemment il ne risquait rien et continuait à sourire quand on lui rappelait qu'il avait été ex-nazi.

« Je ne suis pas un ex, je suis nazi! répondait-il tout fier.

« Beate Klarsfeld dans son livre *Partout où ils seront* :

« On nous dira de tous côtés : " Pourquoi ne l'avez-vous pas abattu? Il n'était pas sur ses gardes. " Aucun de ceux qui m'ont dit cela ne l'aurait fait lui-même. Mon rôle est d'essayer de pousser les appareils légaux à juger ces criminels de façon à frapper l'opinion et à empêcher la réhabilitation des crimes nazis commis en France. »

La question que l'on posera des dizaines de fois : fallait-il que la justice s'arrête parce que quarante ans étaient passés? Réponse – indirecte – de François Mitterrand « Non! » puisqu'il donnait le feu vert à ceux qui voulaient ramener Barbie en France, Robert Badinter, Régis Debray, Serge Klarsfeld et bien d'autres... même si cela allait coûter cher.

Le plan Césaire démarre sur les chapeaux de roues. A peine revenu dans son bureau de la plaza Murillo, le président Hernan Siles Zuazo dit à un journaliste de *Newsweek* :

« (...) Des individus comme Barbie sont indésirables dans notre pays. Il a participé au trafic de cocaïne dans le passé, et nous ne voulons pas protéger ceux qui agissent contre les intérêts du peuple bolivien. »

Nous sommes en octobre 1982. Barbie ne bronche pas, il est toute la journée au chevet de sa femme. Et ce n'est pas faute d'avoir lu l'hebdomadaire américain, il y est abonné.

On s'aperçoit alors en Bolivie que, depuis la demande d'extradition rejetée en 1974, il n'y a pas eu d'autre mandat d'arrêt international. L'instruction ouverte à Lyon pour « crimes contre l'humanité » n'est qu'un dossier intra-muros. Il faut arranger cela. Le 27 novembre, le juge Christian Riss signe un nouveau mandat

---

1. Le général Ovando avait déclaré publiquement que Klaus Barbie était couvert par la prescription, la nuance entre « crimes de guerre » et « crimes contre l'humanité » n'existant pas en Bolivie. « Beaucoup d'années ont passé, dit-il, et cette affaire ne mérite plus qu'on s'en occupe. »

2. Voir la photographie dans le cahier d'illustrations.

d'arrêt. A la chancellerie de préparer un nouveau dossier d'extradition! Au cas où...

Article 2 : il va falloir changer la composition de la Cour suprême de justice. Pour cela, il y a un excellent moyen : la démocratie implique que les magistrats de la Haute Cour ne soient plus désignés par le seul bon vouloir des militaires, mais présentés par le Sénat et approuvés par le Parlement. Hernan Siles Zuazo s'y emploie, au risque de retrouver une Cour qui lui soit défavorable (sur les douze nouveaux membres nommés le 25 janvier, huit appartiennent à l'opposition). La demande d'extradition présentée depuis plusieurs mois par la RFA pourra tout de même être examinée avec un « œil neuf ». Le dossier allemand qui porte essentiellement sur le meurtre du résistant français Joseph Kemmler, chef de l'Armée secrète pour la ville de Saint-Claude, est « maigre » pour les Boliviens, mais il constitue une base juridique [1].

Troisième volet, l'arrestation de Klaus Barbie. Pour cela, les Boliviens vont exhumer une vieille créance envers la COMIBOL (Compagnie minière bolivienne) du temps où Señor Altmann était *gerente* de la Transmaritima. Le différend n'avait jamais été réglé.

Mais il faut bien savoir où on met les pieds. Pour mesurer les risques, l'ambassade de France fait effectuer par ses agents un petit sondage de popularité. Il apparaît que Barbie est moins puissant qu'autrefois, que certains de ses amis l'ont lâché parce qu'ils le jugent trop vieux et surtout trop marqué, donc inutilisable. De plus, tout le monde a constaté le relâchement psychologique du Hautpsturmführer depuis la mort de son fils et de sa femme. Il paraît résigné face à son destin.

Un beau matin on lance l'hameçon, un papier bleu priant le sieur Altmann Klaus d'aller régler dix mille dollars à la Controleria General de la Republica, signé Dr Lozada. Les Boliviens avaient bien d'autres moyens d'interpeller Barbie, mais c'eût été maladroit de le faire tomber pour un motif qui allait immanquablement se solder par un procès. Il ne fallait surtout pas le contraindre à rester en prison en Bolivie... Et puis le prétexte des dix mille dollars allait provoquer chez Klaus Barbie un sentiment d'indignation.

---

1. Enquête reprise en 1977 après la ratification par le Bundestag – deux ans plus tôt – de l'accord entre Paris et Bonn permettant de juger en RFA des criminels de guerre allemands déjà jugés par contumace en France.

« N'y va pas, je vais voir cela moi-même », lui avait proposé son collaborateur Alvaro de Castro.

Mais non! Entêté, le vieux Barbie allait en personne dire au contrôleur que cette affaire commençait à lui chauffer les oreilles. Le 25 janvier 1983, au début de l'après-midi, il se retrouve donc dans le bureau du contrôleur adjoint pour une affaire vieille de onze ans : le remboursement d'un acompte sur le transport de minéraux du Chili vers l'Europe. Le ton monte sur une question du prix du dollar que, légalement, il doit échanger au cours officiel (au marché noir il se vend le double). On n'en sort pas, on ne veut pas en sortir, résultat : en prison! Pour la troisième fois, Señor Altmann va retrouver sa cellule du premier étage, tout près du bureau du gouverneur du Panoptico, le très peu gracieux colonel Juan Bustillos. Pour la troisième fois, il appose l'empreinte des pouces sur la fiche d'identification *filiation de interno,* toujours sous sa fausse identité. Et il en rajoute même sans que cela soit utile : il dit avoir reçu une instruction universitaire, il dit que sa femme est née en 1923 (au lieu de 1915), que son père est mort à Berlin (il est mort à Trèves), que sa mère s'appelle Anna Hansen de Altmann (Anna Hees), etc.

Le lendemain matin, après des années de silence, la presse française annonce l'arrestation du « bourreau de Lyon ». Son principal défenseur, le vieux Constantin Carrion, ne pouvant pas faire grand-chose, charge comme il peut. Reprenant les propos d'Altmann-Barbie, l'avocat n'hésite pas à déclarer à un journaliste mexicain que le conseiller de l'Élysée est « coresponsable de la mort de deux cents soldats et de sept officiers boliviens, tombés en combattant la guérilla de Che Guevara dans la région de Nancahuazu au sud du pays [1]. »

Ce n'est pas tout. Carrion n'écarte pas l'hypothèse qu'un jour prochain le régime de La Paz puisse demander au gouvernement de Paris l'extradition de Régis Debray...

A La Paz, il va falloir jouer contre la montre. Car les amis de Barbie sont disposés à payer les dix mille dollars, mais on n'est pas encore prêt du côté français. L'opération est compliquée, elle mérite d'être étudiée dans ses moindres détails. Il ne faut pas recommencer la bavure Pagliai, cet extrémiste italien suspecté

---

1. Barbie, fin octobre 1982 : « En 1967, le président Barrientos a dû lutter contre lui (Régis Debray). Moi aussi j'ai dû combattre la guérilla en France, avec cette différence qu'à l'époque l'Allemagne et la France étaient en guerre. »

d'être l'un des auteurs du massacre de Bologne (quatre-vingt-cinq morts dans l'explosion d'une valise piégée déposée, en 1980, dans la salle d'attente de la gare). Ses amis voulant le protéger, une fusillade avait éclaté à Santa Cruz. Pieroluigi Pagliai[1] avait été ramené à Rome, grièvement blessé, le 9 octobre. Il est mort sans jamais avoir parlé de son organisation.

La décision d'arrêter Barbie avait été suffisamment retardée pour que – en coulisse – on évoque la « part du hasard ». Raymond Césaire avait pensé un moment que la meilleure voie était peut-être de susciter une action parlementaire. Si les députés boliviens admettaient que leur président n'avait pas naturalisé Barbie (en 1957), mais un soi-disant Altmann, le tour était peut-être joué. Sur le plan diplomatique, l'ambassadeur de France s'efforçait toutefois de faire comprendre à l'entourage de Siles Zuazo quel profit il pouvait tirer de cette « livraison ». Premier argument : dans ce monde en crise, quel pays va investir en Bolivie si elle ne fait pas d'effort, si elle ne montre pas une « volonté démocratique »? Pas de Barbie, pas de FMI, pas de prêts préférentiels... Raymond Césaire ne mâchait pas ses mots dans les réunions de La Plaz, quitte à secouer en douceur le vieux Siles déjà usé et bien peu dynamique.

Parallèlement, l'autre « vice-roi » de La Paz, l'ambassadeur des États-Unis, transmettait au palais Quemado les vœux du lobby juif américain. Arguments économiques à l'appui. Cela tombait bien. Comme le président Siles Zuazo manifestait le désir de nettoyer le pays de ses trafiquants de cocaïne (ambition quasi irréalisable tant les compromissions atteignent encore tous les niveaux), les USA proposaient leurs dollars. Premiers consommateurs, donc premières victimes de ce fléau, les Américains offraient quarante-cinq millions de dollars pour que soit assurés le contrôle, l'éradication des plantations de coca et la substitution des cultures.

Après le repli des militaires, Washington voulait bien aider Siles Zuazo, mais il lui fallait « larguer » Barbie puisque celui-ci entrait dans le cadre de cette pollution criminelle. C'est probablement le même langage qu'avait tenu Antoine Blanca, le conseiller de Pierre Mauroy, qui, à peine nommé ambassadeur itinérant, avait choisi la Bolivie pour sa première visite à

---

1. Pagliai était soupçonné par les services secrets américains d'avoir participé à des séances de tortures avec les militaires boliviens, au moment où Barbie était « simple conseiller » de l'armée...

l'étranger, du 24 au 30 novembre, afin de s'entretenir avec Siles et son ministre de l'Intérieur, Mario Roncal[1].

Il faut faire vite. Siles Zuazo a ajourné son voyage en France où, à l'invitation du parti socialiste français, il aurait dû représenter l'Amérique latine aux Rencontres des auteurs du changement. C'est que le gouvernement bolivien est en crise avec la démission (acceptée le 20 janvier) des six ministres d'extrême gauche du MIR, qui lui reprochent son manque de fermeté à l'égard des trafiquants de cocaïne et des groupes paramilitaires d'extrême droite.

Après l'accord de François Mitterrand, une sorte de « cellule tactique » se forme avec l'Élysée et trois ministères : Étranger, Justice, Armée; Claude Cheysson, ancien résistant, dirigera personnellement les négociations au plan diplomatique; Charles Hernu, résistant lui aussi, s'occupera de la logistique; Robert Badinter, dont le père arrêté à Lyon n'est jamais revenu du camp de concentration de Sobibor, veillera à la conformité de l'aspect judiciaire. C'est Badinter qui a eu l'idée de faire préparer le cachot de Montluc. Il retardera quelque peu l'opération car il exige une bonne couverture juridique, il veut que soit respectée la légalité (ce qui n'empêchera pas Mᵉ Jacques Vergès de contester plus tard l'aspect illicite de l' « envoi » de Barbie).

Don Klaus Altmann-Barbie est au secret dans sa cellule. Même ses avocats ne parviennent plus à le rencontrer. Encore moins son ami Alvaro de Castro qui s'efforce de lui porter des repas préparés à l'extérieur de la prison.

Or, devant la porte du Panoptico, la seule entrée comme dans toutes les prisons, attendent déjà plusieurs dizaines de journalistes. Chacun espère soit interviewer Barbie en exclusivité, soit ne pas rater sa sortie. Aucun de ces correspondants – ils seront une soixantaine à « planquer » le dernier jour – n'a remarqué parmi eux deux agents français de la DGSE[2]. La mission de ces spécialistes du contre-espionnage : évaluer l'importance des amitiés dont Barbie bénéficie encore, et veiller à ce que personne ne tente de l'enlever, pour le libérer ou l'abattre.

Ces hommes de la DGSE ne sont pas seuls. Trois ou quatre

---

1. Mission exploratoire suivie d'effet puisque, dès janvier, l'inspecteur général des Finances Jacques Friedman se rendait à La Paz. Qu'allait-il mettre dans son rapport? Que la Bolivie avait une dette extérieure de quatre milliards de dollars...
2. DGSE : Direction générale de la sécurité extérieure.

autres surveillent de près les « relations » de don Klaus, repèrent le parcours de l'aéroport et protègent les abords de l'ambassade de France et de la résidence de Raymond Césaire, dans la vallée, à Obrajes.

Les dix mille dollars sont enfin réglés et déposés le 2 février sur le compte n° 6-612 de la Banco Central. Enfin... Du point de vue de son avocat, on devrait dire : trop précipitamment, car, si la dette n'avait pas été remboursée, Barbie serait peut-être encore au Panoptico San Pedro.

A l'Élysée, Jean-Louis Bianco, puis Jean-Claude Colliard, directeur de cabinet, sont informés plusieurs fois par jour. Pour les Boliviens qui ne veulent pas entamer d'autre procédure judiciaire contre lui (et pourtant les délits ne manquent pas), Barbie va donc pouvoir sortir de prison. Plus rien ne le retient. Il faut donc trouver un argument pour gagner du temps car la question du transfert n'est pas tout à fait réglée. Vient à point l'anecdote des intérêts : voilà que le contrôleur (qui donc lui a soufflé à l'oreille?) réclame à présent les intérêts sur les 10 000 dollars, soit 755 964,45 pesos (dont 681 pesos de frais de justice), c'est-à-dire une rallonge de plus de 25 000 francs, vu le temps qui passe...

Barbie, lui, ne sait rien de tout cela. Dans sa prison, « Radio couloir » lui a simplement indiqué qu'on envisageait l'expulsion, mais vers où? peut-être vers la frontière de son choix...

Trois possibilités au moins avaient été étudiées par les stratèges de l'ambassade de France :

1° On enlève Barbie – il y avait assez de « gorilles » pour cela –, on l'endort et on le transporte directement par avion vers le Pérou. C'était un scénario identique à celui de la capture d'Adolf Eichmann, en 1960, à Buenos Aires. En calculant bien, on pouvait le transborder à l'aéroport de Lima cinq minutes avant l'envol du 747 régulier d'Air France dont on aurait isolé le pont supérieur. Les Français considéraient d'ailleurs que les murs de la prison ne constituaient pas un « obstacle majeur ». Avec de l'argent, on peut extraire n'importe quel détenu en Bolivie, cela s'était déjà vu.

On recommençait le raid « duc d'Enghien » ou « colonel Argoud ». *Bis repetita placent*... Il n'y avait que le moyen de transport qui variait avec l'époque. On passait du carrosse au quadriréacteur.

2° On attend l'expulsion normale. Les Boliviens renvoient Barbie par un vol régulier, par exemple celui de la Lufthansa direction Francfort. Une escale et « Tiens! voilà le GIGN... » Qui donc aurait solennellement protesté si un commando s'était emparé du « boucher de Lyon » à Bogota ou à Porto Rico? Pas les Allemands en tout cas puisqu'ils avaient fait savoir – secrètement – que malgré leur demande d'extradition ils préféraient ne pas recevoir chez eux ce « cadeau empoisonné » à la veille de leurs élections législatives [1].

3° C'est la dernière solution qui sera adoptée : le transfert vers la France.

Depuis le lundi 31 janvier, un DC 8 du COTAM [2] – celui-là même qui aurait dû emmener Pierre Mauroy aux Antilles – est stationné à l'aéroport Rochambeau, à Cayenne, en territoire français. Et tandis qu'on maquille l'inscription « République française » peinte sur le fuselage (c'est l'avion qui venait d'effectuer le voyage officiel du président Mitterrand au Maroc), le sergent chef Tardot prépare sa valise. Il doit se tenir prêt à monter dans le DC 8 pour aller chercher Barbie à La Paz. Il a pris ses dispositions sans se douter que, dans le plus grand secret, quatre ou cinq hommes de la DGSE attendent le même ordre au bord de la piscine du *Novotel* à Cayenne. L'équipage du DC 8 ne sait rien lui-même.

Or la « cellule » de Paris estime que le DC 8 du COTAM arrivant à La Paz ferait de l'expulsion un enlèvement. Il faut donc trouver autre chose : le C 130 Hercules, mais l'armée bolivienne hésitera le temps de savoir qui va payer le carburant... et le manque à gagner des fructueux aller et retour sur Miami.

La question du transport n'est pas tout. Il fallait préparer l'opinion publique, en Bolivie surtout. A Paris, dès le 27 janvier, l'agence France-Presse se fait l'écho des excellentes relations entre les deux pays.

« La décision de la Bolivie d'arrêter et d'envisager l'extradition [3], à la demande de Paris et de Bonn, du criminel de guerre Klaus Barbie confirme la volonté de démocratisation du nouveau pouvoir à La Paz et devrait resserrer encore davantage ses relations avec l'Europe (...). L'arrestation (de Barbie) ne peut que favoriser en Europe la nouvelle image de la Bolivie que La Paz entend promouvoir. (...) De bonne source, on apprend que la

---

1. François Mitterrand s'est entretenu deux fois avec le chancelier Helmut Kohl à cette époque.
2. *COTAM* : Commandement des transports aériens militaires.
3. Il ne pouvait évidemment pas être officiellement question d' « expulsion ».

France est disposée à accorder " une aide significative " à la Bolivie tout comme la RFA et la CEE. »

C'est aussitôt repris par les journaux boliviens. Sur place on est plus raffiné. L'ambassadeur d'Israël, Arie Avidor, prête des documents, des photos et des films sur la Seconde Guerre mondiale et l'extermination des juifs pour sensibiliser l'opinion, pour créer une ambiance dont le ministre des Affaires étrangères, Mario Velarde, le remerciera chaleureusement. D'ailleurs, cette action psychologique arrive à point : le 30 janvier est le cinquantième anniversaire de la prise de pouvoir par Adolf Hitler. Il n'en fallait pas tellement plus. Ainsi, plusieurs soirs de suite, aux meilleures heures d'écoute, c'est-à-dire juste avant ou juste après la *novia* (le feuilleton style Dallas), les Boliviens vont connaître les atrocités nazies avec ce détail qui vaut son pesant d'or : pendant toute la durée de l'émission, Klaus Barbie apparaîtra en médaillon. Il suffisait de superposer Barbie à la guerre pour être sûr de l'effet produit dans les foyers boliviens. Plus personne n'allait dire : « Oh! ce pauvre señor Altmann, lui qui était si correct... »

Tandis qu'au palais de justice de Sucre les magistrats de la Cour suprême prennent tout leur temps pour examiner la demande d'extradition ouest-allemande, Raymond Césaire fait la navette entre l'ambassade et le palais Quemado. Car il ne suffit pas de dire « D'accord! » même quand c'est la parole du président de la République bolivienne, encore faut-il que les consignes suivent, que toutes les signatures soient apposées sur les papiers officiels et, de cascade en cascade, on trouve toujours certaines réticences. Après la démission des six ministres du MIR, le gouvernement s'était réuni, peu avant l'incarcération du 25 janvier, pour examiner l'affaire. Siles Zuazo avait demandé à ses ministres de voter pendant le conseil : ils s'étaient prononcés à l'unanimité pour l'expulsion de Barbie. Restait à savoir vers quel pays. Côté bolivien, les modalités suivantes avaient donc été envisagées :

1° L'expulsion vers le Pérou qui avait signé un accord d'extradition avec la France, mais Barbie risquait d'y être détenu longtemps puisque les policiers de la PIP avaient ordre de le conduire devant le juge d'instruction (trafics de devises et de... stylos à bille).

2° Destination Brésil, mais les Boliviens craignaient que n'importe quel avocat réussisse à le faire aussitôt libérer.

3° Restait donc Cayenne (ou les Antilles).

« Légalement nous aurions dû le remettre en liberté, nous dit plus tard le Dᵣ Mario Rueda Pena, ministre de l'Information, qui jouait à cache-cache avec les envoyés spéciaux.

« Mais qu'aurait-on dit? Deux fois déjà (en 1972 et 1973) nous avions avalé la couleuvre : Barbie avait quitté la prison pour rentrer tranquillement chez lui. »

Question : « Pourquoi n'avez-vous pas commencé par le juger ici, en Bolivie, en l'accusant par exemple d'avoir parrainé des milices armées ou d'avoir eu des accointances avec les trafiquants de cocaïne?...

« – Nous n'avions pas de preuve, Barbie ne laissait jamais la moindre trace, il était très habile. »

Le 2 février, l'ambassade est en ébullition. Tout est prêt ou presque. Il manque quelques signatures. Il suffit de joindre un ou deux ministres et le tour est joué. Or, il n'y a plus un seul officiel à La Paz. Le gouvernement, au grand complet, est parti sur les rives du lac Titicaca : on fête le quatrième centenaire de la Vierge de Copacabana, le jour de la Chandeleur. Pas de téléphone, tout juste la radio militaire. Barbie restera un jour de plus en Bolivie, le temps pour ces messieurs de faire leurs dévotions.

Le premier conseiller de l'ambassade de France, Pierre Viaux, ne dort presque plus. Le télex avec le Quai d'Orsay ne s'arrête pas. Son ministère demande sans cesse des précisions, envoie des instructions. L'un de ces messages (4 février), signé Claude Cheysson, donnait l'ordre de ne rien dire aux journalistes. Rien, c'est-à-dire : refuser de les recevoir. Dans les couloirs de l'ambassade, au septième étage d'un immeuble moderne, les journalistes pouvaient entendre Raymond Césaire marteler du fond du couloir :

« Je ne veux pas les voir! »

Secret d'État bien observé également par les Boliviens qui, d'ordinaire, sont moins avares de confidences. C'est que Señor Barbie en connaissait du beau monde... y compris dans l'équipe Siles Zuazo. Le chassé-croisé avec la presse internationale les amuse d'autant plus qu'ils vont tirer pas mal d'argent de cette opération en revendant l'interview exclusive de Barbie. Car, là aussi, c'est programmé : Carlos Soria, de Canal 7, fera l'interview dans l'avion.

Au Panoptico, la garde a été renforcée. Barbie est désormais surveillé par cinq « gorilles » envoyés par le ministère de l'Intérieur. Et, à partir du 27 janvier, il sera complètement au secret. Pour temporiser, les officiels font croire à certains journalistes qu'ils auront (chacun) l'exclusivité de l'interview du « boucher de Lyon », moyennant finances. Certains vont même laisser des arrhes, ils en seront pour leurs frais. A La Paz, seuls les avocats de Barbie font mine de croire à la libération du vieux nazi. Pour eux, l'extradition est impossible (ils ne se trompaient guère) et l'expulsion improbable.

La diversion des officiels atteint son comble avec l'histoire des places d'avion : un certain Altmann a réservé une place sur chaque vol quittant La Paz pour le Pérou, le Brésil et l'Allemagne fédérale... Or, le 4 février, dès 15 heures, le ministre de l'Information fait « chauffer » une équipe de la TV bolivienne. Journalistes et techniciens doivent « prévoir des bagages pour plusieurs jours ». Une deuxième caméra est acheminée vers le ministère de l'Intérieur, avenida Arce.

En fin d'après-midi, les 755 964,45 pesos d'intérêts sur la dette envers la COMIBOL sont enfin payés. Avec quel argent? Celui des fonds secrets de l'État français, la fameuse « caisse noire ». Ce vendredi-là, vers 18 heures, deux inconnus parlant parfaitement l'espagnol arrivent à la Controleria General. Ils veulent régler en espèces. Le contrôleur adjoint ne sait pas très bien que faire, il ne connaît pas les payeurs et puis une telle somme, une telle épaisseur de billets... Il part téléphoner d'un autre bureau.

« C'est d'accord! »

Il compte patiemment les billets. Un reçu, à quel nom? Les visiteurs ne paraissent pas y tenir. Et puisque tout est en règle, le sous-contrôleur Jaime Urcullo Reyes signe l'ordre (nº 5963) de libérer Klaus Altmann Hansen. La justice est en train de céder doucement la place à la politique. Un fonctionnaire accompagne l'un des payeurs au Panoptico, tandis que l'employé de la Controleria, Ramiro J. Gonzales Andulce, se dit qu'il est bien embêtant de garder tout cet argent jusqu'à l'ouverture, lundi, de la Banco Central.

Au premier étage du pénitencier, on ouvre la porte de la cellule. Sans mal : le cadenas est cassé! On fait sortir Barbie sur la véranda, on lui passe les menottes et il doit descendre dans la cour vide (les huit cent seize autres détenus sont consignés dans leurs cachots). Comme il n'y a jamais qu'une seule porte de sortie à la prison, et que l'escalier empêche les voitures d'y accéder, le plan prévoit de libérer un faux Barbie pour disperser les journalistes et les éventuels amis de l'ancien SS.

20 heures 50. Le visage recouvert d'une cagoule, un homme plutôt petit est jeté dans une jeep qui démarre en trombe avec son

escorte. Les journalistes suivent. Ce n'est pas Barbie. Mais la sortie du pénitencier est maintenant libre. Il reste peu de monde, juste quelques petits malins qui ont préféré rester ou qui n'avaient pas eu les moyens de poursuivre le premier convoi. Le véritable Klaus Barbie partira peu après.

A l'aéroport El Alto (à 4 080 mètres d'altitude) le C 130 gris métallisé, immatriculé CP 1564, a fait le plein des réservoirs. Après le décollage du dernier vol d'Aero Peru pour Lima, il restera le seul avion stationné en retrait de l'aérogare, dans le secteur militaire. L'équipe TV de Carlos Soria et Hugo Roncal ont déjà embarqué. Barbie, lui, n'a pas pris directement la route de l'Altiplano, il a fait un détour forcé par les sous-sols du ministère de l'Intérieur. Et pas seulement pour les formalités. Là le sous-secrétaire d'État, Gustavo Sanchez (le meilleur « contact » des Français comme des Américains), organise une étrange confrontation. On pousse Barbie, menottes aux poignets, dans une pièce éclairée par les projecteurs de la télévision bolivienne et dans laquelle se trouvent quatre ou cinq personnes, en rang d'oignons. Il y a là notamment l'un des avocats de Barbie, Me Adolfo Ustarez, incarcéré le 24 janvier (veille de l'arrestation de Barbie), accusé d'avoir organisé des groupes paramilitaires, un certain capitaine Larrea (en taule également) et un barbu.

Sanchez trouve le moment particulièrement savoureux. C'est lui qui a organisé les « adieux », et il vient de demander à Barbie s'il reconnaît ses bons vieux amis. Klaus Barbie les regarde un à un et, posément, répond devant chacun : « Non, je ne connais pas. » Un journaliste français, Claude Critton, est présent : les Boliviens lui avaient fait miroiter le scoop, ils lui avaient promis d'embarquer dans l'avion de Barbie. Or non seulement Critton restera cloué à La Paz, mais il ne disposera pas non plus de la cassette vidéo qui a enregistré la « confrontation » (cassette qui n'a d'ailleurs jamais été présentée au public et qui reste gardée dans un coffre-fort). Les témoins signent un papier, et Me Ustarez a tout juste le temps de confier à Barbie ce qu'il a appris par les flics de service : le ministre Mario Roncal Antezana a reçu trois fois dans la journée l'ambassadeur de France.

Gustavo Sanchez (qui faisait partie du « commando » Debray-Klarsfeld de 1973) :

« Après j'ai emmené Barbie à l'aéroport. Jusque-là, il ne croyait pas encore à l'expulsion, il pensait être transféré à la caserne Tarapaca, sur l'Altiplano. Il était encore persuadé que ses avocats allaient lui trouver une solution. Je lui ai demandé : " Que pensez-vous de la mort ? " Il m'a répondu à côté : " La guerre c'est la guerre, ceux que j'ai tués étaient des guérilleros. " Alors je lui ai annoncé : " Vous partez pour l'Allemagne ! " »

Un autre ministre, celui de l'Information – si on ose dire –, Mario Rueda Pena, se trouve lui aussi à l'aéroport. Comme il vient de passer quelques mois en Allemagne de l'Est, il se targue de parler parfaitement l'allemand. Ainsi devant les autres Boliviens va-t-il s'entretenir avec Herr Barbie, prenant soin toutefois de ne pas se présenter. Cela se passe dans le hangar où l'on a conduit Barbie pour le soustraire aux journalistes qui s'agglutinent devant le salon des VIP (les hôtes de marque) aux vitres occultées par des couvertures et gardé par des militaires. C'est là-dedans que l'homme de la jeep continue à jouer le rôle du lièvre.

Il fait froid (7 °C), il pleut, il vente. Klaus Barbie n'a même pas une veste. Sur ordre, un policier lui remet sa parka verte.

« *Und?* (" Et alors ? ") interroge le ministre.

« – *Ich bin zufrieden* (" Je suis heureux "), répond Herr Barbie. Je vais retrouver ma patrie, l'Allemagne ! »

Alors le nazi tâte toutes ses poches, celles de son pantalon, celles de la parka, et prend l'air gêné, désolé, petit sourire en coin :

« Je n'ai pas un centime ! Comment vais-je payer mon hôtel ? »

Les journalistes ont tous été convoqués chez Mario Roncal au ministère de l'Intérieur. Déjà la veille, au cours d'un cocktail, Roncal avait monté ce qu'il appelle « la plus grande diversion de sa carrière » en faisant croire « pour rire » que Klaus Barbie était dans un avion militaire allemand en route pour Francfort. Les envoyés spéciaux se demandent si c'est encore une plaisanterie. Non, mais c'est encore une diversion. Seul journaliste à être resté à l'aéroport, Philippe Vieillescazes, de TF 1, verra le C 130 décoller à 22 heures 28, cap au nord-est. A bord : deux pilotes, un médecin[1], trois policiers boliviens qui poursuivront d'ailleurs le voyage jusqu'en France, l'équipe de la TV bolivienne qui vient tout juste de connaître la destination et tout au fond, extrêmement discrets, deux (ou trois) agents de la DGSE. Pas de siège, Barbie s'enroule dans sa parka et s'assied sur le plancher de l'avion. Le C 130 n'a pas encore franchi la frontière brésilienne que le journaliste Carlos Soria s'empresse d'installer des réflecteurs de for-

---

1. Le Dr Abularach, étrangement tué dans un accident d'avion dans la province du Beni, en juin 1983.

tune avec du papier d'aluminium pour éclairer l'expulsé. Il va commencer l'interview, se lamentant de ne pas avoir été prévenu suffisamment tôt :

« Je n'avais pas eu le temps d'étudier le dossier... »

Dommage qu'il n'ait pas eu le loisir de compulser la toute nouvelle requête d'extradition présentée par la France pour « crimes contre l'humanité » : elle vient d'arriver à l'ambassade de La Paz qui n'en saura que faire. Le retard était voulu...

Au sol la conférence de presse de Mario Roncal se termine sur cette franche « explication » :

« Pourquoi nous l'avons expulsé vers la France? Parce que c'est le seul pays qui acceptait de recevoir Klaus Barbie. »

Autre raison du retard : Pierre Mauroy était en voyage officiel en Guyane et aux Antilles. Or il fallait attendre qu'il quittât la Guyane pour ne pas donner l'impression que le Premier ministre venait surveiller l'opération Barbie. Pierre Mauroy avait quitté Cayenne le vendredi matin. Le soir même, à Fort-de-France, il rappelait aux Martiniquais le geste symbolique de François Mitterrand au Panthéon (mai 1981) : une rose sur la tombe de Jean Jaurès, une deuxième pour Jean Moulin et la dernière pour Victor Schoelcher, le député auquel on doit l'abolition de l'esclavage dans les territoires français depuis 1848. Mauroy avait longuement insisté sur la deuxième rose... C'est la troisième qui fut surtout applaudie.

Dans le C 130, appuyé contre la carlingue, Barbie parle un peu en attendant que l'équipe de la télévision bolivienne soit prête à tourner.

« C'est un enlèvement! » proteste-t-il.

Puis il évoque les deux tombes qu'il laisse en Bolivie. Celle de sa femme, au cimetière allemand de La Paz, celle de son fils dans l'autre cimetière allemand, celui de Cochabamba. Il se trouve sale, il s'en excuse et se plaint qu'on ne lui ait pas rendu la mallette qu'il avait en prison, avec sa brosse à dents, son rasoir et des deutsche Marks. Barbie ne parvient pas à prendre un certain recul, il ne parle que de ce qui vient de se produire, il ne voit rien devant lui et ne s'interroge pas même sur l'Allemagne vers où il croit encore être conduit. Devant le journaliste Carlos Soria, il refuse d'évoquer une autre période que l'époque bolivienne, mais la conversation glisse subrepticement vers les années 40.

« *Vae Victis*, lance-t-il avec un léger sourire. La guerre, il fallait la gagner, non? Autrement on perdait tout (...). Au procès de Nuremberg, on a accusé les vaincus de beaucoup de crimes, mais... seulement les vaincus. Rien sur les crimes des Alliés. »

Sur l'extradition rejetée en 1974 :

« J'étais tranquille parce que mes avocats m'avaient toujours dit : " Aucun doute, ici doit commander le droit, la loi ". »

Le journaliste lui demande, on ne sait pas très bien pourquoi, s'il a peur de la mort :

« La mort est cruelle, n'importe quelle mort, non? répond Barbie en haussant légèrement les épaules. Et cela a toujours été ainsi, dans toute l'histoire du monde, à commencer par Adam, ou Caïn qui a tué son frère Abel... »

« – Si vous devez faire un bilan de votre vie...

« – Je dirai en somme que j'ai beaucoup souffert. »

Le C 130 se pose sous la pluie du petit matin guyanais. Il est presque 6 heures 15. Par mesure de sécurité, la tour de contrôle n'avait été prévenue que vingt-deux minutes avant l'atterrissage. Sur la piste, une « 4 L » blanche va chercher Barbie pour le ramener dans les locaux techniques de l'aéroport Rochambeau. S'y trouvent le commissaire de la République, Claude Silberzahn, le procureur, M. Bertrand, ainsi que le sergent-chef Tardot (il vient seulement d'apprendre qu'il n'a plus besoin d'aller chercher Klaus Barbie à La Paz) et un interprète d'allemand arrivé tout droit de la Légion étrangère basée à Cayenne.

Mais les militaires boliviens refusent d'ouvrir les portes du C 130 : ils veulent voir l'argent. « Mais si, tout est prêt... » On leur montre des liasses de billets français. « Des francs, c'est quoi?... » Ils veulent des dollars. Il faudra attendre l'ouverture des banques. Promesse faite, la porte s'ouvre enfin.

Le préfet notifie en français le mandat d'arrêt du 27 novembre 1982. L'interprète traduit, et le sergent-chef poursuit la lecture des charges instruites par le juge Riss à Lyon. Klaus Barbie, réalisant qu'il est aux mains des Français, ne bronche pas. Stupéfait. Il dira seulement ces mots : « Je reconnais avoir été Klaus Barbie en temps de guerre. » Les gendarmes dactylographient le constat habituel.

« Je suis donc expulsé de Bolivie sans qu'aucune décision ne m'ait été notifiée (...). Je suis de nationalité allemande. »

Mais Barbie refuse de signer le procès-verbal. Les papiers partiront avec le prisonnier, dans le DC 8.

En attendant, le correspondant du journal *Le Monde,* Edmond Frédéric, croise les pilotes du C 130 :

« Quand repartez-vous?

« – Lorsqu'on nous aura payés, pas avant. »

Le DC 8 décolle enfin sous le regard des passagers qui attendent d'embarquer pour le vol régulier des Antilles. Ils n'ont rien su.

Il est déjà 11 heures 25 en métropole. La route est encore longue. Le visage résigné, l'Hauptsturmführer SS s'est calé au fond du fauteuil. Petit plateau-repas et l'interview reprend :

« Faut-il oublier vos crimes ?

« — Oui, absolument, parce que tant de crimes nouveaux se sont produits, plus de cent guerres depuis la Seconde Guerre mondiale.

« — Vous justifiez les actions nazies ?

« — Napoléon aussi a été condamné par presque toute l'Europe. Deux cents ans après il était un héros...

« — Hitler ?

« — Il a uni le peuple. En un an et demi il a réussi à faire disparaître six millions de chômeurs.

« — Les méthodes ?

« — C'est des deux côtés qu'il faut voir si c'était justifié ou non. Les anciens ennemis devraient se réunir et se disculper aux yeux de l'Histoire... »

Hors caméra, Barbie dira encore :

« Ma vie est perdue !

« — Mais la guillotine n'existe plus en France...

« — Cela ne fait rien, je suis dans l'antichambre de la mort. »

Le secret a été bien gardé : personne ne pensait que le DC 8 allait atterrir sur la base militaire d'Orange, à 20 heures 15. Les journalistes « planquaient », les uns à Évreux, les autres à Lyon-Satolas où, d'ailleurs, une jeune femme, fille de déportés, sera arrêtée par la police de l'aéroport. Sous une couverture écossaise elle dissimulait une carabine 22 long rifle.

« Nous savions qu'à Satolas il y allait avoir du monde, me dit le général de gendarmerie Louis Bernadac. C'était risqué. Barbie venait pour être jugé, pas lynché. Il nous fallait donc observer le plus grand secret. Pour protéger l'arrivée de Barbie on m'avait donc demandé de déclencher une véritable opération militaire. »

Un cran en dessous, le colonel Le Gouil :

« J'avais prévu en plus du dispositif un escadron de gendarmes mobiles en réserve. Au cas où... »

Ainsi, pour éviter tout risque d'attentat, les militaires avaient décidé que la dernière étape Orange-Lyon se ferait à bord d'un hélicoptère Puma. Barbie, visiblement fatigué, descend du DC 8. Des gendarmes le tiennent par une cordelette attachée aux menottes (le « cabriolet » modèle 83). Dans l'hélicoptère le nazi a soudain une expression de panique, rapporte Carlos Soria, comme s'il venait seulement de comprendre...

Le secret avait été respecté : il n'y avait pas de curieux aux alentours du petit aérodrome de Corbas, au sud de Lyon, dont une partie est réservée à l'aviation légère et aux hélicoptères de l'armée. Le Puma se pose. Encadré par les cinq gendarmes qui le convoyaient depuis Cayenne, le prisonnier est transféré dans un fourgon aux vitres opacifiées par des linges. Le convoi de quatorze voitures — beaucoup sont « banalisées » — gagne Lyon à petite vitesse.

A 22 heures 15, le 5 février 1983, Klaus Barbie retrouve le greffe de la prison Montluc... quarante ans après.

La seule réaction officielle vient de l'autre côté de l'Atlantique, de la Guadeloupe où se trouve encore Pierre Mauroy. A Basse-Terre, le Premier ministre déclare :

« Le gouvernement français n'a obéi à aucun esprit de vengeance. »

Ce n'est pas la même impression qui domine à La Paz. Le rival de Siles Zuazo, le vice-président Jaime Paz Zamora (chef de file du MIR), proteste : il estime que Barbie aurait dû être d'abord jugé en Bolivie, ne serait-ce que pour sa participation à divers coups d'État militaires. La grogne s'estompera avec l'intervention de l'Internationale socialiste et, dit-on, un sérieux coup de pouce dans les finances de l'organisation bolivienne. Même son de cloche à l'opposé puisque l'ADN (le parti du général Banzer) trouve lui aussi que Barbie aurait pu comparaître devant les tribunaux boliviens.

En fait, ceux qui auraient préféré un jugement « sur place » allaient se heurter aux militaires qu'un tel procès aurait immanquablement compromis.

« Que cela plaise ou non, les garanties légales s'appliquent aussi aux nazis. Il eût été logique d'attendre la décision de la Cour suprême (...). La Bolivie a adopté le rôle peu appétissant du chasseur de primes », écrit le journal *Presencia*.

« Le gouvernement a vendu Klaus Altmann, ressortissant bolivien, pour une récompense que ne connaît pas encore le peuple » (*Ultima Hora*).

Et il ne la connaîtra sans doute jamais, pour la raison que la partie visible de l'iceberg représente trop peu à l'égard des espérances boliviennes : cent millions de francs et trois mille tonnes de farine. Encore précisera-t-on que cette aide s'inscrit dans le cadre des relations normales avec la Bolivie (sur les cent millions, quatre-vingt-dix serviront à équiper l'hôpital militaire de La Paz, le reste allant au service des douanes [1]). C'est peut-être pour cela que Raymond Césaire, sa mission accomplie, fut nommé ambassadeur au Pérou et quitta la Bolivie sans avoir reçu ce que tous les ambassadeurs acceptent à leur départ, l'équivalent de notre Légion d'honneur, l'insigne du Condor des Andes. En tout cas, au terme de son voyage en France à la fin du mois de mars, le président Siles Zuazo repartait plutôt mécontent, bien qu'il nous ait clairement précisé en direct à TF 1 :

« Je ne suis pas venu présenter la facture Barbie. »

En guise de chiffres, les services de la présidence bolivienne publiaient uniquement ce communiqué pour le moins inattendu :

« Retiré 40 000 dollars américains pour les besoins du voyage officiel en France. Rendu à la Banco Central : 25 980,43. Dépenses totales : 14 019,57 dollars. » (Soit un tout petit peu plus de 100 000 francs français, ce qui n'est rien comparé à n'importe quel autre voyage d'une délégation officielle, fût-elle réduite.)

Pour la petite histoire, voici un autre placard paru dans les journaux à la mi-mai : « La télévision bolivienne informe l'opinion, etc. » En six paragraphes, les lecteurs allaient être avertis que les « photographies vendues à *Paris-Match* par Hugo Roncal, producteur à Canal 7, n'engageaient en rien la responsabilité de la TV officielle. Signé du grand patron, Julio Barragan Calvimontes. Anecdote, dira-t-on... Pas quand on saura que ce Hugo Roncal, qui, dans le DC 8, s'était « fait son beurre » avec Barbie, était tout bonnement le frère du... ministre de l'Intérieur.

Une fois Barbie bien installé dans son cachot de Montluc, François Mitterrand écrit à Hernan Siles Zuazo pour saluer son courage et son intégrité. Et tandis que, sur sa lancée, la Cour suprême continuait à examiner malgré tout la demande d'extradition allemande (ainsi va la justice), les débris de l'affaire Barbie continuaient de tomber. Il restait, par exemple, au ministre Roncal à répondre aux protestations du député Carlos Valverde Barbery, ancien chef de la Phalange socialiste bolivienne – parti

---

1. S'étant aperçu, en 1984, qu'il ne servait à rien d'équiper les douanes en informatique, le Quai d'Orsay a fait transférer cet argent au profit de Renault-Bolivie.

d'extrême droite, comme son nom ne l'indique pas. Mario Roncal, déjà accusé ouvertement d'avoir rempli son compte en Suisse avec l'argent de la cocaïne, répondait finalement devant le Parlement :

« La Bolivie n'a enfreint aucune loi en expulsant vers la France un individu (Barbie) qui avait violé la loi sur l'immigration en obtenant la citoyenneté bolivienne sous une fausse identité (Altmann). »

Un diplomate français me dit un an plus tard : « Dans toute cette histoire, les Boliviens ont négocié comme des marchands de tapis. Ils croyaient qu'on allait « cracher au bassinet ». Il n'en était pas question car nous savions à quel point certains d'entre eux étaient corrompus. Tenez, les trois mille tonnes de farine... elles ont servi à un ministre à se remplir les poches. Il avait fait la même chose avec le riz américain. Comment? Eh bien, en revendant une partie de la marchandise pour payer les frais de transport... et, de fil en aiguille... »

Rideau pour la Bolivie.

La France avait pris le relais au plan de la polémique. Sur certains murs, on voyait apparaître des graffiti dans le style « Barbie vaincra! » et un hebdomadaire avait cru bien faire en demandant par voie de sondage [1] :

« Est-ce que vous rétabliriez la peine de mort pour Klaus Barbie s'il était reconnu coupable de la mort de milliers de Français et notamment de celle du résistant Jean Moulin? »

Réponses : oui 56 %, non 40 %; ne savent pas 4 %.

---

1. Enquête IFRES réalisée les 5, 6 et 7 février 1983 auprès d'un échantillon de mille personnes représentatif de la population âgée de dix-huit ans et plus.

12.

SUR LES LIEUX DU CRIME

Triomphe pour la démocratie, « coup » électoral ou gaffe politique... le retour de Barbie devait être avant tout une victoire pour la justice.

L'étonnement une fois passé, un étrange malaise s'emparait successivement des avocats, des magistrats – les juges d'instruction –, des gardiens de prison et de leurs hôtes. Les premiers se demandaient en chuchotant pourquoi ils n'avaient pas été choisis, eux, pour l'affaire de l'année... tout en prétendant – ouvertement cette fois – qu'ils refuseraient de défendre le diable. Les juges réclamaient du renfort. Avec le dossier Barbie, Christian Riss allait être dessaisi d'une petite centaine d'enquêtes pour n'en garder que... 130! Ces monceaux de procès-verbaux, de commissions rogatoires, de cahiers d'expertises, etc., allaient se trimballer dans des corbeilles en osier pour être distribués dans les cabinets voisins. Grogne des destinataires qui se plaignaient déjà de se trouver en manque d'effectifs, ce qui était (et demeure) inadmissible mais n'est en rien particulier à la juridiction lyonnaise. Les gardiens de prison, quant à eux, trouvaient que les détenus étant déjà suffisamment à l'étroit, il n'y avait pas de raison de se pousser pour Barbie. Depuis quelque temps ils tentaient une expérience d'humanisation nécessitant une plus grande tolérance du règlement, et voilà que l'arrivée de Klaus Barbie allait renforcer la surveillance. En ce domaine, les prisonniers associaient leurs protestations à celles des matons.

Et puis n'avait-on pas commencé à se poser des questions sur le « pouvoir », la force de Barbie? Il était bien arrivé les mains vides, avec sa parka empruntée au soldat bolivien, mais sa mémoire?... Que sait-il, que dira-t-il? Possède-t-il des documents, une « pleine valise » comme celle dont parlera René Hardy? Car même en se croyant plus à l'abri depuis dix ans, mieux protégé depuis la décision de la « Corte suprema » de Bolivie, Klaus Barbie n'avait-il pas fait le nécessaire pour en réchapper, le cas échéant? Je ne peux pas croire qu'un nazi de cette espèce ait renoncé à se constituer une sorte de « carnet de preuves » à l'attention des collaborateurs de la Gestapo, français ou hollandais, un « moulin à calomnies » qui servirait à la dissuasion, une malle bourrée de fantômes des années 40, bien planquée, comme les comptes en Suisse, si d'aventure...

C'est aussi ce que se demandait son premier avocat, le bâtonnier de Lyon, Alain Compagnon de la Servette, qui peu après la Libération avait déjà défendu (et sauvé de la mort) un collaborateur français, précisément au cours du deuxième procès intenté à Barbie et à ses camarades (1954). Il se le demandait en attendant l'arrivée du diable.

« Ce soir-là nous étions tous au palais de justice, le procureur Berthier, le juge Riss et moi, me raconte-t-il. Il y avait du mystère dans l'air. Personne ne voulait me dire ni où ni quand je verrais Klaus Barbie. Soudain on nous transporte à Montluc et là, dans une pièce du greffe, sous une armoire à pharmacie – pour les petites urgences –, Barbie! »

Les normes juridiques étaient respectées : bien que situé de l'autre côté du grand mur d'enceinte, ce local se trouvait à l'extérieur de la prison même. Alors au vieux capitaine SS on allait resserver les mêmes phrases qu'à l'aéroport de Cayenne.

« Vous êtes inculpé de... »

L'interprète traduisait lentement pour laisser au greffier le temps de noter la réponse :

« J'ai fait un long voyage. Je ressens les fatigues du trajet et je suis quelque peu malade. Je souffre d'une polynévrite et préfère attendre avant de faire une déclaration sur le fond. »

Ces messieurs inscrivaient l'heure : 23 h 20, et tendaient la feuille à l'Allemand. C'en était fini de Klaus Altmann : pour la première fois depuis trente-deux ans, depuis sa fuite en Amérique du Sud, il signait maladroitement « Klaus Barbie »; il avait perdu la main... Ainsi le n° 239 sur la liste des criminels de guerre devenait banalement le 996e détenu des prisons de Lyon. Et tandis que les officiels repartaient dans la nuit glaciale, Klaus Altmann-Barbie vidait ses poches : carte d'identité, agenda, un carton de rendez-vous pour un médecin, trois clés, un peigne et 659,40 pesos boliviens [1]. Les gardiens le faisaient passer ensuite par la petite cour, puis le grand couloir de gauche et enfin il se retrouvait seul dans la cellule nº 20.

Le bâtonnier allait réunir son Conseil de l'ordre le lendemain matin. Tous semblaient d'accord pour qu'il ne désigne pas un autre avocat, mais qu'il se commette d'office lui-même. Barbie n'y voyait pas d'objection.

Les réactions des uns et des autres, dans ces premiers jours de février, donnent une idée de ce qu'allaient être les discussions en attendant le printemps. En tête des réactions, celle de Serge Klarsfeld : « Mission terminée... » (Pas tout à fait, il n'allait pas abandonner les dossiers des petites victimes d'Izieu.)

Jacques Chaban-Delmas estimait que le scandale avait cessé avec l'incarcération de Barbie. Charles Hernu, ministre de la Défense : « Comment ne pas souhaiter que la justice s'abatte enfin sur les responsables... » Le maire de Lyon, Francisque Collomb, songeait à la jeunesse qui allait enfin savoir à quelles terribles conséquences peuvent conduire les dictatures. Il pensait à l'His-toire, tandis que d'autres songeaient à remonter la guillotine. Le sénateur Henri Caillavet (MRG) et le député François Léotard (PR) souhaitaient le rétablissement de la peine de mort en cas de crimes contre l'humanité. Réplique de Daniel Mayer, alors président de la Fédération internationale des droits de l'homme : « C'est un réflexe, plus qu'une réflexion. » Le ministère de la Justice réagissait aussi avec une vitesse inhabituelle en rappelant que « toute proposition de loi visant au rétablissement de la peine de mort en France à l'encontre d'un inculpé méconnaissait le principe fondamental de la non-rétroactivité de la loi pénale ». Barbie ne subira pas le même sort qu'Eichmann. Ce qui faisait dire à Simon Wiesenthal que « la punition ne pourra être que symbolique ».

La politique s'en mêlait. Un parti de gauche se dépêchait de récupérer la veuve de Jean Moulin, Mme Marguerite Stork-Cerruty, et de la présenter sur une estrade : « J'ai acheté du champagne. C'est une victoire sans précédent. » Halte-là! rétor-quaient les résistants, cette dame divorcée et remariée a quitté Jean Moulin en... 1927; elle ne sait rien!... Pour le parti communiste français, Gaston Plissonnier se félicitait « que le nazi

---

1. Quelques-uns de ces objets ont disparu quelques mois plus tard. Pas pour tout le monde..,

Klaus Barbie (...) soit traduit devant la justice française sur la demande du gouvernement ».

Mais une seconde vague allait donner l'alerte. Attention, voici le revers de la médaille. Serge July, directeur de *Libération,* diagnostiquait :

« ... Les autorités françaises ont mis en branle une machine symbolique dont il est difficile de mesurer tous les effets. »

Et il ajoutait :

« C'est bien un diable que la France, très légalement, vient de capturer. Klaus Barbie est même l'archétype du diable nazi : ce n'est ni un collaborateur comme Touvier, ni même un bureaucrate comme Eichmann, c'est un boucher en chef... »

Du diable aux démons. Pierre Messmer, se rappelant les règlements de comptes des « ardents épurateurs » de la Libération souhaitait que le futur procès Barbie ne réveillât pas les démons endormis. Le colonel Rémy y allait franchement : « L'extradition (*sic*) de Klaus Barbie est un cadeau empoisonné! » De la confiture au cyanure. L'historien Henri Amouroux :

« Ne faisons pas de ce bourreau ni l'arbitre des querelles et des drames de la Résistance, ni le juge de notre histoire et de nos passions. »

N'était-il pas déjà trop tard? Qui donc allait mettre l'énigme de Caluire sous clé? Avec Barbie revenait immanquablement Jean Moulin. Car il n'y a pas de prescription pour l'Histoire.

Jacques Chirac, Raymond Barre (« ... après trente ans on laisse à Dieu le soin de juger le criminel »), Jean-Marie Le Pen, la CGT, les Allemands, les Anglais, l'agence soviétique Tass et même l'ancien procureur d'Eichmann, l'Israélien Gideon Hausner, allaient de leurs petites phrases. Tass, pour dénoncer l'aide américaine à Barbie en 1947; Le Pen, pour dénoncer l'opportunité électorale (les municipales de mars 1983)...

Je retiendrai pour finir cette phrase de Simone Veil, mettant en garde contre le déballage des histoires franco-françaises :

« Quand on aura démontré que la France de l'Occupation comportait des collaborateurs, un certain nombre de salauds, et surtout beaucoup de faibles auxquels on ne pouvait demander d'être des héros, croyez-vous vraiment qu'on sera avancé? »

Faire le procès de l'idéologie nazie, élargir le débat... Voilà ce que demandaient ceux qui, comme Simone Veil, avaient souffert de la folie hitlérienne.

Et les Allemands, ceux de l'Ouest qui avaient demandé l'extradition de Barbie? Officiellement ils ne rejetaient pas l'idée de réclamer Barbie à la France une fois le procès terminé... mais l'« homme de la rue », pour employer un langage de média, ne cachait pas son intérêt de voir se dérouler de l'autre côté du Rhin cette procédure historique contre le nazisme. Et le ministre des Relations extérieures, Claude Cheysson, d'évoquer le nazisme des années d'avant-guerre au cours d'un déjeuner de presse :

« Rien de tout cela ne serait arrivé sans le chômage et le désespoir d'une société entière. Pensons-y bien quand nous faisons des raisonnements purement économiques par rapport à la crise actuelle. Une société, même la plus civilisée, si elle est condamnée au chômage, à l'assistance publique, peut connaître des soubresauts redoutables. »

A peine Barbie avait-il franchi la porte de Montluc que nous cherchions René Hardy. Je dis « nous » car, après avoir hésité, après avoir caché son nom dans mes rappels de l'affaire de Caluire à TF 1 (il apparaissait comme le troisième survivant du drame), je m'étais associé à mes confrères qui cherchaient à le joindre, à le déranger dans sa tanière. Hardy était à Melle, dans les Deux-Sèvres. Pourquoi l'avoir traqué jusque-là? Pourquoi pas... Du moment qu'il avait déjà traversé l'Atlantique avec un journaliste pour tenter d'affronter en Bolivie le nazi-accusateur... Hardy avait vendu son récit à un hebdomadaire, il avait posé pour le photographe... Le troisième homme ne devait-il pas avoir, désormais, besoin de s'exprimer? Certains ont dit : foutez-lui la paix! Sous-entendu : vous autres qui n'avez pas connu l'histoire, n'allez pas tout remuer sans savoir...

Pour ma part je crois qu'il fallait donner la parole à Hardy. Nous avons eu d'autant plus raison de lui demander ses souvenirs sur Barbie qu'il est bien de ceux qui ont eu à en souffrir. Il aurait pu s'esquiver... Non. A propos de la réunion de Caluire :

« C'étaient des boy-scouts. Ils ne faisaient pas la guerre, ils jouaient aux boy-scouts... Mais de cela je m'en fous à présent... »

A la radio comme sur deux chaînes de télévision, René Hardy a évoqué « cette époque incroyable où la conjonction des culs-bénis du MRP et des communistes faisait quelque chose de gratiné...

« Ils veulent me faire porter le chapeau. Qu'ils essayent : j'ai une valise pleine de documents! »

Et pendant ce temps, à Montluc, Klaus Barbie arpentait le couloir à carreaux rouges et blancs du rez-de-chaussée, passant et repassant devant la seule porte ouverte, la n° 20, la sienne. Toutes les autres cellules étaient fermées pour empêcher n'importe quel autre détenu d'apercevoir « le » prisonnier qui déambulait dans ce couloir parce que la cour lui était interdite. Le chef de l'établissement pénitentiaire possède un nom allemand, ce qui n'allait pas déplaire à l'ancien nazi. D'autant plus qu'il portait un uniforme à sa taille puisqu'il mesure 1,93 m...

« Vous, lui dit Klaus Barbie dans un français hésitant, grand comme vous êtes, vous auriez été SS dans la garde personnelle de Hitler ! »

Il disait cela sans rire, Herr Barbie. Ainsi, sans le vouloir, le surveillant-chef – il était seul avec son adjoint à s'occuper du n° 20 – allait recueillir les toutes « premières impressions » de l'Allemand. C'était au cours de la première semaine, bien avant que Me Jacques Vergès arrive dans l'affaire. Ces propos de Klaus Barbie m'ont été rapportés un an après :

« Comment voulez-vous qu'on ait pu réussir des " affaires " à Lyon sans l'aide des Français?... Tenez, René Hardy : c'est moi qui lui avais donné le pistolet pour qu'il se blesse! Hardy m'a livré Jean Moulin, mais ce n'était pas de sa propre initiative. Il y avait des gens au-dessus de lui... Quant à Jean Moulin, croyez-vous que j'aie été assez fou pour torturer un homme de cette importance... »

Phrases terribles qui définissaient – déjà – son système de défense. Il parlait ainsi, Klaus Barbie, debout dans sa cellule aux murs beige et bleu, jusqu'à ce qu'il demande au surveillant la permission de s'asseoir et d'ouvrir un vieux magazine allemand rapporté du quartier des femmes.

Avec l'arrivée de Barbie survenait déjà l'idée de téléviser « le » procès. Ne pensant pas que le délai d'instruction allait durer plus longtemps que l'occupation allemande, le garde des Sceaux, Robert Badinter, nommait une commission pour étudier la question sur un plan général, c'est-à-dire pour *tous* les procès, et pas seulement celui-ci. Très favorable au début à l'idée de recommencer un show Eichmann à la française, un quart de siècle plus tard (Eichmann a été jugé en Israël en 1962), André Braunschweig, ancien juge d'instruction, ancien président de la cour d'assises, syndicaliste modéré, devenu président de la Chambre criminelle à la Cour de cassation, nommé à la tête de la « Commission TV »,

rencontra de plus en plus de réticences à la diffusion du spectacle. Fallait-il protéger l'anonymat des magistrats et des jurés? Comment éviter le cabotinage de certains
avocats devant les caméras ou les moments de sommeil des
magistrats la tête rejetée sur le dossier velouté de leur fauteuil?
Pouvait-on empêcher l'accusé, quel qu'il soit, de brandir des
slogans politiques en pleine audience? Comment mettre à l'aise,
sous les projecteurs, un témoin déjà intimidé par le seul fait d'être
propulsé à la barre dans cette cage où les lions sont en robe
noire?... Comme certains de mes confrères – pas tous –, j'avais dit
que malgré tout j'étais favorable à la retransmission des débats à
la télévision, en évitant le vrai direct peut-être. Je disais cela parce
que je ne trouve pas de raison fondamentale d'interdire les
caméras vidéo (silencieuses et nécessitant peu de lumière) dans un
procès public, alors qu'il est permis de prendre des notes et des
croquis d'audience... J'ai toujours pensé qu'il fallait donner une
autre image que celle du chroniqueur judiciaire, cadré entre deux
colonnes de palais de justice, présentant son buste et lisant un
papier... comme à la radio. Pour Klaus Barbie on aurait supprimé
la cage de verre qu'Israël s'apprêtait à nous refiler, on aurait mis
un peu plus de gendarmes dans la salle et en avant, à condition
que les droits de chacun soient garantis. Eh bien non! Tout
se passera bien comme ça, mais pour l'Histoire. Plaise à la loi
(du 11 juillet 1985), le film du procès Barbie sera mis dans un
frigo et vingt ans après on le ressortira dans les ciné-clubs, en
2007...

A Lyon, tandis qu'on discutait de cette opportunité, le
bâtonnier du « diable » allait prendre un représentant du bon Dieu
pour lui venir en aide. Comme la tâche se révélait délicate et
absorbante, le bâtonnier de la Servette avait appelé à la rescousse
l'avocat-prêtre jésuite Robert Boyer, membre du Conseil de
l'ordre, le seul homme en France qui possède deux robes : la
soutane de l'aumônier des prisons et la toge de l'avocat. L'ambi-
guïté du choix n'allait pas durer. L'archevêque de Lyon, Mgr Albert Decourtray, faisait publier quelques jours plus tard un
communiqué dans lequel il apparaissait contradictoire que l'Église
défende un homme qui n'a pas reconnu publiquement ses for-
faits.

« La présence d'un prêtre dans l'instruction, comme dans le
procès, écrivait Mgr Decourtray, risque par les ambiguïtés redoutables qu'elle comporte d'alimenter le puissant et inquiétant

courant contemporain de banalisation du nazisme auquel les chrétiens ne sauraient consentir. »

C'était – bien involontairement – entrouvrir la porte à Me Jacques Vergès, « l'ami des terroristes ». J'y reviendrai.

Le juge Christian Riss (né à Alger de parents originaires de Belfort et d'Alsace) n'avait pas la moitié de l'âge de Klaus Barbie quand il avait hérité du dossier après l'abolition des juridictions militaires. Porte 243, au fond d'un couloir à la Maigret, derrière une porte capitonnée au siècle dernier, le juge faisait la navette entre son bureau et l'armoire métallique toute neuve, installée en prévision du volume qu'allait occuper le dossier Klaus Barbie. Jeune « premier juge » d'instruction, il s'était plongé dans les récits de l'Occupation. On lui avait prêté des livres introuvables, à la fois pour lui permettre de se faire une idée du personnage Barbie (autrement qu'en lisant les fastidieux interrogatoires et confrontations des procès de 1952-1954) et pour s'attaquer à une instruction d'un genre particulièrement rare : les crimes contre l'humanité. Il y avait, en 1983, quatre personnes inculpées de crimes contre l'humanité : Paul Touvier (en fuite); Jean Legay, ancien délégué de la police de Vichy en zone occupée; Maurice Papon, ancien secrétaire général de la préfecture de Bordeaux, ancien préfet de police, ancien ministre [1], et Klaus Barbie, le seul incarcéré.

Crimes contre l'humanité : meurtre, esclavage, extermination, déportation ou autres traitements inhumains commis contre des populations civiles pendant la guerre ou l'Occupation, persécutions commises pour des raisons politiques, de race ou de religion. Voilà ce que dit le Code pénal. Mais les défenseurs de Barbie ne manqueront pas de rappeler qu'il n'existe pas « d'échelle des peines » et que cette loi récente (de Gaulle, en 1964) ne peut être rétroactive suivant le principe qu'il n'y a pas de crime quand la loi n'est pas écrite : en 1943-1944, le Code pénal français ne faisait encore aucune référence à cette notion « contre l'humanité ».

Complication supplémentaire qui allait donner du fil à retordre à Christian Riss : les juges de 1954, renvoyant – en théorie – Klaus Barbie devant un peloton d'exécution, l'avaient déclaré coupable d'homicides volontaires commis sur « de nombreux

---

1. Toute l'affaire Papon a été annulée en février 1987. La Cour de cassation avait trouvé dans le dossier suffisamment de vices de procédure pour ordonner une nouvelle enquête judiciaire. Dès lors Maurice Papon n'était plus inculpé. Le dossier était à refaire et il était fortement question enfin de s'en prendre au vieux préfet Sabatier. Mais celui-ci était déjà trop vieux pour comprendre seulement de quoi il retournait...

Français » avec préméditation... C'était la formule globale dont la défense de Barbie dira qu'elle comprenait l'ensemble des crimes. Bref qu'il n'y a pas lieu de « sélectionner » les victimes de Saint-Genis-Laval, par exemple, leur ôter l'étiquette « victimes de guerre » et en faire des victimes du racisme, de la politique ou de la religion. On a déjà jugé Barbie pour tous ces crimes. Tant pis s'il s'en est sorti... C'est un argument juridique.

Comme la prison de Montluc n'offrait pas les meilleures garanties de surveillance médicale et d'inviolabilité (exemple : si à la place du téléobjectif du photographe, qui le visait le soir de son arrivée, était pointé un fusil à lunette...), les autorités décidaient de le transférer à la prison Saint-Joseph, en plein centre de Lyon, sur les bords du Rhône, bien à l'abri des optiques de longue portée. Une semaine après son arrivée, Barbie va être transféré avec force motards de Montluc à Saint-Joseph, un samedi soir, à une vitesse record : quatre minutes et trente secondes [1]. Il se retrouve au premier étage du bâtiment « I », au nord, d'où l'administration pénitentiaire a délogé quelques détenus « ordinaires » pour faire la place au nazi. Là sa cellule est trois fois plus grande que celle de Montluc. Un demi-étage lui est réservé. Deux gardiens le surveillent en permanence. Au bout du couloir une grande grille à deux serrures, l'une s'ouvre de l'intérieur, l'autre de l'extérieur seulement. Barbie est complètement isolé (il ne verra jamais son codétenu Roger Rocher, par exemple, l'ancien dirigeant de l'AS Saint-Étienne incarcéré dans le même bâtiment). Mais comme les autres l'ancien SS reçoit la soupe cuisinée à l'intérieur de la prison; comme les autres il peut améliorer l'ordinaire s'il a un peu d'argent et regarder la télévision à certaines heures (seulement, pour éviter tout contact avec d'autres prisonniers, un poste TV a été installé dans la cellule qui lui fait face et sert également de parloir). Quand il y a des confrontations on le descend au « prétoire », au rez-de-chaussée, où une table recouverte d'un drap vert sépare les visiteurs du prévenu... C'est là qu'un matin, confronté à Elie Nahmias, il laissera échapper cette gaffe :

« Vous n'avez pas la tête d'un juif... »

_____

1. Entre les deux grands murs de Montluc, les gardiens avaient déployé une bâche noire, celle qui servait autrefois à masquer la guillotine des trop proches balcons...

Ou alors il commentera sa « bonne humeur » en souriant devant Mme Simone Lagrange qui l'accuse formellement de l'avoir torturée en 1944 :

« Que voulez-vous, madame, voilà six mois que je n'ai pas vu une jolie femme! »

Mme Simone Lagrange avait demandé au juge d'instruction de consigner ces propos indécents.

Reste la promenade quotidienne. Il l'accomplit dans la cour, tout seul. Une courette surmontée d'une large plaque de plexiglas ondulé... du toit voisin on voyait quelques centimètres carrés. Toujours la psychose du tireur isolé. Les seules visites qu'il a pu recevoir, hormis ses avocats, avaient été celles de sa fille, Ute Messner, qui vit en Autriche. La première fois qu'elle s'était rendue à Lyon, par le train – le 5 mars 1983 –, elle avait été assaillie par les journalistes. Manteau de cuir et foulard mauve. Petite conférence de presse à la sortie :

« J'ai appris voici seulement un mois *pourquoi* mon père avait été condamné à mort par contumace... Oui, il est bien traité... Il considère qu'il est détenu dans des conditions dignes, honorables. ... Non, il n'est pas suicidaire... Non, je n'ai pas pu l'embrasser, il y a une vitre au parloir... Il est fatigué, malade... Oui, il a été un très bon père pour nous... »

Me de la Servette vient à son secours en devançant sans doute des questions plus précises :

« Ne demandez pas à une fille de juger son père! »

Mme Ute Messner, qui aujourd'hui excuse son père en disant en quelque sorte « la guerre c'est la guerre... », expliquera briè-vement au juge d'instruction (qui allait lui signer une « autori-sation de converser ») qu'elle avait appris, par hasard, aux environs de 1962, la condamnation à mort prononcée par les Français. Croyez-vous qu'elle se soit affolée? Pas du tout :

« Simple conséquence de la guerre. J'avais appris, en effet, que d'autres Français célèbres tels que Thorez, Pétain ou de Gaulle avaient eux-mêmes été condamnés à mort, ce qui ne les avait pas empêchés de s'éteindre de mort naturelle... »

A Kufstein, dans son appartement au pied des Alpes tyrolien-nes, Ute Messner a accepté d'aller un peu plus loin dans ses confidences. Elle m'a reçu en me montrant, indignée, une photo parue dans la presse bolivienne : Hitler entre Bormann et Barbie... Un Barbie en grand uniforme de la Luftwaffe (armée de l'air)! C'était un autre officier, naturellement.

« Vous voyez comment on fait croire aux Boliviens que mon père était un dignitaire du Reich... »

Petite femme frêle, blonde, douce, presque timide. Elle m'a raconté son enfance avec ce vieil homme dont elle affirme qu'il « était un si bon père » tout en sachant qu'on ne la croira pas. Elle se souvenait de sa mère, en 1946, lorsqu'elle confectionnait des poupées en étoffe [pas de publicité sur le nom des poupées...] pour les échanger contre la nourriture des soldats d'occupation. Elle raconte comment elle chantait devant un millier de passagers sur le pont du *Corrientes* pendant le voyage de 1951 vers l'Amérique du Sud; comment en arrivant à Buenos Aires elle avait vu pour la première fois un ascenseur; comment, adolescente, elle avait chipé un journal allemand dans lequel il était question de la condamnation à mort de son père; Ute Messner se rappelle la scierie de Llojetas où il y avait soixante employés, les dimanches au football, les études au Chili, la mort de son frère, la mort de sa mère qui jouait du piano presque aussi bien que *Vati* (petit père). Elle insiste sur leurs amis juifs qu'ils « aimaient aussi bien que les *indios* » (les Indiens)... d'ailleurs Klaus Altmann n'avait-il pas accepté de parrainer certains jeunes Aymaras?... Mme Messner n'hésite pas à reconnaître que son père et son frère avaient bien participé à « des » révolutions en Bolivie.

« Oui, ils portaient le brassard! »

Ute Messner revient à ses visites à la prison Saint-Joseph :

« Nous devons parler tout haut à travers une vitre épaisse. La première fois que nous nous sommes revus, nous pleurions. Il y avait là un policier d'un côté, un interprète de l'autre... on a mis longtemps avant de pouvoir nous dire quelque chose. »

Enfin – inévitable – la réponse sur Jean Moulin :

« Mon père estimait Jean Moulin, il aurait aimé être son ami... Il m'avait dit, il y a bien longtemps, que Jean Moulin avait tenté de se suicider en se jetant la tête contre le mur. Il l'avait lui-même transporté, blessé, à Paris. Les médecins allemands lui avaient dit qu'il n'était pas en danger de mort. Il a dû se passer quelque chose à Paris...

« Vous le croyez sincèrement?

« – *Ja!* »

Sur les armes vendues à la Bolivie ou ailleurs, sur la drogue, la torture, les commandos paramilitaires ou d'autres magouilles sud-américaines : rien. Le saint homme! Seulement une phrase énoncée sur le même ton doucereux :

« J'espère que la justice bolivienne reconnaîtra enfin l'illégalité de l'expulsion... »

Quoi? L'autre facette de la Bolivie, celle des généraux, serait-elle disposée à réclamer à la France le renvoi de Herr Altmann? Les régimes changent si vite, là-bas...

Le lendemain de la première visite de sa fille, Klaus Barbie était conduit d'urgence à l'hôpital Édouard-Herriot. Se plaignant de violentes douleurs au ventre, il avait été admis au pavillon G pour y être opéré d'une hernie étranglée par le professeur Lombard-Platet. Tout s'étant bien passé, Barbie n'était resté qu'une semaine à l'hôpital. Quelqu'un y avait découvert qu'il parlait parfaitement bien le français... peut-être l'effet de l'anesthésie.

Comme la mode était aux « grâces médicales », les journalistes avaient posé la question aux avocats...

« Il n'y a pas de raison, il va très bien », avait répondu le bâtonnier.

Et d'ajouter au passage :

« Barbie n'est pas un grand intellectuel, mais ce n'est pas le minable ou la brute épaisse que certains journaux prétendent. C'était un petit lieutenant qui n'aurait certainement pas été jugé en même temps que les « gros poissons » s'il avait été arrêté juste après la guerre. La capture de Jean Moulin a été l'événement marquant de sa carrière... »

Malgré tout Barbie va demander sa mise en liberté. Choquant? Pas tellement pour qui connaît la procédure judiciaire : c'est le seul moyen dont il dispose pour faire examiner son dossier par la très haute Cour de cassation. Comme ses défenseurs veulent prouver que l'ancien SS a été victime d'une « extradition déguisée » de la part des Boliviens, la seule façon de présenter l'affaire devant les plus hauts magistrats de France (et devant... l'opinion publique) consiste à demander la liberté. Elle sera évidemment rejetée par le juge Christian Riss, puis – en appel – par la chambre d'accusation, avant d'arriver quai de l'Horloge, à Paris. Il faut noter au passage les motivations du juge Riss : la sécurité de l'inculpé serait menacée s'il se trouvait, libre, sur le sol français...

Ce n'était pas la première procédure exceptionnelle. Mais déjà, dans ce système de défense, il y avait la patte de Vergès. Qui donc est l'énigmatique Me Jacques Vergès?

Comme un diablotin surgi d'un coffret laqué, voici donc

Mᵉ Vergès! On cherchait le « collectif » allemand, le groupe d'avocats spécialisés outre-Rhin dans la défense des criminels nazis. On ne s'attendait pas à voir Barbie aidé par « l'ami de Carlos ». Un jour il est arrivé subrepticement dans l'affaire, avec son sourire asiatique, sa veste de cuir, et ses yeux roulant derrière des verres en forme d'olive. Il s'installait de ce côté-ci du miroir pour s'occuper de l'aspect bolivien de l'affaire... avant de prendre tout le dossier.

Quelques mots sur ce personnage qui va coiffer son client au point que l'ancien SS, complètement dépassé par les événements (croit-on qu'il s'est plongé dans la lecture de Kafka? Non, il lit des « polars » après quoi il se replongera dans les chants de *l'Iliade,* le chef-d'œuvre d'Homère), verra de loin son affaire devenir l'affaire Vergès. Mais que peut-il faire d'autre à Saint-Joseph, derrière l'hygiaphone?...

Le père de Jacques Vergès est pyrénéen, sa mère vietnamienne, son frère jumeau communiste à la Réunion. Pour les jeunes, Mᵉ Vergès est le défenseur du nazi; de la famille du ministre suicidé, Robert Boulin; de Magdelena Kopp et de Bruno Breguet, lieutenants du terroriste Carlos; des derniers membres d'Action directe; et peut-être de la princesse Tsutsumi, etc. Pour la génération au-dessus il est l'avocat du FLN. Celui qui avait osé affronter l'État pour défendre les indépendantistes algériens. Deux points communs à tous ces dossiers : aucun de ses clients n'est juif et aucune de ses affaires n'est banale, et de ce fait toutes attirent la presse.

Intelligent, rusé, courtois à ses heures ou suivant les têtes, brillant dans les situations explosives. Paisible dans son bureau quand il écrit sur du vélin, il peut bondir par surprise, claquer les mains pour appeler un serveur, et continuer de sourire en envoyant ses volutes de havane à la tête de ses confrères quand il est invité dans le « prétoire » d'une émission TV.

« Je suis d'un naturel heureux... »

Mais observez ses mains, ses doigts, ses lèvres... il tremble, Mᵉ Vergès. De plaisir, sans doute.

Cet avocat n'a pas qu'un mystère dans sa vie. Mais celui-ci est de taille : il a complètement disparu pendant huit ans, dans les années 70. Disparu, volatilisé, au point que certains le croyaient coulé dans une dalle de béton, au fond d'une crique espagnole. Ni son frère Paul, ni sa femme algérienne, Djamila Bouhired (qu'il avait épousée en se convertissant à l'islam et en prenant le nom de Mansour), ne savaient, paraît-il, où il était. Alors tout le monde se rappelait qu'il avait été l'ami de Pol Pot, le Cambodgien, qu'il avait longtemps habité Prague, que ses amis – ou ennemis – l'avaient surnommé « infrarouge » (allusion aussi bien politique que physique). Où était « infrarouge »? Chez Castro, chez Kadhafi, dans les camps palestiniens de Damas, à Moscou, dans les maquis du Kamputchéa? J'ai quelques raisons de croire qu'il était tout bonnement en Chine. Il ne me démentira pas. De cette absence qui est son jardin secret, il dit seulement :

« Je suis revenu optimiste et... aguerri! Notez le terme, il est juste. »

En 1978, Jacques Vergès reprenait sa robe d'avocat au barreau de Paris pour soutenir, notamment, un autre Klaus : son confrère allemand Klaus Croissant, avocat des membres de la « bande à Baader » expulsé de France. Mais revenons à 1983. Dès le début de son entrée dans le dossier Barbie nous étions quelques-uns à nous demander : comment a-t-il été désigné, qui paye ses honoraires? A la première question, il répondait invariablement :

« C'est M. Barbie qui m'a choisi. Il m'a envoyé un mot, comme c'est l'usage. »

A ceci près que le talent de Jacques Vergès n'avait pas encore atteint les montagnes de Cochabamba ou les sommets de La Paz et que, pour connaître sa réputation, il fallait que Barbie, seul dans sa cellule, ait eu une illumination. Ce n'est certainement pas le bâtonnier de la Servette qui lui avait soufflé le nom de Vergès. Non, c'était bien Ute Messner, la fille unique de Barbie, dont je ne vois pas pourquoi elle rejetterait les conseils de certains nostalgiques du IIIe Reich, comme par exemple le banquier suisse François Genoud, ancien nazi, ex-gérant du trésor du FLN algérien et ami de Jacques Vergès. M. Genoud, dépositaire des droits d'auteur des œuvres littéraires de Goebbels et qui devait aussi éditer la plaidoirie de Me Servatius, l'avocat d'Eichmann, avait poursuivi des journalistes en justice : ceux-ci l'avaient accusé d'avoir joué un rôle dans le terrorisme international. Mais le plaignant avait fini par abdiquer de peur de voir les inculpés faire, en public, l'étalage de leurs présomptions. Je rappelle cela pour dire qu'entre deux audiences au tribunal de Genève, en novembre 1985, François Genoud n'avait pas démenti la rumeur selon laquelle c'était bien lui qui finançait la défense de Klaus Barbie. Il trouvait scandaleux, m'avait-il dit, que l'on fasse un procès au « soldat » Barbie « qui ne faisait qu'exécuter les ordres ». D'autre part, j'apprenais aussi que Genoud se disposait à publier les mémoires de l'Obersturmführer Klaus Barbie. D'ailleurs celui-ci avait obtenu une machine à écrire dans sa cellule et il n'arrêtait pas de taper. Entre deux polars il courait derrière ses véritables souvenirs et les mélangeait à une mémoire refabriquée, venue d'ailleurs (Barbie a eu quatre ans pour se préparer à affronter ses juges et ses accusateurs avec l'apparence de *l'homme qui en sait trop...*).

C'était donc bien Ute Messner qui avait soufflé le nom de l'avocat. Le 27 avril, deux mois et demi après son « retour », le plus fameux prisonnier de France écrivait à Vergès sur une feuille de papier quadrillé :

« Maître, sur les conseils d'amis de ma fille, je souhaiterais vous consulter pour mon affaire. Je vous serais obligé de venir me voir afin que nous ayons un entretien... Klaus Barbie. »

Le permis lui était accordé huit jours plus tard. Quant aux honoraires, c'est toujours le mystère chinois. A l'hebdomadaire allemand *Stern*, Mme Ute Messner a affirmé que ni elle ni son père ne déboursaient le moindre centime pour l'assistance de Me Vergès...

Gonflé, culotté, « infrarouge » va donc transformer la défense de Barbie en attaque.

Emmenant avec lui Me Boyer (l'archevêque y était pour quelque chose...), le bâtonnier s'efface en lâchant une petite phrase :

« On se trompe de distance avec Barbie. C'est le procès d'un homme, pas celui d'un système. »

Pour Alain de la Servette il y avait une autre façon de tirer la charrette... défendre, ce n'est pas blanchir.

Me Vergès s'est adjoint l'ancien « interprète » d'Ute Messner, son confrère François Heckenroth, du barreau d'Évreux, qui parle parfaitement l'allemand. Dès lors il va conduire le rouleau compresseur. Coup sur coup il saisit le juge pour demander la mise en liberté, puis la cour d'appel. Il se pourvoit en cassation, porte plainte pour « enlèvement » (il vise là les magistrats et les policiers de Cayenne), dénonce le « droit répressif international » dont se sont prévalus les juges de Lyon, porte plainte pour faux et usage de faux (le télex d'Izieu) [1]. Jacques Vergès saisit la Cour

---

1. Me Vergès avait demandé au doyen des juges de faire expertiser la colle du bandeau inférieur. Selon lui, puisque Edgar Faure lui-même n'avait pas poussé jusqu'au bout la lecture de ce télex devant le Tribunal de Nuremberg (voir page 80), c'était la preuve que la signature n'avait jamais existé. Dès lors Barbie aurait dû verser une consignation de 25 000 francs. Or sa fille ne parvint qu'à recueillir 8 000 francs. Le juge Lambrey renvoya le chèque en disant que, compte tenu de

européenne des droits de l'homme... Il paraît attaquer plus qu'il ne
défend. Et le système fonctionne. Ces messieurs de la Cour de
cassation sont obligés d'aller puiser dans les textes et les conven-
tions, celles de Londres, de Moscou ou de l'ONU... jusqu'à ce que
pour finir l'avocat général Henri Dontenwille avertisse [1] :

« ... La méthode des demandes de mise en liberté (...) s'apparente à une forme de détournement de la procédure. »

Bref, cela ne peut plus durer.

Voilà pour la procédure. Mais Barbie et son défenseur avaient
déjà usé d'autres voies. Toujours dans le même but : porter la
bataille sur un deuxième front, inverser les rôles. Ainsi l'avocat
ne craindra pas de démolir ce qu'il appelle « l'image d'Épinal » :

« Si Jean Moulin est mort, c'est qu'il a été livré par des gens
encore vivants et entourés de l'aura des héros... »

Propos déjà anciens, mais qui font mal quand, à l'occasion de
la sortie de son livre, ils sont relayés sans contrepartie par certains
médias. Ce qui était grave, ce n'était pas tellement d'écrire et
répéter que Jean Moulin avait voulu se suicider, ce qui n'avait rien
de déshonorant (Pierre Brossolette s'était jeté par la fenêtre pour
échapper à la Gestapo), mais bien que le président du CNR avait
décidé de se donner la mort « en *se rendant compte* qu'il avait été
trahi par *des* membres de la Résistance ». Une telle affirmation
sans preuve allait naturellement provoquer le scandale et l'indignation des chefs de la Résistance, Frenay, Pineau, de Bénouville...

Vergès continuait de sourire. Prêt à la riposte, sauf lorsqu'il
avait été mis au défi de se plaindre à son tour quand Henri
Noguères, poussé par la Résistance, l'avait diffamé volontairement et traité de menteur.

A Lyon, des manifestations se succédaient au rythme des
demandes de liberté pour Barbie. Au début de l'été 1983,
Mme Mireille Bertrand, du bureau politique du PCF, se présentait
au parquet de Lyon. Sans vouloir « s'immiscer dans la procédure », elle demandait au nom de sa délégation que soient élargies les
inculpations déjà existantes. Autrement dit : pourquoi ne pas

---

l'importance des expertises, il n'avait pas l'intention de modifier le montant de la
consignation. Démuni, Barbie demanda l'aide judiciaire. Elle fut refusée. Motif :
la demande avait été déposée au nom de Klaus Altmann-Barbie et, puisque
« M. Altmann » se disait citoyen bolivien, on rappelait qu'il n'existe pas de
convention d'aide judiciaire avec la Bolivie...
1. Devant la Chambre criminelle de la Cour de cassation, le 26 janvier
1984.

reconsidérer la question des crimes de guerre (prescrits) et la trahison de Caluire... Les communistes demandaient au procureur de la République « qu'à travers Barbie soit jugé le régime inhumain qui a donné naissance à des Barbie ». Réaction de l'avocat : « Venue d'un parti qui est représenté au gouvernement cette démarche m'apparaît fâcheuse... »

Autre « manif », celle des juifs du B'nai B'rith, devant la prison Saint-Joseph. « Non à la liberté du bourreau ! »

Attention à « l'accident », allait renchérir l'avocat. Quel accident ? Vergès, entortillant ses phrases :

« J'ai des raisons de craindre que certains soient amenés à penser que la mort de Klaus Barbie soit la seule issue... Il est à craindre que certains ne se contentent pas d'attendre sa mort, mais ne soient tentés d'accélérer le processus... Je crains que la mort de Klaus Barbie soit la solution la plus honteuse mais aussi la plus facile (...) pour se sortir de ce guêpier... »

C'était au gré de son humeur et à la tête du journaliste qui prenait note. Barbie allait réclamer un médecin « neutre », indépendant de l'administration pénitentiaire. Voyons donc, il courait tellement de bruits fâcheux sur la médecine en prison...

13

HITLER N'EST PAS MORT

« Perpète!... »

Un peu éméché, un maton poussait la porte du quartier interdit, un soir de novembre 1984, et lançait dans la cellule cette phrase qui allait porter un coup à l'optimisme de l'Obersturmführer : « Vous aurez perpétuité!... »

Protestation officielle de Mᵉ Vergès; l'incident était clos. Mais trois mois plus tard l'un des gardiens (le même?) donnait à la becquée une cuillerée de silicate de soude à la place de sa glycérine habituelle. Barbie avait ressenti une brûlure et avait immédiatement recraché. Erreur, avait dit l'administration pénitentiaire.

Comme l'ancien secrétaire particulier d'Adolf Hitler, Rudolf Hess, qui – à quatre-vingt-dix ans – à demi aveugle, continuait à se promener seul dans la cour de la prison de Spandau, à Berlin, le « premier prisonnier » de France ne pouvait parler qu'à ses propres geôliers. Aucune promiscuité avec les autres détenus. A quelques encablures de là, sur le même quai du Rhône, une vieille dame avait pris pension au *Sofitel*. Riche, bien habillée et plutôt réservée. Un peu plus âgée que Barbie apparemment. Arrivée tout droit des USA, elle voulait *à tout prix* rencontrer Herr Klaus Barbie pour lui apporter son soutien, sa protection. Mme X prétendait avoir donné la vie à un fils du bourreau et se disait disposée à léguer tous ses biens à l'ancien SS. Elle avait contacté des avocats. Ceux-ci avaient transmis à Barbie qui, paraît-il, s'en était amusé. Au bout de trois semaines seulement la vieille Américaine avait fini par aller chercher ailleurs un nazi à consoler. Si la presse du cœur avait su cela...

La monotonie de la détention ne pouvait être interrompue que par les gaffes des matons, les visites de sa fille ou de son avocat, les confrontations et le courrier. Les lettres étaient censurées par le juge, encore plus attentivement depuis qu'il avait été prévenu : les PTT pouvaient transporter la mort... C'est en tout cas ce que révélait un honorable correspondant anonyme qui « avait entendu une conversation » où il était question d'aider Herr Klaus à en finir avec l'existence, car « la fierté nazie est en jeu »... Le système était astucieux. Barbie devait recevoir du courrier ou des paquets en provenance de R.F.A. dont l'emballage était imbibé de poison violent. Il suffisait de mâcher. Plus de Barbie, plus de procès, mais un énorme scandale, qui aurait certainement eu la vie dure. Deux mois après le retour du bourreau, le Pr David eut à expertiser une étrange lettre envoyée de Straubing, en Allemagne fédérale. L'expert fit macérer à la fois les timbres (il y en avait sept!), l'enveloppe et les étiquettes d'envoi recommandé qui y étaient collées. Mais aucune trace ni de cyanure, ni de stupéfiants. Avis aux philatélistes...

Retenues aussi par le magistrat instructeur les lettres diffamatoires et celles qui faisaient l'apologie du nazisme. Et il y en eut un paquet... Fanatiques et frères d'armes. Ainsi Barbie n'a jamais su que certains correspondants écrivaient pour réclamer le rétablissement de la peine de mort ou, à l'inverse, pour dénoncer ceux qui ratissent le monde à la recherche des « débris funèbres ». Un auteur anonyme (proche du milicien Touvier?) proposait que l'on rende Barbie à son pays d'origine où les bons pères franciscains ou dominicains l'accueilleraient certainement pour le laisser jouir d'une « digne vieillesse et douce fin »... L'Obersturmführer aurait probablement été touché de lire aussi ces quelques mots d'une adolescente qui accompagnaient le dessin d'une maison : « Vous ressemblez à mon grand-papa et il est très gentil mon grand-papa. Je vous embrasse beaucoup. » La petite attend toujours son autographe... A l'instar de Jacques Vergès, certains correspondants demandaient que la justice internationale juge d'abord « les assassins de Sabra et Chatila »... D'autres encore n'hésitaient pas à désigner un certain ministre comme ayant été le « donneur » de Jean Moulin. Toujours ces mêmes correspondants sans signature, si tenaces, qui profitent de l'occasion pour tenter de dénoncer n'importe qui, quarante ans après. Si vous saviez comme ils se régalent...

Dans le sens inverse, Klaus Barbie avait écrit de sa prison à son secrétaire Alvaro de Castro [marchand d'armes, nombreux voyages en Europe] et à un autre ami intime italien, le Dr Emilo Carbone, adepte de la secte Moon, anticommuniste notoire, pour leur demander de faire publier ses lettres dans les journaux boliviens.

Selon le secrétaire d'État Gustavo Sanchez c'était une pure conspiration pour tenter de soulever les amis contre le régime de La Paz. Pourtant le censeur de la prison lyonnaise n'y avait rien décelé de très subversif.

Au bout de quelques mois le dernier pourvoi de Barbie tombait à l'eau : après la Cour de cassation, la commission européenne des Droits de l'Homme rejetait à son tour une plainte contre la France dont les différentes instances judiciaires avaient refusé la mise en liberté. Commentaire de Jacques Vergès :

« Bon. Je saisirai l'ONU, où les pays afro-asiatiques sont au moins représentés! »

Plus de nouvelle. Libre de ses mouvements, le juge Christian Riss se lançait alors dans la pêche aux archives, celles de la Gestapo. Mais les rapports, les ordres, les organigrammes, les feuilles de présence... tout semblait avoir disparu en fumée, à Lyon tout au moins. Riss aurait pu pousser ses investigations du côté des Soviétiques qui, arrivés les premiers à Berlin, avaient mis la main sur les documents du RSHA sauvés des flammes; mais je doute fort que Moscou ait répondu favorablement. Le magistrat avait eu un petit espoir cependant avec ce tuyau qui venait de loin, de Buenos Aires : en apprenant par la presse l'arrestation et le transfert vers Paris de Klaus Barbie, l'ancien consul d'Argentine à Lyon, M. Alvarez Pereira, révélait qu'il avait habité de 1949 à 1953 l'ancienne maison occupée par Werner Knab, le patron de Barbie, au 23, boulevard des Belges, et qu'il y avait découvert dans une cache au fond du garage tout un lot de documents allemands. Ne comprenant presque rien à la langue et, à fortiori, à l'écriture gothique, il avait aussitôt remis tous les papiers au préfet de région, Pierre Massenet. Avec ces indications, transmises d'Argentine par la valise diplomatique, le juge Christian Riss comptait bien retrouver quelques documents. Or, le préfet était mort depuis quinze ans et sa veuve, comme ses proches collaborateurs, ne se souvenaient strictement de rien.

On a déjà vu, dans d'autres circonstances, que de tels papiers n'avaient pas été perdus pour tout le monde... L'un des membres influents du SD de Lyon, Arthur Trutschnig, reconnaissait en 1947 :

« Pendant la dernière quinzaine du mois d'août nous n'avons pas quitté la place Bellecour [dernier siège de la Gestapo]. En attendant l'ordre de départ nous brûlions tous les dossiers... »

Barbie lui-même opina :

« J'avais été chargé par le Dr Knab de tout détruire. L'ordre venait de Paris. Cela a commencé début août et a duré au moins dix jours. Nous devions tout brûler y compris l'effigie de Hitler. Il y avait une punition à la clé si tout n'était pas détruit! »

Il reste cependant un filon qui n'a peut-être pas été complètement exploité. Le traître Lucien Doussot, interrogé en 1948 à Montluc avant d'être fusillé, prétendait avoir porté deux casquettes : l'une pour Barbie et consorts, l'autre pour la Résistance. A voir... C'est ainsi que, profitant de l'affolement qui avait suivi le bombardement du 16 mai 1944, il s'était emparé, avenue Berthelot, de deux valises pleines de documents. Qu'en avait-il fait? Il les aurait remis à un agent du réseau Dupleix, Girin Hirsch. On n'a jamais retrouvé ces documents [1]. Le juge a bien reçu pas mal de paperasses peu exploitées lors des procès d'après-guerre, mais rien de très percutant, tout au moins dans les limites de son enquête. Mais si cela était extirpé du dossier, à d'autres fins, Barbie en ferait certainement ses choux gras. Quand, un demi-siècle plus tard, on continue d'observer les préceptes d'Adolf Hitler, comment ne pas jeter un regard avide sur ces listes de « collabos » établies par les résistants lyonnais avant même la fin de la guerre, et où chaque nom était suivi d'une abréviation :

M – Mouchard

D – Dangereux

TD – Très dangereux

I – Inoffensif (je n'en trouve qu'un seul sur la liste de 182 noms...)

S – Suspect

G – Gestapo

FB – Femme à boches

PT – Police tortionnaire

C'est de la dynamite pour les nostalgiques du IIIe Reich.

Et l'affaire Jean Moulin alors? Bloqués par la procédure les magistrats de Lyon ne pouvaient pas interroger Barbie sur les derniers jours du président du CNR. Ils en crevaient d'envie, mais la loi c'est la loi : l'Obersturmführer n'était pas inculpé dans l'affaire de Caluire. Il restait bien un truc pour y parvenir, c'était par le biais de la question rituelle en fin d'interrogatoire :

« Avez-vous quelque chose à ajouter?... »

---

1. Lors de son quatrième et dernier interrogatoire par le commissaire Louis Bibes en Allemagne (décembre 1948), Klaus Barbie reconnaissait que des documents avaient mystérieusement disparu juste après le bombardement de 1944.

Barbie flairant le piège :

« Sur Jean Moulin?... Non, rien. »

Ah! il se réservait, le bougre [1]...

Dans un autre interrogatoire il avait pourtant confirmé cet épisode qui avait scandalisé la Résistance : en bravant les autorités françaises Don Klaus Altmann (– Barbie) était effectivement venu « s'incliner » sur le tombeau de Jean Moulin.

« En février 1971, en revenant de Hambourg mon avion a fait escale à Paris. C'est la seule fois où je suis revenu en France. J'ai pris un taxi et je suis allé au Panthéon sur le tombeau de Jean Moulin. Pourquoi? J'ai toujours gardé du respect pour son courage... »

Et, pour en rajouter, Jacques Vergès promettait de belles révélations. Quelles bombes contre la Résistance le mandarin de Haut-Empire allait-il glisser dans sa serviette de cuir pour l'ouverture du procès? Deux lettres essentiellement. Deux lettres écrites au mois de juin 1943, par le général Pierre Guillain de Bénouville, avant et après l'arrestation de Jean Moulin. Pour Barbie, ou plutôt son défenseur, ces lettres devaient rétablir une amère vérité autour de la trahison de Caluire.

Encore fallait-il que Mᵉ Vergès trouve les originaux, lui qui pour l'affaire d'Izieu ne se contentait pas d'une photocopie légalisée. Or ces documents ne sont qu'une retranscription de la correspondance envoyée par Bénouville à Philippe Monod qui, à partir de la Suisse (Genève et Berne), faisait la liaison avec les Américains. Retranscription faite dans les années 1950 par Mme Marie Granet, secrétaire du Comité national de la deuxième Guerre mondiale qui récoltait les archives pour un livre sur le mouvement Combat. D'office, elle avait reversé ces lettres aux Archives Nationales et gardait une sorte de « résumé » où les noms de code se trouvent accolés aux véritables patronymes. L'ensemble est expurgé de quelques passages remplacés par une ribambelle de points de suspension.

La première missive, écrite le 17 juin, paraissait établir que (contrairement à ce qu'il affirmait) le général de Bénouville, adjoint d'Henri Frenay, patron de « Combat », *savait* à l'époque que René Hardy, « condamné à mort », avait bien été arrêté par la Gestapo *avant* le drame du 21 juin à Caluire.

---

1. A propos de René Hardy, toutefois, Klaus Barbie prétendra l'avoir si bien utilisé, exploité, qu'il avait même demandé au colonel Bœmelburg l'autorisation de l'emmener en Normandie pour voir de plus près comment le fameux « Plan vert » (sabotage des voies ferrées) devait être mis en place par la Résistance. A cet effet Barbie souhaitait être muté à Cherbourg. Bœmelburg avait refusé.

Le général situait cette arrestation à Paris. Pourquoi? Simple déduction découlant du message que René Hardy lui avait fait passer juste avant de quitter Lyon pour Paris le 7 juin : « Multon est dans le train [1] ».

La seconde, datée du 27 juin, fait référence à une précédente lettre, le « courrier 1 000 », et signale que René Hardy s'est défendu en faisant feu, qu'il a réussi à s'enfuir mais, blessé, a été repris.

Quant à ce fameux « courrier 1 000 » qui était réellement le millième message, il est daté du 21 juin, le « jour de Caluire ». Je n'ai jamais vu cette lettre mais Me Henri Noguères, avocat du général, m'a précisé que le texte indiquait : « Didot est retrouvé. Poursuivi, il a sauté de son chemin de fer en cours de route (...) Par contre nous avons appris l'arrestation par la Gestapo du général Vidal. »

Ainsi Bénouville demandait à Philippe Monod de prévenir Frenay qui se trouvait à Londres et proposait de nommer « le général du Gard » en remplacement de « Vidal » Delestraint à la tête de l'Armée secrète.

Pour Me Henri Noguères ces lettres ne modifient rien. De surcroît elles démontrent qu'il n'existait aucun pacte du silence [2] entre Hardy et Bénouville : s'il avait su que René Hardy avait été arrêté et *relâché* par la Gestapo, par Barbie, il n'aurait pas écrit cela. Des chefs de la Résistance me feront remarquer que « l'erreur » de Guillain de Bénouville s'explique autrement : quand un des leurs disparaissait, il y avait toute raison de croire qu'il avait été arrêté.

Bien après le retour de Barbie « sur les lieux du crime », je m'étais rendu au chevet de René Hardy, à l'hospice de Melle (Deux-Sèvres). Je voulais entendre de sa bouche s'il avait réellement révélé au général de Bénouville son arrestation par la Gestapo, son

---

1. Faisant mine de demander du feu, sur le quai de la gare, René Hardy avait glissé à l'oreille du résistant gaulliste Lazare Rachline : « Dites à Barrès (Benouville) que s'il m'arrive quelque chose, ce sera la faute de Lunel. »

Multon, alias Lunel, retourné par le SD de Marseille (voir pages 96 à 98) était chargé de repérer les résistants pour le compte de la Gestapo. C'est bien lui qui avait fait arrêter René Hardy.

Quant aux points de suspension faut-il déduire que ce qui manque n'a pas d'importance, ou l'inverse? L'avocat du général de Bénouville précise qu'on n'y trouve rien de très révélateur. Les six points de suspension notamment après la phrase « clé » : « DIDOT (HARDY) qui, comme vous le savez, était condamné à mort à Paris y a été arrêté : ...... » ne sont plus un mystère : Bénouville rappelait sa grande amitié pour Hardy, sa « belle attitude à Toulon » et indiquait qu'à l'heure où il écrivait René Hardy avait probablement déjà été exécuté.

2. Pour avoir prétendu, quarante ans après, qu'il y avait un pacte du silence entre lui et Bénouville, René Hardy a été condamné pour diffamation le 30 novembre 1986 par la XVIIe chambre correctionnelle de Paris.

interrogatoire par Barbie et sa remise en liberté surveillée quelques jours avant le drame de Caluire. Plus important encore : était-il certain que c'était bien Bénouville qui avait insisté pour qu'il joue un « double jeu » et se rende à Caluire, sans rien dire aux autres résistants? Une bouteille de Bordeaux sur la table de nuit et la conversation pouvait commencer...

« Évidemment...

« — Évidemment quoi?

« — Évidemment c'est lui. Bénouville! Le général de Bénouville!... Je lui ai dit... je lui ai *tout* dit. La Gestapo, Barbie... Ah! je me souviens de celui-là, Barbie... Il m'avait giflé, le salaud...

« — Pourquoi avoir attendu quarante ans pour faire de telles révélations?

« — Parce que lui, « Bénou », il roule en Rolls chez le juif et moi je suis en train de crever dans un asile...

« — Le juif?

« — Bloch-Dassault, les avions... »

Sa compagne, Marie-Claire Boutet, mère de l'unique enfant de René Hardy, m'avait fait comprendre ce qui avait déclenché, si longtemps après la guerre, cette haine envers son fidèle ami, envers celui dont il était redevable et qui avait tant contribué à remporter les deux acquittements. Un « détail » : peu après l'arrivée de Barbie dans le DC 8 de Mauroy (on vient de le voir), plusieurs journalistes avaient interviewé Hardy alors qu'il se confinait chez lui presque grabataire, toussant, crachant, mal rasé... Telle était l'image que les téléspectateurs avaient retenu du vieil Hardy. Le lendemain se posait sur l'aéroport le plus proche de Melle l'avion particulier du général de Bénouville. Il entrait dans la fermette de René Hardy, lui ordonnait de se lever, de se laver, de s'habiller et de se tenir comme il faut. Et il plaquait sur la table une liasse de billets de 500 francs! C'était ne pas compter avec l'orgueil de ce vieux renard gonflé de vanité, ni avec les rapaces qui attendaient la plume entre les griffes. Dès lors René Hardy acceptait de « tout » dire, de publier ses mémoires (il m'a juré qu'il n'y aura pas d'autre « testament » [1]).

---

1. Dans son livre Hardy s'en prend également aux époux Aubrac en semant le doute sur leur patriotisme. Au terme d'une procédure qui allait conduire le Parquet à inculper à son tour Me Jacques Vergès, René Hardy et son éditeur ont en définitive été condamnés pour diffamation envers le général de Bénouville et les époux Aubrac. L'honneur de la Résistance était sauf. Vergès allait pouvoir dire ce qu'il voulait : l'affaire était jugée. Quant à Me Henri Noguères, il écrivait à son tour un réquisitoire contre le livre et le film (« La vérité aura le dernier mot », Le Seuil).

En venant témoigner pour Guillain de Bénouville devant le tribunal correctionnel, Henri Frenay, patron de « Combat », dira : « Hardy, moribond, a été abusé! »

Restait la voie audiovisuelle, non exploitée... Hardy se laisse prier longuement, hésite, fléchit, et accepte finalement de bougonner son histoire devant la caméra du cinéaste Claude Bal. Puis conforté dans une légende remodelée, il replonge dans son lit d'hospice et remonte la couverture sous son cou. Malheureusement pour l'amène Bal, ami de Vergès, son film est mauvais et un tantinet traficoté... Les trois chaînes le refusent. Après quelques déboires en justice son montage est raccourci et diffusé quelques jours dans un cinéma de quartier.

Comme je n'étais pas tenu, comme le juge Riss, par le carcan de l'instruction judiciaire je pouvais pousser plus loin mon enquête sur l'épisode de Caluire. C'est ainsi qu'on me présenta un autre document pour le moins étrange : une plaquette de vingt-quatre pages éditée par le secrétariat d'État aux Anciens Combattants, en avril 1980, soit trois ans avant le retour de l'Obersturmführer, J'y découvrais que les conjurés de Caluire n'étaient pas neuf... ils étaient dix! Voilà donc qu'apparaissait un nouveau témoin, quarante ans après! Ce livret est titré en jaune orangé : « Jean Moulin, témoignage de T. de Graaff, l'un de ses compagnons de combat dans la résistance ». Page 20, il décrit la conversation qu'il avait eue, le 21 juin 1943, au cours d'un déjeuner avec Jean Moulin, deux heures avant le coup de filet de Caluire :

« Nous avons discuté de l'organisation de la séance de l'après-midi et j'ai émis certaines inquiétudes sur la sécurité qui entourait cette réunion qu'il avait organisée (...) il me rassura, me disant que des membres de l'Armée secrète, eux-mêmes, avaient organisé la protection. »

Un peu plus loin il raconte comment les amis se retrouvent à l'arrivée du funiculaire (la « ficelle » de la Croix-Paquet), prêts à monter dans le tram 33 pour se rendre place Castellane, à Caluire :

« J'ai retrouvé Jean. Moulin assis sur un banc [à l'arrivée du funiculaire] avec Raymond Aubrac. Il n'est pas question de nous reconnaître et nous sommes partis en deux groupes (...) Un tram passait : nous le prîmes et, quelques minutes plus tard, nous sortions à quelques mètres de la maison du docteur Dugoujon. Tout paraissait calme; aucun uniforme allemand n'était en vue; pas de traction avant noire, ni de militaire vert, ni de civil en veste de cuir. Jean Moulin entre le premier, suivi quelques secondes plus tard de Raymond Aubrac. Je sonne moi-même à la porte 2 ou 3 minutes plus tard. Une domestique vient nous ouvrir. Je lui demande si nous sommes bien chez le docteur Dugoujon, et je rentre avec le colonel Schwarzfeld.

« A l'intérieur tout est calme. Je trouve Jean Moulin seul avec Aubrac, dans la salle d'attente; il donne toute l'apparence d'attendre pour passer dans la salle de consultation du docteur (...) Je lui propose de repartir et de le retrouver le soir pour dîner. Il me donne son accord et je laisse en tête à tête Moulin, Aubrac et Schwarzfeld au rez-de-chaussée. Alors que les autres participants (...) sont apparemment déjà en haut où doit se tenir la réunion, une domestique demande à Aubrac et Schwarzfeld de bien vouloir la suivre. Ils quittent Jean Moulin. Je sors... »

Étrange témoin qui voit Jean Moulin rester seul, proie facile, et qui apprend deux heures plus tard, place Bellecour, l'arrestation de son « patron »... C'était trop et bien tardif. J'ai recherché les toutes premières déclarations d'Antoine Daniel René de Graaff, dit « Tony », dans les archives de la justice militaire. Le récit est différent en beaucoup de points, et surtout : de Graaff n'est pas allé à Caluire et il n'a appris l'arrestation que le lendemain. Le commandant Gonnot mentionnait que ces déclarations de juin 1948 étaient conformes à celles enregistrées dès octobre 1943 par le BCRA de Londres. Pour connaître la vérité je suis donc allé à la rencontre de ce témoin. Je l'ai enregistré pour TF1. Pourquoi en avoir rajouté?

« Pour la jeunesse française... », me dit M. de Graaff.

Malgré les accusations de dizaines de témoins et de collaborateurs français la défense de Barbie ne variera pas d'un pouce tout au long de ses interrogatoires. Non, sa « mission » ne concernait pas la chasse aux juifs. A Lyon c'était la prérogative des SS : « Il fallait leur laisser entière liberté », même s'il s'agissait d'un « travail stupide ». Non encore, la sous-section IV B ne dépendait pas de lui, mais de Paris.

Pour le juge Christian Riss où trouver de nouveaux témoignages sinon en Allemagne auprès des anciens amis de l'Obersturmführer? Mais Riss aurait dû se dépêcher, pour ne pas perdre cette ultime course contre le temps. En effet, dans les mois qui suivirent le retour de Klaus Barbie en France trois témoins capitaux disparaissent coup sur coup en 1983 : Arthur Trutschnig (qui a participé au « nettoyage » des archives de la Gestapo à Lyon dans les derniers jours de l'Occupation) décédait le 3 juin à Innsbruck; Friedrich Ernst Floreck, très proche collaborateur de Barbie, s'éteignait le... 11 novembre, à Cologne; Joseph Weiszl de la section antijuive mourait le lendemain de Noël. Ils avaient chacun soixante et onze ans. Pour ces trois-là le juge a donc été obligé de puiser dans les interrogatoires d'antan. Dommage! Non pas que ces récits aient été inexacts, mais les questions n'étaient pas celles qu'on aurait aimé poser aujourd'hui [1]... Cependant il restait bien quelques vieux SS compagnons de Barbie à Lyon, vivant aujourd'hui en RFA et pouvant témoigner. De leur voyage-éclair en Allemagne fédérale, fin 1984, le « premier juge » d'instruction Christian Riss, le procureur Fouletier et l'interprète habituel ne rapportèrent pas de sensationnelles révélations. Les vieux SS ne se souvenaient plus de grand-chose. Stengritt, l'ancien figurant de cinéma, avait oublié la brutalité de Barbie. Il se rappelait seulement que l'Obersturmführer était un homme « énergique et courageux ». La chasse aux juifs? Voyons donc, quels juifs?... En revanche il n'hésitait pas, ce SS-là, à reprendre le couplet sur Jean Moulin suicidaire. La scène se déroule dans le bureau de la Gestapo, face à Barbie qui lui a demandé de démontrer ses talents de dessinateur.

« Jean Moulin esquissa un portrait de Klaus Barbie. Au moment où il lui remit ce dessin, il se laissa tomber sur l'arête de la table (...). J'ai su, par ouï-dire, que Jean Moulin refusait toute nourriture et qu'il devait être nourri artificiellement (...). C'est vrai que les détenus en prison étaient frappés. Cependant je ne sais pas si Klaus Barbie l'a personnellement battu. »

Erich Bartelmus, lui, affirmait toujours n'avoir jamais appartenu à la sous-section IV B. Rien à voir avec les juifs. Il ne se souvenait même plus du nom du responsable de ce bureau-là. Il dépendait, disait-il, de la section III ou de la VI, il ne savait plus. Ses prérogatives ne concernaient que la répression du marché noir. Au moment des grands massacres de Lyon (les cinq exécutés de la place Bellecour, la tragédie de Saint-Genis-Laval, les enterrés-vivants de l'aéroport de Bron, etc.) Erich Bartelmus était soigné à l'hôpital réquisitionné par les Allemands. Il ne savait rien des massacres. On lui aurait tout appris pendant son procès de 1954 (huit ans de travaux forcés)... Quelques semaines avant le juge Riss, j'avais retrouvé Herr Bartelmus, dont la maman portait le si joli nom de Schubert. Il était tout bonnement chez lui, dans sa maison de Trippstadt, à mi-pente de la « colline aux juifs ». Il savourait sa retraite d'ancien policier. Ayant purgé dix ans de prison en France, Bartelmus ne craignait apparemment plus rien de la justice française qui lui avait déjà fait payer sa quote-part de criminel

---

1. Quant à Louis Bibes, l'homme qui avait retrouvé Barbie en 1948, il est mort lui aussi en R.F.A., en octobre 1986.

contre l'humanité. Avec mon équipe de télévision, j'avais essayé de l'interwiever discrètement. Un micro HF est caché sous mon pull-over et la caméra se trouve convenablement dissimulée à l'arrière du break, à une trentaine de mètres. Personne dans la voiture. L'objectif est pointé vers le perron où doit apparaître Bartelmus, la caméra 16 mm tourne seule, automatiquement, bien calée entre les caisses de matériel.

Le nom est sur la porte. Je sonne. Apparaît le colosse en chemisette. Un cou de taureau. Herr Bartelmus est méfiant, il ne quitte pas l'embrasure de l'entrée restée dans l'ombre. Il ponctue ses phrases, en allemand. De l'encoignure surgit une main. Avec son index droit il tapote ma veste :

« Aucun, vous m'entendez, aucun des cent cinquante témoins qui ont défilé à mon procès, aucun ne m'a désigné comme tortionnaire! *Keine!* »

Izieu? Il ne sait pas ce que c'est. Les fusillés de la place Bellecour, Saint-Genis-Laval, Bron? Il n'y était pas. Et pourtant « Gueule tordue », lui, il se souvenait bien de Bartelmus : il était de tous les massacres. Alors il déboutonne sa chemise et me montre une cicatrice à l'épaule gauche...

« J'étais à l'hôpital. »

Suivent quelques banalités sur Klaus Barbie :

« Ach! Il n'était pas un grand chef. Un subalterne, un tout petit! »

Cette séquence, vous l'avez peut-être vue à TF1 dans le magazine que j'avais consacré à Barbie en janvier 1986. Il n'y avait rien à faire pour sortir Bartelmus du trou noir... Alors j'avais appelé notre cameraman, l'excellent Alain Retsin. Je lui criai de s'approcher. Comme cela Bartelmus allait peut-être tomber dans le piège, voyant arriver le reporter sans appareil... Rien à faire. Mais, en repartant Retsin avait eu une idée de génie : il était tombé volontairement dans l'escalier du perron (aucun mal pour un homme de cette trempe qui avait été parachuté au milieu de la guerre d'Indochine...). Alors seulement Herr Bartelmus avait montré sa frimousse de tueur [1].

Pour les magistrats lyonnais il restait une petite chance : essayer de retrouver Paul Touvier, l'ancien responsable de la milice pour la

---

1. En visionnant les « rushes » sur la table de montage, quelques jours plus tard, le chef monteur Charles Mille avait bougonné, blasé, en tirant sur son éternelle Gitane maïs : « Il se passe quelque chose... enfin une image! » C'était un compliment.

région lyonnaise, bras droit de Klaus Barbie, accusé comme lui de crimes contre l'humanité. Mais il demeurait introuvable. Caché dans un monastère au nord de l'Italie? Possible. Le juge d'instruction chargé de ce dossier à Paris, Mlle Martine Anzani, avant de laisser l'affaire à son successeur avait eu bon espoir de mettre le grappin sur Touvier qui vivait dans la clandestinité depuis plus de trente ans. C'est à ce moment que quelqu'un voulut faire croire à la mort de Touvier. Cela se passait en septembre 1985. Paraissait dans la rubrique nécrologique du *Dauphiné Libéré*, édition de Savoie, un texte de remerciements pour les marques de sympathie témoignées à l'occasion du « décès de Paul Touvier, rappelé à Dieu dans sa soixante-dixième année ». Toutes vérifications faites, c'était une blague... ou une bonne provocation, comme savent le faire certains habitués des prétoires.

Touvier savait que, le moment venu, on finirait bien, non pas par oublier, mais par pardonner. C'était une question de temps [1]. Moment difficile où on soufflait le chaud et le froid dans le rang des vieux criminels nazis. Les vainqueurs de Berlin assistaient à l'agonie du dernier grand représentant du Reich, Rudolf Hess. Mais de l'autre côté de la Méditerranée les Israéliens jugeaient « Yvan le Terrible », peu après que les italiens, par exemple, eurent libéré en douce le criminel SS Walter Reder, soixante-dix ans, surnommé « la hyène de Marzabotto », et cela malgré le vote hostile des rescapés du massacre ou de leur famille. Reder commandait le bataillon SS « Aufklärung Abteilung » quand, en représailles, ses hommes avaient abattu tous ceux qui leur tombaient sous la main : 1 830 victimes, dont plus d'une centaine d'enfants de moins de dix ans, tués par balles ou égorgés dans les prairies, les cours de ferme ou – comme à Oradour – à l'intérieur des églises. Dans les années 80, Reder implore le pardon des villageois, écrit au pape et assure [ce que ne fera jamais Klaus Barbie] qu'il ne porte plus en lui la moindre parcelle de « cette idéologie qui a perverti le monde ». Les Italiens le libèrent en cachette et le remettent aux Autrichiens. A son arrivée de l'autre côté de la frontière, il est accueilli par le ministre de la Défense,

---

1. Les Allemands donnaient l'exemple : fin 1986 un épais dossier a été subitement refermé à Berlin-Ouest : celui de la « Cour du peuple », c'est-à-dire les tribunaux du IIIe Reich créés en 1934 et chargés de poursuivre de la manière la plus expéditive possible les « ennemis de l'intérieur » (plus de cinq mille Allemands exécutés). Or aucun des 577 magistrats qui avaient siégé dans ces cours spéciales n'a finalement été condamné par la justice ouest-allemande. Il est vrai que leurs successeurs mettaient peu d'empressement pour juger leurs pairs... Quatre-vingt-trois, encore en vie, allaient pouvoir finir leurs jours en paix.

Wilhelm Frischenschlager. Démission! demandent notamment une trentaine de parlementaires du Conseil de l'Europe. Non, le ministre restera au gouvernement.

Pour boucler le tour des grands criminels nazis j'ajoute que Klaus Barbie a également été interrogé, en avril 1985, à propos du fameux docteur Joseph Mengele qui pratiquait des expériences « médicales » sur les jumeaux au camp de concentration d'Auschwitz. La RFA avait offert un million de marks de récompense à quiconque allait permettre sa capture. C'était quelques mois avant que les Brésiliens exhument son cadavre quelque part du côté de São Paulo. Barbie répondait à une commission rogatoire lancée par la République fédérale allemande :

« Je n'ai jamais connu Doctor Mengele... »

Klaus Barbie était bien le seul nazi réfugié en Amérique du Sud qui ne s'était pas vanté, à un moment ou à un autre, d'avoir côtoyé le médecin de la mort. Cela faisait si bien de faire croire qu'on avait des relations à ce niveau...

A l'été 1985 le juge d'instruction dressait la liste des crimes contre l'humanité imputés à Klaus Barbie : séquestrations, déportations, complicités d'assassinats... Du coup il allégeait son dossier en retirant ce qu'il considérait comme « simples » crimes de guerre, soit que le délai de prescription des poursuites (vingt ans) était dépassé, soit que Barbie ait déjà été jugé sur ces faits (prescription du jugement par contumace). En résumé le juge Riss prononçait le « non-lieu » sur les affaires suivantes :

– L'arrestation du commissaire Jules Cros;

– L'assassinat des vingt-deux otages dans les caves de la Gestapo, en janvier 1943;

– Les arrestations, séquestrations et tortures de divers résistants;

– La rafle aux ateliers SNCF d'Oullins (séquestration et assassinats). Opération effectuée en réalité par la milice qui recherchait les saboteurs;

– Les fusillades de Saint-Genis-Laval et Bron (car déjà évoquées partiellement lors des deux premiers procès par contumace);

– L'arrestation suivie de mort du professeur Gompel;

– La déportation de très nombreux résistants dans le convoi du 11 août 1944.

Il est à noter que l'instruction n'a débouché en définitive sur *aucun* assassinat commis *personnellement* par Klaus Barbie...

Outre les trois grands dossiers (UGIF, Izieu et le convoi du 11 août) les magistrats de Lyon ont retenu quelques cas particuliers de juifs arrêtés et déportés sur ordre de Barbie, et cela parce que ces crimes avaient été perpétrés pour des motifs raciaux et religieux. C'est le cas des Kaplon, Klejner, Hipser, Fischer, Stourdze, Eberhard, Berr, Scorin, Rein, Nahmias, Amram, Min-kowski... ainsi que les enfants Japkowicz, Stein, Touitou et Simone Kaddosche (Mme Lagrange).

Le cas du commissaire Cros, dont l'affaire a finalement été retirée du dossier Barbie, est particulier parce qu'il démontre que la Gestapo pouvait torturer sans laisser la moindre trace. Jules Cros était commissaire au quartier des États-Unis, à Lyon. Il avait été arrêté par la Gestapo pour avoir laissé échapper quatre personnes, dont deux colonels et un commandant, arrêtées à la suite d'un accident de voiture. Or la police avait eu le temps de constater que tous les quatre possédaient de fausses cartes d'identité. Des voisins de cellule, à Montluc, ont décrit l'état dans lequel Jules Cros revenait de ses interrogatoires. Le 7 juin 1943, il mourait allongé par terre à côté de sa paillasse. Or, pour se justifier aux yeux de la police française dont il souhaitait la collaboration, Barbie avait proposé au commissaire Adrien Richard d'aller constater lui-même qu'il s'agissait d'une mort naturelle. Le corps était resté là où on l'avait trouvé : dans la cellule 51, au premier étage de la prison Montluc. Effectivement, pas de blessure apparente. Le Pr Pierre Mazel effectua l'autopsie de Jules Cros, qui – à cinquante-huit ans – petit, maigre, avait été pensionné militaire pour bronchite aiguë.

« ... Le décès du sieur Cros doit être attribué à une crise hypertensive survenue chez un sujet en état de médiocre santé, au cours de l'évolution d'une tumeur des surrénales. »

Lors d'un de ses derniers interrogatoires dans la prison Saint-Joseph, à Lyon, on a rappelé à Barbie qu'il existe des tortures qui ne laissent pas de traces...

« Je le sais! Mais je me suis efforcé de tout oublier en entrant dans la clandestinité après guerre. Et j'ai tout oublié! »

L'enquête étant enfin close le procès allait enfin pouvoir s'ouvrir avec un avocat général qui connaissait les vingt mille pages du dossier (2 999 cotes...) sur le bout des doigts : le procureur Pierre Truche. Après s'être distingué dans l'affaire des fausses factures de Lyon, le procès du dancing « 5/7 » incendié à Saint-Laurent-du-Pont, le procès Matencio, l'enquête sur l'affaire

Lucet ou les « grâces médicales » de Marseille, Pierre Truche était revenu en 1984 dans sa ville natale, Lyon, comme procureur général. A cinquante-quatre ans, ce magistrat courageux, ancien professeur de l'École nationale de Bordeaux et membre du Syndicat de la magistrature, allait donc s'occuper de l'Affaire, mais la Cour de cassation n'avait pas dit son dernier mot. Saisie par la famille du résistant Marcel Gompel [1] et diverses associations de résistants (dont les sympathies allaient plutôt vers les communistes) la Cour allait donner tort au procureur Truche qui n'avait pas voulu considérer comme « victimes innocentes » les résistants morts en déportation. Selon les hauts magistrats il n'y avait pas de raison qu'un juif puisse se plaindre et pas un résistant. Il fallait faire entrer dans la liste un plus grand nombre de victimes. Dès lors la justice allait s'échouer sur un très grave problème moral en opposant les crimes de guerre aux crimes contre l'humanité. En estimant que les règles édictées pour le grand procès des nazis, à Nuremberg, avaient été interprétées dans un sens trop restrictif, ces messieurs en robe rouge ne cassaient rien mais décidaient de renvoyer le tout devant la cour d'appel de Paris, où deux magistrats de grande qualité, le président Jean Pascal et l'avocat général Émile Robert, replongèrent dans les fiches de déportés pour rassembler en une seule destinée les juifs et les résistants non juifs. Et ils le firent malgré la mise en garde de Me Vergès qui, le 19 janvier 1986, avertissait sèchement que, dans le cas où on s'apprêterait à élargir encore la notion de « crimes contre l'humanité », lui Vergès n'allait pas se priver de réclamer de nouvelles enquêtes sur :

– les circonstances supposées de la mort de Jean Moulin;

– les crimes commis par l'armée française pendant la guerre d'Algérie.

On retrouvait bien là le jeu connu mais redoutable de l'avocat, fidèle à son système de rupture, arguant que l'Histoire sans jugement n'est pas l'Histoire... Mais aussi y trouvait-on la patte, le langage de son client. Interrogé sur les tortures « bien plus atroces

---

1. Juif et résistant, membre du réseau « Combat », le professeur Marcel Gompel, chargé de cours au Collège de France, avait été pris dans une rafle le 30 janvier 1944 au marché aux timbres de la place Bellecour. Le temps de demander à un passant d'aller prévenir sa femme pour lui dire de quitter Lyon et le professeur Gompel était jeté dans la « baraque aux juifs », A l'écrivain André Frossard il avait raconté comment, au siège de la Gestapo, il avait subi le supplice de la baignoire : on lui versait de l'eau bouillante dans le cou. La peau partait en lambeaux. L'agonie avait duré deux jours.

que celles du 3e degré autorisées par le règlement » Barbie répondait le 2 juin 1986 :

« J'ai agi pour la sécurité du Reich. Les interrogatoires renforcés sont pratiqués dans toutes les armées du monde, et se pratiquent encore aujourd'hui. Je n'en ai pas fait plus que l'armée française en Algérie.

— Avez-vous oui ou non dépassé les normes?

— Pas dans les interrogatoires où j'étais présent [1]. »

On lui passa en revue le récit des torturés ou des témoins qui avaient vu et parlé aux suppliciés; on lui donna lecture de la déposition d'une assistante sociale de Montluc, Mme de Sainte-Marie, et celle d'un entrepreneur de désinfection, Robert Wallon, qui, se rendant souvent à Montluc, l'avaient connu « autrement », professionnellement...

« Je nie formellement avoir torturé les résistants arrêtés! »

Finalement Mme Lise Lesèvre (voir chapitre 4) et la famille du professeur Gompel seront « intégrés » parmi les autres [2]. Ils viendront rejoindre les centaines de plaignants et témoins au procès Barbie. La première parce qu'elle avait été déportée, le second parce que la justice allait le considérer sans doute plus juif que résistant... Réduite à sa plus simple expression, l'interprétation des crimes contre l'humanité laissait la torture sur le carreau. Elle était battue par la *déportation des populations civiles* à condition qu'elle ait été ordonnée au nom d'un État pratiquant une *politique idéologique d'hégémonie* [3]. Bref, le résultat de cette politique hitlérienne que combattaient précisément les résistants.

Cette nouvelle frontière des crimes contre l'humanité avait soulevé une forte controverse à l'intérieur de l'institution judiciaire et provoqué la colère de Mme Simone Veil. Elle savait parfaitement de quoi il retournait : d'abord en tant que déportée –

---

1. A propos de la « baignoire » Barbie ne contestera pas qu'elle ait existé à la Gestapo, mais ne manquera pas l'occasion d'affirmer que les Français ont pratiqué les mêmes tortures, en Algérie, et les Américains au Viêt-Nam.

2. Comme pour le Pr Gompel, l'instruction judiciaire n'avait pas retenu – dans un premier temps – la qualité de résistante juive à Régine Skorka, arrêtée le 22 juin 1944 par la milice, puis interrogée par Barbie et déportée. Son cas sera également évoqué au procès.

3. La terminologie exacte est la suivante : Klaus Barbie est accusé d'avoir pris part à l'exécution d'un plan concerté pour réaliser la déportation, l'asservissement et l'extermination de populations civiles ou des persécutions pour des motifs politiques, raciaux ou religieux en déportant vers les camps de concentration créés par le IIIe Reich (...) un groupe de personnes, internées sans qu'une condamnation ait été définitivement prononcée et ayant appartenu ou pu appartenir à la Résistance, etc.

dans le même convoi que les enfants d'Izieu [1]... – puis comme juriste expert auprès du garde des sceaux, siégeant également au Conseil supérieur de la magistrature. La veille de mon magazine sur TF1, Jean-Pierre Elkabbach avait organisé une table ronde à Europe 1 sur le thème « Barbie ». Étaient invités Mme Simone Veil, l'écrivain Claude Lanzmann et Me Jacques Vergès au coude à coude, Me Serge Klarsfeld, un parent des victimes d'Izieu et moi. La discussion était brusquement montée d'un ton avec Mme Veil qui s'en était prise au non-respect de la rétroactivité des lois, à l'extension de l'imprescriptibilité et surtout à la *banalisation* du crime contre l'Humanité. Voyant qu'elle énumérait les inconvénients rapportés, bien involontairement, par le SS, je lui demandai :

« Fallait-il « descendre » Klaus Barbie en Bolivie?

– Oh! moi j'aurais été très contente que quelqu'un le descende!

– C'est terrible ce que vous dites, vous, madame Veil! interrompt Jean-Pierre Elkabbach.

– Ça ne me gêne pas du tout de dire ça!... Ce qui m'aurait intéressée alors, c'est qu'on fasse le procès de la personne qui l'aurait descendu. Car, à ce moment-là cette personne aurait expliqué pourquoi elle l'avait fait, elle n'aurait pas dit « c'est un acte de vengeance personnel », parce que la vie d'un homme en l'espèce ne compte pas par rapport à ces millions... non, elle aurait expliqué qu'elle voulait le vrai procès, c'est-à-dire celui de l'idéologie nazie. »

Ainsi l'ancien ministre sublimait-il par avance l'assassin de Barbie...

« Ce qui est important, reprenait Simone Veil en tapant sur la table capitonnée de l'émission « Découvertes », ce qui est important en définitive c'est de savoir ce qui restera de l'idéologie nazie, comment on jugera ce qui a été fait. Et ce n'est pas ce qui arrivera à Barbie personnellement! »

Quelques jours plus tard, unanimes, certains avocats des parties civiles s'empressaient de regretter profondément ces propos. Mes Serge Klarsfeld, Henri Noguères et autres publiaient un communiqué rappelant qu'il y va de « l'honneur d'une société démocratique de reconnaître à chacun, quelle que soit la gravité

---

1. Arrêtée à Nice à l'âge de seize ans, Simone Jacob (future Mme Veil) avait été déportée avec sa sœur Madeleine dans le convoi des 1 500 juifs parti de Paris le 13 avril 1944. Ce même train transportait 148 enfants de « moins de douze ans » vers les chambres à gaz d'Auschwitz et, parmi eux, les petits pensionnaires d'Izieu.

des crimes, le droit à un procès équilibré [1] ». Et le sénateur RPR André Jarrot (ancien ministre de la « Qualité de la vie ») de renchérir : « Il fallait le faire mourir en Bolivie. Qu'on me laisse un quart d'heure avec Barbie dans sa cellule et il n'y aura plus de procès. » [André Jarrot s'était déjà porté volontaire pour lancer un camion bourré d'explosifs contre la porte d'entrée de Montluc, mais c'était en juillet... 1943, lorsqu'il avait projeté une opération pour libérer Jean Moulin. Trop tard : Barbie avait déjà transporté à Paris le président du CNR.]

Alors l'affaire Jean Moulin dans toute cette polémique? Il avait bien été torturé, transféré à Paris et il était mort pendant son voyage vers Berlin, pendant sa *déportation*... Crime de guerre! dira-t-on. Et puisqu'il n'y a plus « d'ayants droit » pour se porter partie civile... Rideau. Pas même celle qui connaissait le mieux Jean Moulin, sa compagne Antoinette Sachs, n'avait pu – ou voulu – reprendre le dossier : cette dame s'est éteinte cinq mois avant le procès Barbie. Mme « Sax » avait quatre-vingt-dix ans. Elle savait beaucoup de choses... Le mystère de Caluire reste donc intact malgré d'autres tentatives du bouillonnant substitut Bidalou, du Parquet de Pontoise, qui rêvait d'ouvrir enfin une enquête sur la mort de Jean Moulin. Aux oubliettes Jean Moulin! Certains prétendront – en coulisse – que le risque de voir resurgir l'affaire Moulin était bien la raison première, mais inavouée, de ceux qui laissaient pourrir le dossier.

Arrive à point la « bombe » de Marenches... Dans son livre *Dans le secret des princes* [2] l'ancien directeur du SDECE révélait à Christine Ockrent qu'il avait découvert – ou lui en avait-on seulement parlé? – dix tonnes d'archives de la Gestapo saisies à la Libération et restées secrètes. Ces documents nauséabonds devaient contenir des preuves compromettantes pour certains résistants. Réaction quasi immédiate de Jacques Chaban-Delmas à FR3 :

« Je vois mal comment on pourrait laisser ouvrir le procès Barbie en donnant à ses défenseurs cette arme incomparable de la suspicion générale... il faut crever l'abcès. S'il y a eu des traîtres il faut qu'on les connaisse rapidement. »

Que le gouvernement accepte donc de rouvrir le dossier! Le

---

1. En 1982 les époux Klarsfeld avaient offert un billet d'avion Paris-La Paz à un Bolivien qui se proposait d'abattre Klaus Barbie. Peu après son arrivée le « tueur » avertissait que, le régime politique étant en passe de changer, l'extradition devenait une nouvelle fois envisageable.
2. Éditions Stock.

ministre de la Défense, André Giraud, donne le feu vert : la commission consultative de la Résistance examinera ces papiers et donnera son avis sur l'opportunité de les rendre publics avant l'expiration du secret légal [1]. Ces documents, déjà étudiés par les spécialistes du colonel Gérar-Dubot, étaient en fait des résidus qui auraient dû passer au massicot après le nouvel archivage sur ordinateur. Il s'agissait en réalité de deux tonnes de papiers disparates et non pas « dix » comme le prétendait le comte de Marenches. De ces bribes de dossiers pouvait tirer profit celui qui se serait intéressé de très près au curriculum vitae de tel ou tel homme politique au passé flou. Mais n'allait-on pas encore salir la Résistance? Bref, le procès Barbie avançait... à reculons.

Cette lenteur de la procédure, les pourvois successifs, l'attention que les magistrats portaient à l'ensemble du dossier et le désir de certains autres de voir la Justice prendre tout son temps fit que le dossier se trimbala d'un greffe à l'autre et que lorsqu'il était près de la sortie c'était pour rencontrer une nouvelle embûche, comme le voyage du pape Jean-Paul II à Lyon, en octobre 1986. Cette fois la Chancellerie avait fait savoir qu'il était inconvenant d'accueillir Sa Sainteté et débattre en même temps des atrocités. En outre cela posait des difficultés insurmontables quant à la sécurité... De gauche à droite on trottinait en pensant que d'autres prétextes allaient bien se présenter jusqu'à retarder le procès au-delà des présidentielles. Un signe ne trompait cependant pas : le feu vert pour la construction des gradins dressés pour le *spectacle* dans les six cents mètres carrés de la salle des pas perdus. C'était un gros investissement, plus d'un million de francs, qui ne pouvait pas être lancé sans l'accord de Paris. Il fut signé quatre ans après la capture du bourreau. Au fait, que devenait la traditionnelle salle de la cour d'assises du Rhône? Une antenne médicale, sorte d'hôpital d'urgence pour le cas où Barbie ou une de ses victimes viendrait à défaillir...

L'enquête aura coûté plus cher encore que le procès. Sans compter avec la caisse noire qui a permis au gouvernement de récupérer Barbie en Bolivie (cf. chapitre 11), les magistrats de Lyon faisaient leurs additions en bouclant leur dossier le 19 juillet 1985 après vingt-neuf mois de travail : pour les seuls frais d'instruction la somme s'élevait à 2 628 240,30 francs. Deux

---

1. La Commission, présidée par le général Maurice Belleux, a attendu longtemps que les archivistes remettent de l'ordre dans ces papiers retrouvés en vrac et souvent très abîmés. Il semble bien qu'ils ne concernent aucun des « conjurés » de Caluire.

millions et demi pour les traductions d'allemand, les frais d'inter-
prétariat, les billets d'avions pour les cinq gorilles repartis pour
Cayenne ainsi que les frais d'expertises médicales; nonobstant,
comme on dit au palais, les dépenses engagées par la suite (Cour
de cassation, chambre d'accusation de la cour d'appel de Paris,
etc.). Les expertises médicales valent le détour... Sur l'aspect
strictement anatomique, l'examen permet de découvrir ce surprenant détail : Barbie est circoncis!... *Ja Wohl!* Il a subi autrefois
une circoncision partielle, due sans doute à une maladie vénérienne [1], et les médecins qui l'examinent à la prison Saint-Joseph
constateront en 1984 une hypertrophie prostatique, qu'il faudra
bien opérer. Barbie prend des cachets, des vitamines B 12, reçoit
des piqûres pour atténuer sa polynévrite et enraye une constipa-
tion chronique grâce à des lavements tous les trois jours. Tension
artérielle parfaite : 14/7. Barbie pèse 58 kilos.

Le déclin l'angoisse. Un jour, alors qu'il parlait de son bon
vieux collègue allemand de Cochabamba, Kremser (prénommé
Luis pour la circonstance), il fera cette réflexion soigneusement reprise par le greffier qui assistait à l'un des interrogatoires :

« Kremser est mort en 1977. Je remarque que tous les gens qui
étaient avec moi sont morts. Moi aussi je n'en suis pas loin avec le
traitement médical que l'on me donne ici! » La cuillerée de
soude?...

Effectivement on le disait près de la mort, le vieux captif...
Rien de bien grave, « état aussi satisfaisant que possible pour un
homme de son âge » ponctuait le communiqué médical publié à
l'issue de son opération de la prostate, par l'équipe du Pr
Archambault, trois mois avant le procès, à l'hôpital de Lyon-Sud.
La carcasse tenait, mais la tête... avec son cortège d'aliénations,
de vertiges et de caprices?

L'étude psychiatrique avait été pratiquée par deux experts
assistés d'un psychologue avec lequel Barbie s'était affronté si
violemment qu'il en avait perdu le sommeil pendant plusieurs
jours (« ces interrogatoires c'était pire qu'à la police... » disait
l'ancien Obersturmführer). Il ressort de cette étude que Klaus
Barbie n'est ni impulsif, ni dépressif, qu'il a un penchant prononcé
pour le goût du secret. Mais il manque totalement d'humour! On
ne décèle aucun « conflit intérieur », aucun remords.

---

1. L'Allemand Kurt Abendroth, interrogé en 1964 à Luneburg, confirme qu'il
avait assumé l'intérim de Barbie en septembre 1943 tandis que celui-ci était soigné
pendant dix jours à l'hôpital pour une « maladie vénérienne ».

Au vieux Barbie on a fait faire des dessins, on lui a demandé de jouer avec des cubes, de barrer des petites cases, toute une série de tests qui paraissaient enfantins. Tout cela pour évaluer son intelligence, ses capacités intellectuelles... En définitive les médecins constatent que son quotient intellectuel est plutôt satisfaisant : 121 pour le QI verbal (rien d'exceptionnel), 101 pour le pratique et globalement il atteint le chiffre de 113 (ce qui lui permet de « saisir les situations » comme disent les psychiatres). Pas mal pour un homme de cet âge.

Son imagination le ramène tout le temps en Amérique du Sud, à la beauté du paysage andin, ou bien le fait rêver à la guerre et plus particulièrement aux uniformes et aux missiles. Il évoque la Grèce antique, les dangers du modernisme (il hait les machines à calculer de poche qui ôtent tout effort aux écoliers). Il prône le maintient des traditions, trouve qu'il faut être « bien né », estime que les enfants naturels ne devraient pas jouir des mêmes droits que les autres et cite en exemple le cas du bâtard Willy Brandt. Comme dans les haras...

Barbie est bien décidé à ne jamais céder. Il conserve une bonne et belle estime de son personnage, barricadé dans sa carapace d'ancien SS et parfaitement maître de sa sensibilité. Il s'est fabriqué sa propre histoire. Dans le rôle du vieux soldat anticommuniste il se trouve parfaitement à l'aise. Les spécialistes diront que Barbie s'est installé dans une conscience qui ne laisse plus aucune prise au jugement d'autrui. Le remords l'amoindrirait. [« Le serment que j'ai prêté lorsque j'ai été nommé " SS Man " était de rester fidèle au Reich et au Führer ! »] Il n'est pas dépressif. Il supporte la prison. Il fait face, à condition de dénier les crimes commis contre les juifs et glorifier la chasse aux résistants.

Faire face, quand on s'appelle Klaus Barbie, cela signifie aussi : ne pas être obligé de demander pardon. Et pourtant c'est bien ce que souhaiteraient les victimes de Barbie. Les propos du Dr Léon Reifmann, rescapé de la tragédie d'Izieu, témoignent parfaitement de ce courant qui ne veut pas d'un procès ordinaire :

« Je ne crie pas vengeance, je ne demande rien, pas de dommages-intérêts. Je veux simplement que Barbie reconnaisse qu'il a agi au nom d'une idéologie barbare. Le fait qu'il soit condamné ne changera rien. Qu'il avoue avoir été dans l'erreur me

paraît plus important. On a arrêté il y a quelques jours en
Allemagne deux jeunes gens qui avaient conçu et commercialisé
un « jeu de l'oie » qui consistait à faire un parcours jusqu'à la case
Auschwitz en ayant gazé le plus de juifs... C'est cela qui est
lamentable... L'aveu de culpabilité, la reconnaissance d'une
erreur, l'appréciation de la monstruosité par un ancien chef nazi
serait plus exemplaire plus efficace que la condamnation elle-
même. »

De l'autre côté de ce mur gris, vieux, sale où s'élevait jadis un
couvent, tourne dans une cellule le vieil homme que les services
spéciaux n'avaient pas su – ou pas voulu – enlever aux Américains
en 1950; puis « oublié » en 1963 quand les rapports de police le
situaient déjà à La Paz; rejeté en 1969; inachetable en 1973 et
toujours aussi embarrassant quatorze ans plus tard. Derrière le
bâtiment battu par le vent froid du Rhône et où seules quelques
mauvaises herbes poussent contre les murs enserrant le chemin de
ronde, l'ancien SS bénéficie d'un régime spécial de détention
« préventive ». Revigoré par le procès, il se promène d'une cellule
à l'autre du quartier réservé, une couverture sur les épaules.
Quand il s'assied pour lire Homère ou Helmut Schmidt, il
réchauffe ses articulations en repliant la laine sur ses genoux,
même en plein été. S'il pouvait accéder à la lucarne, il pourrait
presque revoir l'ancienne École de santé militaire où sévissait la
Gestapo et qui doit être transformée en musée de la Résistance.
C'est à quelques centaines de mètres – à vol d'oiseau! Il suffit de
traverser le pont Gallieni. Ainsi le vieux capitaine SS a eu quatre
ans pour préparer sa riposte. Il transpose : Mme Lesèvre, c'est
Djamila; Klaus Barbie, se retrouve en capitaine Lagarde ou
colonel Mussa; le ministre qu'il faudra mouiller c'est... Il a ses
listes, depuis longtemps. Car l'Obersturmführer n'a rien modifié à
son système de défense depuis ses commentaires à l'air libre de La
Paz, lorsqu'il comparait Lyon au village massacré de My-Laï, au
Viêt-Nam :
   « Je comprends très bien le lieutenant Calley [le responsable
de la tuerie]. Il avait vu ce que j'ai vu dix fois, cent fois pendant la
guerre. Les Allemands étaient tout le temps assassinés. Calley a
vu ses hommes, quatre ou cinq soldats américains, massacrés.
Voilà la raison de son comportement, de la dureté de la guerre! »
   C'est bien le même discours que tiendra cet histrion chétif,
aux cheveux blancs, le visage fripé mais les yeux toujours aussi

mobiles, redressé dans son box et refusant pour la forme de parler français devant les caméras de l'Histoire :

« Je n'ai jamais pensé être un criminel. Si nous avions gagné la guerre peut-être le président Truman ou le général Eisenhower auraient été des criminels de guerre. Peut-être... J'en suis même certain! »

Voilà le dernier mot laissé à la défense. Barbie a choisi de plaider « non coupable ». Personne ne devra tenir compte des condamnations à mort prononcés lors de ses précédents procès; la loi est ainsi faite que Barbie ne pourra pas être jugé pour *tous* ses crimes. En terminant cette enquête me revient en mémoire son avertissement, quand je l'avais retrouvé en Bolivie, en 1972 (cf. page 20) : un tel procès serait « une très mauvaise chose pour la France... ».

A Me Vergès maintenant de tourner la plaidoirie en réquisitoire [« Je prouverai que le télex d'Izieu est un faux! »], de soulever le problème de la collaboration de certains juifs (l'UGIF) à la politique de Vichy, de prétendre que pour le soldat Barbie la déportation n'était pas son « job »... A lui de détourner le procès vers l'énigme Jean Moulin, à lui de ressortir les dossiers allemands [le rapport Kaltenbrunner] et de noircir la liste des faux résistants malgré les efforts des victimes de ne pas le laisser mélanger la boue et le sang. A lui de se régaler devant l'embarras que risquent de provoquer, de l'autre côté du prétoire, les avocats des juifs et ceux des résistants, tirant chacun un bout de la couverture. A lui de prétendre que, voyant poindre l'échec des Allemands, Barbie avait noué des contacts avec l'OSS, les services secrets américains, dès 1943!

A Jacques Vergès de désigner les tortionnaires des guerres coloniales. A l'avocat des terroristes de faire de Barbie un Abdallah (« Ma morale est contre les morales »); à lui de conforter sa propre publicité... et, ravi, menton haut et yeux plissés, sa robe noire sur l'avant-bras, de se retourner vers les caméras de télévision sur les marches du palais : « Je suis incurablement optimiste... »

Aux jurés de dire s'ils ont été convaincus.

Pourquoi juger Barbie, quarante ans après? Parce que Hitler n'est pas mort... et parce que la justice aussi peut écrire l'Histoire, même si elle n'est pas toujours belle.

27 mars 1987.

ANNEXES

CURRICULUM VITAE DE KLAUS BARBIE
écrit en gothique le 5 février 1939 et adressé au « Ministère » de la Race et du Peuplement à Berlin

Lebenslauf:

(Ausführlich und eigenhändig mit Tinte geschrieben.)

Ich bin am 25. Oktober 1913 in Godesberg geboren. Bis zu meinem 11. Lebensjahre besuchte ich die Volksschule in Udler, Eifel, wo mein Vater als Lehrer tätig war. Mit 11 Jahren begann ich am Friedrich-Wilhelm-Gymnasium in Trier mein Studium, das ich Ostern 1934 mit der Reifeprüfung abschloss. Hierauf legte ich als Freiwilliger ein halbes Jahr Arbeitsdienst in Niebüll/Schleswig/Holstein ab. Nach Hause zurückgekehrt, war ich zunächst ohne Arbeit, ich betätigte mich jedoch während dieser Zeit als Führer eines Fähnleins im Deutschen Jungvolk. Diese Tätigkeit übte ich schon 1933 aus, nachdem ich im April des gleichen Jahres der H.J. beigetreten war. Zugleich war ich als ehrenamtlicher Mitarbeiter bei der Ortsgruppe Trier-Mitte der NSDAP. beschäftigt. Hier kam ich Anfang 1935 mit dem Sicherheitsdienst des R.F.SS in Berührung, in den ich im September 1935 hauptamtlich zum SD-Hauptamt übernommen wurde. Im Oktober 1936 erfolgte meine Versetzung zum SD-Führer des SS-Oberabschnitts West.

Klaus Barbie

Note : ce texte est un modèle de l'écriture de Barbie; il est traduit et commenté dans le premier chapitre.

EXTRAITS DU RAPPORT MÉDICAL
ÉTABLI PAR LE MÉDECIN SS A. HOFFMANN
LE 9 MARS 1939

5. Allgemeiner Untersuchungsbefund.

Alter _25_ Jahre

Größe _1?0_ cm   Sitzhöhe _83_ cm   Gewicht _64_ kg

Brustumfang _87/92_ cm   Kopfumfang _57_ cm   Schädelform _lang_

Körperbau: muskulös (athletisch) rundlich <u>schlank</u> schwächlich

Haltung und Gang: straff-aufgerichtet bequem ausgespr. schlecht

Muskulatur: kräftig <u>mittel</u> unzureichend

Brustkorb: gut gewölbt faßförmig flach-eingesunken Verbildung.

Bauch: <u>straff</u> fett schlaff-hängend

Gewebstonus: elastisch schlaff

Hautfarbe: rosigweiß elfenbeinfarben olivenbräunlich

Augenfarbe: blau – <u>grau</u> grünlich hellbraun dunkelbraun

Haarfarbe: hellblond <u>dunkelblond</u> braun braunschwarz rot

Haarform: straff <u>schlicht</u> weitwellig engwellig kraus

Ist Mongolenfalte am Auge vorhanden? _nein_ (ausgesprochen, angedeutet)

Sind vorspringende Backenknochen vorhanden? _nein_

(Zutreffendes unterstreichen.)

Körperbautyp (nach Kretschmer): _____

Vorwiegender Rasseanteil: _nordisch_ ___ mit _____ Einschlag

3

· ·

Ort _Düsseldorf, Sperlberg_ Straße _4_   Datum -9. März 1939

Hoffmann
Unterschrift des Arztes.

Dienstgrad ff- _Oberführer_

Dienststellung _____

RAPPORT INDIVIDUEL
SUR LE JEUNE SS OBERSCHARFÜHRER BARBIE
retrouvé dans les archives de la Gestapo

36225

Perſonal=Bericht

des __H-O-Scharf.__ __Klaus Barbie__ __SD-Abschnitt Dortmund__
(Dienſtgrad) (Vor- und Zuname) (Dienſtſtelle und Einheit)

Mitglieds-Nr. der Partei: __4 583 685__   H-Ausweis-Nr.: __272 284__

Seit wann in der Dienſtſtellung: __1.10. 1936__ Beförderungsdatum zum letzten Dienſtgrad: __20.4.39__
Geburtstag, Geburtsort (Kreis): __25. 10. 1913 zu Godesborg__

Beruf: 1. erlernter: __Abitur (SD)__   2. jetziger: __hauptamtl. SD-Angehöriger__
Wohnort: __Dortmund__ Straße: __Horst-Wesselstr. 28.__

Verheiratet: __ledig__ Mädchenname der Frau: _____ Kinder: ___ Konf.: __gottgl.__
Hauptamtlich ſeit: __25. 9. 1935__

Vorſtrafen: __keine.__

Bezlehungen, Verfolgungen und Strafen im Kampfe für die Bewegung: _____

Beurteilung

I. Allgemeine äußere Beurteilung:

   1. raſſiſches Geſamtbild: __vorwiegend westisch__

   2. perſönliche Haltung: __gut, straff__

   3. Auftreten und Benehmen in und außer Dienſt: __diszipliniert und einwandfrei__

   4. geldliche Verhältniſſe: __geordnet__

   5. Familienverhältniſſe: __geordnet__

II. Charaktereigenſchaften:

   1. allgemeine Charaktereigenſchaften: __lebensfreudig, wahrheitsliebend und kamerad-schaftlich__

   2. geiſtige Friſche: __in gutem Masse vorhanden__

   3. Auffaſſungsvermögen: __gut__

   4. Willenskraft und perſönliche Härte: __ausgeprägt__

   5. Wiſſen und Bildung: __gut__

   6. Lebensauffaſſung und Urteilsvermögen: __gefestigt, klares Urteil__

   7. beſondere Vorzüge und Fähigkeiten: __fleissiger u. umsichter Mitarbeiter__

   8. beſondere Mangel und Schwächen: __keine__

SS K 21 H-Reichsdruckverlag 23 § Maye Miesbach (Bayer. Hochland)

Ce texte, établi en 1940 – traduit et commenté dans le premier chapitre –, dépeint Klaus Barbie comme un excellent camarade, sans défauts, etc.

LES TROIS INTERROGATOIRES DE KLAUS BARBIE EFFECTUÉS PAR LE COMMISSAIRE LOUIS BIBES EN ALLEMAGNE [1948]

P R O C E S - V E R B A L

L'An Mil Neuf Cent Quarante Huit et le Quatorze du Mois de Mai à Neuf Heures,

Nous, B I B E S Louis, Commissaire Chef du Centre d'Interrogatoire de la Surveillance du Territoire, Officier de Police Judiciaire, Auxiliaire de Monsieur le Procureur de la République,

Assisté de l'inspecteur LEHRMANN Charles de notre service,

Et du Lieutenant WHITEWAY, Officier français de Liaison auprès des autorités militaires de la zone d'occupation U.S. en Allemagne,

En déplacement à Francfort s/Main,

Avons entendu le ci-après dénommé, qui sur interpellations successives nous a déclaré : ....

Je me nomme BARBIE Klaus, allemand, né le 25 Octobre 1913 à Godesberg près Bonn (Rhénanie).

Ce premier interrogatoire aborde déjà « l'affaire Moulin » mais le commissaire Bibes paraît s'intéresser beaucoup plus au cas Hardy qu'à celui du président du Conseil national de la Résistance. Il contient des erreurs. Barbie place par exemple la réunion de Caluire un mois après la date réelle. Sur René Hardy il dévoile ceci :

« Lui ayant fait miroiter qu'il pourrait échapper au châtiment qui l'attendait en travaillant pour moi, Hardy a accepté mes propositions sans grosses difficultés [...] Hardy a reçu de moi un pistolet, et il devait, lors de mon interruption dans le local de la réunion, tirer en l'air et s'échapper. »

Klaus Barbie affirme avoir payé Hardy [« des sommes dont le montant variait entre quinze mille et trente mille francs chaque fois... »]. Le commissaire lui demande si d'autres « fonctionnaires allemands des services d'occupation en France » [sic] ont eu à s'occuper de l'affaire Hardy. Barbie désigne son adjoint « Stugritt » [sic] offrant ainsi une possiblité de vérification.

Essentiel, ce passage sur Jean Moulin :

« Jean Moulin, alias Max, a eu une attitude magnifique de courage, tentant de se suicider à plusieurs reprises en se jetant dans l'escalier de la cave, et en se cognant la tête contre les murs entre les interrogatoires. Il a toujours persisté à se déclarer artiste peintre et il a même fait un dessin de moi et un croquis de ma secrétaire. Ces documents ont disparu lors du bombardement de mai 1944 où furent détruites une grande partie des archives et où fut tuée la quasi-totalité du personnel du K.d.S. Lyon.

« Question. – Qu'est devenu Moulin après ses interrogatoires par vos soins?

« Réponse. – Moulin n'a été interrogé que par moi-même à Lyon. Il a été ensuite transféré sur Paris, avenue Foch, en très mauvais état de santé à la suite de ses tentatives de suicide. Bien qu'il ne m'ait rien avoué, Moulin n'a jamais été maltraité par nos services à Lyon. Après son transfert j'ai perdu sa trace et n'ai plus entendu parler de lui... »

L'ensemble de ce premier interrogatoire comporte quatre pages et demie. Il se termine ainsi :

C'est tout ce que j'ai à déclarer.

Lecture faite, persiste et signe.

Le deuxième interrogatoire, effectué quatre jours plus tard, est retranscrit cette fois à la plume. Il comporte sept pages.

> L'an mil neuf cent quarante huit et le dix-huit du mois de mai,
>
> Nous BIBES Louis, Commissaire de Police Chef du Centres d'Interrogatoires de la Surveillance du Territoire, officier de police judiciaire auxiliaire de Monsieur le Procureur de la République,
>
> Assistés de l'inspecteur LEHMANN Charles de notre service,
>
> Et du Lieutenant WHITEWAY, officier français de liaison auprès des autorités militaires de la Zone d'occupation US en Allemagne,
>
> En déplacement dans la dite Zone,
>
> Faisant suite à notre procès verbal d'audition du quatorze mai 1948 de l'ancien SS Haupt. sturmführer BARBIE Klaus, du K.d.S Lyon pendant l'occupation allemande en France,
>
> Avons à nouveau entendu l'intéressé qui a répondu à nos questions successives comme on

Klaus Barbie prétend, ici, que Hardy lui avait parlé de Jean Moulin avant la réunion de Caluire [alors qu'il ne pouvait pas, de toute évidence, connaître le véritable nom du chef du CNR] et ajoute cette phrase :
« ... Hardy paraissait nourrir un ressentiment contre Moulin, et j'ai eu l'impression qu'il s'agissait là d'une espèce de règlement de comptes. Évidemment, pour moi, c'était un gage de la sincérité de Hardy. »
Barbie évoque la question du « cabriolet [petite chaîne] » qui maintenait Hardy – voir chapitre 5 –, explique sa « fuite préparée », sa blessure volontaire et dit avoir reçu des récépissés des sommes versées à Hardy.
Tout le reste de ces deux premiers interrogatoires est repris plus en détail dans le troisième, le plus complet puisqu'il répond cette fois au questionnaire préparé le 23 juin, à Paris, par le juge d'instruction militaire Gonnot qui se terminait ainsi : « La présente Commission Rogatoire ayant un caractère très secret étant donné qu'elle comporte des extraits de documents secrets, il ne sera pas pris de copie de son texte. » Le magistrat y joignait sept photographies de Hardy, Multon, Moog, Saumande, Doussot, Lutjens et Hartwig, « aux fins de présentation, reconnaissance et détermination des fonctions, rôles, missions ».

Troisième interrogatoire. Voici le texte intégral des questions et des réponses fournies par Klaus Barbie le 16 juillet 1948. Je laisse au lecteur le soin d'évaluer et d'apprécier la part du mensonge et de la vérité.

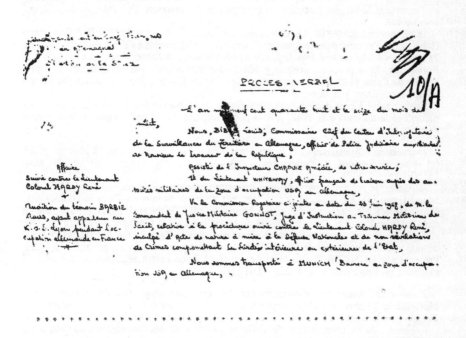

COMMANDEMENT EN CHEF FRANÇAIS EN ALLEMAGNE

AFFAIRE SUIVIE CONTRE LE LIEUTENANT COLONEL HARDY RENÉ

AUDITION DU TÉMOIN BARBIE KLAUS, AYANT APPARTENU AU KdS LYON PENDANT L'OCCUPATION ALLEMANDE EN FRANCE

PROCÈS-VERBAL

L'an mil neuf cent quarant-huit et le seize du mois de juillet,

Nous, BIBES Louis, Commissaire Chef du Centre d'Interrogatoire de la Surveillance du Territoire en Allemagne, officier de Police Judiciaire auxiliaire de Monsieur le Procureur de la République,

Assisté de l'Inspecteur CHAPUIS Amédée, de notre service,

Et du Lieutenant WHITEWAY, officier français de liaison auprès des autorités militaires de la zone d'occupation USA en Allemagne,

Vu la Commission Rogatoire ci-jointe en date du 23 juin 1948, de Monsieur le Commandant de Justice Militaire GONNOT, Juge d'Instruction au Tribunal Militaire de Paris, relative à la procédure suivie contre le Lieutenant HARDY René, inculpé d'acte de nature à nuire à la Défense Nationale et de non-révélation de crimes compromettant la Sûreté intérieure ou extérieure de l'État,

Nous sommes transportés à MUNICH (Bavière) en zone d'occupation USA en Allemagne,

Et avons fait comparaître devant nous le témoin BARBIE Klaus ex SS Hauptsturm-führer au B.d.S. Frankreich,

Lequel, après avoir déclaré n'être ni parent, ni allié, ni serviteur de l'inculpé et avoir prêté serment de dire toute la vérité, rien que la vérité, et avoir affirmé qu'il possédait suffisamment la langue française pour se passer du concours d'un interprète, a déposé comme suit :

Je me nomme BARBIE KLAUS, allemand, né le 25 octobre 1913 à Bad Godesberg (Rhénanie). J'ai servi dans les troupes d'occupation allemandes en France de mai 1942 au 28 août 1944. J'ai occupé avec le grade de SS Hauptsturmführer un poste dans le B.d.S. Frankreich. Pour préciser, avec le grade d'obersturmführer, j'ai occupé comme représentant de l'amt VI du RSHA un poste à Gex puis au K.d.S. Lyon à la section IV. Promu Hauptsturmführer par la suite.

Faisant suite à mes déclarations précédentes et en particulier à celles que vous avez recueillies le dix-huit mai 1948, je suis prêt à répondre à toutes les questions que vous voudrez bien me poser.

1re question : Connaissez-vous la personne dont nous vous présentons la photographie? (et nous présentons à l'interrogé la photographie du nommé MULTON alias LUNEL) :

Réponse : Je reconnais parfaitement sur cette photographie le nommé MULTON alias LUNEL qui m'a été présenté dans le courant du mois de juin 1942 par le Hauptschar-führer DUNKER, notre représentant à Marseille. MULTON avait été arrêté à Marseille dans l'affaire FLORA. Il avait accepté de travailler pour la Gestapo. A la suite de cette acceptation, il a été remis en liberté. J'ajoute que dans l'affaire FLORA, MULTON avait dévoilé la boîte aux lettres de DIDOT à Lyon et c'est pour cela qu'il a été amené à Lyon. Présenté par DUNKER, il a accepté de remplir à Lyon l'offre déjà faite à Marseille. Il s'agissait en l'occurrence de toucher DIDOT.

2e question : Avez-vous eu connaissance des conditions dans lesquelles avait eu lieu à Marseille le 28 avril 1943 son arrestation et son envoi en mission à Lyon courant mai 1943?

Réponse : Je ne connais rien de l'affaire FLORA ni des conditions dans lesquelles MULTON alias LUNEL a été arrêté à Marseille. Je peux simplement dire qu'il a été « retourné » par DUNKER et qu'il a accepté de servir notre cause. Il pouvait nous servir à Lyon pour toucher DIDOT et je dois d'ores et déjà dire que c'est lui qui nous a donné le véritable nom de celui-ci, HARDY. Il y a lieu de préciser ici que le K.d.S. Marseille était d'accord pour que LUNEL, autrement dit MULTON, vienne à Lyon. Cet accord avait été réalisé entre les deux K.d.S. locaux.

3e question : Pouvez-vous indiquer par qui et comment MULTON a eu connaissance de la boîte aux lettres du réseau sabotages-fer à Lyon? (Madame DUMOULIN, 14, rue Bouteille). Est-ce selon les indications du nommé LECOUSTER arrêté à Marseille?

Réponse : Je ne connais pas dans quelles conditions MULTON a eu connaissance de cette boîte aux lettres. Je ne connais pas le nom de LECOUSTER. Je peux simplement indiquer que MULTON est venu à Lyon accompagné de DUNKER et qu'il s'agissait pour nous d'exploiter les renseignements en sa possession. Je ne me suis pas préoccupé de l'origine des renseignements. Ayant eu en main les rapports de notre service de Marseille, je me suis convaincu de leur exactitude et je devais les exploiter au plus tôt.

4e question : A quelle date a eu lieu l'arrestation de Madame DUMOULIN (est-ce le 24 mai 1943?) puis d'une nommée CLAIRE agent de liaison de HARDY au 14 de la rue Bouteille.

Réponse : Je ne peux pas préciser cette date. Je suis cependant d'avis que cette arrestation n'a pu avoir lieu avant celle de Caluire car cela nous aurait privé de sources de renseignements appréciables.

5e question : Parlez de la filature de HARDY par MULTON dans la ville de Lyon.

Réponse : Nous avons simplement fait surveiller la boîte aux lettres. MULTON n'a pas filé HARDY dans la ville de Lyon. Il a simplement attendu auprès de la boîte aux lettres car il était sûr que des ordres parviendraient à cet endroit.

6e question : Que connaissiez-vous de l'activité de HARDY à Lyon avant l'arrivée de MULTON? Connaissiez-vous ses noms de couverture? (CARBON, DIDOT, BARDOT, lequel?)

Réponse : Je savais simplement que DIDOT, je ne connaissais pas d'autre nom, était chargé dans la Résistance du sabotage sur les chemins de fer. Je savais en plus qu'il était ingénieur, autant que je me souvienne. C'est par un rapport transmis par le B.d.S. Frankreich que j'ai eu connaissance de cette chose. De plus le B.d.S. Frankreich et en haut lieu le RSHA, m'ont aiguillé dans l'action contre le sabotage des chemins de fer.

7e question : Est-ce par la boîte aux lettres DUMOULIN que vous avez appris l'existence d'un rendez-vous DIDOT-VIDAL à Paris, prévu pour le 9 juin, 9 heures, Métro Muette?

Réponse : Oui. Dans les premiers jours du mois de juin 1943 ou peut-être dans ces derniers jours du mois de mai, MULTON qui surveillait la boîte aux lettres DUMOU-LIN m'a apporté le document qui fixait rendez-vous à DIDOT à Paris le 9 juin 1943. Autant que je me souvienne le papier était ainsi conçu : « Le général », t'attend à tel endroit, à telle date, à telle heure. » MULTON a dit à moi-même qu'il était sûr qu'il s'agissait là du général DELESTRAINT.

8e question : Lorsque ce message fut intercepté, en avez-vous eu connaissance et par qui? Fut-il replacé dans la boîte? Quel était son texte exact? Était-ce en clair, ou chiffré ou codé?

Réponse : Je précise que l'original du message m'a été apporté par MULTON. J'en ai pris connaissance et copie et je l'ai fait remettre dans la boîte aux lettres. Ce message était passé en clair. Je me rappelle parfaitement que l'expression « le général » figurait dans ce message.

9e question : Nous sommes le 7 juin 1943. DIDOT-HARDY part pour PARIS K.30 (Moog Pierre, dit Moog Robert, dit BOBBY) dont nous vous présentons la photographie et MULTON ont-ils reçu de vous des instructions en vue d'arrêter DIDOT-HARDY qui se rendait à Paris. Quelles instructions?

Réponse : Après l'interception du message fixant rendez-vous dont il a été parlé à la question précédente, j'ai demandé à MULTON comment il fallait procéder. Celui-ci m'a dit qu'il fallait faire surveiller le train car il était presque sûr que HARDY était à Lyon. Je me suis déclaré d'accord et ai fait accompagner MULTON par K.30 que je reconnais sur la photographie que vous me présentez. Je ne me souviens pas comment l'un de ces deux hommes m'a prévenu que HARDY était dans le train. Ce dont je me souviens parfaitement, c'est que j'ai téléphoné moi-même à notre service de Chalon-sur-Saône pour faire arrêter HARDY dans le train en collaboration avec la douane.

10e question : 8 juin 1943 à 1 heure. HARDY est arrêté à l'arrivée du train à Chalon-sur-Saône. Avez-vous été avisé téléphoniquement soit de Moulins, par un coup de téléphone de la présence de DIDOT-HARDY dans le train, donné par MOOG ou MULTON, ou MULTON vous a-t-il rendu compte de Chalon-sur-Saône de l'arrestation de DIDOT-HARDY et de son compagnon de voyage, un nommé CRESSOL.

Réponse : J'avais prévenu à l'avance, comme déjà dit, notre service de Chalon de la présence de HARDY dans ce train et indiqué en plus que MULTON alias LUNEL était chargé de la filature. Notre service local a donc fait le nécessaire et HARDY a été arrêté ainsi qu'un autre personnage dont j'ignore le nom. Il est clair que MULTON se trouvait auprès de notre service de Chalon lorsque celui-ci a téléphoné que HARDY était arrêté. Par contre MOOG (K.30) a continué son voyage sur Paris car il s'agissait là de ne pas manquer le rendez-vous fixé à HARDY par « le général ». Le lendemain matin, je me suis rendu à Chalon moi-même en voiture automobile pour y chercher HARDY et le ramener à Lyon. A la prison de Chalon, j'ai interrogé le compagnon de voyage de HARDY. M'étant convaincu qu'il n'était pour rien dans l'affaire, je l'ai fait relâcher. Cet homme avait été arrêté par précaution par la douane.

11ᵉ question : N'avez-vous pas été avisé de l'arrestation à Chalon-sur-Saône de DIDOT-HARDY par un coup de téléphone du commissaire de gare?
Réponse : Autant que je me souvienne, c'est bien notre service, c'est-à-dire la Gestapo de Chalon, qui m'a prévenu de l'arrestation de HARDY. Je ne pense pas que le commissaire de gare soit intervenu dans cette affaire. Il est possible cependant qu'on ait utilisé le téléphone du commissaire de gare. Ce n'est pas MULTON qui m'a téléphoné mais un Allemand, peut-être KRUGER, chef du service local de Gestapo.

12ᵉ question : Est-il exact que DIDOT-HARDY et son compagnon de voyage ont été transférés le 8 juin 1943 dans la nuit à la prison de Chalon-sur-Saône?
Réponse : C'est exact. J'ai pris livraison de HARDY à la prison de Chalon et c'est là que j'ai interrogé son compagnon de voyage. Ce compagnon de voyage avait autant que me souvienne la profession de commerçant et je crois qu'il m'a montré des documents prouvant qu'il était en rapport avec un service économique allemand. Celui-ci se montrait d'ailleurs très fâché de cette arrestation intempestive.

13ᵉ question : K.30 et MULTON ont continué leur voyage sur Paris le 8 juin 1943. Connaissez-vous les missions qu'ils ont remplies à Paris? Ont-ils participé aux arrestations du général DELESTRAINT alias VIDAL au lieu indiqué dans le message intercepté à la boîte DUMOULIN, à savoir Métro Muette le 9 juin 1943 à 9 heures? puis des nommés GASTALDO, alias GARIN, alias GALIBIER et de THEOBALD alias Jacques TERRIER adjoints du général VIDAL vers 9 h 25 même jour Métro Pompe?
Réponse : Je ne peux pas fixer exactement si MULTON et K.30 ont continué ensemble leur voyage sur Paris. Ce qui est certain c'est que K.30 s'est présenté à la section IV E, sturmbannführer KIEFFER pour prendre les dispositions concernant l'arrestation du général DELESTRAINT. Je ne connais rien des détails des dispositions qui ont été prises pour l'arrestation de cet officier français ou de ses adjoints. Je ne connais pas davantage les détails de l'exécution. Je n'étais pas à Paris à ce moment-là.

14ᵉ question : Que savez-vous de ces arrestations, 1° par les comptes rendus de MOOG et MULTON, 2° par la voie des rapports officiels?
Réponse : MOOG (K.30) m'a raconté verbalement ce qui s'était passé à Paris et plus tard j'ai lu les résultats de l'opération dans les rapports journaliers du B.d.S. Frankreich. MOOG m'a donc raconté qu'il s'était présenté près de la bouche du Métro Muette à un homme dont l'allure générale et le port de la rosette de la Légion d'Honneur lui avaient fait supposer qu'il s'agissait de DELESTRAINT alias VIDAL. Il lui a déclaré qu'il venait de la part de DIDOT qui avait été empêché et il a proposé au « général » de monter dans sa voiture se trouvant tout près. Le « général » s'est déclaré d'accord mais a demandé qu'on prévienne aussi ses adjoints se trouvant près de l'endroit. Toutes ces personnes ont été invitées à monter dans la voiture et elles ont été conduites à l'avenue Foch. MOOG ne m'a pas donné de détails concernant la suite de l'affaire. Le SS sturmbannführer KIEFFER m'a fait donner ordre.

15ᵉ question : Les nommés SAUMANDE et DOUSSOT alias ANDRE dont nous vous présentons les photographies ont-ils participé : 1° à l'arrestation de DIDOT-HARDY dans le train à Chalon-sur-Saône, 2° aux arrestations du général VIDAL et de ses adjoints GASTALDO et THEOBALD?
Réponse : Je reconnais parfaitement les deux hommes dont vous me présentez les photographies. L'un de ces deux était un ami de K.30 et portait l'indicatif K.4. Il s'agit de SAUMANDE. Je connais l'autre seulement sous le nom d'ANDRE. Je ne peux pas préciser s'ils ont l'un et l'autre ou l'un ou l'autre participé aux arrestations dont nous parlons.

16ᵉ question : Dans quelles conditions et à quelle date DIDOT-HARDY a été transféré sur Lyon.
Réponse : Dans mes auditions précédentes, j'ai commis une erreur d'un mois dont je m'excuse car elle est involontaire. Les faits se sont passés en juin au lieu de juillet 1943.

Pour répondre à la présente question DIDOT-HARDY a été transféré par moi-même le lendemain de son arrestation le 9 juin à Lyon. Mais je peux me tromper d'un jour. Ce que je peux dire, c'est que vu l'urgence, je me suis rendu moi-même à Chalon-sur-Saône pour y chercher HARDY avec ma voiture vêtu en civil. Ma voiture était de marque Citroën portant des numéros minéralogiques français.

17ᵉ question : Précisez très en détail les contacts que vous avez eus à Lyon au siège des services du K.d.S. avec DIDOT-HARDY? Quelle a été son attitude première?
   – Quelles sont les déclarations faites par lui?
   – L'initiative des propositions de service est-elle venue de vous ou de lui?
   – Quels étaient les documents trouvés soit sur DIDOT-HARDY soit dans ses bagages (lettres, de qui elles émanaient, à qui elles étaient adressées).
   – Avez-vous eu entre les mains une lettre adressée à Mademoiselle Lydie BASTIEN, 113, quai Pierre-Scizes à Lyon que HARDY avait oubliée dans une des poches de son costume? Avez-vous le souvenir de son contenu?
   – Connaissez-vous l'adresse du domicile de HARDY, 112, chemin de Saint-Just à Vaize. Comment l'avez-vous appris? Y êtes-vous allé avec lui ou avez-vous envoyé d'autres personnes, MOOG et MULTON notamment?
   – Quels sont les engagements pris par HARDY vis-à-vis de votre service pour être libéré?
   – Avez-vous interrogé personnellement HARDY? Donnez-nous les détails de vos interrogatoires? Fut-il question d'un plan de sabotage des voies ferroviaires en France?
   – Avez-vous eu en main des documents relatifs à ce plan? D'où provenaient-ils? Des bagages de HARDY? De documents saisis et dans ce cas précisez le lieu et les personnes chez lesquelles ils auraient été saisis? De documents remis par HARDY? De documents que vous ou vos adjoints seriez allés chercher sur indications de HARDY, en sa présence ou hors sa présence?
   Réponse : Lorsque j'ai pris mon premier contact avec HARDY c'est à la prison de Chalon-sur-Saône. Je ne l'avais jamais vu auparavant. Je l'ai salué en lui disant : « Bonjour Monsieur HARDY ». Je précise pour cela que je connaissais déjà son véritable nom par MULTON et je savais aussi par ce dernier qu'il portait des lunettes de camouflage avec des verres neutres. Lorsque je l'ai ainsi appelé HARDY a nié. Je n'ai pas insisté et je l'ai conduit à ma voiture, sans être enchaîné, c'est-à-dire sans l'usage de menottes. Dans la voiture, nous avons parlé ensemble et je lui ai enlevé ses lunettes, voulant lui donner la preuve que je savais exactement qui il était. Je me suis rendu compte en effet que ses lunettes étaient neutres. HARDY a compris alors qu'il n'était plus question de jouer avec moi et il m'a déclaré que c'était MULTON alias LUNEL qui l'avait trahi car il l'avait vu dans le train. HARDY m'a parlé ensuite de sa fiancée car j'avais trouvé sur lui une lettre d'elle. Je dois ajouter que sa fouille, ainsi que celle de ses bagages, avait été négative à part cette lettre. HARDY m'a dit nourrir des sentiments profonds pour sa fiancée et a craint que je l'arrête également. J'ai répondu que je n'avais aucun grief à l'encontre de cette dernière et qu'il pouvait être tranquille à son sujet. J'ai eu alors l'impression qu'il était content de mes paroles. Nous sommes alors arrivés à l'École de Santé Militaire où se trouvait le service. La règle générale était que toutes les personnes arrêtées devaient être conduites au Fort Montlmc. HARDY a échappé à une telle mesure et je lui ai donné une chambre au premier étage dans notre service et je l'ai enfermé dans cette chambre en prévenant la garde de sa présence tout en donnant des instructions que personne ne devait parler avec lui.
   Si je n'ai pas mis HARDY au Fort Montluc, c'est que dans notre voyage de retour à Lyon après son arrestation, et dans les entretiens que nous avons eus ensemble dans la voiture, j'ai retiré l'impression qu'on pouvait parler avec lui. Je n'ai pas parlé de service avec lui mais de choses personnelles.
   Pendant l'après-midi et la soirée je me suis rendu avec lui dans sa chambre et je l'ai interrogé sur ses activités dans la Résistance. J'étais seul avec HARDY qui m'a parlé de ses travaux sans aucune contrainte et très franchement. Il m'a dit en particulier qu'il était chargé de l'organisation des sabotages sur les chemins de fer. Ne lui ayant rien demandé alors sur ses camarades, il ne m'en a pas parlé. HARDY m'a toutefois précisé ce que je savais déjà concernant son rendez-vous à Paris avec le général DELESTRAINT.

L'initiative des propositions de service est venue de moi. J'ai fait remarquer à HARDY le traitement de faveur dont il bénéficiait. Il s'est bien convaincu que ce n'était pas pour rien et à mon offre franche et directe de travailler pour moi, après lui avoir fait remarquer quels risques il encourait, il n'a pas répondu immédiatement par l'affirmative et m'a demandé de réfléchir. C'est le lendemain de son arrestation qu'a eu lieu entre HARDY et moi cet entretien capital. Autant que je me souvienne, c'est dans l'après-midi ou la soirée du même jour que HARDY m'a donné son acceptation. En même temps il a fait ressortir qu'il pouvait me rendre de grands services car il n'était pas ce qu'il est convenu d'appeler un « petit chef ». Il m'a assuré de sa fidélité car il se rendait compte des risques que je prenais moi-même à son sujet. Il m'a donné sa parole d'honneur en me donnant la main.

Aucun document n'a été trouvé autant que je me souvienne tant sur HARDY que dans ses bagages. Je me souviens bien de cette lettre adressée à Lydie BASTIEN, mais il s'agissait là d'un document d'ordre tout à fait privé.

Avant l'arrestation de HARDY nous ne connaissions que sa boîte aux lettres. C'est certainement par lui que nous avons appris l'adresse de son domicile à VAIZE. En tout cas s'il est possible que quelqu'un de mon service s'y soit rendu, je ne suis jamais allé moi-même. Je ne saurais préciser maintenant quelle personne a pu se rendre au domicile de HARDY à Vaize.

Après son acceptation de travailler pour moi, HARDY m'a fait remarquer qu'il devait être libéré très rapidement si on ne voulait pas courir le risque de le brûler et de perdre ses contacts anciens, notamment par l'intermédiaire de son agent de liaison.

HARDY s'est engagé vis-à-vis de moi à continuer ses activités de chef de réseau de la Résistance et à me rendre compte de tout ce qui se passerait.

J'ai interrogé personnellement HARDY mais je n'ai pas dressé de procès-verbal de son interrogatoire, ceci exprès puisque je désirais l'employer.

Il n'a pas été question entre HARDY et moi d'un plan de sabotage des voies ferroviaires en France et je n'ai pas eu personnellement de documents relatifs à ce plan. Naturellement nous avions parlé ensemble des questions de sabotage mais on ne peut pas dire qu'il ait été question de plan. HARDY devait toutefois me donner communication de tous les ordres qu'il pourrait recevoir concernant ses activités de Résistance.

Voulant travailler avec HARDY, il eût été dangereux pour moi de me livrer à des opérations immédiates pour rechercher soit des personnes soit des documents. Je ne me souviens pas avoir récupéré des documents à la suite de l'arrestation de HARDY. Peut-être des indications recueillies à Lyon ont pu faire retrouver en d'autres lieux de tels objets, mais de cela, je ne suis pas du tout sûr.

Le plan mis sur pied par moi-même en exploitant HARDY visait à réaliser une vaste opération contre cette branche de la Résistance, opération qui aurait porté sur l'ensemble du territoire français. Ce plan n'a pas été réalisé premièrement parce que l'affaire de Caluire est venue entre-temps et a présenté un caractère plus urgent et deuxièmement parce que HARDY a disparu.

18e question : Savez-vous si le nommé MOOG Pierre (K.30) a accompagné HARDY chez les parents de Lydie BASTIEN, 113, quai Pierre-Scize, soit avant sa libération, soit après l'arrestation de HEILBRONN, alias AREL, alias HENNEQUIN qui eut lieu le 12 juin 1943 vers 14 h 15 ?
Réponse : Je ne sais pas cette chose. Je suis persuadé toutefois que HARDY et MOOG se sont connus par la suite, c'est-à-dire après la libération de HARDY.

19e question : Des interrogatoires de HARDY qu'en est-il découlé ? Quelles étaient vos instructions ? Quels étaient les engagements pris par HARDY ?
Réponse : J'ai déjà répondu à ces questions. Je précise que les interrogatoires de HARDY n'ont pas amené d'arrestations à Lyon même. J'ai envoyé naturellement un rapport au B.d.S. Frankreich, mais je ne sais pas comment ce rapport a été exploité et quelles arrestations ont pu être faites. Il est possible que l'arrestation de HEILBRONN à Lyon ait un rapport avec l'affaire HARDY mais en ce moment même je ne me souviens pas d'une relation possible.

20e question : A quelle date HARDY a-t-il été libéré par vos soins? Les conditions de son emploi ont-elles fait l'objet d'une demande adressée au B.d.S. Paris? Par quelle voie? Qu'avez-vous demandé? Que vous a-t-il été répondu?

Réponse : HARDY a été libéré par mes soins le 11 ou le 12 juin 1943. En tout cas cela ne peut pas être le 10 juin car je devais attendre la réponse à ma demande d'autorisation d'emploi le concernant.

J'ai adressé cette demande d'autorisation d'emploi au B.d.S. Paris par un « fernschreiber » ou télégramme rapide et Paris a demandé au RSHA à Berlin (Amt IV) car il ne pouvait pas prendre la responsabilité de cette affaire.

Par mon télégramme j'ai demandé l'autorisation de mettre HARDY en liberté car il était prêt à travailler avec moi. Sa personnalité était connue de mes supérieurs hiérarchiques par un rapport que j'avais adressé à Paris presque immédiatement après son arrestation. Le télégramme étant très court, je n'ai pas pu y insérer les lignes générales de mon plan d'emploi de HARDY mais j'ai rédigé un autre rapport à ce sujet.

Vu l'urgence la réponse est arrivée au K.d.S. Lyon par « fernschreiber » directement de Berlin. On donnait de Berlin l'autorisation d'emploi de HARDY sous ma responsabilité personnelle et cette autorisation était signée par le gruppenführer MULLER Amtschef IV du RSHA. Le B.d.S. Paris a été prévenu par Berlin en même temps.

21e question : HARDY prétend avoir été libéré le 10 juin 1943 au soir (un jeudi) et qu'un laissez-passer lui a été délivré. Est-ce exact? En fait n'a-t-il pas été libéré le 12 juin 1943 (samedi veille de la Pentecôte).

Réponse : Comme je l'ai déjà dit, je ne pense pas que HARDY ait été libéré le 10 juin 1943 au soir. Je crois fermement que c'est le 11 mais je peux me tromper d'un jour en plus ou en moins. J'ai annoncé à HARDY qu'il était libéré mais je lui ai dit que pour ces premiers jours un de mes hommes se tiendrait auprès de lui, et je lui ai demandé de venir tous les soirs me voir. En fait HARDY a couché pendant une huitaine de jours après sa libération dans sa chambre de l'École de Santé Militaire, c'est-à-dire dans notre service. Il n'était pas gardé pendant la nuit. L'homme placé à côté de HARDY était l'interscharführer STENGRITT alias HARRY. C'est sous ce nom que je l'ai présenté à HARDY. STENGRITT connaît bien HARDY.

Je ne me souviens pas avoir donné immédiatement un laissez-passer à HARDY comme il le prétend.

22e question : De l'audition du nommé HARTWIG Max Willi, inspecteur de police appartenant au Kommando d'intervention envoyé de Berlin arrivé à Lyon début juin 1943, sous les ordres du Kommissar WERTH, il résulte qu'un interrogatoire de HARDY aurait été effectué le 10 juin 1943 par le susnommé HARTWIG, sur des plans de la région lyonnaise contenus dans une valise.

Cet interrogatoire aurait été ordonné par vous à HARTWIG qui parle très bien le français? Avez-vous le souvenir de: 1o l'interrogatoire, 2o des résultats, 3o du lieu où aurait été trouvée la valise? Donnez tous détails. S'agissait-il d'une valise en osier?

Réponse : WERTH, obersturmführer et Kriminal Kommissar était le chef du SonderKommando A.S. dépendant directement du RSHA Berlin section IV E. Je devais fournir à ce sonderKommando pour l'exploitation ce que je pouvais recueillir concernant les activités de l'Armée Secrète tant au point de vue sabotage que service de renseignements proprement dit (postes émetteurs en particulier). WERTH a eu forcément connaissance de l'affaire HARDY et il m'a demandé, si je me rappelle bien, l'autorisation de faire interroger HARDY par un de ses hommes. Je me suis naturellement déclaré d'accord. Je me souviens qu'il existe une affaire avec une valise mais je suis incapable de fournir d'autres précisions. Cette affaire est complètement sortie de ma mémoire maintenant et ce sont vos indications qui réveillent mes souvenirs. Je ne peux donc fournir de détails tant sur le contenu de cette valise que sur sa forme ou l'endroit où elle a été découverte.

23e question : Selon vos instructions HARTWIG aurait été chargé par vous d'accompagner HARDY à Paris le 12 juin 1943. HARDY devait y retrouver sa fiancée Lydie BASTIEN. Ce voyage aurait été très court. Retour le 13 juin 1943. Ces faits sont-ils exacts? Avez-vous le souvenir du compte rendu fait par HARTWIG : indication des lieux où HARDY se serait rendu?

Réponse : Il est exact que HARDY autorisé par moi-même s'est rendu à Paris pour y retrouver Lydie BASTIEN. Je ne me souviens pas qui l'a accompagné mais il est bien possible que ce soit HARTWIG. Je suis obligé d'ajouter que je ne reconnais pas du tout ce personnage d'après la photographie que vous m'avez présentée. HARDY a fait un voyage aller et retour. Je n'ai pas en mémoire la date exacte de ce voyage ni les détails du compte rendu fait au retour par l'accompagnateur. Ce voyage avait un but essentiellement privé.

24e question : Durant la période qui va de la libération de HARDY jusqu'au 21 juin 1943, quels ont été les contacts qu'il a eus avec vous ou vos services?

a) LUNEL était-il de retour de Paris entre le 11 juin et le 21 juin 1943. A-t-il rencontré HARDY dans les locaux du Service de Santé Militaire?

b) A quelle date et pour quelles raisons HARDY est venu à vos services?

c) A-t-il été obligé de coucher à l'École du Service de Santé? Combien de fois y a-t-il couché? Quel était le mécanisme prévu pour signaler ses présentations? Se présentait-il à vous-même ou à un officier de votre service?

d) Après son arrestation à Chalon a-t-il été incarcéré dans une des prisons de Lyon, Montluc par exemple?

e) Le 12 juin 1943 le nommé HEILBRONN alias AREL, alias HENNEQUIN était arrêté près de la gare de Lyon-Perrache vers 14 h 30 peu après avoir conversé avec DIDOT-HARDY. Veuillez indiquer comment il fut procédé à cette arrestation? Par qui fut-elle ordonnée? HARDY est-il à son origine?

Réponse : Durant la période s'écoulant entre sa libération et le 21 juin 1943, à part son voyage à Paris, HARDY est toujours demeuré à Lyon. Il a été en contact journalier avec moi, soit personnellement, soit par STENGRITT. C'est vers le 15 juin par exemple, qu'il est venu lui-même me voir pour me donner le renseignement concernant la réunion des chefs de la Résistance à Lyon. Il avait en effet trouvé à sa boîte aux lettres l'avis de cette réunion qui devait avoir lieu par suite de l'arrestation du général DELESTRAINT. Il recevait en même temps l'ordre d'y participer. HARDY a ajouté qu'à cette réunion serait désigné le successeur du général DELESTRAINT et il a indiqué en outre que MOULIN, c'est ainsi qu'il l'a désigné, y prendrait part également.

Il est possible que MULTON alias LUNEL soit rentré de Paris entre le 11 et le 21 juin 1943 mais je ne peux pas le préciser. Je ne pense pas qu'il ait rencontré HARDY dans les locaux du Service de Santé Militaire. Il est compréhensible que MULTON ayant dénoncé HARDY et celui-ci se doutant bien que c'était bien lui son dénonciateur, il n'a pas cherché à le rencontrer. En tout cas je ne sais pas s'ils se sont rencontrés ailleurs que dans les locaux du service.

HARDY a été obligé par moi, étant responsable de ses faits et gestes, de coucher à l'École du Service de Santé comme je l'ai déjà indiqué. Il est venu au moins cinq fois.

HARDY s'est toujours présenté à moi-même lorsqu'il est rentré le soir. Le garde, qui le connaissait, le laissait venir directement.

Je précise encore une fois que HARDY après son arrestation à Chalon où il a été détenu pendant quelques heures à la prison n'a plus été par la suite incarcéré dans une autre prison soit à Lyon, soit ailleurs. De plus, j'affirme solennellement qu'il n'a fait l'objet d'aucun sévice. Une allégation contraire de sa part serait de pure invention. Nos relations ont été toujours des plus courtoises.

Le nommé HEILBRONN a été arrêté par des hommes du SonderKommando AS dirigé par le Kriminal Kommissar WERTH sur des indications fournies par HARDY. Je ne connais pas les détails de cette affaire traitée par un autre service que le mien, mais il est certain que HARDY, ayant fixé rendez-vous à HEILBRONN et se sachant suivi par des hommes de WERTH, l'a désigné pour l'arrestation. WERTH, autant que je me souvienne, avait recueilli des preuves concernant l'activité de HEILBRONN dans la Résistance.

25e question : M. HEILBRONN, entendu, a déclaré que pendant longtemps, au cours de ses interrogatoires, il avait été pris pour DIDOT-HARDY,

Cette méprise était-elle volontaire ou non, car il n'y a aucune ressemblance physique possible entre les deux. HEILBRONN avait quitté HARDY peu de temps avant d'être arrêté et de plus vous-même et vos services aviez la connaissance complète de DIDOT-HARDY que vous veniez de libérer.

Enfin lors de l'arrestation de HENNEQUIN (alias sous lequel HEILBRONN a été arrêté), il a été découvert sur lui une carte d'entrée au ministère de la Guerre au nom du Capitaine du Génie HEILBRONN et avec sa photographie. Une identification avec DIDOT n'était plus possible à ce moment. Donnez toutes explications à ce sujet?

D'autre part, par lettre en date du 18 juin 1943 adressée à M. l'Inspecteur de Police, vous faisiez connaître que l'appartement du « Juif Marc HEILBRONN » arrêté le 12 juin 1943 pour « marché noir et menées antiallemandes » et demeurant 23, rue Jean-Marc-Bernard à Lyon était devenu impossible.

Veuillez donner quant à M. HEILBRONN tous renseignements de détail et faire connaître le but et l'origine de la méprise avec DIDOT après son arrestation.

Réponse : Je précise encore que HEILBRONN alias HENNEQUIN a été arrêté par des hommes du SonderKommando AS dirigé par WERTH et que je n'ai rien eu à voir avec son interrogatoire. Il n'y avait pas confusion dans l'esprit des interrogateurs concernant la personne de DIDOT-HARDY. Je peux imaginer seulement que WERTH connaissant à la fois HARDY et HEILBRONN qu'il venait d'arrêter a persisté apparemment dans l'erreur sur la personne de DIDOT-HARDY pour faire croire à HEILBRONN que son arrestation était fortuite et n'était pas le fait d'une dénonciation de HARDY. En un mot il s'agissait là d'une manœuvre de camouflage très certainement. WERTH savait en effet quel souci j'avais de faire croire à tout le monde que HARDY était libre de toute contrainte et que sa personne était toujours recherchée.

26ᵉ question : Quelle est la nature exacte des renseignements que vous avez demandés à HARDY de recueillir? Fut-il question d'une réunion des chefs de la Résistance?

Quels sont les renseignements que HARDY vous a donnés à ce sujet et combien de temps avant la réunion – (Date de la réunion, lieu (?) Personnes devant y assister?)

Réponse : J'ai déjà fourni les éléments de réponse à cette question. Je répète que HARDY devait me fournir des renseignements sur les organisations de résistance et en particulier me communiquer les ordres supérieurs reçus. Il n'a été question de la réunion des Chefs de la Résistance qu'après le voyage de HARDY à Paris comme je viens de l'indiquer. La date de la réunion était fixée sur le document trouvé par HARDY à sa boîte aux lettres mais le lieu et les personnes devant y assister n'étaient pas précisés.

27ᵉ question : Connaissiez-vous le nommé AUBRY alias THOMAS? Étiez-vous à proximité du lieu où HARDY et AUBRY s'étaient donné rendez-vous le dimanche 20 juin 1943 à 11 h 30 au Pont Morand? Est-ce vous le civil qui était assis sur le banc près du Pont Morand et qui lisait un journal largement déployé?

Donnez toutes précisions de détail sur les conditions dans lesquelles vous avez eu connaissance du rendez-vous DIDOT AUBRY le 20 juin 1943 au Pont Morand. Est-ce par HARDY lui-même, ou par la boîte aux lettres DUMOULIN?

Réponse : Une erreur de personne m'a fait dire précédemment qu'AUBRY avait été arrêté en même temps que le général DELESTRAINT à Paris. J'avais alors confondu avec GASTALDO. Je ne connaissais pas personnellement AUBRY dont je savais néanmoins l'existence par divers rapports de nos services de Paris et de Marseille.

HARDY m'a offert de faire la connaissance de son agent de liaison et d'AUBRY très peu de jours avant la réunion projetée des Chefs de la Résistance. Ceci pour pouvoir me rendre sûrement au lieu de la réunion. Je rappelle en effet que seule la date était fixée, mais pas le lieu ni les personnes devant y assister. HARDY avait déjà rencontré AUBRY et savait de lui qu'il devait participer également à la réunion.

Je me suis donc rendu au lieu de rendez-vous du Pont Morand en compagnie de STENGRITT. C'était bien moi le civil assis sur le banc et lisant son journal. STENGRITT était à côté de moi mais ne me prêtait aucune attention. Nous avons vu HARDY rencontrer deux hommes. C'est après, lorsqu'il est venu me voir, dans l'après-midi, qu'il m'a dit que le plus grand des deux hommes était AUBRY. C'est donc par HARDY lui-même que j'ai appris les conditions du rendez-vous du Pont Morand.

28ᵉ question : Veuillez préciser les conditions dans lesquelles fut préparée l'arrestation dcs Chefs Militaires de la Résistance le 21 juin 1943.

a) Est-il exact que DIDOT vous fit connaître qu'une réunion de ce genre devait avoir lieu le 21 juin 1943?

b) A quelle date avez-vous eu connaissance de cette réunion?

c) Quels sont les renseignements qui vous furent donnés par DIDOT-HARDY : 1º date, lieu, heure – 2º personnalités devant y assister – 3º présence de MAX, délégué du Général de Gaulle?

d) Comment et par qui avez-vous su que la réunion avait lieu à Caluire chez le Dʳ DUGOUGEON?

e) Quel fut le rôle de Madame DELETRAZ alias DELATRAY, alias Madame DEVILLE?

Veuillez indiquer en ce qui concerne Madame DELETRAZ :

1º Les circonstances selon lesquelles elle aurait été arrêtée par vos services dans l'affaire JURA le 16 avril 1943.

2º Les conditions dans lesquelles elle fut amenée à travailler au profit de vos services et plus particulièrement sous les ordres de K.30 (MOOG Robert, dit Pierre, dit Bobby) et dans l'appartement de Monsieur MEFFRAY à Lyon, situé Place des Célestins.

3º Son rôle exact dans l'arrestation de Berthie ALBRECHT secrétaire de FRENAY à Mâcon.

4º Fut-elle amenée à prendre, le 21 juin 1943, à l'École du Service de Santé à Lyon, des consignes auprès de vous et de K.30 en vue de filer HARDY qui devait se rendre à la réunion et se trouver à 13 h 45 avec AUBRY au funiculaire de la Croix Paquet? Un essayage de menottes simples ou truquées fut-il effectué sur HARDY en présence de Madame DELETRAZ.

5º Fut-il question à ce moment des moyens de reconnaissance HARDY-Madame DELETRAZ en vue d'indiquer par gestes si le lieu de la réunion était situé aux environs de la Croix Paquet ou s'il fallait prendre un tramway?

6º Madame DELETRAZ suivant HARDY et AUBRY a-t-elle pris la « ficelle » puis le tramway nº 33?

7º Est-elle venue vous retrouver à la Croix Paquet, à la ficelle et vous a-t-elle ensuite conduit directement ou après bien des hésitations à la villa du Docteur DUGOUGEON, et reprit-elle immédiatement le tramway nº 33 à destination de l'École du Service de Santé?

f) Comment fut montée l'arrestation des Chefs de la Résistance à Caluire? Comment l'expédition fut-elle réalisée? MOOG Pierre (K.30), MULTON, SAUMANDE, DOUSSOT alias ANDRE dont nous vous présentons les photographies participèrent-ils à ces arrestations?

g) Veuillez préciser comment furent effectivement faites les arrestations? Quelles sont les instructions données par vous sur l'attitude que devait avoir HARDY et le comportement qu'il devrait adopter lors de votre intervention?

h) Décrire la fuite de HARDY? Les policiers et agents de votre service avaient-ils connaissance de vos instructions?

i) HARDY a-t-il été blessé par un coup de feu tiré par un de vos hommes ou par lui-même?

j) Quelles sont les personnes arrêtées à Caluire? Que saviez-vous sur chacune d'elles avant les arrestations? Par qui et comment en aviez-vous eu connaissance?

Réponse : Il est exact que HARDY alias DIDOT m'a indiqué qu'une réunion des Chefs de la Résistance devait avoir lieu le 21 juin 1943 à Lyon mais lorsqu'il m'a fourni ce renseignement il ne savait pas encore le lieu de cette réunion ni les personnes qui devaient y participer. HARDY m'a fourni ce renseignement quatre ou cinq jours avant la date fixée. Comme je l'ai déjà dit c'est par un document venu de Paris à sa boîte aux lettres que HARDY connaissait les points déjà indiqués.

Lorsque HARDY m'a fourni ce renseignement et qu'il a ajouté que lui-même devait également participer à cette réunion, j'ai jugé la chose très importante et décidé de procéder aux arrestations des personnes présentes. HARDY devant être parmi elles il était nécessaire de faire un plan d'opérations. J'ai vu HARDY tous les soirs avant que la réunion ait lieu et chaque fois il m'a donné des détails nouveaux appris par son agent de liaison. C'est ainsi qu'il m'a appris que MAX devait participer à cette réunion. HARDY m'a dévoilé la véritable personnalité de MAX, m'a dit que son véritable nom était MOULIN et il m'a parlé de son activité dans la Résistance.

HARDY a également parlé d'Aubry, mais avant la réunion, il n'a pas parlé d'autres personnes.

Le matin même du jour fixé pour la réunion HARDY ne connaissait pas encore le lieu où elle devait se tenir. C'est par un rendez-vous avec son agent de liaison qu'il devait connaître cet endroit et celui-ci devait l'y conduire.

Le plan mis sur pied en accord avec HARDY consistait à faire filer celui-ci. Ont participé à l'élaboration du plan outre HARDY et moi-même, l'unstursturmführer WENZEL et STENGRITT. J'ai chargé personnellement WENZEL de faire procéder à la filature et d'établir un système d'estafettes et de relais pour que je sois prévenu en temps utile. Moi-même en uniforme, avec mes hommes et deux voitures ou peut-être trois attendions sur les bords du Rhône d'être prévenus de l'endroit. MOOG Pierre (K.30) SAUMANDE (K.4) et DOUSSOT ont participé aux opérations de filature mais pas à l'arrestation. Pour cela, j'avais seulement réservé mes hommes en uniforme. MULTON n'a pas participé à l'opération dans son ensemble.

Je me souviens parfaitement qu'une femme a participé à la filature mais je ne peux pas dire son nom. J'ajoute que WENZEL était chargé par moi de ce détail.

Par ailleurs, c'est à MULTON qu'on doit l'arrestation de Madame DELETRAZ alias DEVILLE. Je ne connais plus les circonstances dans lesquelles elle a pu travailler pour nos services ni de quelle manière exacte elle a participé à l'arrestation de Berthie ALBRECHT à Mâcon.

Je précise encore un détail fourni lors de mon audition précédente : HARDY sur une suggestion de WENZEL a marqué à la craie jaune les endroits où il se trouvait : la porte du jardin, l'escalier et la porte de la pièce où se tenait la réunion, au premier étage de la villa de Caluire. C'est ainsi que nous avons su avec précision que la réunion se tenait chez le Dr DUGOUGEON et que j'ai pu actionner mon appareil d'arrestation.

Muni de ces renseignements, je me suis rendu à Caluire avec mes hommes et ai fait encercler la villa ce qui n'était pas difficile. La maison étant seule. Et j'ai donné ordre de laisser rentrer les gens mais plus sortir.

Je suis rentré moi-même dans la maison et guidé par les croix je suis allé directement à la pièce de la réunion suivi de WENZEL et STENGRITT. J'ai ouvert la porte et pour me ménager l'effet de surprise j'ai tiré un coup de feu en l'air dans le mur. Toutes les personnes présentes se sont couchées par terre et j'ai vu tout de suite HARDY. J'ai interrogé sommairement sur leur identité les personnes présentes et les ai faites fouiller. Celles-ci naturellement ont donné toutes leur nom de couverture. C'est alors que j'ai interrogé séparément ces personnes. Est venu le tour de HARDY qui m'a fourni lui-même les véritables identités des personnes présentes que STENGRITT a notées immédiatement.

HARDY m'a fait savoir ensuite que nous étions arrivés trop tôt, que la réunion n'était pas encore commencée et qu'on attendait encore MOULIN, ajoutant que peut-être il se trouvait dans la salle d'attente. Il est certain que si HARDY ne m'avait pas donné cette indication, MOULIN aurait pu peut-être m'échapper, car ces personnes de la salle d'attente du cabinet du Docteur ne m'intéressaient pas en elles-mêmes. Effectivement MOULIN et deux autres hommes de la Résistance se trouvaient dans la salle d'attente. Je les ai fait monter sans savoir qui ils étaient exactement dans la pièce de la réunion. J'ai repris l'interrogatoire sommaire et HARDY revenant à nouveau devant moi m'a désigné MOULIN et les deux autres hommes.

Il n'y avait pas de disposition particulière en ce qui concerne HARDY. Il devait être arrêté comme les autres. Seulement sa fuite était déjà préparée avec STENGRITT.

Les personnes arrêtées ont été amenées dans les voitures. STENGRITT a pris HARDY. Lorsqu'ils se sont trouvés près de la voiture, STENGRITT a lâché le cabriolet. HARDY l'a bousculé et il s'est enfui suivant le plan préparé. Tous les Allemands qui m'accompagnaient savaient que HARDY devait prendre la fuite. Je les en avais prévenus à la réunion préparatoire de l'opération.

HARDY s'enfuyant, mes hommes ont tiré suivant le plan, mais en l'air. Il s'est alors produit un incident. Mon chauffeur BARTHEL ayant oublié mes consignes a poursuivi HARDY et a tiré sur lui mais l'a manqué. Les hommes de ma suite l'ont rappelé au respect des consignes et la poursuite a cessé. Moi-même à cet instant, me trouvais encore dans la pièce de la réunion et j'ai suivi les détails de la fuite de HARDY en regardant par la fenêtre. J'ai vu que mon chauffeur faisait des bêtises et l'ai sévèrement rappelé à l'ordre.

HARDY m'a raconté par la suite que s'étant caché dans un fossé, il s'était blessé lui-même avec le petit pistolet que je lui avais remis quelques jours avant pour se protéger et je crois que ce que HARDY m'a déclaré est exact car si BARTHEL qui possédait un gros pistolet colt 12 m/m avait touché HARDY il l'aurait très gravement blessé.

Je ne me souviens plus des noms des personnes arrêtées à Caluire à l'exception de MOULIN et AUBRY et du Dr DUGOUGEON. Je ne savais rien sur ces personnes avant leur arrestation. J'ai personnellement interrogé MOULIN. Les autres ont été interrogés certainement par les hommes du SonderKommando WERTH.

J'ai prévenu le B.d.S. Paris par « fernschreiber » du succès de l'opération réalisée avec les indications de HARDY, spécifiant les noms des personnes arrêtées, en particulier de MOULIN alias MAX. Le lendemain, c'est-à-dire le 22 juin, j'ai reçu l'ordre du B.d.S. Paris de transférer MOULIN immédiatement à Paris.

Question : Quelles sont les personnes parmi celles arrêtées à Caluire qui firent des déclarations mettant directement en cause les ou certaines personnes arrêtées ou leurs fonctions, ou les fonctions de ces personnes.
A quel moment les véritables identités des nommés Jacques MARTEL et ERMELIN Claude furent-elles connues.

Réponse : Je ne peux pas répondre à cette question n'ayant pas procédé moi-même aux interrogatoires des personnes arrêtées. J'ai simplement réalisé les arrestations et ai procédé aux premiers interrogatoires de MOULIN. Je sais également que cette opération de Caluire a amené un certain nombre d'arrestations dans les autres parties du territoire français sur ordre du B.d.S. au K.d.S. locaux.

Question : Avez-vous eu connaissance de tous les documents concernant l'AS découverts par les services allemands en 1942-43. Donnez tous détails sur leur découverte?

Réponse : Personnellement, j'ai recueilli de nombreux documents concernant les affaires de résistance mais je ne peux pas prétendre les connaître tous. Ces documents étaient envoyés à Paris où l'on établissait des synthèses transmises à Berlin. Nous ne nous servions dans les postes locaux que des indications utiles localement. La question AS dans son ensemble ne pouvait être envisagée qu'à Paris.

Question : Des documents allemands tombés dans les mains françaises indiquent la portée des résultats obtenus contre l'Armée Secrète par vos services. Connaissez-vous ces documents?

Réponse : Je ne connais pas l'existence de ces documents. Il y a lieu d'indiquer ici qu'au RSHA existait une « auswertungsabteilung WEST » qui était chargée de l'exploitation des documents reçus des pays de l'Ouest. Cette section rédigeait les rapports d'ensemble à l'usage du chef du RSHA et des hautes autorités militaires et civiles du Reich.

Les éléments qui se rapportent plus particulièrement à l'Armée Secrète en France et à sa répression notamment après l'affaire de Caluire ont été fournis soit par ces services du B.d.S. Frankreich Section IV, soit, pour les affaires qui se sont déroulées à Lyon après l'arrestation de HARDY alias DIDOT, par le SonderKommando AS dirigé par le Kriminal Kommissar WERTH, qui je le rappelle relevait directement du RSHA Berlin IV E.

WERTH a eu connaissance de tous les détails, soit par consultation des dossiers soit par l'interrogatoire des personnes arrêtées, qui ont permis la rédaction des documents d'ensemble envisagés.

Je précise encore pour mettre au point les questions de détail que vous me posez concernant ces documents d'ensemble allemands, que je n'ai pas procédé à des interrogatoires des personnes arrêtées à Caluire sauf MOULIN.

Il est possible que j'aie vu AUBRY mais je n'ai pas rédigé de rapport à son sujet. Je ne peux pas davantage indiquer si les personnes arrêtées en particulier AUBRY ont avoué de leur propre initiative ou sous les coups et sévices.

Question : Le document KALTENBRUNNER dont il vient de vous être donné des extraits (et nous avons donné au témoin lecture de ces extraits et posé toutes questions de détail utiles concernant les divers points) est-il conforme aux faits connus des services allemands du S.D. de Lyon à la date du 23 ou 24 juin 1943?

Réponse : Oui, ce document est dans son ensemble conforme aux faits connus par les services du S.D. Lyon, SonderKommando WERTH compris puisque celui-ci a pris la part la plus importante dans la répression de l'A.S. et a procédé à l'exploitation.

Question : Veuillez indiquer comment et à quelle date avez-vous rendu compte au B.d.S. Paris et au Chef du RSHA à Berlin des faits suivants :
a) arrestation de HARDY-DIDOT, éventuellement de son emploi dans votre service;
b) arrestation de HEILBRONNER;
c) arrestations de Caluire.

Réponse : En ce qui concerne l'arrestation de DIDOT-HARDY j'ai prévenu le B.d.S. Paris le jour même de l'arrestation par fernschreiber et par un rapport détaillé quelques jours après.

Pour ce qui est de l'arrestation de HEILBRONN il est possible que WERTH qui a procédé à l'opération, ait fait un rapport à Berlin mais je ne peux pas donner de détails. Il est naturel que le B.d.S. Paris a été tenu au courant de cette arrestation.

Les arrestations de Caluire ont été portées à la connaissance du B.d.S. Paris par un « fernschreiben » le jour même comme c'était de règle et par un rapport détaillé les jours suivants.

Question : A quel moment avez-vous rendu compte à ces mêmes destinataires des identifications de Jacques MARTEL (Jean MOULIN) et de ERMELIN (AUBRAC).

Réponse : Le télégramme au B.d.S. Paris annonçant le succès de l'opération de Caluire portait bien le nom de MOULIN Jean, alias Max. Jean MOULIN a été identifié immédiatement. Je ne peux pas préciser en ce qui concerne ERMELIN. Je n'ai pas procédé à son interrogatoire. J'ajoute encore que HARDY nous a donné les identités exactes des personnes se trouvant à la réunion de Caluire.

Question : Veuillez préciser les circonstances selon lesquelles vous aviez procédé personnellement à l'arrestation de Madame Madeleine RAISIN le 22 juin 1943 au matin au domicile de M. CORNU chez lequel logeait AUBRY?

Réponse : Je n'ai pas interrogé personnellement AUBRY. Je ne me souviens pas avoir arrêté personnellement comme le dit votre question cette Madame RAISIN. De plus le lendemain de son arrestation c'est-à-dire le 22 juin, j'ai interrogé Jean MOULIN. Je ne sais pas ce qui a pu être découvert tant chez Madame RAISIN que chez M. CORNU.

Question : Chez Madame RAISIN avez-vous trouvé en sept exemplaires un plan de sabotage des voies ferroviaires intéressant la zone Sud (ancienne zone libre) c'est-à-dire les régions identifiées sous les indicatifs R1 – R2 – R3 – R4 – R5 – R6?

Réponse : Il est possible qu'un tel plan ait été trouvé mais je ne peux pas l'affirmer. En tout cas ce n'est pas moi-même qui ai trouvé ce plan. Je m'en souviendrais.

Question : Est-il exact que HARDY ait établi à l'intention des Services allemands le plan de sabotage des voies ferroviaires. A quel moment?

Réponse : C'est pendant les premiers jours de son arrestation que HARDY a établi un tel plan, il est possible qu'il ait fait ce plan de lui-même mais je n'en suis pas sûr. Je lui avais remis de quoi écrire et je crois que ce plan était le gage de sa bonne volonté à notre égard.

Question : Avez-vous connaissance de ce qui fut appelé « Plan vert » et à quel moment?

Réponse : Le « Plan vert » qui était le plan de sabotage des voies ferrées pour l'ensemble du territoire français, établi par HARDY, m'est connu. C'est HARDY lui-même qui m'en a parlé mais je n'ai jamais connu les détails de ce plan.

Question : Quels sont les documents sur lesquels HARDY a travaillé pour reconstituer ce plan de sabotage établi antérieurement par lui, et dont il a pu se servir?
S'agit-il de documents saisis? Chez qui? Est-ce chez un tailleur? Qui était-il? Où demeurait-il?
Est-ce au domicile de HARDY? A ce sujet avez-vous connu son domicile chez M. BESSIRON 112, Chemin de St-Just à Vaize? Cette indication de domicile est portée sur une fiche établie par l'Abwehr au nom de HARDY.
Réponse : HARDY avait reconstitué le plan en question de mémoire. Il n'a pas travaillé sur des documents saisis.

Question : A quelle date ce plan fut-il transmis par votre service au B.d.S. Paris?)
Réponse : Je ne m'en souviens pas. En tout cas étant donnée l'importance de l'affaire, le délai n'a pas été très long.

Question : A quelle date exacte HARDY a été libéré par vous (10, 11 ou 12 juin 1943 au matin). A-t-il été suivi constamment? Avez-vous eu connaissance des contacts qu'il a renoués avec des membres de la Résistance entre le 12 et le 21 juin 1943? Précisez les personnes et éventuellement les lieux. Indiquez les raisons pour lesquelles ces personnes n'ont pas été arrêtées par vous-même ou vos services. Y avait-il une entente entre vous et HARDY pour ne pas arrêter certaines personnes? Lesquelles?
Où dormait HARDY durant cette période?
Réponse : J'ai déjà répondu par avance à ces questions. Je pense personnellement que HARDY a été libéré le 11 juin 1943. Pendant deux ou trois jours il a été accompagné par STENGRITT sauf pour le voyage à Paris. Puis pendant quelques jours il a couché dans les locaux de notre service. Le 20 juin 1943 il a également couché à mon service. Personne ne l'a empêché de se rendre à son domicile. HARDY m'a tenu au courant des contacts repris avec les membres de la Résistance entre le 12 juin et le 21 du même mois.
Il a rencontré d'abord sa fiancée Lydie BASTIEN à Paris et il l'a ramenée à Lyon. Il a rencontré ensuite son agent de liaison qu'il m'a fait connaître en même temps que AUBRY, sans, bien entendu, me les présenter de vive voix et enfin HEILBRONN. S'il a rencontré d'autres personnes, il ne m'en a pas rendu compte.
Ces personnes n'ont pas été arrêtées par mon service, sauf HEILBRONN pour ne pas brûler HARDY. D'ailleurs HEILBRONN a été arrêté par les hommes de WERTH et je vous rappelle à ce sujet la méprise faite au sujet de l'identité de ce dernier qu'on a voulu prendre pour DIDOT-HARDY.
Il y avait entente entre HARDY et moi pour ne pas arrêter ces personnes, en tout premier lieu Lydie BASTIEN et son agent de liaison. De plus quand il m'a fait connaître AUBRY, nous nous sommes également entendus pour qu'il ne soit pas arrêté.

Question : Après l'arrestation de HARDY par la Police française de Lyon, comment avez-vous su qu'il avait été conduit à l'Hôpital de l'Antiquaille (Police française)? Indiquez les noms des policiers qui vous l'ont fait savoir ou si c'est vous qui êtes intervenu auprès des services de Police français et plus particulièrement auprès de l'Intendant de Police CUSSONAC ou des Commissaires PETIOT ou KUBLER?
Réponse : La Police Française est venue sur les lieux à Caluire après les coups de feu qui ont été tirés. Je ne sais pas qui l'avait prévenu. HARDY a été arrêté par la Police française.
HARDY devait venir le soir du 21 juin 1943 me voir pour recevoir de l'argent et pour me donner des indications complémentaires. Il n'est pas venu et je me suis inquiété de sa personne.
Deux jours après j'ai communiqué téléphoniquement avec l'Intendant CUSSONAC qui m'a demandé si c'était mon service qui avait procédé à des arrestations à Caluire. J'ai répondu par l'affirmative et j'en ai profité pour lui demander copie du rapport de la Police française sur ces faits. C'est en prenant connaissance de ce rapport que j'ai appris que HARDY avait été arrêté par la Police française et que blessé, il était soigné à l'Antiquaille. J'ai alors déclaré au service de M. CUSSONAC qu'il s'agissait là d'un homme que nous voulions arrêter et qu'il avait réussi à prendre la fuite. J'ai demandé sa

remise à la Police française qui me l'a accordée. Je crois me souvenir que c'est le Commissaire PETIOT qui a conduit HARDY à mon service. J'ai vivement remercié la Police française de son geste, pour camoufler HARDY.

Question : Durant son séjour à l'Antiquaille qui se situe du 21 au 28 juin 1943, HARDY fut-il interrogé par vous ou vos services. Donnez tous détails à ce sujet.

Réponse : Je n'ai pas interrogé HARDY pendant la période indiquée. Je ne pense pas qu'il ait davantage été interrogé par un service allemand mais je ne suis pas sûr de cette chose. Il est tout de même possible que je l'aie interrogé au camouflage.

Question : A sa sortie de l'Antiquaille, HARDY fut-il conduit à l'École du Service de Santé Militaire et interrogé par vous? Quelle fut son attitude? A-t-il donné des renseignements sur ses attributions, fonctions et celles des autres personnes recherchées ou arrêtées par vous soit à Paris (VIDAL, GASTALDO, TERRIER) ou à Lyon et Caluire (HEILBRONN, AUBRY, LACAZE, LASSAGNE, PARISOT – Xavier –, SCHWARZFELD, DUGOUGEON, Jacques MARTEL – Jean MOULIN –, ERMELIN-AUBRAC), sur le plan du sabotage ferroviaire?

Réponse : A sa sortie de l'Antiquaille HARDY a été conduit à mon service, École du Service de Santé Militaire. HARDY, seul avec moi, m'a raconté sa « fuite » après l'affaire de Caluire. Il m'a dit qu'il s'était blessé lui-même pour prouver à ses camarades de la Résistance qu'il avait réussi à s'échapper. Son plan était de rentrer à son domicile et de s'y faire soigner par un docteur. L'arrestation fortuite par la Police Française qu'il n'escomptait pas a réduit ses intentions à néant. HARDY est resté dans mon bureau deux heures environ pendant lesquelles il m'a donné des indications mais comme sa blessure était douloureuse et lui donnait de la fièvre, je l'ai fait transporter à l'hôpital allemand de la Croix-Rousse. Au directeur de l'hôpital, je l'ai recommandé chaudement.

Question : A quelle date HARDY fut transféré à l'hôpital allemand de la Croix-Rousse? Quelles sont les raisons de ce transfert?

Réponse : J'ai répondu par avance à cette question. C'est le 28 juin 1943 que HARDY est rentré à l'hôpital allemand.

Question : Durant son séjour à l'hôpital de la Croix-Rousse, avez-vous envoyé le Commissaire WERTH accompagné de l'Inspecteur HARTWIG (interprète) pour connaître l'état de santé de HARDY?

Réponse : Il est possible que WERTH soit allé voir HARDY mais ceci de sa propre initiative. Je ne pouvais pas donner des ordres à WERTH, en un mot l'envoyer auprès de HARDY. Qu'il m'ait tenu au courant de ses intentions de visiter HARDY c'est certain.

Question : Quel fut le comportement et l'attitude de HARDY durant son séjour à cet hôpital? Fut-il amené à l'École de Santé pour y être interrogé? Précisez sur quoi? A-t-il eu durant cette période une activité pour vos services? A-t-il pu sortir librement quelquefois? Dans quelles circonstances? Où s'est-il rendu?

Réponse : Pendant son séjour à l'hôpital allemand HARDY était libre, je veux dire par là qu'il n'était pas soigné comme un détenu. Le Chef de l'Établissement était au courant de la personnalité de HARDY. Pendant son séjour, il n'est jamais venu à l'École du Service de Santé pour y être interrogé. Si nous avions des questions à lui poser, ou WERTH ou STENGRITT ou moi-même, nous nous rendions à l'hôpital. Pendant son séjour à l'hôpital HARDY n'a pas eu d'activité pour nos services. Il devait de toute manière recevoir les soins nécessités par son état. Il n'est pas sorti de l'hôpital, car aux yeux de la Police Française il était arrêté.

Question : HARDY s'est-il effectivement évadé de la Croix-Rousse ou son évasion a-t-elle été simulée par vos services avec l'accord des autorités médicales de l'hôpital?

Réponse : HARDY est resté à peu près un mois et demi en traitement à l'hôpital allemand. Lorsqu'il a été guéri, le médecin chef de l'hôpital m'a prévenu. Je suis alors allé lui rendre visite et l'ai prévenu que je viendrais chercher mon « ami HARDY » pendant la nuit. Effectivement, vers onze heures du soir ou minuit, je suis allé prendre HARDY en voiture, avec l'accord du médecin. Il s'agissait là encore d'une mise en scène pour simuler une évasion. J'ai ramené HARDY à Lyon près du domicile de Lydie BASTIEN qu'il voulait voir en premier lieu. Le lendemain il voulait essayer de toucher son agent de liaison. Ceci se passait fin juillet, début août 1943. Deux jours après son « évasion » de l'hôpital, j'ai rencontré HARDY à Lyon en compagnie de STENGRITT. Je ne me souviens plus de l'endroit mais je me rappelle très bien lui avoir remis de l'argent et une fausse carte d'identité française. Je ne me rappelle plus quel nom portait cette carte.

Question : Connaissez-vous Lydie BASTIEN? A-t-elle rendu visite à HARDY à l'École du Service de Santé ou à l'hôpital de la Croix-Rousse? HARDY a-t-il eu l'occasion de la voir pendant son séjour à l'hôpital?

Réponse : Je ne connais pas personnellement Lydie BASTIEN qui a eu des relations avec STENGRITT, lequel était allé au moins deux fois chez elle. Cette femme n'a pas rendu visite à HARDY lorsqu'il était dans les locaux de notre service. Je ne peux dire qu'elle ait vu HARDY pendant le séjour de celui-là à l'hôpital allemand. Peut-être s'y est-elle rendue avec STENGRITT. HARDY écrivait ses lettres et me les remettait pour que je les achemine moi-même vers Lydie BASTIEN. Je ne me souviens plus si cette dernière utilisait la même voie.

Question : Pour quelles raisons Madame et Monsieur BASTIEN demeurant 113 Quai Pierre-Scize à Lyon ont-ils été arrêtés le 2 septembre 1943 et détenus à la prison Montluc jusqu'au 30 septembre ou 1er octobre 1943?

Je ne peux pas répondre à cette question ayant quitté Lyon pour Paris le 31 août 1943. Mon séjour dans la capitale française a duré jusqu'au 5 décembre 1943 date à laquelle je suis revenu prendre mon poste à Lyon. Pendant cette période, je suis allé en Allemagne, en Italie du Nord, pour travailler dans l'affaire de la « Rote Kapelle ». Pour être plus exact, je préciserai, donc je suis resté absent de Lyon du 31 août au 5 décembre 1943. Pendant ce laps de temps, je ne me suis pas intéressé aux affaires de Lyon.

Question : Madame et Monsieur BASTIEN après leur arrestation ont été interrogés par LUTJENS dont nous vous présentons la photographie sur le lieu de refuge de HARDY et le domicile de leur fille Lydie BASTIEN? Dans quel but ces interrogatoires ont-ils été faits?

Réponse : J'avais fixé un rendez-vous à HARDY pour huit jours après lorsque je lui ai remis la carte d'identité dont j'ai déjà parlé. A ce rendez-vous il n'est pas venu. J'ai donc perdu le contact avec lui depuis ce moment-là et je ne l'ai jamais plus revu et il ne m'a pas lui-même donné davantage signe de vie. Je n'ai pas prescrit personnellement des recherches de HARDY. Si de telles recherches ont été prescrites cela s'est produit pendant mon absence. Je réponds donc négativement à votre question ne sachant même pas comme vous me l'apprenez l'arrestation des parents de Lydie BASTIEN :

Question : Avez-vous su que HARDY avait été arrêté le 21 juin 1943, par la Police Française, chez Madame DAMAS, quai de Serin à Caluire?

Connaissez-vous les rapports entre HARDY et les époux DAMAS?

Avez-vous su que HARDY, après son évasion prétendue ou réelle s'était à nouveau réfugié chez Madame DAMAS?

Réponse : Je ne connais pas ces détails.

Question : Avez-vous eu des contacts avec HARDY après son évasion de la Croix-Rousse? Précisez?

Réponse : J'ai répondu par avance à cette question. Un seul contact effectif entre nous comme je l'ai déjà dit.

Question : Avez-vous convoyé personnellement le premier transfert de Lyon à Paris (Prison de Fresnes) les 25 et 26 juin 1943 des personnes arrêtées à Caluire, à savoir : DUGOUGEON, LASSAGNE, AUBRY, SCHWARZFELD, Madame RAISIN et LACAZE?

Réponse : Non, je ne crois pas avoir convoyé personnellement ces personnes.

Question : Avez-vous donné des ordres pour que certaines d'entre elles soient mieux traitées? Lesquelles? Pour quelles raions?

Réponse : Ce n'est pas moi qui ai procédé aux interrogatoires de ces personnes comme je l'ai déjà expliqué. Je me souviens cependant qu'AUBRY a avoué beaucoup de choses et il est bien possible que sur demande de WERTH ou de quelqu'un de son Kommando cet inculpé ait bénéficié d'un traitement amélioré mais je ne saurais le préciser.

Question : Pour quelles raisons Jean MOULIN ne fut transféré que plus tard et accompagné par vous? Précisez la date du transfert? Pour quelles raisons AUBRAC fut-il maintenu à la Prison de Montluc?

Réponse : Je me souviens que le B.d.S. Paris a réclamé le transfert d'urgence de MOULIN à ses services. J'ai convoyé moi-même MOULIN en voiture. Je ne saurais préciser exactement la date du transfert qui a pu avoir lieu aux mêmes jours que celui des autres personnes arrêtées. Je ne sais pas pourquoi AUBRAC est resté à Lyon. Les interrogatoires étaient faits par WERTH.

Question : Avez-vous connu au Service de KIEFFER chef de la Section IV E du B.d.S. Paris les nommés MISSELWITZ Ernst et MEINERS Heinrich? Avez-vous indiqué en leur présence à tous les deux ou à un seul à Paris, bureau du B.d.S. 74 puis 86, avenue Foch, les circonstances de l'arrestation de DIDOT-HARDY, son comportement depuis son arrestation, le rôle qu'il a joué dans les arrestations de Caluire, la reconstitution du plan de sabotage ferroviaire à l'intention des services allemands en juin ou juillet 1943, soit au cours de transfert de personnes arrêtées, soit au cours de mission à Paris?

Réponse : Je ne me souviens pas d'avoir connu les deux hommes de l'entourage de KIEFFER, dont vous parlez. J'ai transféré MOULIN à Paris et l'ai remis au Sturmbanführer BOEMELBURG qui l'avait demandé, mais c'est le service IV E dirigé par KIEFFER qui en a pris livraison. Il est possible qu'au cours de conversations entre camarades dans le service de KIEFFER j'ai développé l'affaire HARDY, mais je n'ai pu entrer dans les détails comme le laisserait supposer votre question. Il est possible que MISSELWITZ et MEINERS, sous-officiers dans le service IV E, aient pris connaissance des rapports que j'ai fournis. Je ne saurais expliquer autrement.

Question : Avez-vous eu connaissance de la prise de position (mise au point) faite en septembre 1943 par le capitaine GEGAUF alias KRAMER, alias M. Eugène de l'Abwehr et dont je vous présente la copie, sur le rôle joué par les agents de l'antenne de Paris, du poste SR de DIJON :

K.30 (MOOG Pierre, Robert, alias BOBBY)
K.4 (SAUMANDE)

dans les affaires :

1º JURA (arrestation de Berthie Albrecht);
2º arrestation DIDOT-HARDY le 8 juin 1943 à Chalon-sur-Saône;
3º arrestation du général DELESTRAINT alias VIDAL.

Donnez tous renseignements de détail à ce sujet.

Réponse : Je n'ai pas été au courant de cette mise au point de GEGAUF concernant les agents K.30 et J.4. Elle date du mois de septembre 1943 et j'avais déjà quitté Lyon comme je l'ai déjà indiqué précédemment.

Question : Avez-vous quelque chose à déclarer concernant les questions que nous venons de vous poser? Avez-vous en mémoire des détails que nous avons omis d'indiquer et qui peuvent éclairer l'affaire en cours?

Réponse : Non je n'ai rien d'autre à ajouter. Il est possible que j'aie pu commettre des erreurs quant aux dates car les faits se sont déroulés voici plus de cinq ans. Mais leur esprit est tel que je vous l'ai déclaré.

Je tiens cependant à préciser que HARDY a travaillé volontairement pour moi et non sous la contrainte. Il a eu plusieurs fois l'occasion de nous fausser compagnie. Il ne l'a pas fait. De plus, nous permettant de réaliser un certain nombre d'opérations contre les réseaux de Résistance, c'est une preuve qu'il voulait bien nous servir. HARDY a accepté de l'argent de moi. Il a donc touché le prix de son travail. HARDY était de plus très ambitieux. Je ne sais pas quel a été son rôle dans la Résistance après qu'il a rompu le contact avec moi, mais en réfléchissant, je pense qu'il a voulu jouer un grand rôle et qu'il n'a pas reculé devant les moyens pour y parvenir puisqu'il a livré ses camarades et ses chefs même. Ceci est évidemment mon avis personnel et je n'ai rien d'autre à déclarer.

Lecture faite, persiste et signe avec nous.

Klaus BARBIE   CHAPUIS
WHITEWAY   BIBES

Dont procès-verbal comprenant trente feuillets, clos le dix-sept juillet mil neuf cent quarante huit, pour être transmis à M. le Commandant de Justice Militaire GONNOT, Juge d'Instruction près le Tribunal Militaire Permanent de Paris, avec sa Commission Rogatoire du 23 juin 1948 et pièces jointes, en retour.

Le Commissaire
BIBES

PREMIER INTERROGATOIRE
DE HARRY STENGRITT

Extrait des dix-huit feuillets d'interrogatoire de Harry Stengritt, effectué le 2 août 1948 à Stuttgart, sur commission rogatoire du Commandant Gonnot. Interrogatoire transcrit par le commissaire Louis Bibes assisté de l'inspecteur Charles Lehrmann et d'un interprète qui ne servira pas à grand-chose puisque Stengritt parle français.

« Je me nomme Stengritt Harry, né le 14 avril 1911 à Brême. Avec le grade d'oberscharführer j'ai occupé un poste à la section VI du K.d.S. Lyon et ceci de janvier 1943 au mois d'août 1944. A l'occasion de mon service j'ai collaboré avec le SS obersturmführer Barbie Klaus, chef de la section IV... »

. . . .

A propos de la rencontre du Pont Morand, le 20 juin 1943 :
« J'ai assisté [...] au rendez-vous entre Thomas [1] et Hardy. Y assistait également Barbie qui était assis sur un banc et faisait semblant de lire le journal. Moog, alias K.30, y assistait aussi et surveillait la scène d'un peu plus loin. Pour être très précis, je me trouvais dans ma voiture et suis passé auprès de Thomas et Hardy. J'ai pu remarquer près de l'endroit où se tenaient ces deux hommes, une jeune femme blonde qui n'avait pas échappée à l'attention de Barbie [2]... »
« Il ne fait pas de doute que c'est bien Hardy qui a " donné " Aubry. »

. . . .

Sur l'arrestation de Caluire :
« Une heure avant, environ, une réunion préparatoire a eu lieu dans le bureau de Barbie, rue Berthelot, pour mettre au point les détails de l'action. Assistaient à cette réunion l'untersturmführer Wenzel, le hauptscharführer Schmitt, le hauptscharführer Krull, le hauptscharführer Mischker, deux chauffeurs dont celui de Barbie, nommé Barthel, et moi-même. En tout, avec Barbie, une huitaine de personnes. Je précise que Moog, alias K.30, assistait également à cette réunion. Tous ces hommes ont été mis au courant qu'à la faveur du tumulte causé par les arrestations prévues, Hardy devait prendre la fuite. Barbie a donné interdiction de tirer sur lui sauf à moi-même. J'en viens à préciser mon rôle personnel suivant les instructions de Barbie. Je devais m'occuper spécialement de Hardy. Barbie m'a laissé libre d'agir à ma convenance. Je devais simplement laisser partir Hardy de telle manière qu'on puisse croire qu'il avait réussi à s'évader. Je pouvais tirer mais en l'air. Les autres personnes présentes savaient que je devais m'occuper personnellement de Hardy.
Au moment de cette réunion Barbie et K.30 savaient où devaient se rencontrer les Chefs de la Résistance et Barbie a précisé l'endroit. J'ai eu l'impression que K.30 était pour beaucoup dans la connaissance de cet

1. NDA : Thomas = Aubry.
2. Il s'agit de Mme Raisin arrêtée par Stengritt le 22 juin.

endroit, car il connaissait, ainsi que j'ai pu m'en rendre compte au cours de l'action, mieux les s... que Barbie. Il est vrai qu'il était français et qu'il avait plus de facilités pour se mouvoir dans l'agglomération lyonnaise.

Autant que je me souvienne ont participé à l'opération en plus des Allemands déjà nommés, quelques autres hommes dont le rôle était de surveiller les abords avec K.30, deux ou trois Français parmi lesquels André dont le véritable nom est Doussot.

Les forces participant à l'opération ont quitté la rue Berthelot dans quatre ou cinq voitures. Je me trouvais dans la première voiture conduite par Barthel avec Barbie, Krull et Moog, alias K.30. Nous sommes arrivés sur les lieux et avons pénétré dans la villa, Barbie en tête suivi de K.30, Krull et moi-même. Il s'est dirigé vers l'escalier marqué d'une croix à la craie. De même sur le premier palier il y avait également une croix comme la première. Nous sommes montés au premier étage et nous avons aperçu une porte marquée également à la craie. Barbie l'a ouverte et a pénétré à l'intérieur où nous l'avons suivi. Cela s'est fait si rapidement que je ne me souviens plus à l'heure actuelle des paroles qu'il a prononcées et s'il a tiré un coup de pistolet. Ayant pu me rendre compte que Hardy se trouvait bien là, je suis redescendu au rez-de-chaussée pour me rendre compte de la mise en place du dispositif de sécurité et je suis remonté ensuite. Pendant ce temps mes autres camarades avec Barbie avaient déjà fouillé les personnes présentes. Hardy se trouvait à l'arrière-plan gardé par un de nos hommes. Cet homme tenait dans sa main les papiers de Hardy. Une ou deux personnes arrêtées avaient déjà été conduites aux voitures pour être transférées. J'ai suivi avec Hardy que je retenais par une manche de son veston que j'avais un peu resserrée autour de son poignet par un effet de torsion. Je n'ai échangé aucune parole avec Hardy pendant le trajet de la pièce où il avait été arrêté jusqu'à la proximité de la voiture. Arrivé à environ deux mètres de la voiture, je lui ai dit à voix basse en allemand : ... " los ". C'est-à-dire : " Va-t-en ". Hardy a alors brutalement retiré le bras que je retenais et il a pris la fuite pendant que je faisais semblant de trébucher. Au moment où j'allais prendre mon pistolet pour tirer – plutôt je le tenais dans la main déjà – Barthel qui avait oublié la consigne et n'avait pas pu maîtriser ses nerfs, a tiré sur Hardy qui s'enfuyait sans toutefois l'atteindre. Personnellement je n'ai pas tiré mais j'ai poursuivi Hardy sur quelques dizaines de mètres. A ce moment-là quelques hommes de la police française qui se trouvaient dans les environs pour une opération qui n'avait aucune liaison avec la nôtre ont également tiré. Voyant cela je n'ai pas continué ma poursuite puisque la mise en scène de l'évasion de Hardy avait réussi. J'ai précisé à l'un des policiers français qui s'inquiétait de la chose de laisser courir " cet homme qui n'était pas important ".

Toutes les personnes arrêtées ont été conduites rue Berthelot pendant que quelques hommes de notre Kommando sont restés sur place pour éventuellement cueillir les personnes qui pourraient se présenter.

Hardy m'a déclaré plus tard, alors qu'il était soigné à l'hôpital allemand de la Croix-Rousse et que je lui avais rendu visite en compagnie de Barbie, qu'il s'était blessé lui-même avec son pistolet au bras pour donner la raison de se jeter par terre et éviter d'être plus sérieusement atteint par Barthel. »

* *

« Après les arrestations, Barbie m'a déclaré que parmi les personnes se trouvant à Caluire devait se trouver le représentant personnel du général de Gaulle en France, mais il n'avait pas l'air d'être exactement fixé sur sa personne.

Dès notre arrivée à la rue Berthelot, Barbie a entrepris l'interrogatoire de l'homme qu'il soupçonnait être l'important personnage dont je viens de parler, interrogatoire primaire auquel j'ai assisté pendant une demi-heure environ. Je me souviens que cet homme qui était Moulin n'a pas dévoilé pendant ma présence sa véritable identité. Je me souviens aussi qu'il a fait sur une feuille de papier une caricature de Barbie [1]. »

. . . .

A propos de l'interrogatoire de la secrétaire d'Aubry, Mme Raisin [22 juin] :
« Cette femme a été confrontée aussi avec Max qui n'a prononcé aucune parole ni avant, ni pendant, ni après la confrontation. La femme l'a désigné par contre sous son véritable nom de Moulin. »

. . . .

Concernant Jean Moulin :

« L'attitude de Moulin qui n'a rien avoué, qui au contraire a tenté par tous les moyens en son pouvoir de mettre fin à ses jours à tel point que nous avons dû le protéger contre lui-même, a été autrement courageuse. »

Ramené en France, Harry Stengritt est interrogé par le juge d'instruction militaire Gonnot [7 décembre 1948] à Paris, Boulevard Raspail. Le juge d'instruction veut lui faire préciser certains points. On retrouve l'essentiel de son interrogatoire en Allemagne, mais quelques détails ou correctifs supplémentaires dont voici les plus importants passages :
« Le jour même après les arrestations j'avais à me rendre dans le bureau de Barbie pour une signature. Sans que je lui demande quelque chose, spontanément Barbie me dit qu'il n'était pas sûr mais que vraisemblablement parmi les personnes arrêtées devait se trouver une personnalité très importante, en l'occurrence le représentant de De Gaulle en France. Il ajouta qu'il ne le connaissait pas. »

Et plus loin :
« Je n'ai pas été au courant de ce que les personnes arrêtées à Caluire aient été longuement entendues, successivement, dans le but de leur faire avouer qui était Jean Moulin. C'est Barbie lui-même avec ses secrétaires, dont une femme nommée Neumann, qui a interrogé personnellement Jean Moulin [...]. Sans pouvoir répondre avec exactitude sur le moment à partir duquel l'identité exacte de Jean Moulin a été connue, je crois pouvoir dire que ce fut deux ou trois jours après les arrestations de Caluire. Barbie m'a d'ailleurs précisé que le nom n'avait pas été connu de la part de Jean Moulin lui-même mais que le nom avait été donné par les autres personnes arrêtées. »

---

1. NDA : Barbie a reconnu qu'il avait tendu une feuille de papier à Jean Moulin qui prétendait être Jacques Martel, artiste peintre. Le prisonnier lui avait rendu une caricature..,

Stengritt précise encore que Barbie était allé rendre visite à René Hardy à l'hôpital militaire allemand de la Croix-Rousse et suggéra :
« Barbie insistait et proposait que Hardy se fasse teindre les cheveux de manière à ne pas être reconnu à sa sortie de l'hôpital » [NDA : *ce qu'il fit*].
Enfin à propos de Barbie son camarade de la Gestapo révèle :
« J'ai rencontré l'année dernière [1] Barbie en zone américaine d'occupation en Allemagne. Ce dernier m'a déclaré qu'il avait lu dans un journal français que Hardy faisait l'objet d'une inculpation. [...] Il ajouta qu'il avait eu connaissance d'un rapport imprimé de Hardy, indiquant les conditions dans lesquelles il avait fui. Il me déclara qu'il aurait bien voulu personnellement répondre point par point à ce rapport, parce que, en réalité, les faits mentionnés par Hardy ne s'étaient pas déroulés de la sorte. »

Persiste et signe en haut de la dixième page.

EXTRAIT DE LA CONFRONTATION
DU 9 DÉCEMBRE 1948
*Entre Harry Stengritt et M*ᵐᵉ *Raisin (sous-dossier n° 100 de l'affaire René Hardy) :*

« J'ai le souvenir que Barbie m'a déclaré, dans les jours qui ont suivi l'arrestation de Caluire, au sujet de « Max », qu'à plusieurs reprises et en particulier dans la salle d'interrogatoire du service de l'avenue Berthelot, il avait essayé d'attenter à ses jours en se jetant ou en cognant sa tête contre la poignée de la porte. En outre il voulut se précipiter en bas des escaliers lors de sa conduite à la cellule et (manque un mot) que de plus, dans celle-ci, il s'était cogné la tête violemment contre les murs. Ces déclarations seules permettent d'affirmer que ce n'est sûrement pas Jean Moulin qui donna lui-même son nom. »

---

1. Donc en 1947.

BARBIE
ET « LA DÉFENSE NATIONALE DES U.S.A. »

TRIBUNAL MILITAIRE   Paris, le 3 Septembre 1948
PERMANENT DE PARIS
56, Boulevard Raspail
     PARIS 6ᵉ
N° 315/H   Le Commandant GONNOT
         Juge d'instruction Militaire
         près le Tribunal Militaire
         Permanent de PARIS

-1 pièce jointe   à

       Monsieur le Juge d'ins-
         truction
      près le Tribunal Militaire de
       LYON
       (cabinet du capitaine Poignet)

REFERENCE : votre lettre N° 1591/P en date du
         14 Août 1948

       Comme suite à votre lettre citée
en référence, j'ai l'honneur de vous faire connaître que le nommé BARBIE Klaus ex Chef de la
section IV du S.D. de Lyon se trouve actuellement
en Allemagne, Zone d'occupation américaine.
       La photographie du susnommé n'est
pas celle du service anthropométrique. Elle a
été obtenue par mes soins sous la forme de simple
photo d'identité et l'assemblage des deux a été
fait par l'identité judiciaire de Paris.
       Pour des raisons de défense Na-
tionale de l'U.S.A., les autorités américaines
ont fait connaître que le nommé BARBIE ne pouvait
être rendu aux autorités françaises.
       Je joins sous ce pli une photo-
graphie du susnommé.

Cette lettre d'un magistrat à un autre, le juge d'instruction militaire de Paris à son homologue lyonnais, explique non seulement l'affaire des photos (obtenues par un agent non identifié du contre-espionnage français – cf. chapitre 7 et la lettre du SDECE reproduite en photographie) mais fait aussi clairement état des raisons exactes, mais non avouées, de la protection américaine.

FAC-SIMILÉ DU BILLET DE BATEAU
AU NOM DE KLAUS ALTMANN ET DE SA FILLE

Reparto Uomini. *188* Letto N. *HLL-5-* Reparto Donne. Letto N.

MINISTERO DE TRANSPORTES D

Compañia Argentina de Navegación DODERO S. A.

BUENOS AIRES

BIGLIETTO D'IMBARCO IN TERZA CLASSE N° 15059

17/24-25

Sulla Nave di bandiera Argentina (*) ... CORRIENTES .... in partenza

da GENOVA il 22 MARZO 1951 ... per B. AIRES toccando di scalo

porti NAPOLI - LAS PALMAS - RIO JANEIRO - SANTOS Durata del viaggio giorni

(compresi lo fermate nei porti di scalo) - La durata del viaggio sarà aumentata di un giorno per ogni scalo eventuale.

COGNOME E NOME	ETÀ Anni	ETÀ Mesi	POSTI e RAZIONI 1	POSTI e RAZIONI 1/2	POSTI e RAZIONI 1/4	POSTI e RAZIONI 0	Cuccetta 1	Cuccetta 1/2	EX	N°
										17489
									Prepagato	2863
1. ALTMANN KLANS	A		1				1		Buono ritorno	
2. " " MARIA				1				1	Ordinativo	
3.										
4.										

LLAMADA
Boleto N°

(*) Caratteristiche della nave

CORRIENTES

Stazza larda T. 1285

n. Ri » T. 8638

Velocità allo prova miglia 17

N. posti ... a posto

Eccedenza posti

... a posto

Supplemento cabina

Tr

Totale

Acconto versato

Versato a saldo

Compañia Argentina de Navegación DODERO S. A.

Agenti Generali per l'Italia

DODERO

Agenzia Marittima Arg

Genova

REGISTRAZIONE BAGAGLIO

Per il PASSEGGERO

Note : Devant le nom Altmann figure la lettre A [adulte] et l'âge de sa fille [9 ans] prénommée Maria pour la circonstance, ainsi que la somme payée pour le voyage jusqu'à Buenos Aires, l'enfant n'ayant droit qu'à une demi-ration et une demi-couchette. Un second billet avait été très vraisemblablement établi au nom de Mme Regina Altmann accompagnée du petit Klaus-Georg, âgé de cinq ans.

JUGEMENT DU PREMIER PROCÈS
CONTRE KLAUS BARBIE
[29 avril 1952]

Son coaccusé, le colonel Werner Knab, n'avait été condamné qu'à la réclusion à perpétuité, alors qu'il était son supérieur au Sipo-SD de Lyon. Mais ce procès ne concernait que les crimes commis dans la région de Saint-Claude.

Lors du second procès intenté à Barbie et à ses complices, Werner Knab était, cette fois, condamné à la peine capitale. Il était mort depuis 1945...

N° 159 D'ORDRE ANNUEL.
N° 5183 DE LA SERIE GENERALE

Date du crime :
courant avril 1944

JUGEMENT PAR CONTUMACE

RENDU par le   TRIBUNAL MILITAIRE PERMANENT ~~DES FORCES ARMÉES~~

de LYON   séant à   LYON

AU NOM DU PEUPLE FRANÇAIS

Le   Tribunal militaire permanent ~~des Forces Armées~~ de LYON

rendu le jugement dont la teneur suit :

CEJOURD'HUI VINGT NEUF AVRIL   an mil neuf cent CINQUANTE DEUX
Le   Tribunal militaire permanent de LYON

* *

Sur quoi, et attendu les conclusions prises par le Commissaire du Gouvernement dans ses réquisitions, Président a lu le texte de la loi et le Tribunal militaire a délibéré sur l'application de la peine, conformément 'article 91 du Code de justice militaire.

Le Président a ensuite recueilli les voix, en commençant par le grade inférieur, et a émis son opinion dernier.

Le Tribunal est rentré en séance publique.

Le Président a lu les motifs qui précèdent et le dispositif ci-dessous.

En conséquence, le Tribunal condamne par contumace

1°) le national allemand BARBIE Klaus, susqualifié, à la majorité des voix à la peine de "MORT", par application des articles 59, 60, 295, 296, 302, 341, 342, 434 § 1 du code pénal, 92 et 221 du code de justice militaire et 1° et 2 de l'ordonnance du 28 Août 1944.

2°) le national allemand KNAB Werner, susqualifié, à la majorité des voix à la peine des "TRAVAUX FORCES A PERPETUITE" par application des articles 341, 342 du code pénal et 1° et 2 de l'ordonnance du 28 août 1944.

INDEX

TABLE DES MATIÈRES

Cet ouvrage a été réalisé sur
Système Cameron
par la *SOCIÉTÉ NOUVELLE FIRMIN-DIDOT*
Mesnil-sur-l'Estrée
pour le compte des Éditions Robert Laffont
le 18 mai 1987

Imprimé en France
Dépôt légal : avril 1987
Nº d'édition : 30576 – Nº d'impression : 6921